AF626545

Traumgrate der Ostalpen

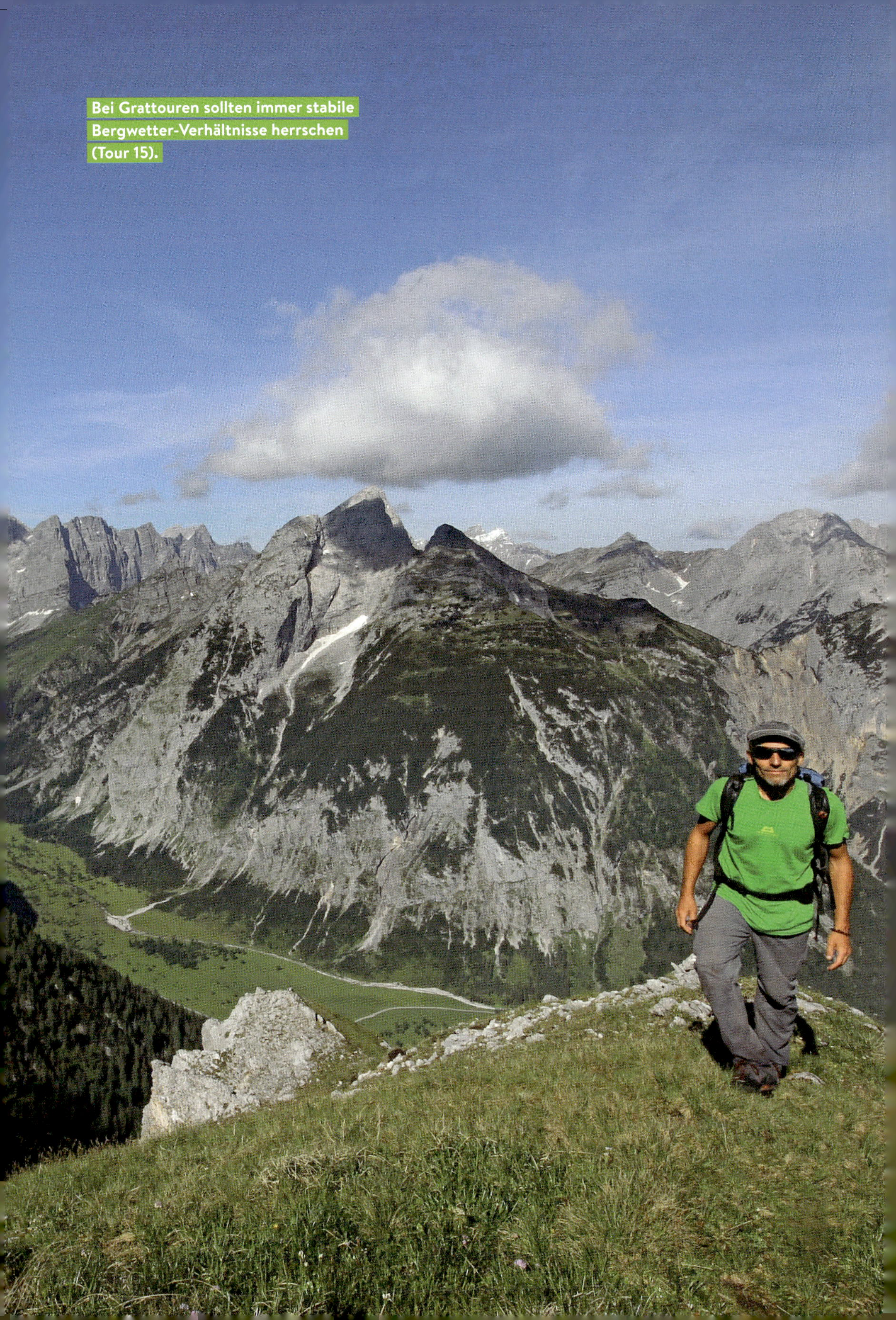

Bei Grattouren sollten immer stabile Bergwetter-Verhältnisse herrschen (Tour 15).

Michael Pröttel

TRAUM GRATE DER OSTALPEN

Entlang
atemberaubender
Aussichten die
Berge erklimmen

BRUCKMANN

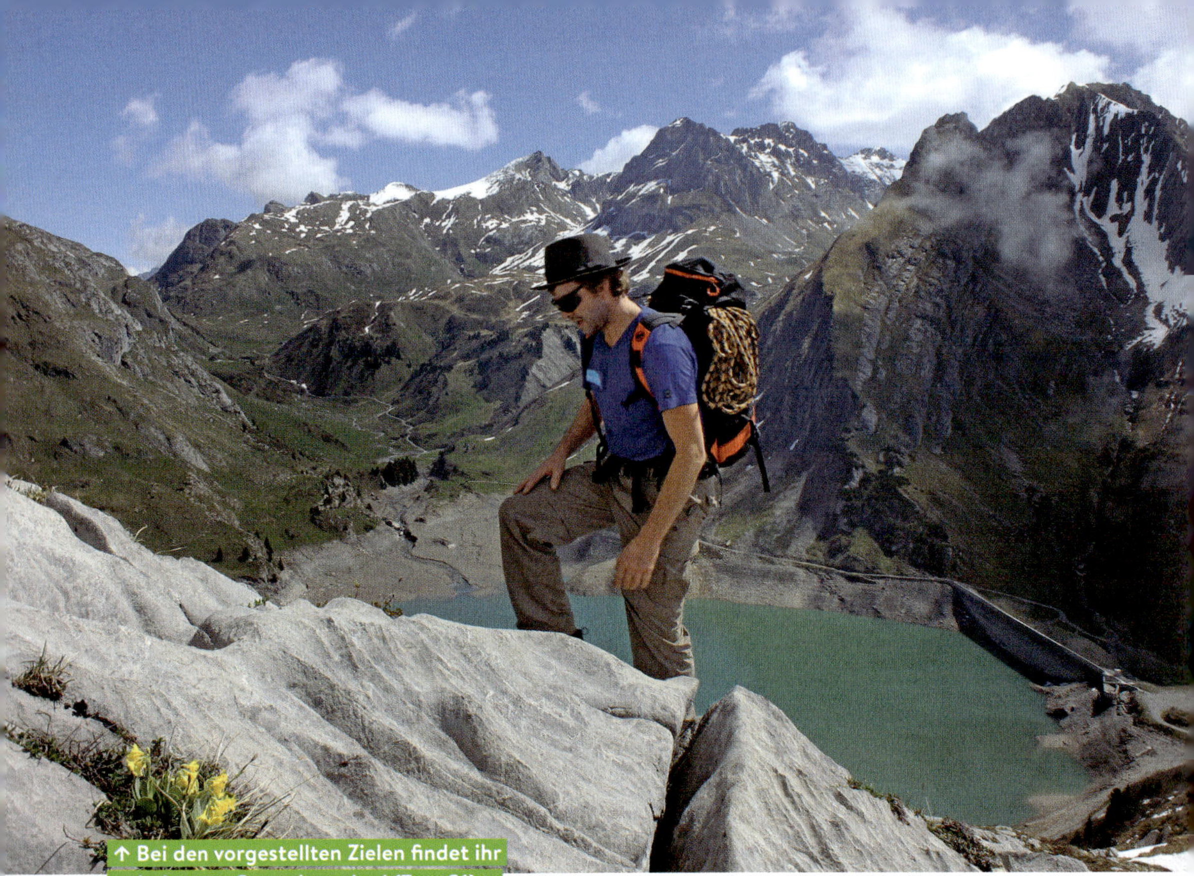

↑ Bei den vorgestellten Zielen findet ihr unbekannte Gratschmankerl (Tour 21) …
↓ … und beliebte Klassiker (Tour 25).

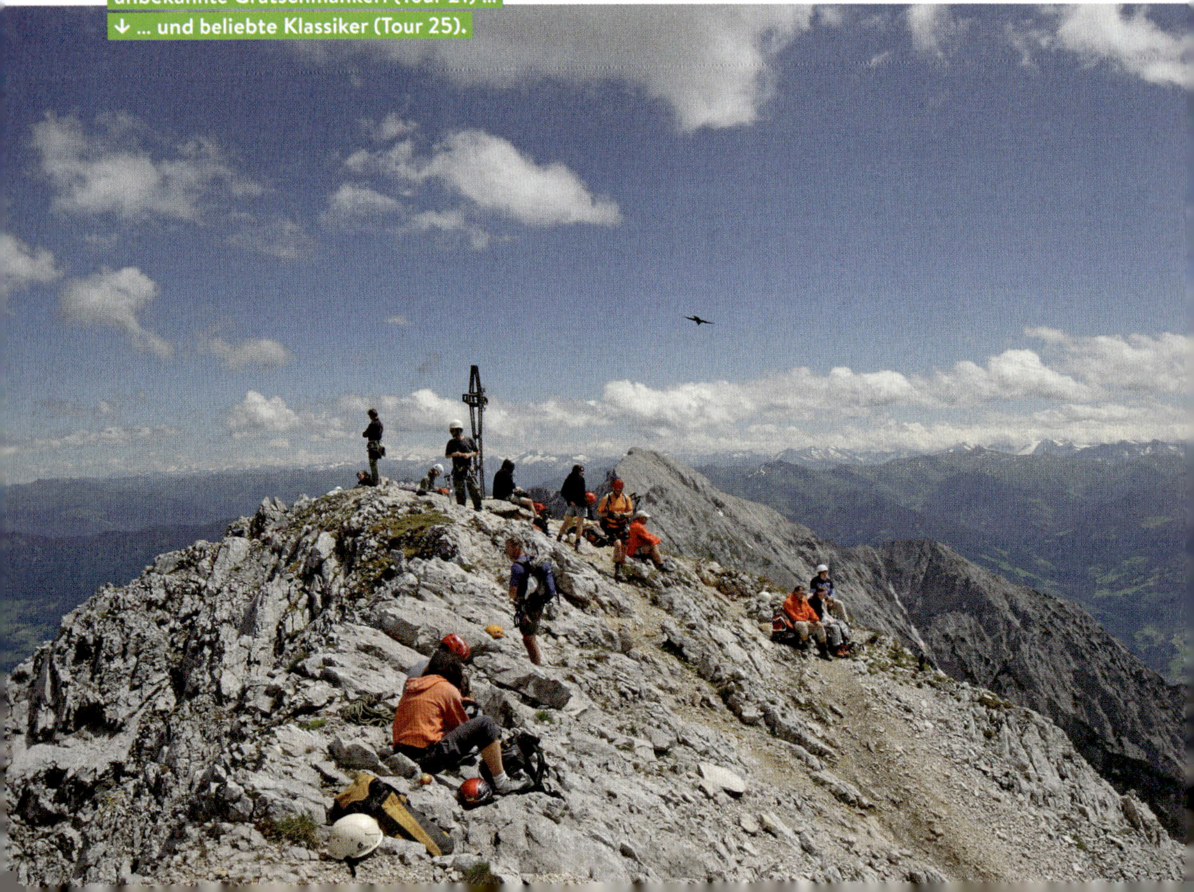

INHALT

Gemäßigte Grattouren

Ambitionierte Grattouren

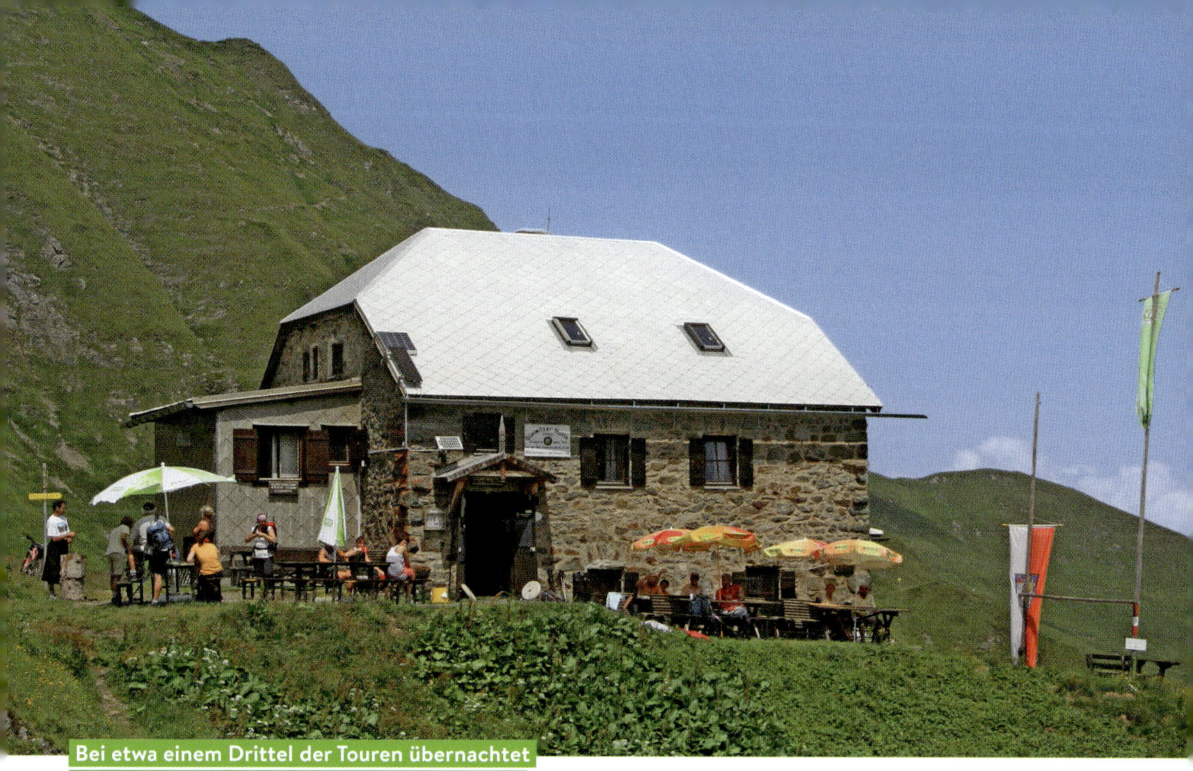

Bei etwa einem Drittel der Touren übernachtet man am besten am Vortag auf einer AV-Hütte (hier: Gleiwitzer Hütte, Tour 17).

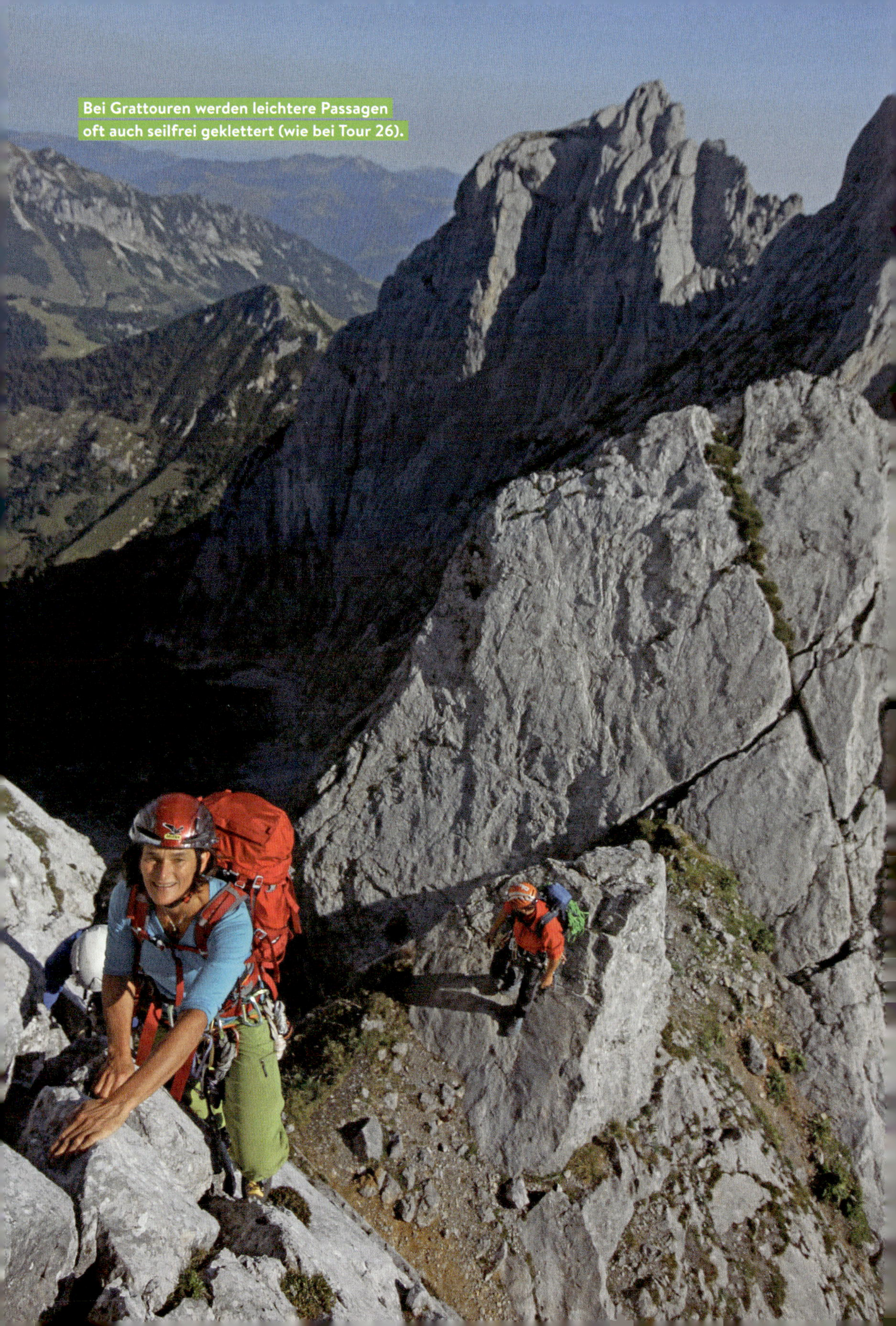

Bei Grattouren werden leichtere Passagen oft auch seilfrei geklettert (wie bei Tour 26).

Vorwort

GRANDIOSE GEHPASSAGEN MIT GRENZENLOSEN PANORAMEN, luftige Kletterstellen mit beeindruckenden Tiefblicken – nicht ohne Grund gelten Gratüberschreitungen als Königsdisziplin des Bergsteigens. Doch viele ambitionierte Bergliebhaber sind sich unsicher, ob berühmte Touren, wie etwa der Jubiläumsgrat im Wettersteingebirge oder der Biancograt in der Bernina-Gruppe, für sie machbar sind bzw. wie man den Weg dorthin am besten beschreitet. »Traumgrate der Ostalpen« möchte allen Bergsteigern diese eindrucksvolle Spielart des Bergsports näherbringen.

In drei aufeinander aufbauenden Schwierigkeitsstufen werden je zehn vergleichbare und sehr empfehlenswerte Grate präsentiert. Von Stufe zu Stufe kann man sich sozusagen »eingrooven« und sich an die jeweils nächst höheren Anforderungen heranwagen.

In der Einleitung werden wichtige, für Grattouren notwendige Kenntnisse vermittelt und auch die Gretchenfrage wird geklärt, ab wann man eigentlich ein Seil braucht. Und mit welcher Strategie man ein solches am Zeitsparendsten einsetzt.

Ein sicheres Gelingen, allzeit gutes Wetter und viel Freude beim Entdecken dieser wunderschönen Grattouren wünscht Ihnen

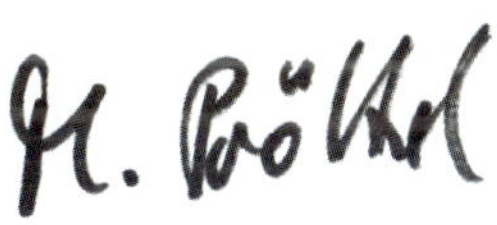

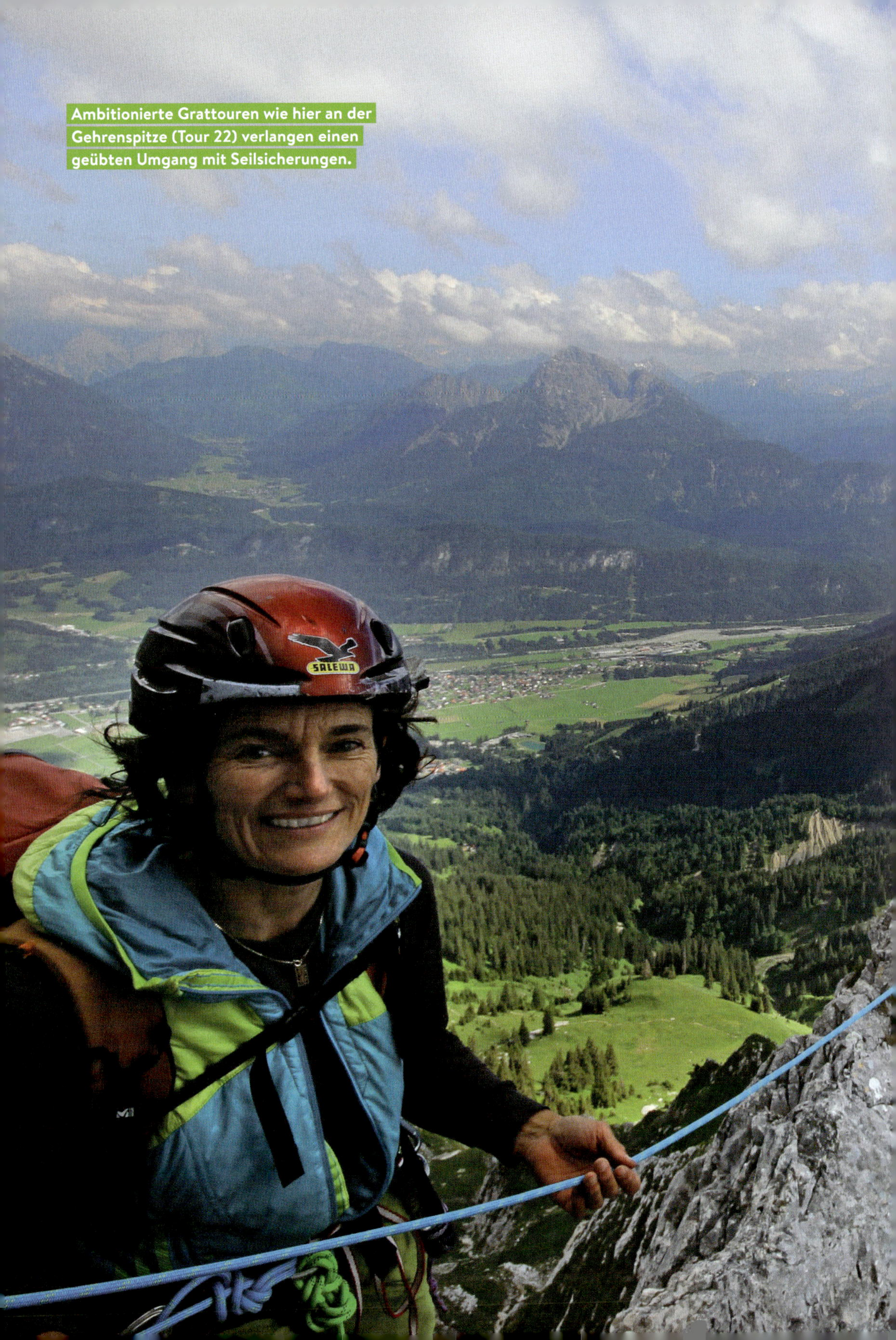

Ambitionierte Grattouren wie hier an der Gehrenspitze (Tour 22) verlangen einen geübten Umgang mit Seilsicherungen.

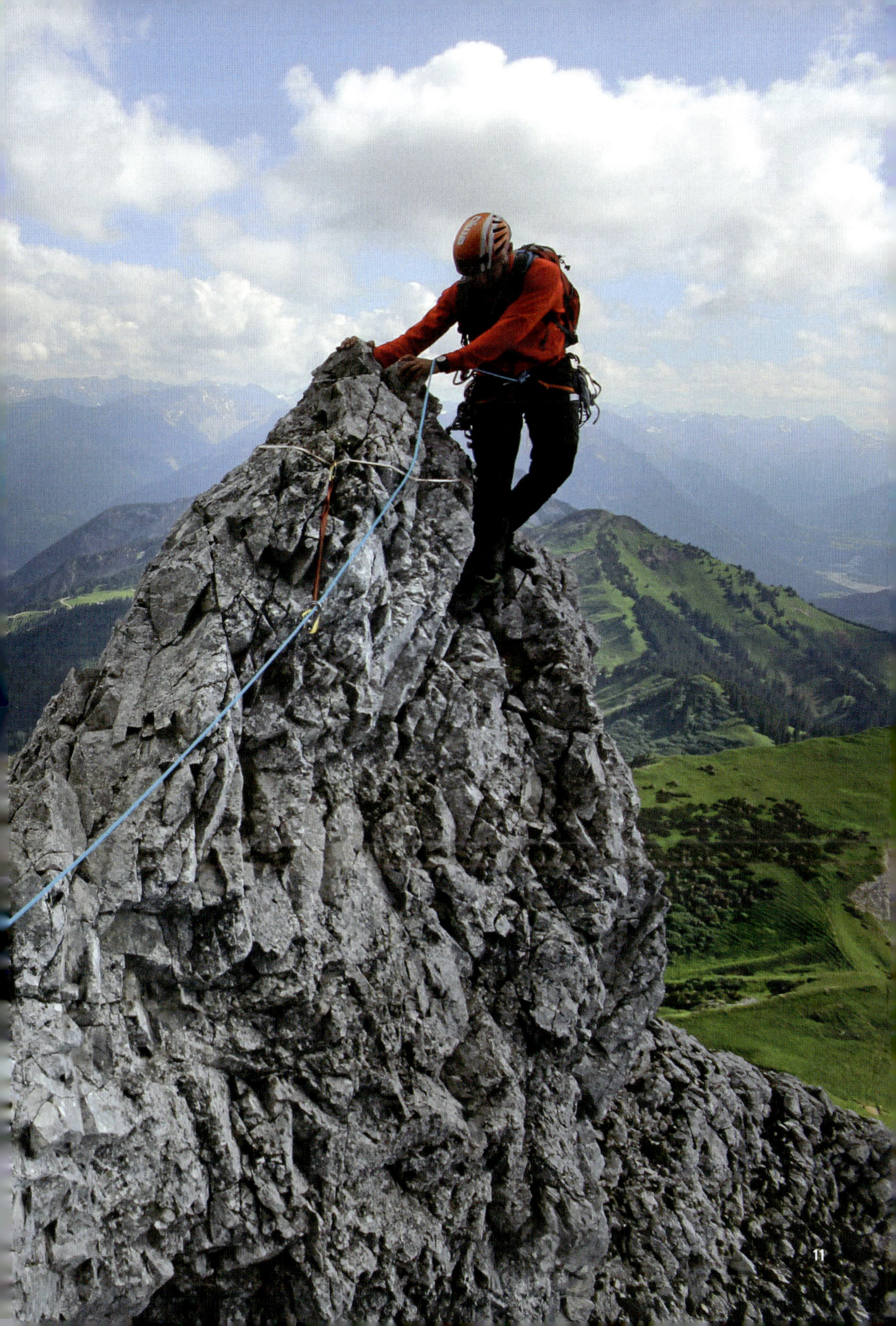

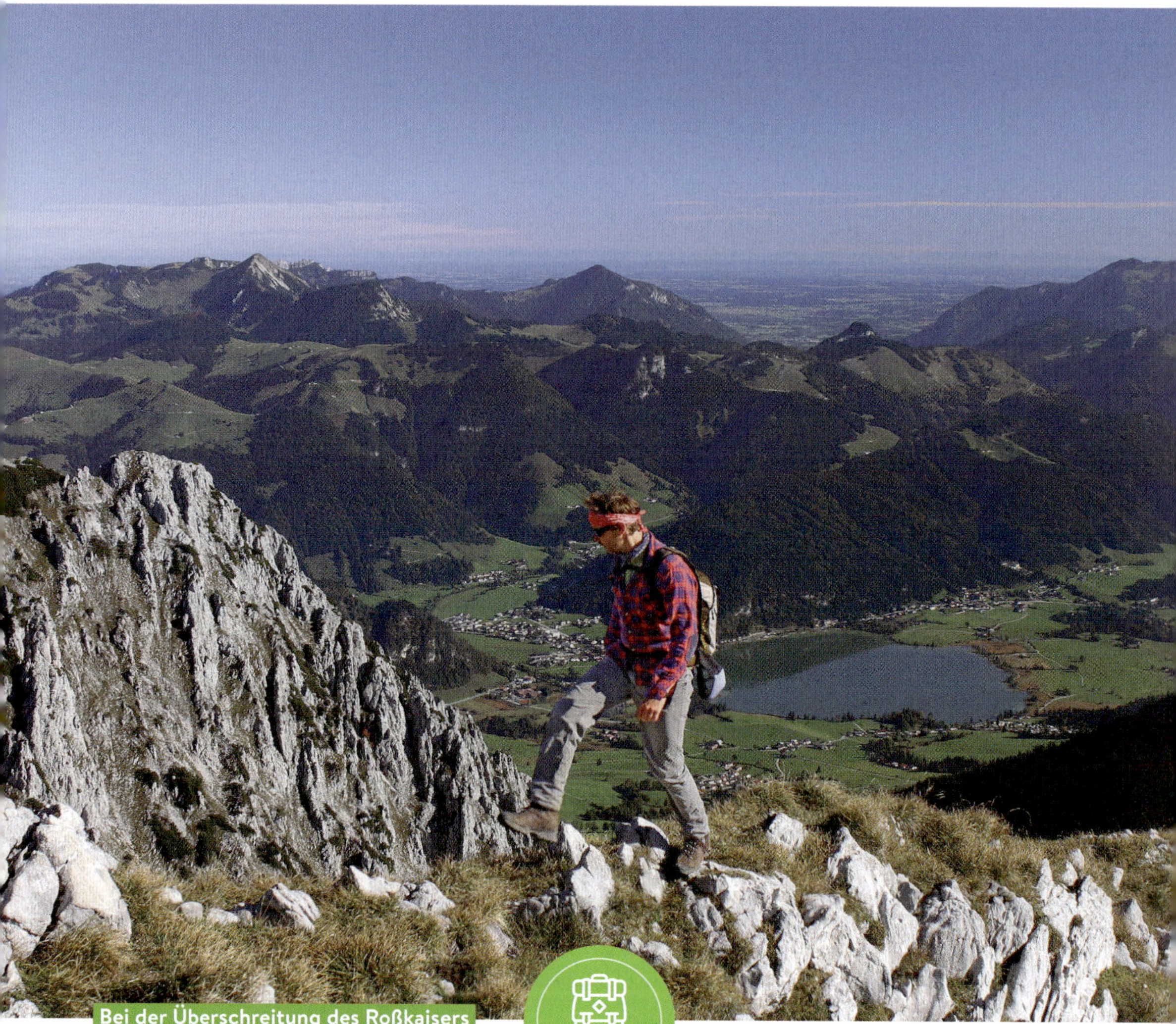

Bei der Überschreitung des Roßkaisers bieten sich schöne Blicke auf den Kaiserwinkel mit dem Walchsee (Tour 5).

Einleitung

Traumhafte Grattouren gibt es in den Ostalpen natürlich in Hülle und Fülle. Deshalb haben wir uns bei der Auswahl der Touren bemüht, Ziele vorzustellen, die von Deutschland – also von Norden her – gut zu erreichen sind. Das Ergebnis sind die vorgestellten Grattouren: einesteils in den Nördlichen Kalkalpen von den Lechtaler Alpen bis zu den Loferer Steinbergen sowie zwei Zusatzschmankerl im Triglav-Nationalpark. Zum anderen stellen wir tolle Ziele am Alpenhauptkamm von den Hohen Tauern bis zur Bernina-Gruppe vor – hier liegt mit dem Biancograt auch die einzige Schweizer Tour dieses Buchs. Und diese Sonderstellung ist mehr als berechtigt, schließlich ist der Piz Bernina mit 4049 Metern Höhe der einzige Viertausender der Ostalpen! Zudem verläuft über den Biancograt eine der schönsten und beeindruckendsten Grattouren der gesamten Alpen.

GRATTOUREN ... STEP BY STEP

Die drei Teile dieses Führers – zu jeweils zehn Zielen – sind folgendermaßen gegliedert:

TEIL 1 stellt **»Grattouren für Einsteiger«** bis Schwierigkeitsstufe II (UIAA) bzw. Schwierigkeitsstufe A/B in der Klettersteigskala vor. Die jeweiligen Skalen werden am Ende der Einführung vorgestellt.

TEIL 2 beinhaltet **»Gemäßigte Grattouren«** bis Schwierigkeitsstufe III (UIAA) bzw. Schwierigkeitsstufe C/D in der Klettersteigskala. Bei einer der Touren gelangt man aufgrund von Gletscherkontakt bereits in den Hochtourenbereich.

TEIL 3 führt schließlich zu **»Ambitionierten Grattouren«** bis Schwierigkeitsstufe IV–V (UIAA). Bei diesen Touren kommen so gut wie keine Klettersteigpassagen, dafür aber zweimal Gletscherpassagen vor.

In den 30 Touren-Infokästen findet man neben den jeweiligen Schwierigkeitsangaben natürlich auch Angaben zu Dauer der Tour, den Höhenmetern und der Wegstrecke in Kilometern. Zudem wird jeweils auf den Charakter der Tour und auf die notwendige Ausrüstung eingegangen.

Sogenannte Topos, also grafische Darstellungen von Kletterrouten, wie sie in reinen Kletterführen üblich sind, finden in diesem Buch keine Berücksichtigung, da bei langen Grattouren eine Einteilung in konkrete Seillängen nicht unbedingt sinnvoll ist. Auch wenn man das Seil bei den Touren in Teil 2 und Teil 3 bereits aus dem Rucksack genommen hat, wird man viele Passagen seilfrei bzw. am laufenden Seil absolvieren, um möglichst viel Zeit zu sparen.

↓ Grattouren sind sehr gut für die Balance (Tour 6). ↘ Steinmänner sind eine wertvolle Orientierungshilfe (Tour 5).

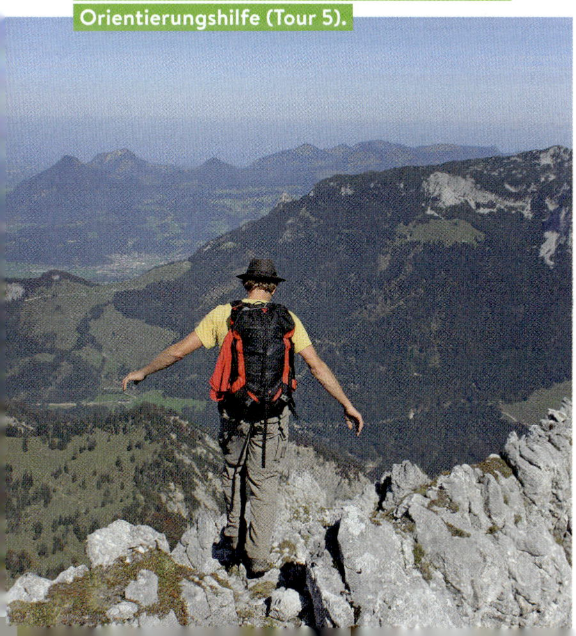

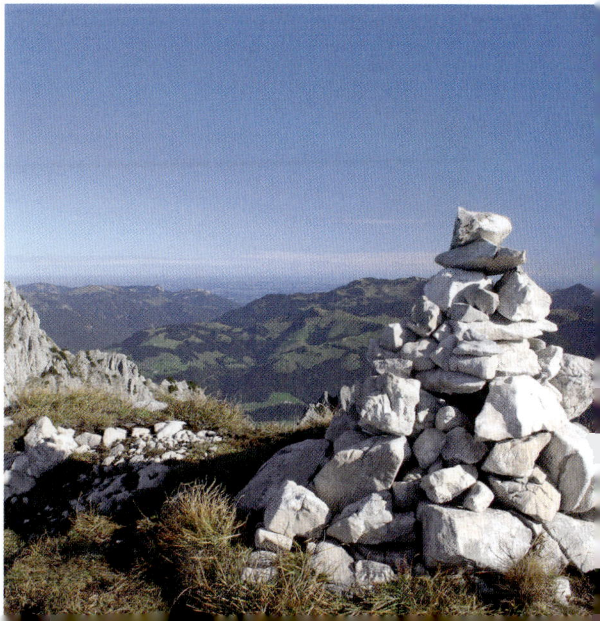

ANFORDERUNGEN »EINSTEIGER-GRATTOUREN«

Bei den ersten zehn Touren des Buchs wird noch keine Seilausrüstung benötigt. Alllerdings ist bei der einen oder anderen Tour aber bereits ein Klettersteigset empfehlenswert, was dort jeweils angegeben wird. Zudem sind für alle Grattouren dieses Buchs Trittsicherheit und Schwindelfreiheit erforderlich, denn spektakuläre Tiefblicke machen Grattouren ja gerade aus. Zudem muss man über eine solide Grundkondition verfügen, denn es handelt sich meist um tagesfüllende Angelegenheiten – die zu bewältigenden Höhenmeter (pro Tag) liegen zwischen 1000 und 1500.

Für alle Grattouren, auch für die Touren im ersten Teil, ist zudem eine stabile Wetterlage sehr wichtig, denn bei diesen Unternehmungen bewegt man sich naturgemäß in exponiertem Gelände – kein idealer Platz bei Blitz und Donner! Im weiteren Verlauf der Einleitung wird noch genauer darauf eingegangen, wie man das Bergwetter am besten einschätzen kann.

Spätestens ab dem IV. Schwierigkeitsgrad sollte man eine komplette Kletterausrüstung mit dabeihaben.

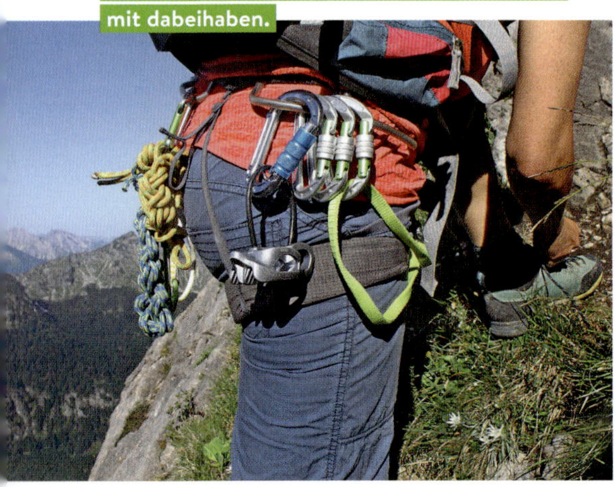

Info

UIAA-SCHWIERIGKEITSSKALA KLETTERN (BIS V)

I = Geringe Schwierigkeiten, einfachste Form der Felskletterei. Die Hände sind zur Unterstützung des Gleichgewichts erforderlich. Schwindelfreiheit ist bereits erforderlich.
II = Mäßige Schwierigkeiten. Hier beginnt die Kletterei, die eine »Drei-Punkte-Haltung« erforderlich macht.
III = Mittlere Schwierigkeiten. Geübte und erfahrene Kletterer können Passagen dieser Schwierigkeit noch ohne Seilsicherung bewältigen. Senkrechte Stellen verlangen bereits Kraftaufwand.
IV = Große Schwierigkeiten. Klettererfahrung notwendig. Längere Kletterstellen bedürfen meist mehrerer Zwischensicherungen. Auch geübte und erfahrene Kletterer bewältigen Passagen dieser Schwierigkeit gewöhnlich nicht mehr ohne Seilsicherung.
V = Sehr große Schwierigkeiten. Zunehmende Anzahl an Zwischensicherungen ist die Regel. Erhöhte Anforderungen an körperliche Voraussetzungen, Klettertechnik und Erfahrung

ANFORDERUNGEN »GEMÄSSIGTE GRATTOUREN«

Da bei den hier vorgestellten Touren der III. Schwierigkeitsgrad (UIAA) erreicht wird, sollte man bereits ein Seil mit dabeihaben und auch damit umgehen können. Wer die ersten zehn Touren dieses Buchs gemeistert hat, sich aber in Sicherungstechniken nicht auskennt, muss daher einen entsprechenden Kurs bei einer Bergschule oder als Alpenvereinsmitglied bei seiner Sektion besuchen! Ganz wichtig dabei: das Auffinden von Standplätzen und der Standplatzbau, der gerade an Grattouren sehr vielfältig sein kann.

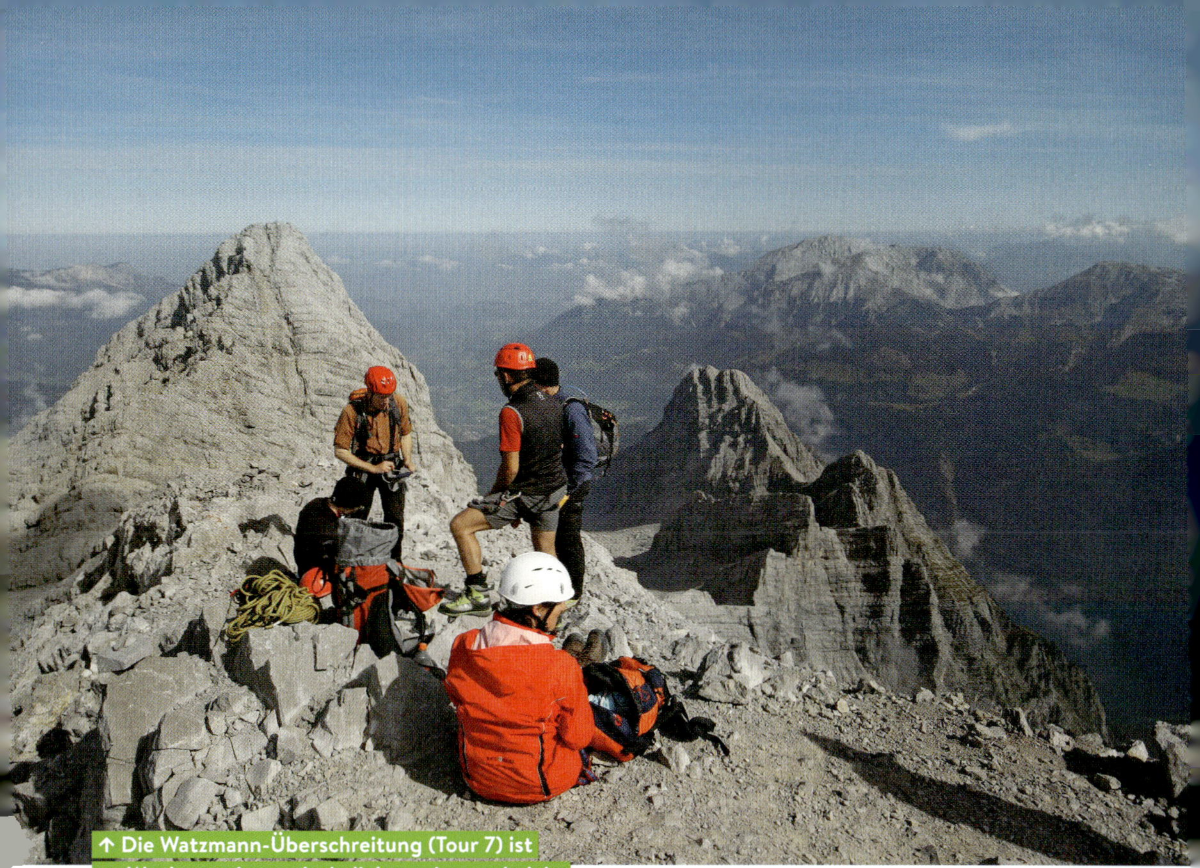

↑ Die Watzmann-Überschreitung (Tour 7) ist an Wochenenden recht beliebt … ↓ … und nicht durchgehend mit Stahlseilen versichert!

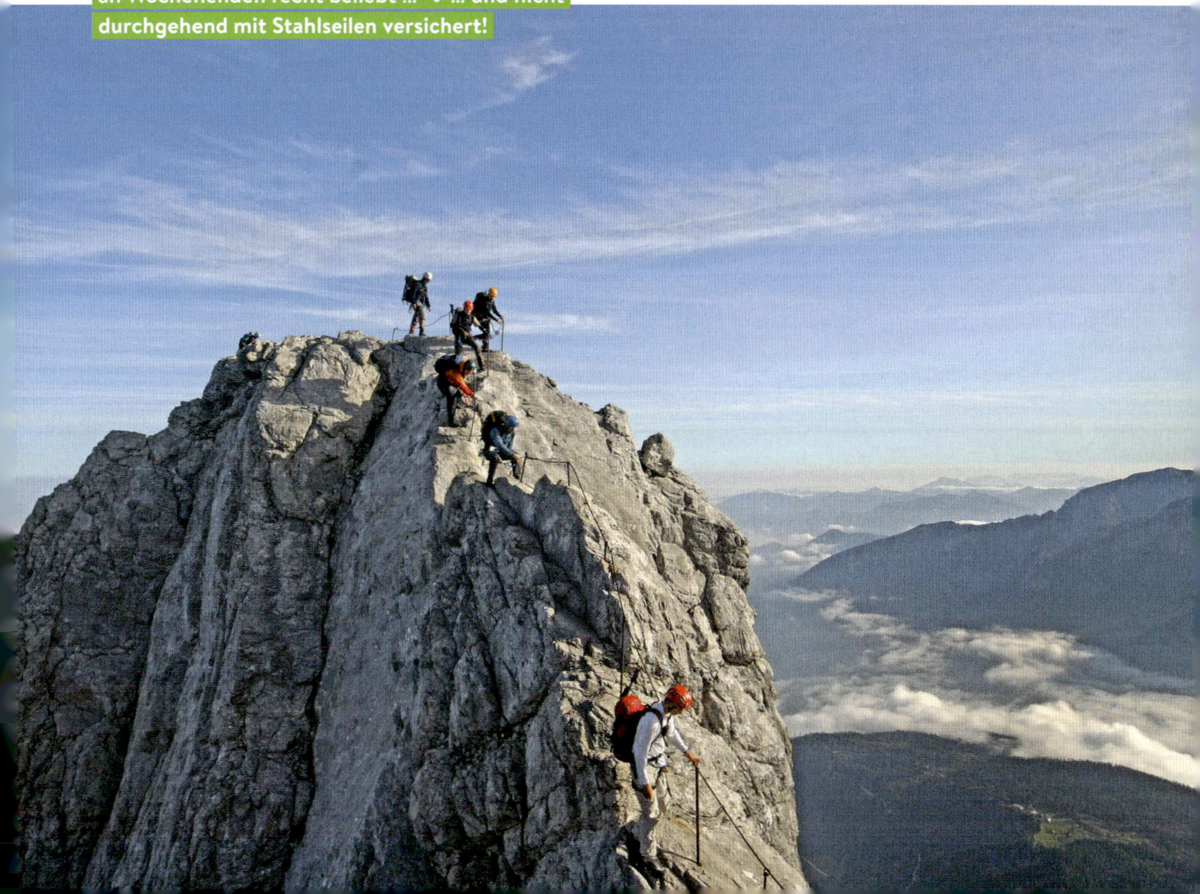

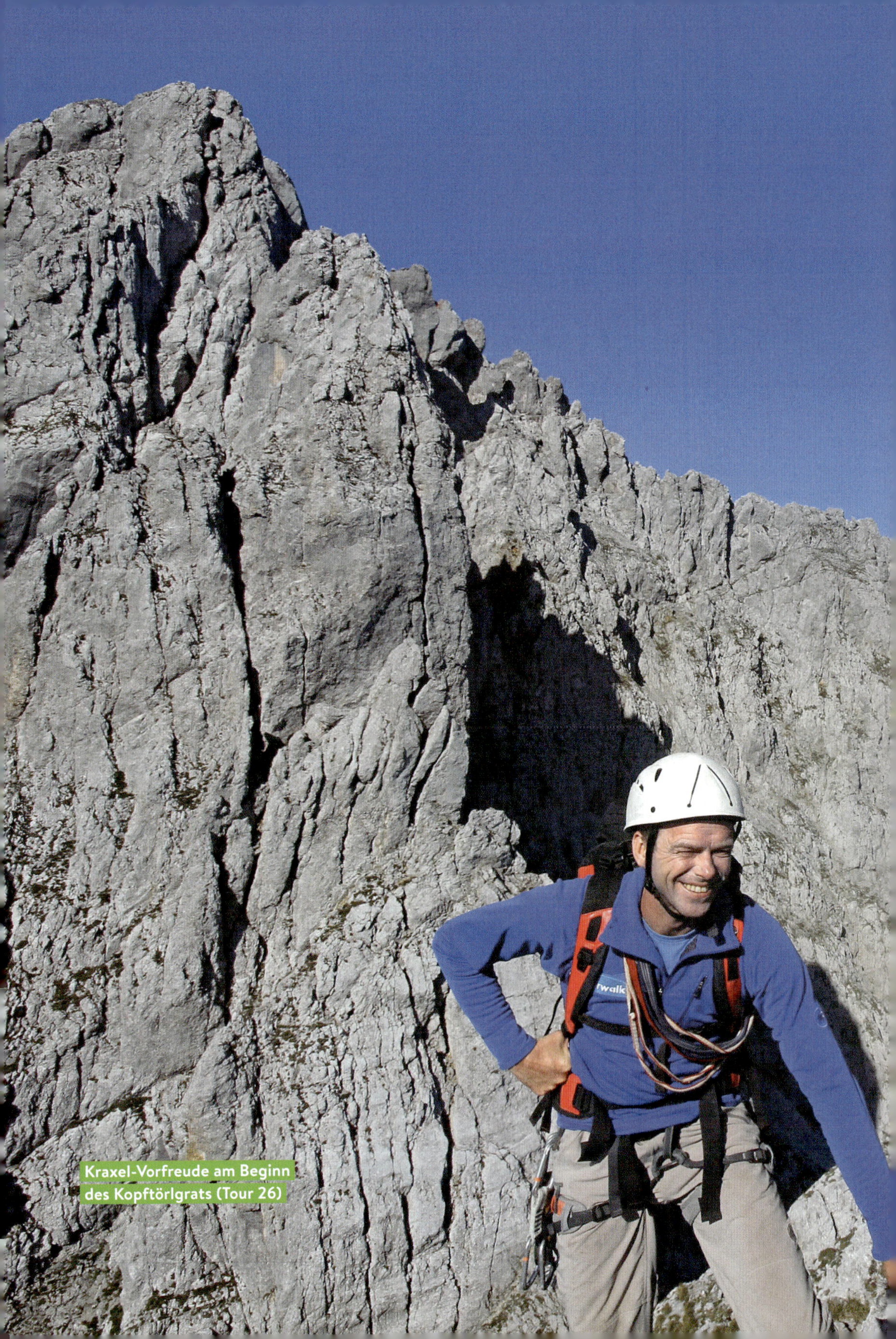

Kraxel-Vorfreude am Beginn des Kopftörlgrats (Tour 26)

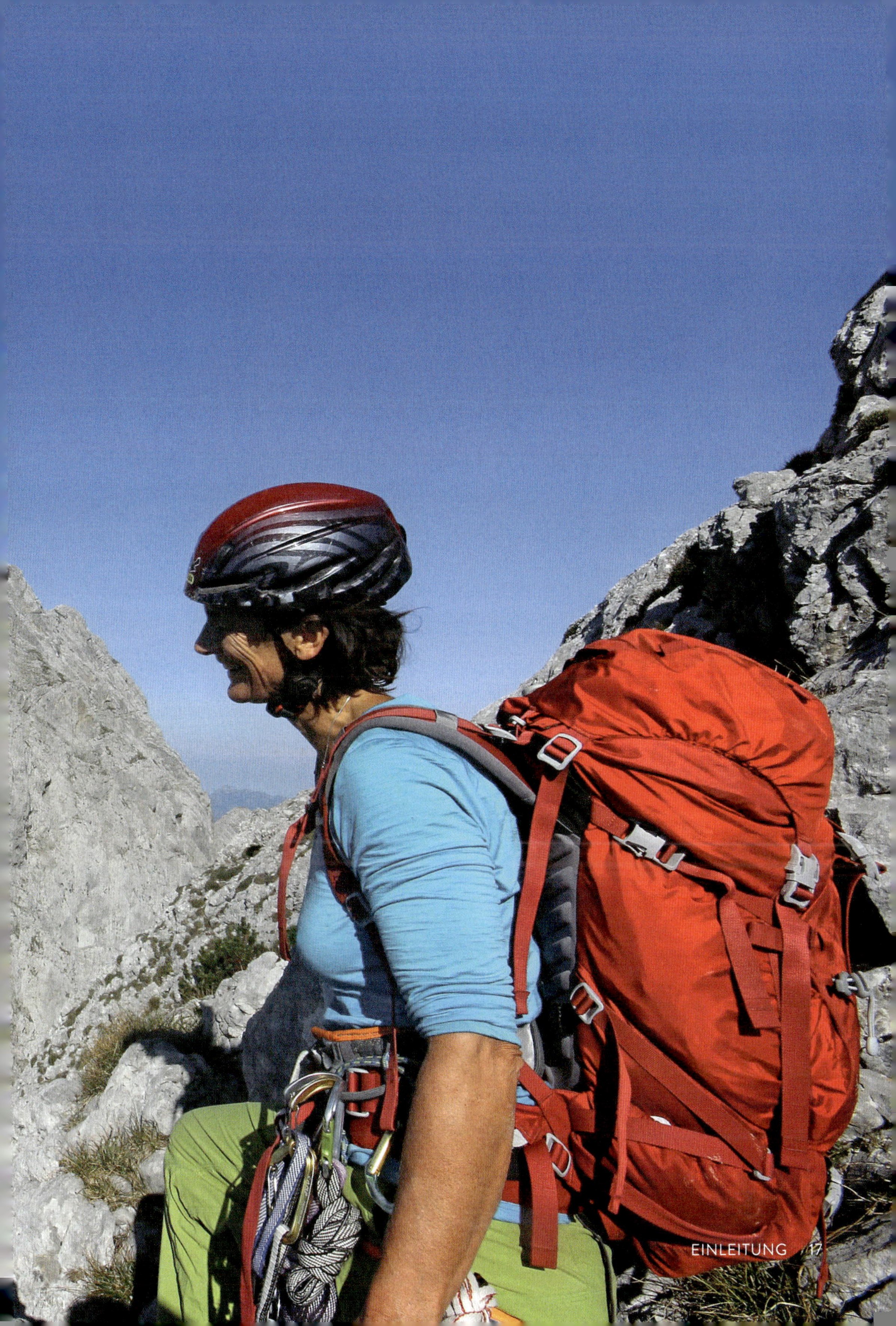

Neben (mittlerweile recht oft vorhandenen) gebohrten Ringhaken kann man auf Grattouren oft sehr gut mit Bandschlingen an Felsköpfen oder auch an dicken Latschenwurzeln sichern. Sollten die eigenen Kenntnisse allerdings nicht ausreichen, bietet sich immer als Alternative die Buchung eines Bergführers an.

Auch bei den Touren im III. Schwierigkeitsgrad wird man (wie z. B. am Aggenstein oder am Apostelgrat) leichtere Passagen am besten, weil am zügigsten, seilfrei klettern. Dabei ist es manchmal sogar schneller und sicherer, das Seil im Gehgelände bzw. im leichten Fels wieder im Rucksack zu verstauen, als angeseilt zu bleiben, also »am laufenden Seil« weiterzugehen.

*Generell gilt: Spätestens, wenn sich ein*e Teilnehmer*in beim seilfreien Klettern nicht mehr wohlfühlt, wird angeseilt und gesichert!*

WICHTIG Bei zwei der **»Gemäßigten Grattouren«** werden manche Passagen abgeseilt (im Infokasten jeweils angegeben), was man unbedingt zuvor geübt haben muss.

Hier werden auch einige Touren vorgestellt, wie z. B. der Gleiwitzer Höhenweg, der Jubiläumsgrat oder der Mandlgrat, bei denen man kein Seil, wohl aber ein Klettersteigset für schwerere, mit Stahlseilen gesicherte Passagen mitnehmen sollte. Zudem wird mit dem Hintergrat am Ortler bereits Gletschergelände betreten (s. dazu die Anmerkungen im nächsten Abschnitt).

Panorama-Pause am großartigen Jubiläumsgrat im Wettersteingebirge (Tour 13)

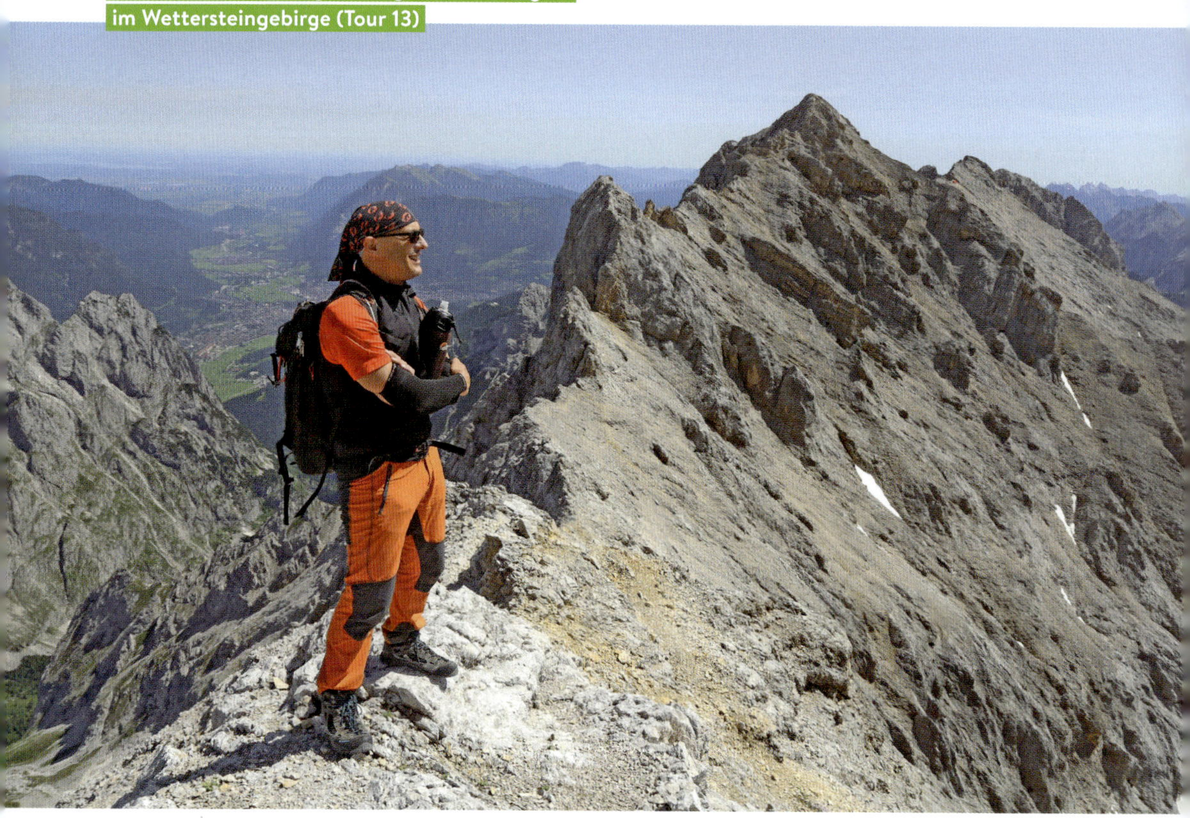

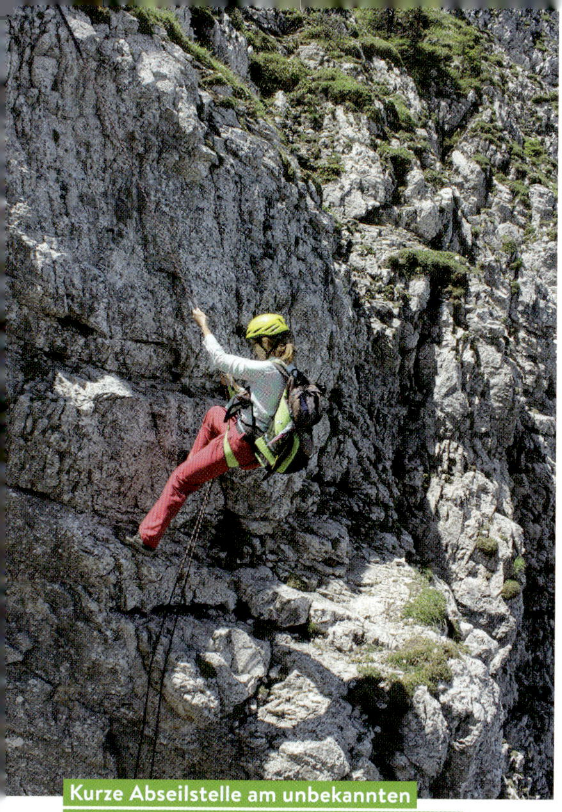

Kurze Abseilstelle am unbekannten Apostelgrat im Ammergebirge (Tour 12)

ANFORDERUNGEN »AMBITIONIERTE GRATTOUREN«

Im dritten Teil dieses Buchs werden bei den zu bewältigenden Herausforderungen im zumeist IV. Schwierigkeitsgrad (der V. Grad wird nur bei zwei Touren an kurzen Passagen erreicht) selbst erfahrenere Bergfexe immer angeseilt unterwegs sein. Auch hierbei können sich Kletterpassagen, wie z. B. an der Ehrwalder Sonnenspitze, mit Passagen im alpinen Gehgelände abwechseln, und selbst am durchwegs felsigen Köpftörlgrat sollte man wegen seiner Länge idealerweise nicht die ganze Strecke durchsichern – sonst bekommt man mit größter Sicherheit ein Zeitproblem.

Bei vier der vorgestellten Touren für Ambitionierte müssen manche Passagen abgeseilt werden (dort im Infokasten angegeben) – für den reibungslosen Ablauf ist Erfahrung in diesem Bereich unabdingbar!

Bei den von den Gesamtanforderungen her anspruchsvollsten Touren dieses Buchs (Ortler/Hintergrat und Piz Bernina/Biancograt) ist man in teils spaltenreichem

Info

SCHWIERIGKEITSSKALA KLETTERSTEIG

A = Leicht. Kletterschwierigkeit I–II (UIAA), oft eine Wanderung, nur bei exponierten Stellen mittels Geländer stahlseilversichert. Meist sind jedoch keine Sicherungen vorhanden, die Tour kann von untrainierten, aber trittsicheren Wanderern problemlos gemeistert werden.

B = Mäßig schwierig. Kletterschwierigkeit II–III (UIAA), bereits steileres Felsgelände, das mittels Trittstiften, Stahlseilen und Ketten gesichert ist. Leitern werden länger und steiler, eine gewisse Armkraft ist Voraussetzung, bei Seilbrücken ist Geschicklichkeit erforderlich.

C = Schwierig. Kletterschwierigkeit III–IV (UIAA), sehr steiles Felsgelände mit meist senkrechten Passagen oder leichten Überhängen, die mittels Leitern, Trittstiften und Klammern versehen sind. Die Abstände zwischen Trittstiften oder Klammern werden größer, sehr viel Kraft ist erforderlich und Selbstsicherung in der Regel notwendig.

D = Sehr schwierig. Kletterschwierigkeit V (UIAA), meist senkrechter Fels mit wenigen Raststellen. Oft nur mit Drahtseil versichert, Trittstifte und Eisenklammern können fehlen – falls vorhanden, sind die Abstände dazwischen sehr groß, sehr viel Kraft erforderlich, Selbstsicherung notwendig.

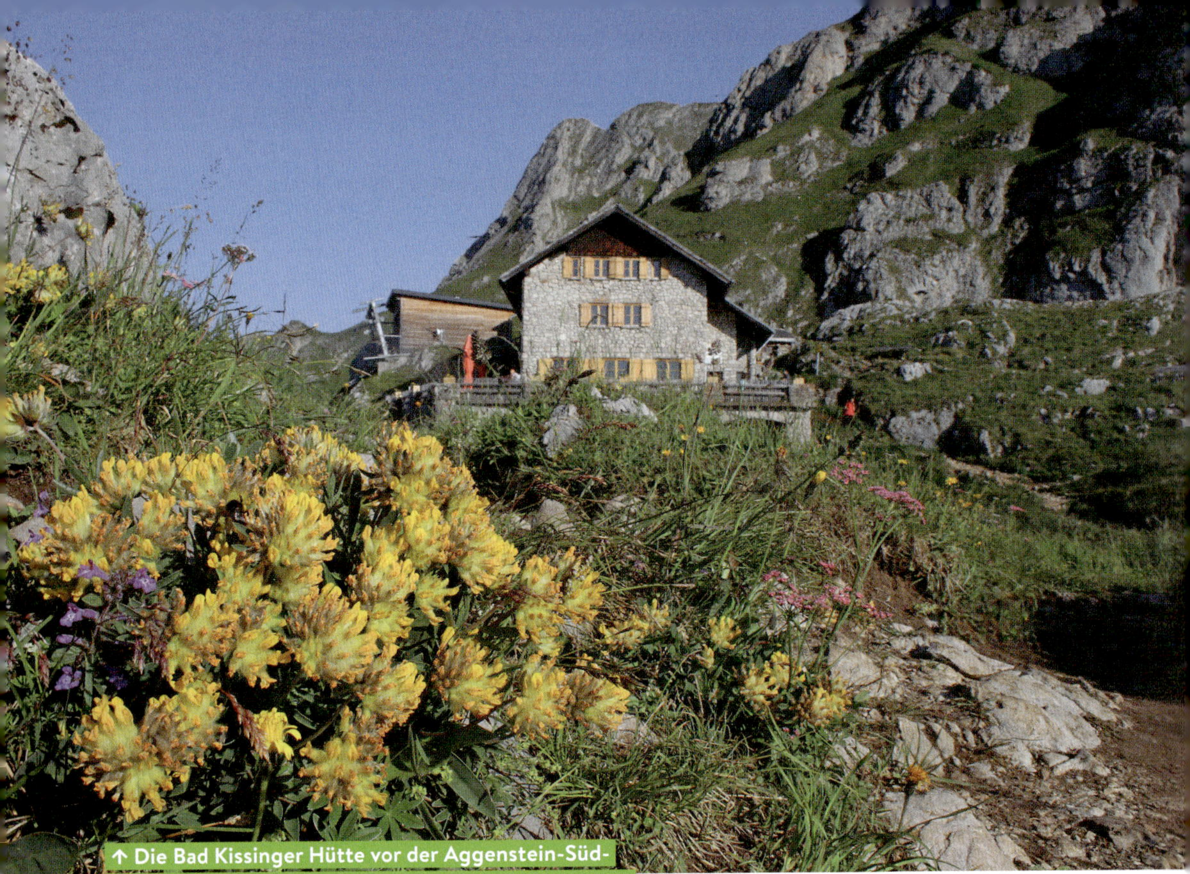

↑ Die Bad Kissinger Hütte vor der Aggenstein-Südwestkante (Tour 11) ↓ Gehpassage am Zwölf-Apostel-Grat über dem Forggensee (Tour 12)

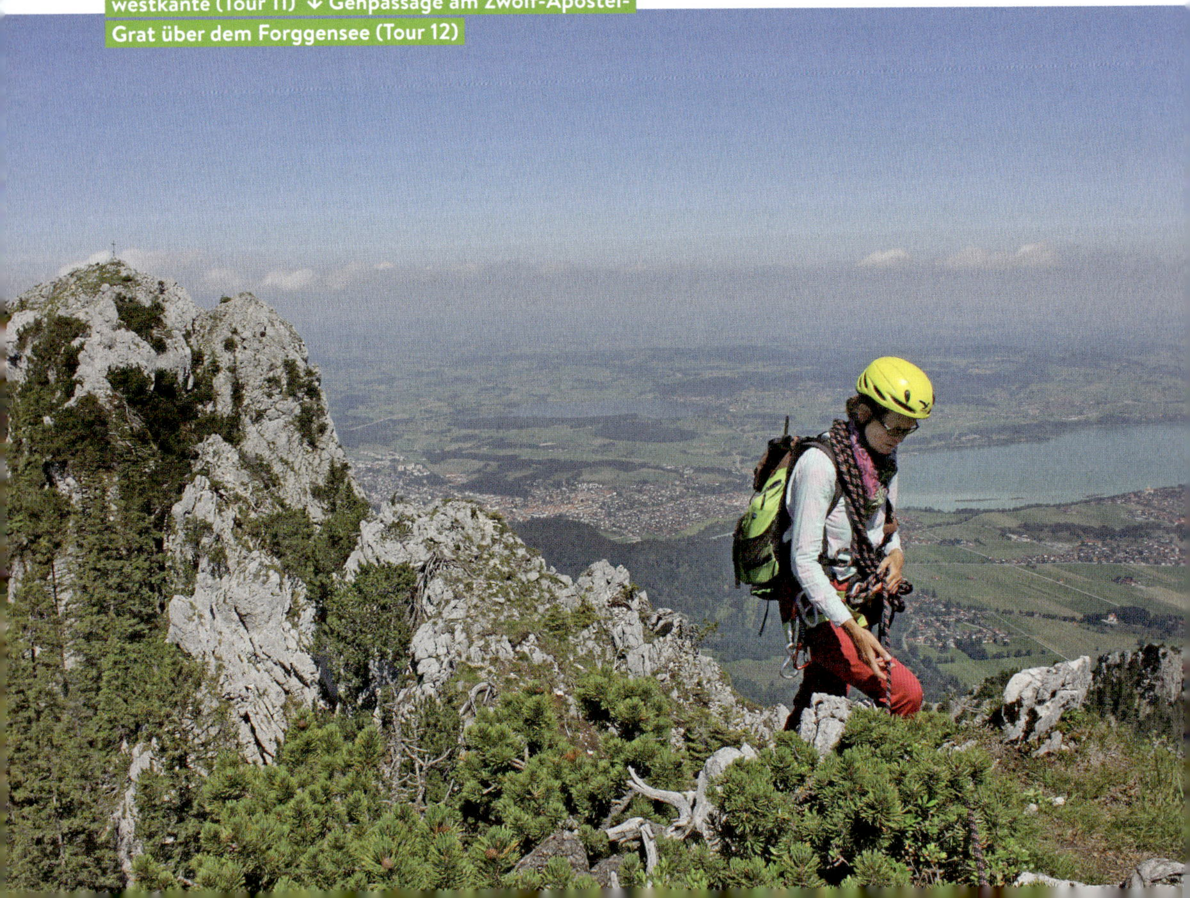

Gletschergelände unterwegs; die dort angegebene Schwierigkeitsbewertung »ZS« steht für »ziemlich schwierig« und entspricht der Schweizer SAC Berg- und Hochtourenskala. Bei diesen Touren muss man zur Seil- noch eine Hochtourenausrüstung (Pickel, Steigeisen, Eisschrauben) mit dabeihaben. Eine entsprechende Ausbildung und Erfahrung für die Bewältigung dieser Touren ist unerlässlich! Alternativ kann man auch einen Bergführer buchen, sollte aber nichtsdestotrotz über eine solide Grundkondition und Erfahrung im Bergsteigen verfügen.

GRATTOUREN UND WETTERBEDINGUNGEN

Da Grattouren von Natur aus in exponiertem Gelände verlaufen, muss bei allen vorgestellten Unternehmungen stabiles Bergwetter ohne Gewittergefahr herrschen! Deswegen macht es bei der Sommer-Terminplanung großen Sinn, sich für seine Traumgrate mehrere Tage bzw. Wochenenden im Voraus freizuhalten.

In der Regel werden sowohl Wärmegewitter (die meist im Hochsommer auftreten) als auch Frontgewitter (die das ganze Jahr über auftreten können) von den Wetterdiensten ab etwa zwei Tage im Voraus gut prognostiziert. Auf jeden Fall ist am Vortag der aktuellste Wetterbericht einzuholen. Hier ist nach wie vor der Alpenverein-Wetterbericht (alpenverein.de/DAV-Services/Bergwetter) sehr zu empfehlen, der täglich ab 15 Uhr im Internet zu finden ist. Zusätzlich ist der DAV-Bergbericht des Autors für den Deutschen Alpenverein für die Berg-Wochenendplanung äußerst hilfreich (alpenverein.de/thema/bergbericht).

Da normalerweise im Herbst Gewitter seltener auftreten, sind September und Oktober interessante Monate für Grattouren. Allerdings können die Temperaturen dann schon recht kühl sein, und spätestens ab Mitte Oktober sind die Tage auch schon recht kurz. Zudem können ab September die ersten Schneefälle im Hochgebirge einsetzen …

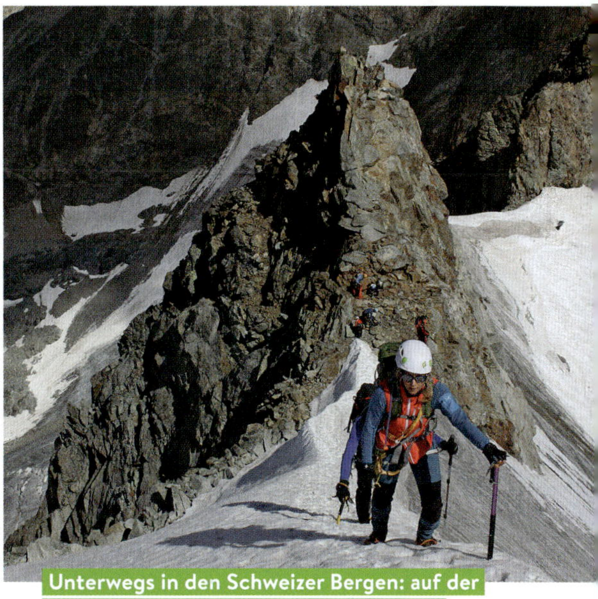

Unterwegs in den Schweizer Bergen: auf der Himmelsleiter des Biancograts (Tour 30)

Was zum nächsten Punkt führt: Felsen und schmale, ausgesetzte Passagen sollten bei Grattouren möglichst trocken und schneefrei sein!

Um die aktuelle Situation richtig einschätzen zu können, sind Webcams eine hervorragende Hilfe. Eine sehr große Zusammenstellung von Aufnahmeorten in den Alpen findet man u. a. auf foto-webcam.eu. Wenn eine Tour mit einer Hüttenübernachtung verbunden ist oder wenn eine Alpenvereinshütte in der Nähe liegt, geben auch die jeweiligen Wirte meist kompetente Auskünfte über eine eventuelle Schneelage. Auch im DAV-Bergbericht findet man aktuelle Einschätzungen der Tourenverhältnisse.

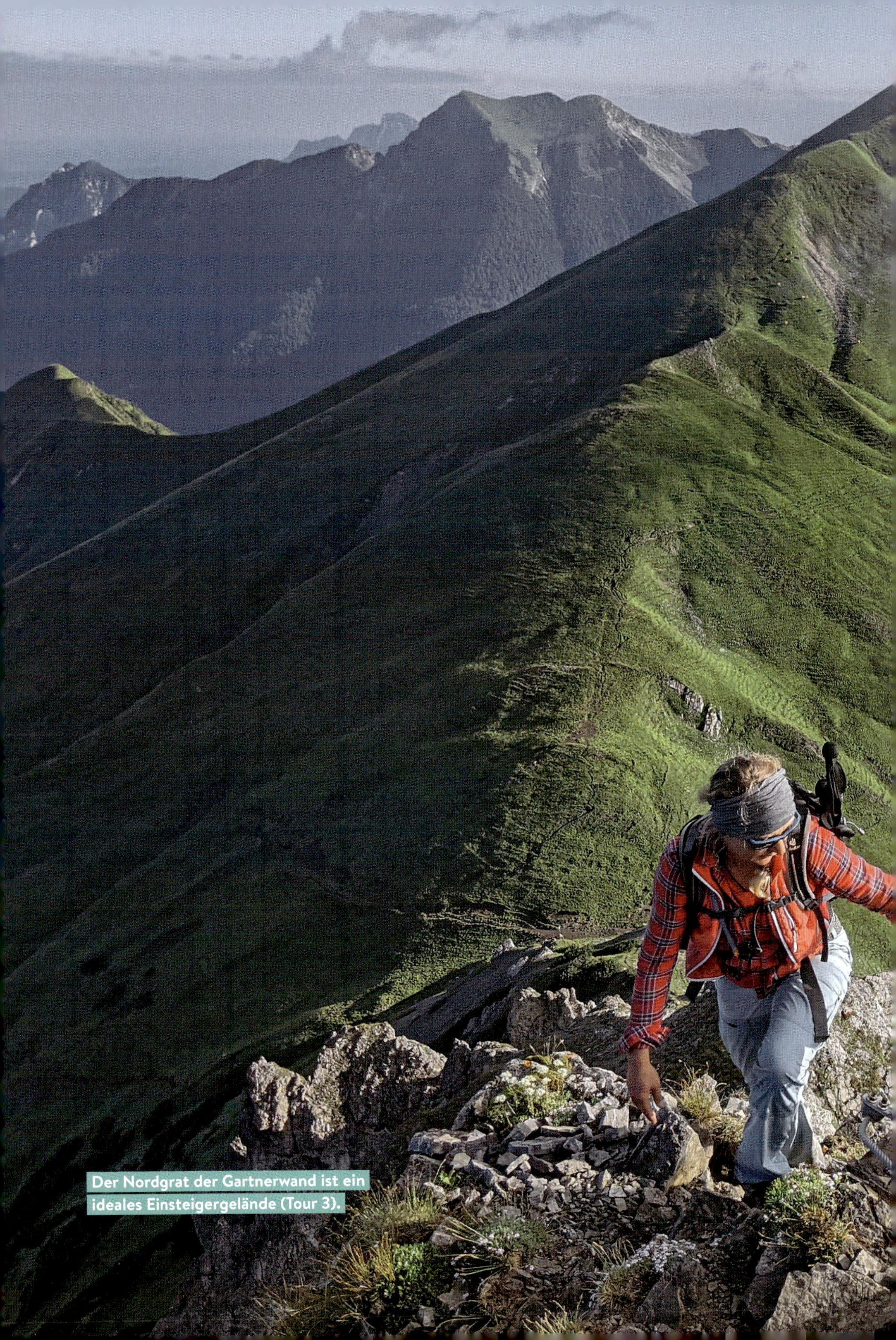

Der Nordgrat der Gartnerwand ist ein ideales Einsteigergelände (Tour 3).

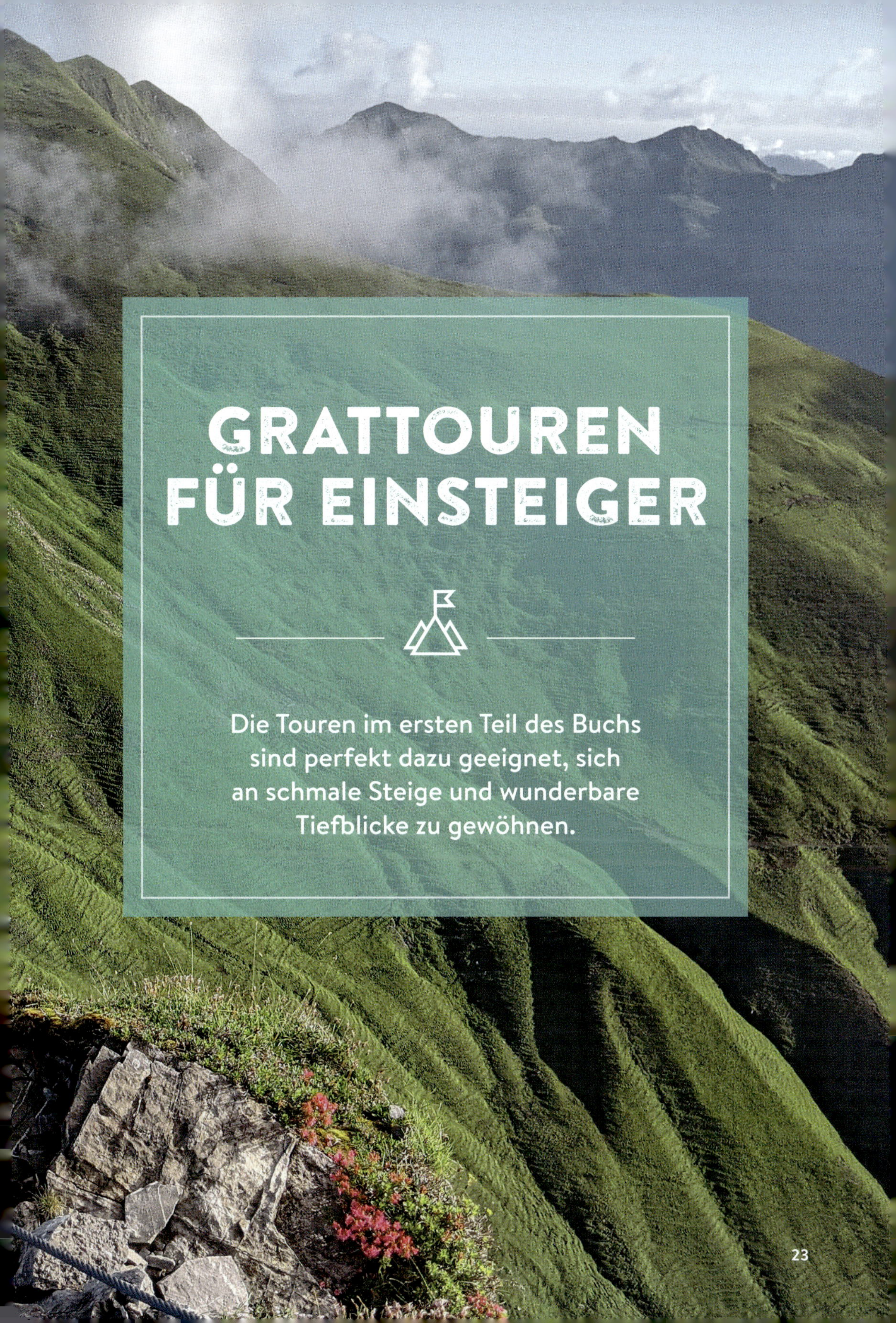

GRATTOUREN FÜR EINSTEIGER

Die Touren im ersten Teil des Buchs sind perfekt dazu geeignet, sich an schmale Steige und wunderbare Tiefblicke zu gewöhnen.

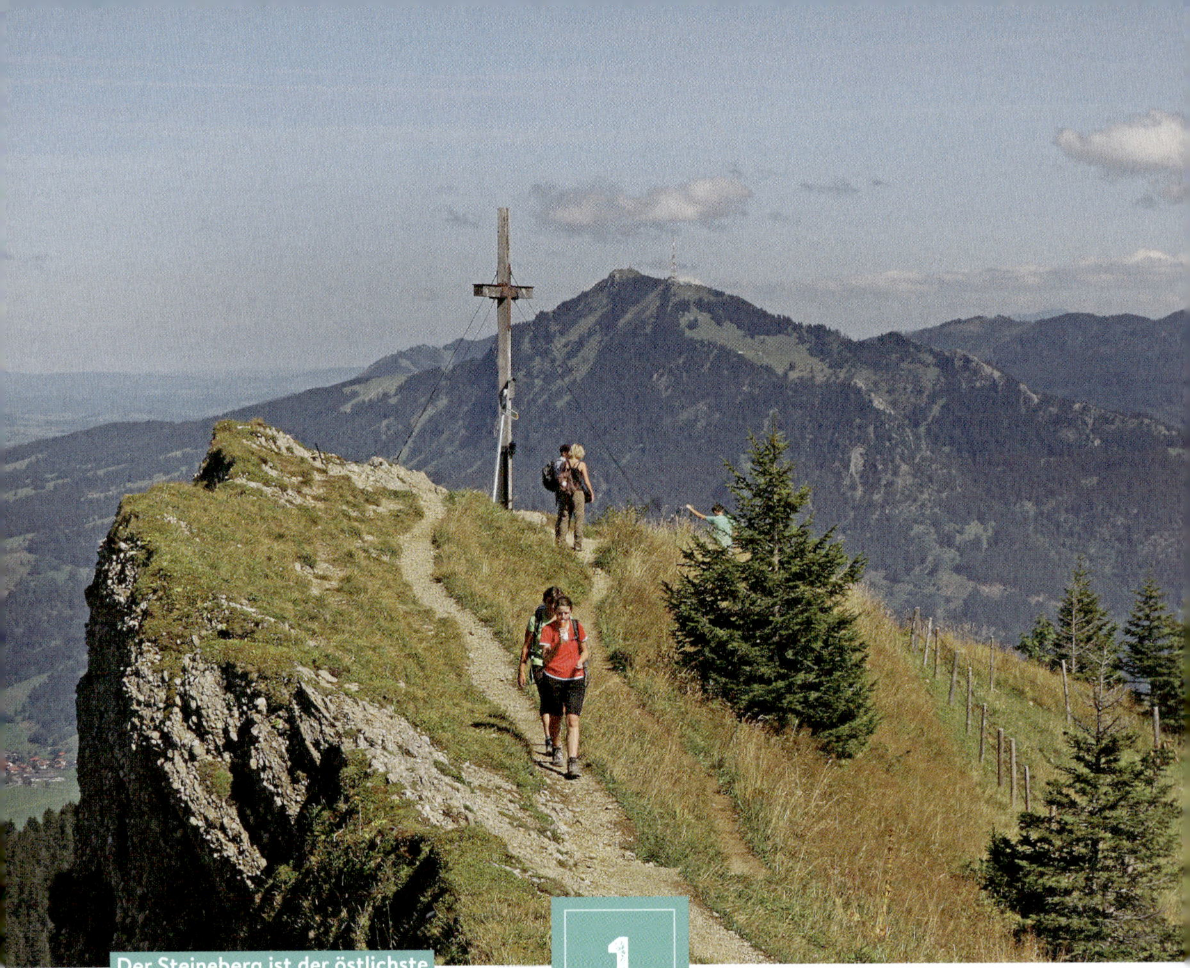

Der Steineberg ist der östlichste Gipfel der Nagelfluhkette.

1

Überschreitung der Nagelfluhkette

Die vielleicht schönste Kammwanderung am deutschen Alpenrand

»Die Wanderung über die Nagelfluhkette zählt zu den schönsten Bergtouren des westlichen Allgäus.« In Sachen Understatement sind die Onlineredakteure der Hochgrat-Seilbahn Weltmeister – »des westlichen Allgäus« darf man getrost gegen »des gesamten deutschen Alpenrands« austauschen, denn auf welcher Kammtour kann man sowohl die Zugspitze als auch den Bodensee sehen und dabei noch fünf Gipfel überschreiten?

VOR ALLEM ABER ist die zwischen Oberstaufen und Immenstadt aufragende Nagelfluhkette quasi eine Ideallinie, um in die faszinierende Welt der Grattouren einzusteigen. Wie in der Einleitung versprochen, gehen wir die Sache gemütlich an. So verläuft der Großteil der Überschreitung im reinen Gehgelände, und dennoch kann man an einigen ausgesetzten Passagen auch schon seine Schwindelfreiheit testen, denn nach Norden hin fällt der beeindruckende Nagelfluhfels oft senkrecht, teils sogar überhängend ab. Bei diesem besonderen Konglomerat-Gestein handelt es sich um runde Kiesel, die durch Kalziumkarbonat miteinander verkittet sind. Einige dieser felsigen Passagen sind mit Stahlseilen gut versichert.

Auf der langen Kammtour wechseln sich Wiesengelände und Felspassagen immer wieder ab.

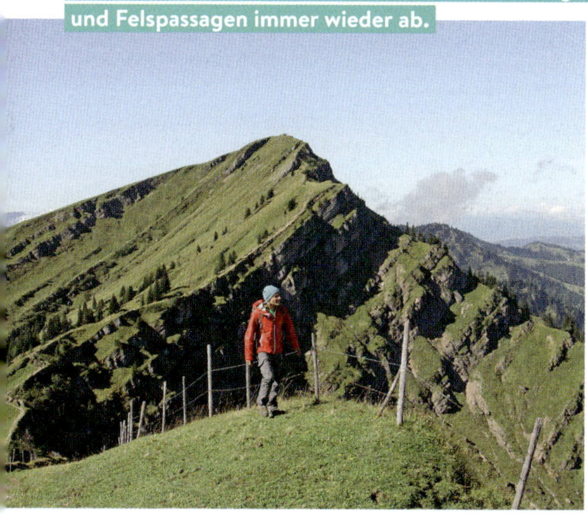

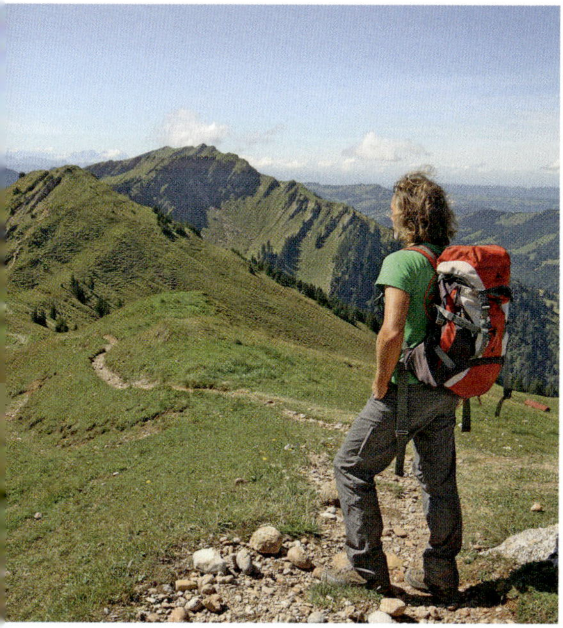

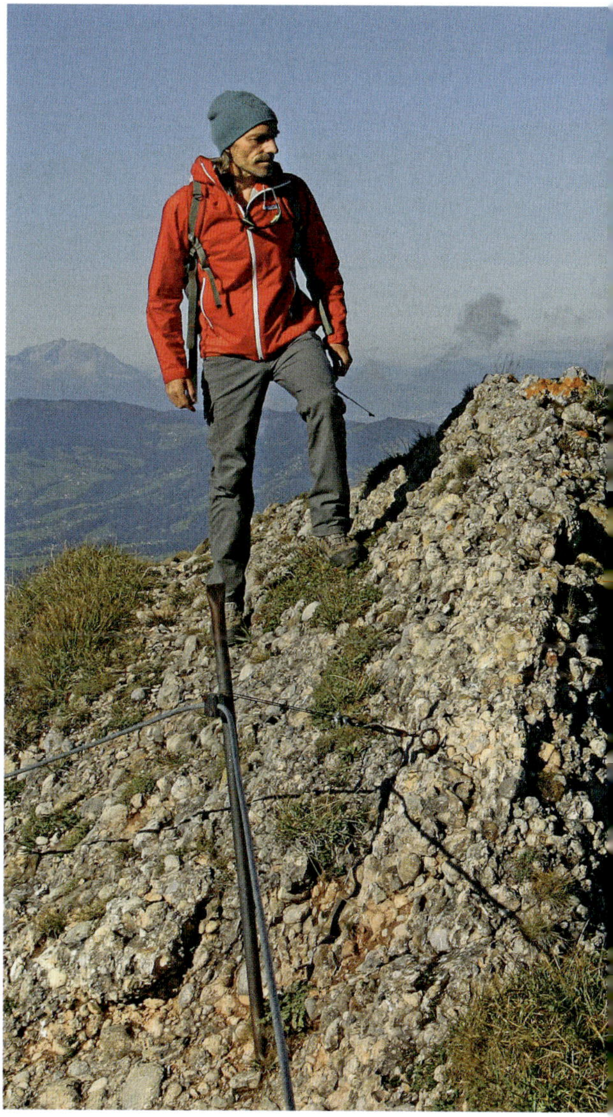

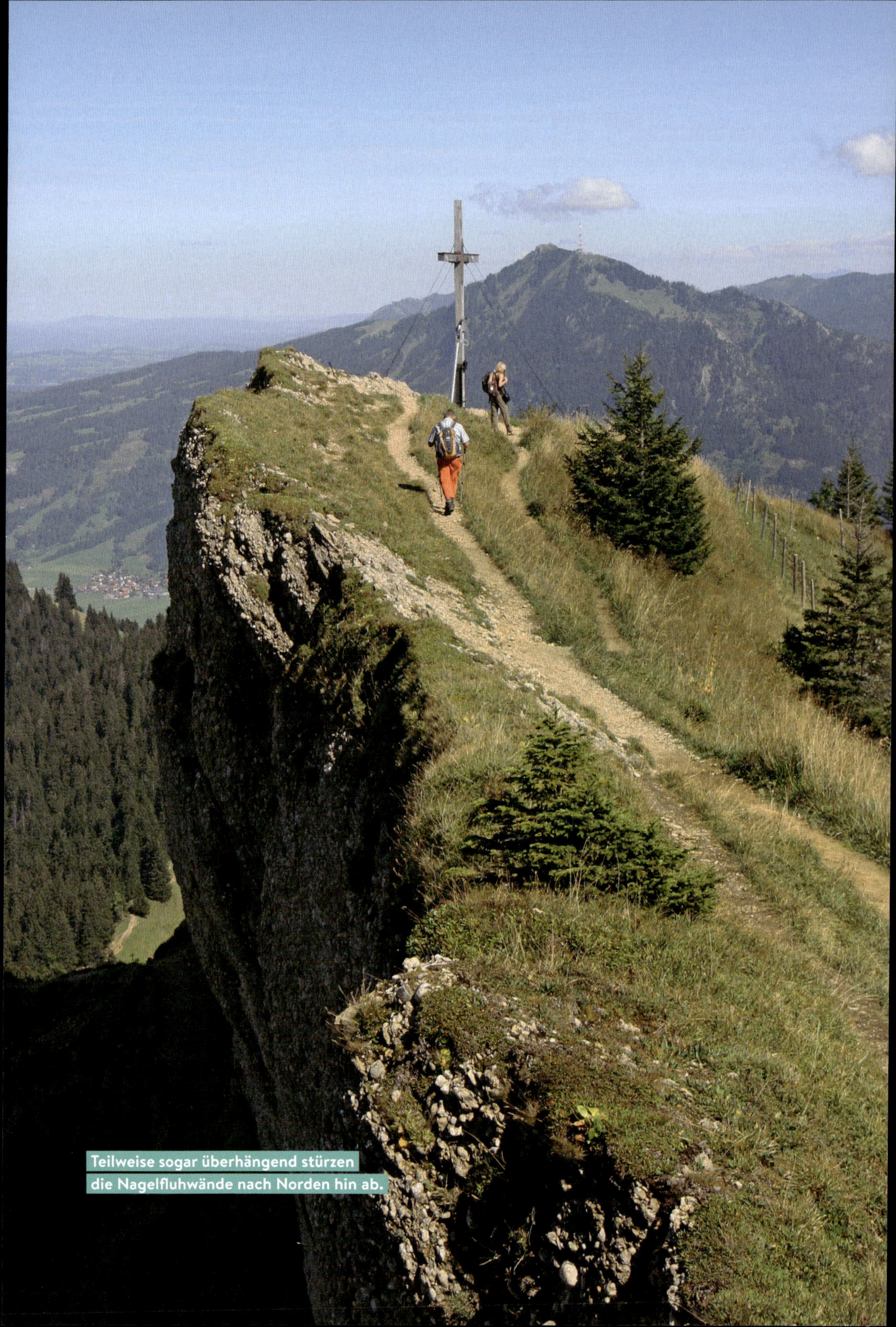

Teilweise sogar überhängend stürzen die Nagelfluhwände nach Norden hin ab.

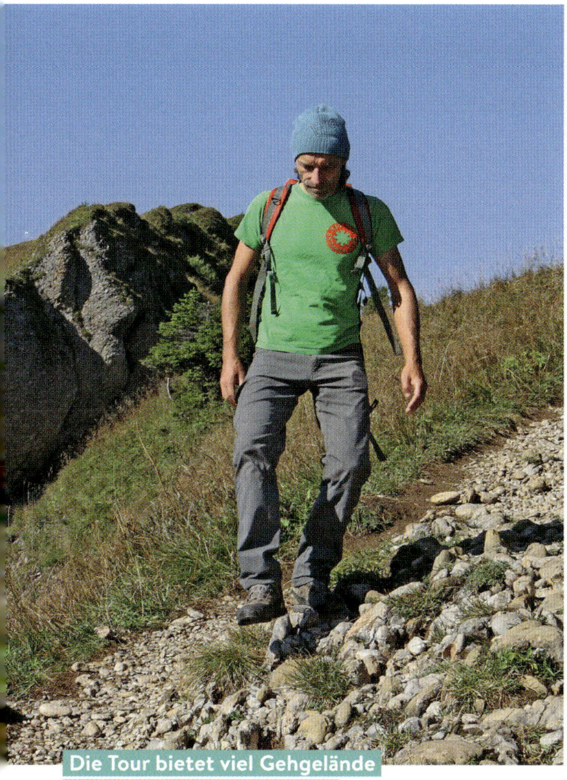

Die Tour bietet viel Gehgelände und immer tolle Ausblicke.

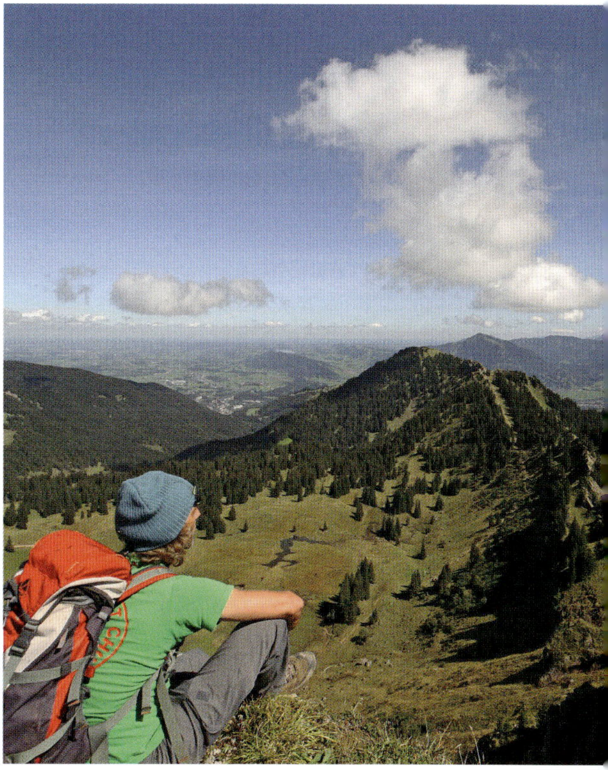

Zudem führt die Route nicht als »Himmelsleiter« vertikal nach oben, sondern verläuft im Großen und Ganzen horizontal von Ost nach West. Da man aber einige Male in Scharten absteigt und zum nächsten Gipfel dann natürlich ein Gegenanstieg folgt, kommen auf der ausgedehnten Tagestour doch so einige Höhenmeter zusammen.

Aufgrund der Länge und der stellenweisen Exponiertheit ist die Überschreitung (wie eigentlich jede Grattour) nur bei stabilem Hochdruckwetter durchführbar. Sollte man dennoch von Blitz und Donner überrascht werden, gibt es einige Möglichkeiten, die Tour vorzeitig abzubrechen und nach Norden bzw. nach Süden abzusteigen.

Last but not least: Die Überschreitung der Nagelfluhkette ist mit ihren unterschiedlichen Ausgangs- und Endpunkten eine Blaupause in Sachen »Bergsport mit öffentlichen Verkehrsmitteln«: Die Bergstation der Hochgratbahn ist als Ausgangspunkt sehr gut mit dem Bus vom Bahnhof Oberstaufen aus zu erreichen, und der Endpunkt an der Bergstation der Mittagsbahn ist nur einen Katzensprung vom Bahnhof Immenstadt entfernt.

ROUTE Von der Bergstation der Hochgratbahn folgt man dem steil nach Norden abfallenden Grat nach Osten, wobei Drahtseile die Absturzgefahr reduzieren. Über erstes Nagelfluhgestein geht es zum 1834 Meter hohen Gipfel des Hochgrats, der zugleich den höchsten Punkt der gesamten Überschreitung der Nagelfluhkette darstellt. Über einen guten Bergweg geht es ein kurzes Stück steiler in den weiten Sattel, die Brunnenauscharte, hinab und anschließend auf der anderen Seite zunächst ebenfalls etwas steiler, dann recht flach über einen breiten Wiesenkamm bergan bis zu einem kleinen Sattel und zur Weggabelung vor dem Rindalphorn. Hier sollte man den kurzen Schlenker nach links (leichtes Felsgelände) zum 1821 Meter hohen Gipfel nicht versäumen.

Zurück an der Weggabelung folgt man dem Wegweiser in Richtung Mittagbahn. Es folgt ein etwas unangenehmer, da steilerer Abstieg zur Gündlesscharte, die man zuletzt über lichtes Waldgelände erreicht. Nun folgt der einzige wirklich steile Anstieg der Tour, der über erodierte Wegspuren auf den Gündleskopf führt. Dahinter geht es kurz leicht ausgesetzt am Nagelfluhgrat entlang (Drahtseile), bevor man den Wiesenrücken des Buralpkopfs erreicht. Hinter diesem steigt man ein längeres Stück am leicht abfallenden Kamm entlang hinab, bis man an einem Bergsattel etwa die Hälfte der Strecke erreicht hat. Abermals führen ins Wiesengelände eingegrabene Wegspuren nach Osten bergan. Der Weg wird besser, umgeht flach den kleinen Gipfel Sedererstuiben an dessen Nordseite und führt zum Gipfel des Stuiben (1749 m) bergan.

Weiter der Beschilderung »Mittag« folgend, wandern wir über den Kamm nach Osten und erreichen die Schlüsselstelle der Tour: Direkt rechts unterhalb eines Felsgrats wird hier an Drahtseilen entlang abgestiegen. Es folgt ein besonders reizvolles Teilstück des Kamms, auf dem sich Konglomeratfelsen und Bergfichten abwechseln. Der Weg teilt sich bisweilen auf; der Hauptweg ist blau markiert und führt nördlich leicht unterhalb des Kamms nach Osten. Man erreicht eine Wegkreuzung, folgt der Beschriftung »Mittag« nach halb links und stößt bald auf einen breiteren Weg, dem man nach rechts angenehm ansteigend folgt. Noch einmal geht es am nun meist recht breiten Grat entlang, bis man eine weitere mit Drahtseilen gesicherte Felspassage erreicht.

Nun ist es nicht mehr weit bis zum letzten Gipfel der Tour, dem Steineberg (1683 m). Dessen Name erschließt sich, wenn man von dort über die steile Eisenleiter abgestiegen

Vom Hochgrat hat man einen schönen Blick auf die kommenden Kamm-Stunden.

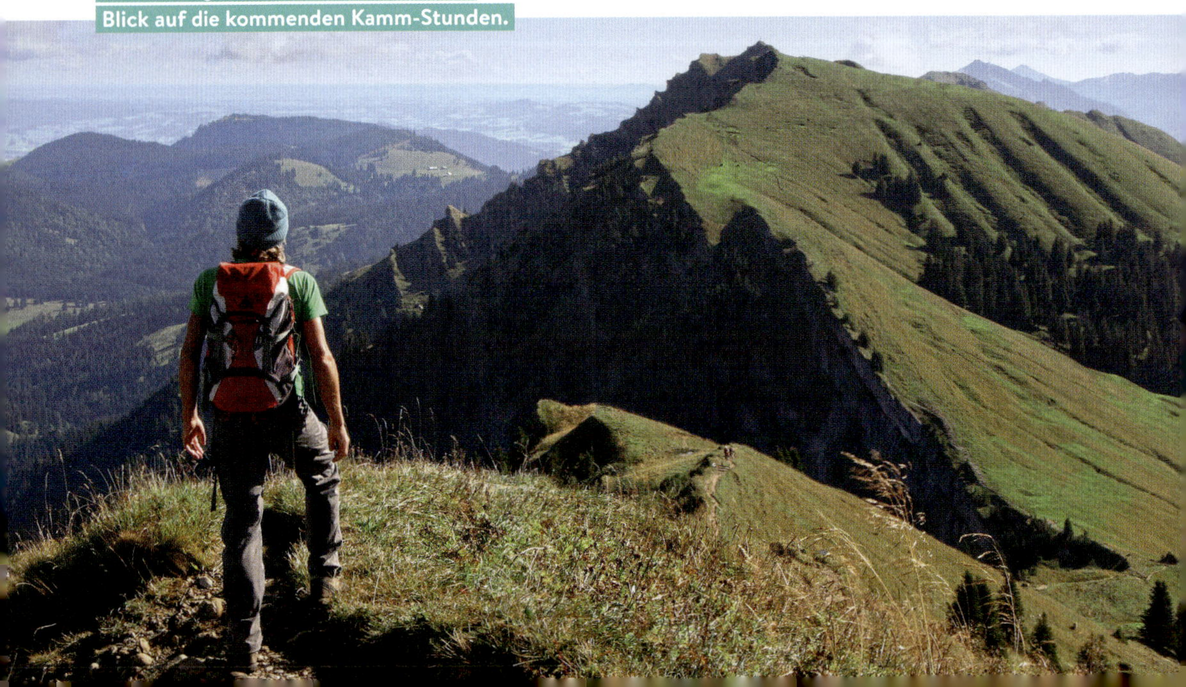

ist. Am Fuß der Leiter folgt man dem mit Holzstufen angelegten Weg weiter bergab und gelangt in Waldgelände. In einem letzten Anstieg erklimmt man den Bärenköpfle (1476 m) und folgt dann einem Fahrweg zur Bergstation der Mittagbahn, wo man mit dem Sessellift nach Immenstadt hinunter schwebt.

INFO

Anspruchsvolle Bergtour | 6.30 Std. | 14 km | auf 990 Hm ab 1280 Hm

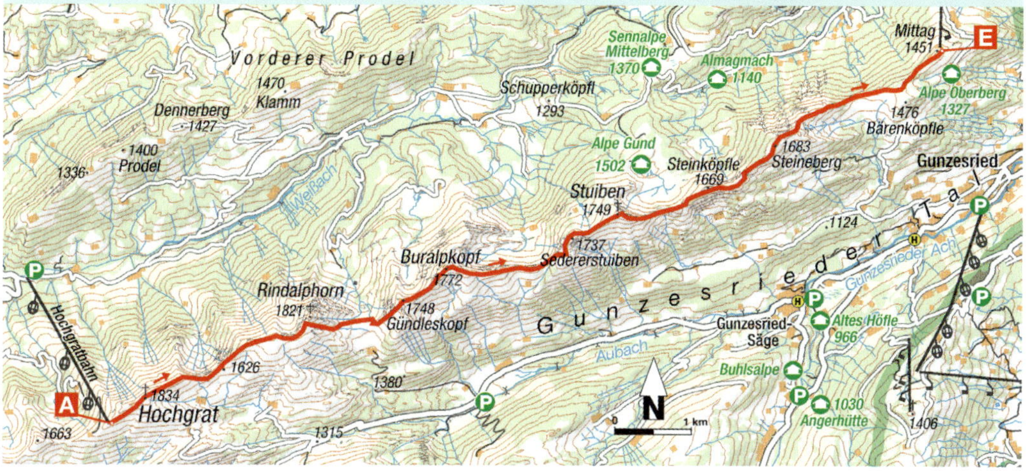

INFO
Deutschland – Allgäuer Voralpen – Überschreitung Nagelfluhkette mit Stuiben (1749 m) und Steineberg (1683 m)

TALORT
Oberstaufen (790 m)

AUSGANGSPUNKT
Bergstation (1704 m) der Hochgratbahn

ENDPUNKT
Bergstation (1420 m) der Mittagbahn

GEHZEITEN
Bergstation Hochgratbahn – Hochgrat 30 Min. – Stuiben 3.30 Std. – Bergstation Mittagbahn 2.30 Std.

MOBIL VOR ORT
Bus & Bahn: Mit Umsteigen in Immenstadt zum Bhf. Oberstaufen und mit Bus 95 zur Talstation. Rückfahrt vom Bhf. Immenstadt
Auto: B 12 nach Immenstadt und weiter nach Oberstaufen, dort am Bahnhof parken und weiter wie oben

KARTE
AV-Karte BY 1 »Allgäuer Voralpen West«, 1:25 000

INFORMATION
alpsee-gruenten.de/immenstadt

SEILBAHNEN
Erste Bergfahrt Hochgratbahn 8.45 Uhr; letzte Talfahrt Mittagsbahn 16 Uhr. Es gibt ein Verbundticket (Auffahrt Hochgratbahn/Abfahrt Mittagbahn); hochgrat.de, mittagbahn.de

EINKEHR
Berggaststätten am Ausgangs- und am Endpunkt

CHARAKTER
Sehr aussichtsreiche, aber lange Kammüberschreitung, die an manchen Passagen gute Trittsicherheit erfordert. Nicht bei Gewittergefahr unternehmen!

AUSRÜSTUNG
Normale Bergwanderausrüstung

EINSAMKEITSFAKTOR
An Wochenenden ist die Überschreitung der Nagelfluhkette recht beliebt.

Über die Geierköpfe

Unbekanntes Grat-Schmankerl im Herzen des Ammergebirges

Hoch über dem tief eingeschnittenen Lindertal verbindet ein aussichtsreicher und spannender Grat die drei Gipfel der Geierköpfe. Trotz des viel zitierten »Overtourism« und der Nähe zur Metropolregion München ist deren Überschreitung alles andere als überlaufen – was vielleicht auch an dem kurzzeitig etwas kniffligen Zustieg liegen mag.

2

Panorama über dem Plansee

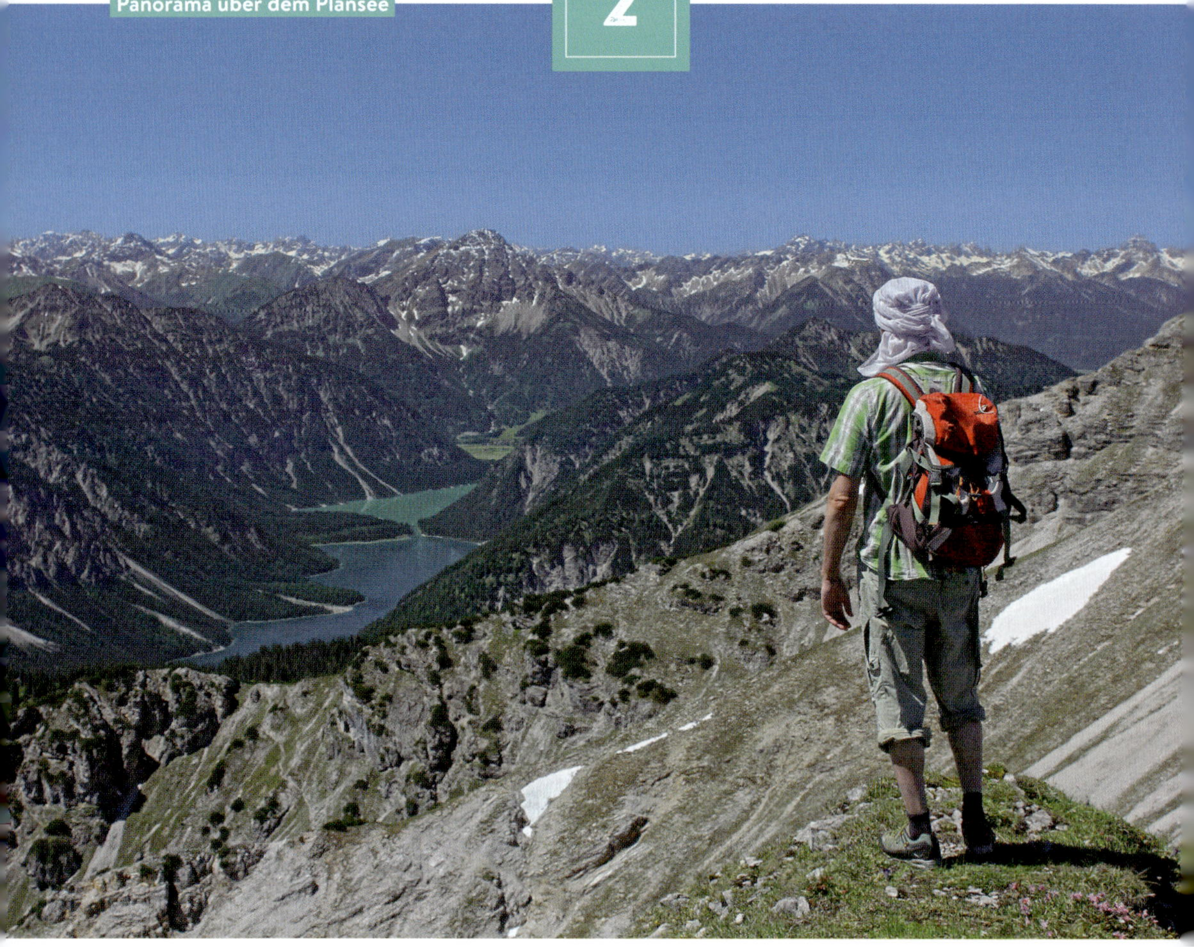

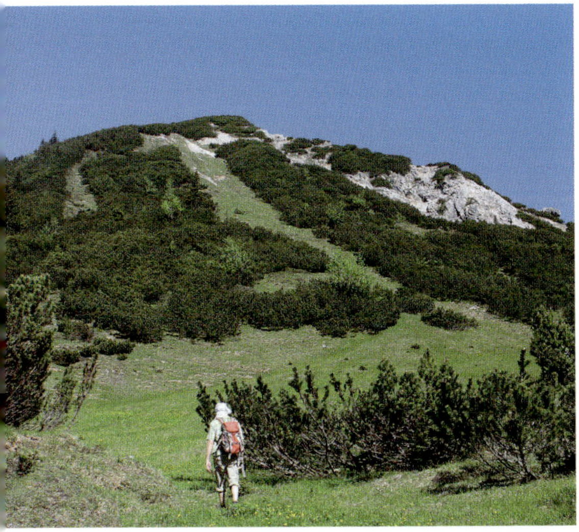

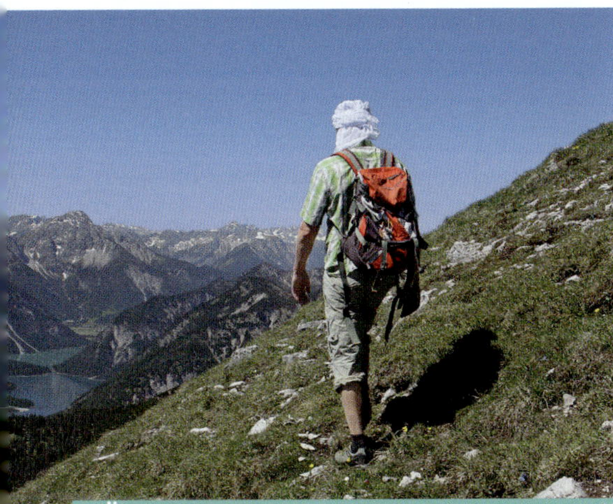

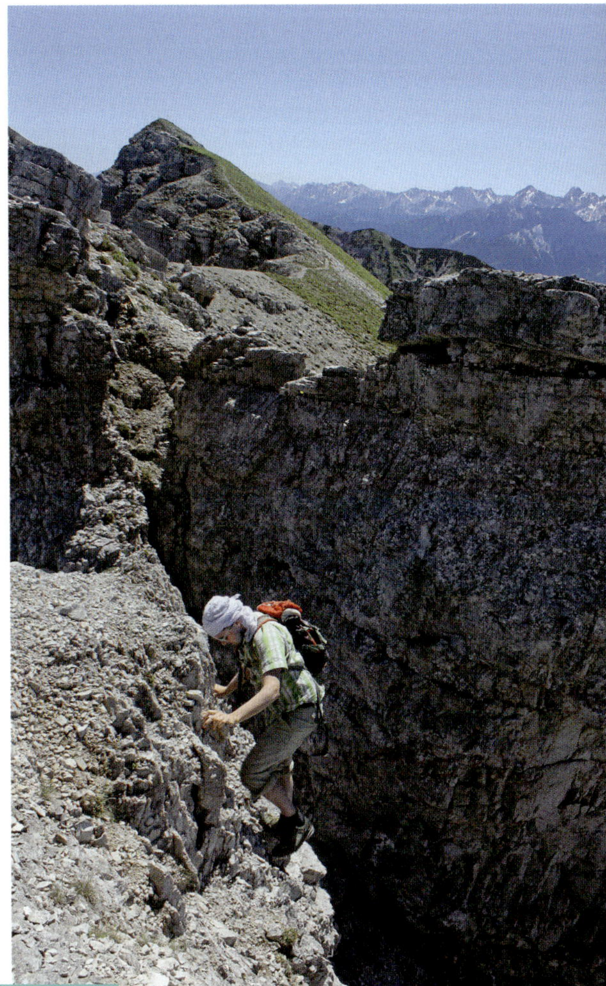

↑ Über einen Latschenhang ↓ gelangt man zum Kammverlauf, ↗ wo eine kurze, leichte Kletterstelle zu meistern ist.

GLEICH DIE ERSTE LATSCHENGASSE nutzen? Oder lieber einem alten Steinmann folgen? Auch in GPS-Zeiten braucht es eine alpine Spürnase, um den besten Durchschlupf durch die Latschenzone zum von der Neualp bereits gut sichtbaren Verbindungsgrat der drei Geierköpfe zu finden. Abgesägte Aststümpfe machen zum Glück deutlich, dass man sich hier nicht auf dem Holzweg befindet. Im wieder freien Gelände gibt eine undeutliche Spur den weiteren Anstieg zum begehrten Grat eindeutig vor. Der wird bald felsiger und weist keinerlei rote Markierungspunkte auf. Und das ist auch gut so – wer verläuft sich schon an einem nach Norden hin steil abstürzenden Grat?

Touren wie die Überschreitung der Geierköpfe, die weder in Karten noch im Gelände markiert sind, haben den Vorteil, dass man hier nach wie vor Bergeinsamkeit erleben kann. »Die Überschreitung (…) wird relativ selten durchgeführt, obwohl es sich um eine interessante Tour (...) handelt.« Diese Einschätzung von Autoren-Urgestein Dieter Seibert hat auch in der Gegenwart nichts von ihrer Aktualität verloren. So kann man hier oben selbst an schönen Wochenendtagen durchaus allein unterwegs sein.

Im Gegensatz zur schon beschriebenen Nagelfluhkette (s. Tour 1) wird an zwei kurzen Kletterstellen der III. Schwierigkeitsgrad erreicht – was zwar noch nicht bedeutet, dass man unbedingt ein Seil braucht, jedoch sind absolute Trittsicherheit und solide Schwindelfreiheit bereits zwingend notwendig. Zudem muss man die Tritte und Griffe gut auf ihre Festigkeit prüfen, denn – ebenfalls im Gegensatz zum kompakten Allgäuer Nagelfluhgestein – der Ammergauer Kalk ist nicht selten brüchig!

Was der landschaftlichen Schönheit dieser Unternehmung natürlich keinen Abbruch tut. Wie bei Grattouren üblich, bieten sich auf dem Weg vom Östlichen zum Westlichen Geierkopf grandiose Fern- und Tiefblicke. Vor allem der in zwei verschiedenen Blautönen schimmernde Plansee und die hinter ihm aufragenden Lechtaler Alpen ziehen hierbei die Blicke auf sich. Im Plansee kann man übrigens nach der Tour ein Bad nehmen ... die Wassertemperatur ist aber selbst im Hochsommer recht frisch.

ROUTE Vom Parkplatz folgt man dem Wegweiser »Geierköpfe 4 Std.« und wandert im Kiesbett des Neualmbachs nach Süden. Nach wenigen Hundert Metern muss man aufpassen: Ein gelbes Schild weist rechts aus dem Bachbett heraus. Von nun an geht es auf einem schmalen Pfad teils ansteigend, teils den Hang querend nach Südosten. Das Gelände wird flacher, der Weg wendet sich nach rechts, und man erreicht am Neualpsattel wieder einen Wegweiser, dem man nach rechts folgt. Sobald das Latschengelände etwas lichter wird, muss man aufpassen: Nach rechts zweigt ein unmarkierter, etwas undeutlicher Steig ab, der durch die Latschen in Richtung Grat führt. Man kann hier auch noch ein Stück weitergehen und einer zweiten Steigspur und einer Schneise folgen – man muss aber gut auf die Durchschlupfe

↓ Die letzten Zentimeter zum Hauptgipfel
↘ Seilversicherung am Zustieg zum Neualpsattel

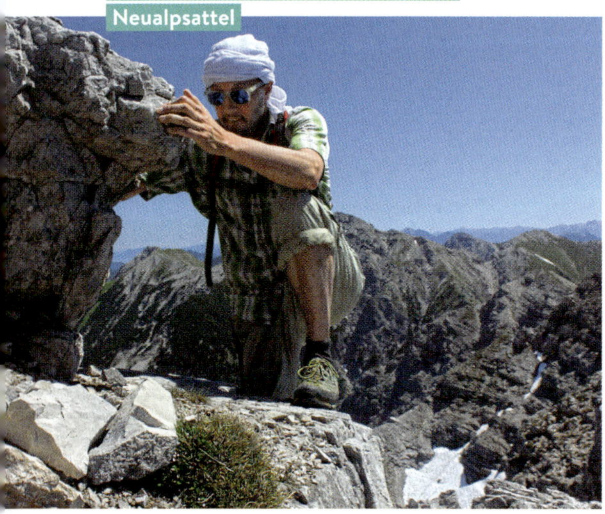

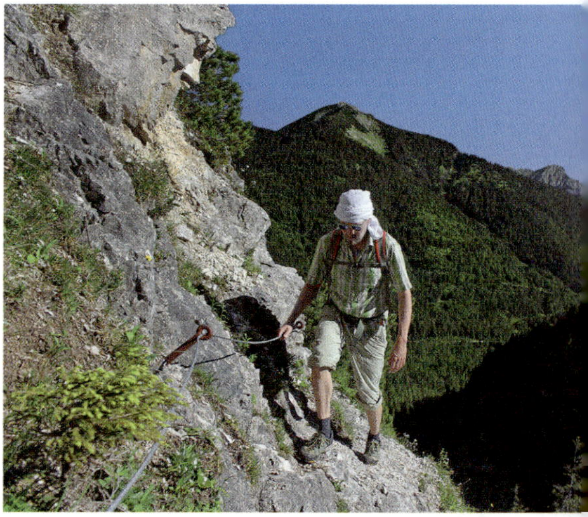

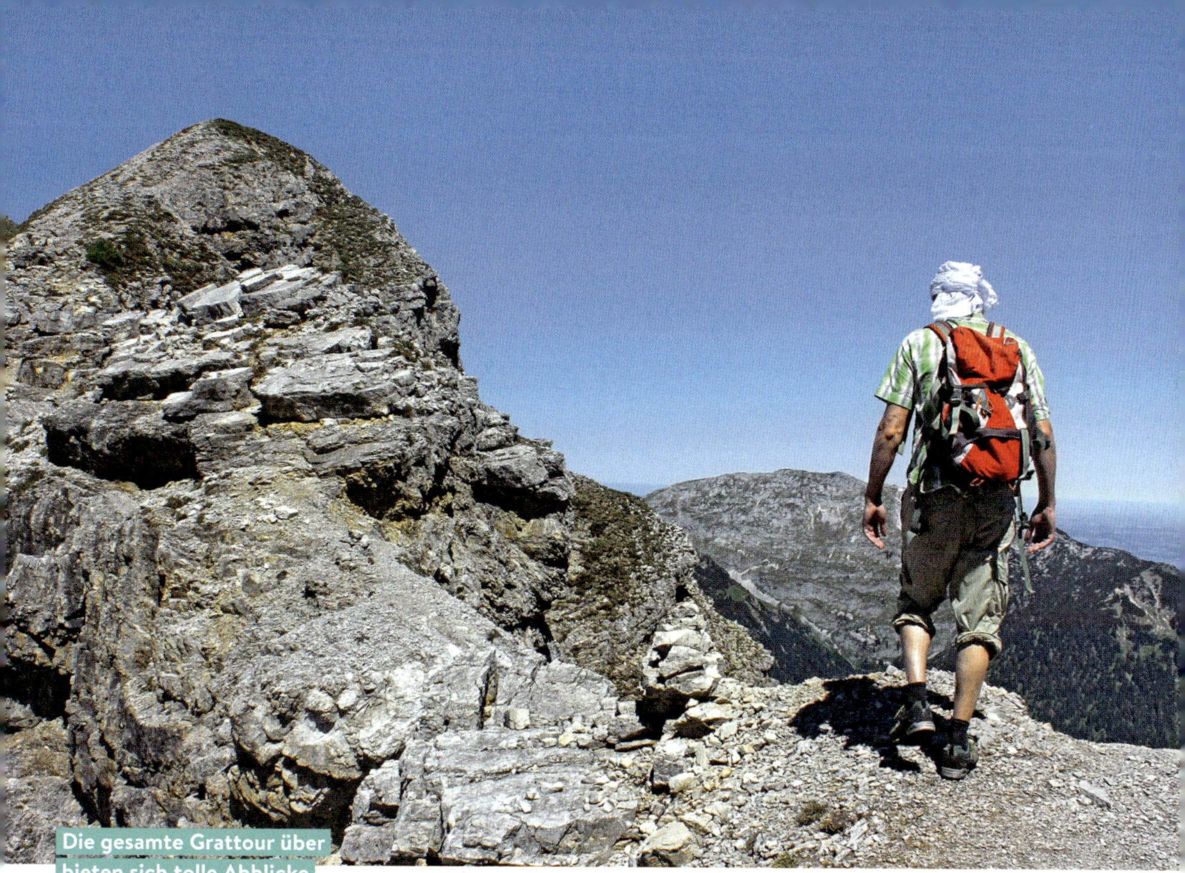

Die gesamte Grattour über bieten sich tolle Abblicke zum zweifarbigen Plansee.

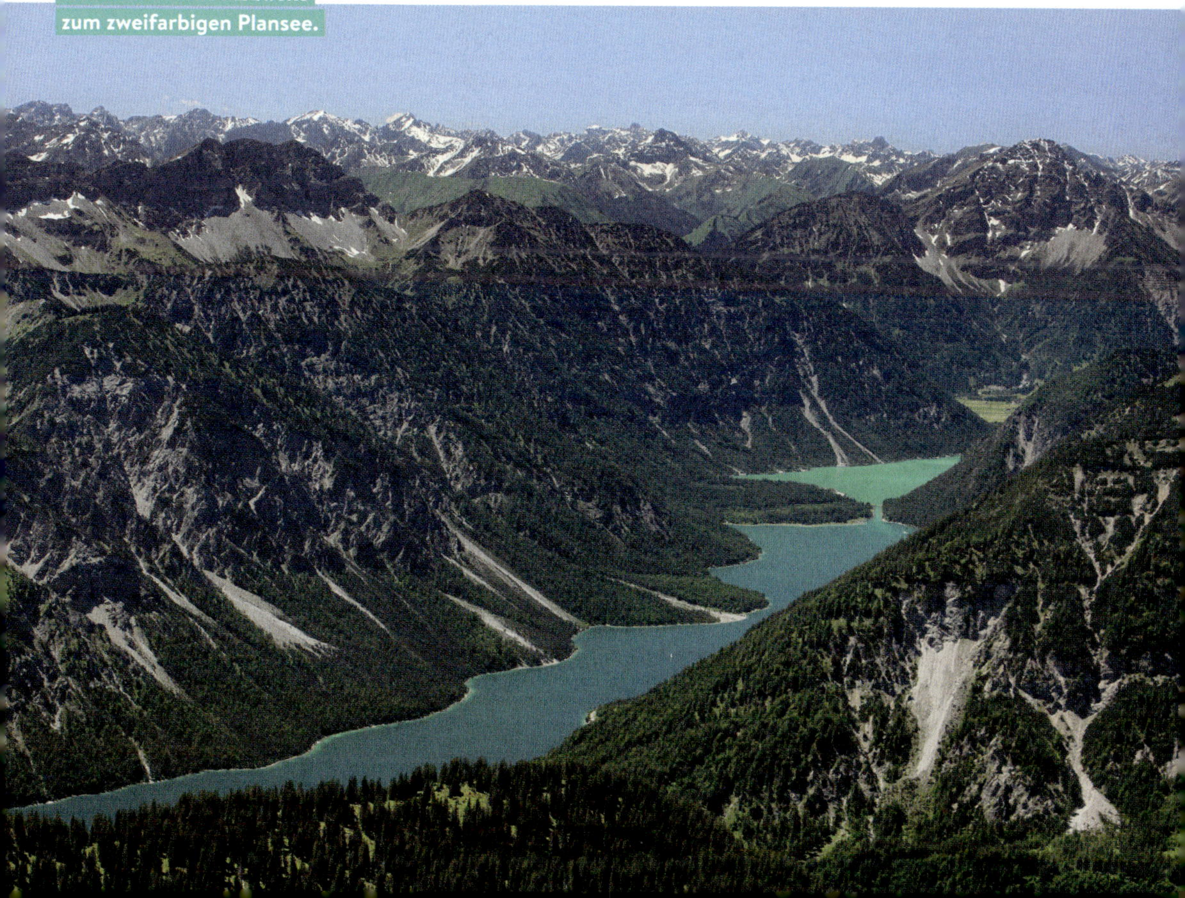

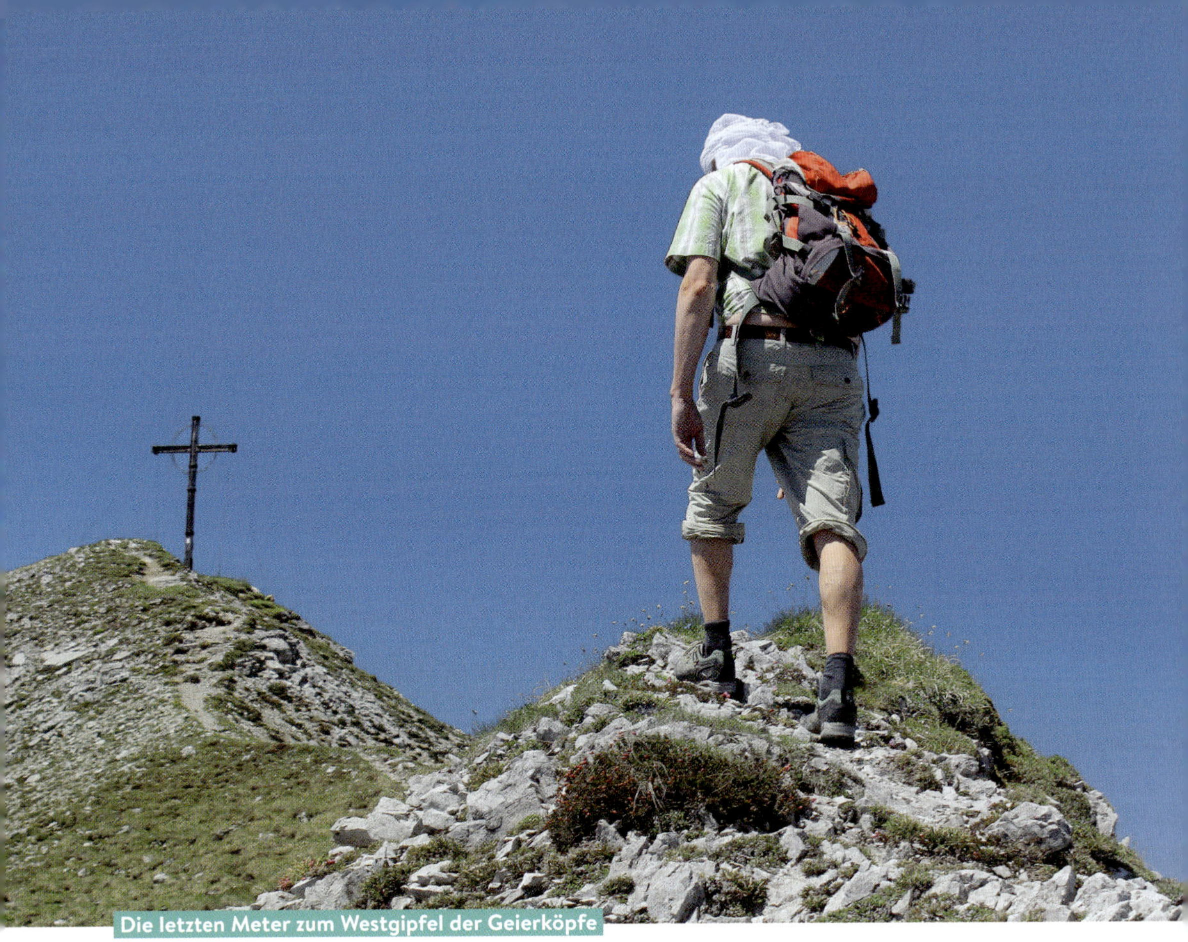

Die letzten Meter zum Westgipfel der Geierköpfe

aufpassen. Oberhalb der Latschen treffen beide Varianten wieder zusammen und in einer ansteigenden Querung erreicht man schließlich den Kammverlauf.

Bald folgt die erste Schlüsselstelle: Man klettert eine kurze Felsrinne zu einer leicht ausgesetzten Scharte hinab und muss auf der anderen Seite eine kleine Felsstufe (II) hinaufklettern. Dann geht es direkt am Grat entlang, bis man vor einem Abbruch (undeutlichen) Steigspuren folgend ein Stück nach Süden absteigt. Sobald man auf Höhe der großen rechts liegenden Scharte ist, quert man nach rechts im Schrofengelände zu dieser hinüber. Dort angekommen, darf man nicht einem Steinmann folgen, der über einem Felsaufschwung steht, sondern man umgeht diesen, indem man auf einem Band weiter Richtung Westen quert.

Sobald das Gelände einfacher wird, wendet man sich nach rechts und steigt über eine bröselige Rinne wieder Richtung Grat auf. Man umgeht einen Felskopf und kann nun entweder über eine Felsstufe (II) direkt auf den Grat zuklettern oder diese Stelle links davon ansteigend umgehen. Nun wandert man deutlich leichter nach Westen weiter, bevor es rechts in leichter Kletterei zum Hauptgipfel (2161 m) hinaufgeht. Von hier ist der weitere Wegverlauf zum Westgipfel bereits gut zu erkennen, der zunächst über die schottrige Gipfelflanke nach Südwesten absteigend, dann immer dem Gratverlauf folgend deutlich leichter zum Gipfelkreuz führt.

ABSTIEG Für die Überschreitung folgt man nun dem Normalweg nach Süden bis zu einer Gabelung mit Wegweiser. Hier bieten sich zwei Möglichkeiten für den Abstieg:

VARIANTE 1 Man folgt nach links dem Normalweg zurück zum Neualpsattel, der sich als schmaler Steig über die breite Südflanke nach Osten zieht. Vom Neualpsattel geht es dann auf dem Hinweg zurück zum Ausgangspunkt.

VARIANTE 2 Für einen landschaftlichen Mehrgenuss empfiehlt es sich allerdings, den Weg nach rechts Richtung Plansee bis zur Zwerchenbergalm zu nehmen. Hinter dem Holzgebäude folgt man rechts (unbeschildert) einem Wiesenpfad in den Wald. Hier wird der Steig deutlicher und quert nach Nordwesten, bevor er in vielen Serpentinen zur Talstraße hinabführt. Von dort trampen wir am besten per Autostopp zurück zum Parkplatz.

INFO

INFO
Deutschland – Ammergauer Voralpen – Überschreitung der Geierköpfe (Hauptgipfel 2161 m)

TALORT
Graswang (887 m)

AUSGANGSPUNKT
Wanderparkplatz (1082 m) direkt an der Landesgrenze vor der Straßenserpentine

ENDPUNKT
Wanderparkplatz (1050 m) bzw. Beginn Teufelstal

GEHZEITEN
Parkplatz – Neualpsattel 1.30 Std. – Gratbeginn 30 Min. – Westgipfel 2.15 Std. – Parkplatz Teufelstal 3.15 Std.

MOBIL VOR ORT
Bus & Bahn: Mit dem Zug nach Oberau und mit RVO-Bus 9642 zur Haltestelle Grenze (nur an Wochenenden in der Hochsaison)
Auto: A95 bis Oberau und über Ettal und Linderhof zum Wanderparkplatz an der Landesgrenze

KARTE
AV-Karte BY 6 »Ammergebirge West«, 1:25 000

Anspruchsvolle Bergtour, bis II | **7.30 Std.** | **15 km** | **auf 1200 Hm ab 1250 Hm**

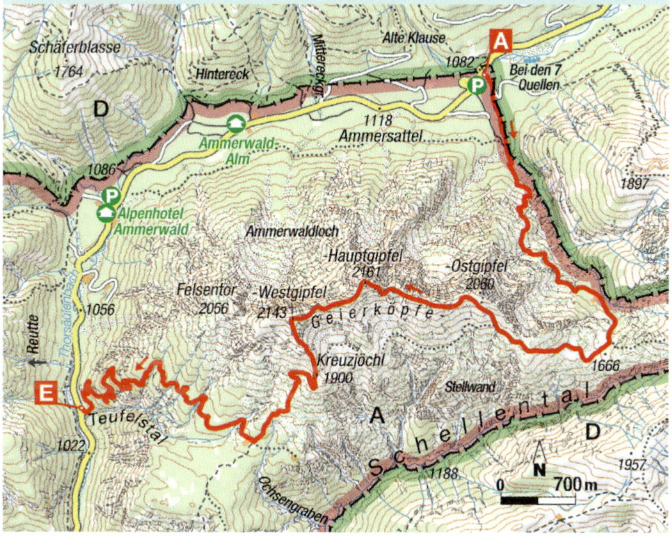

INFORMATION
ammergauer-alpen.de

EINKEHR
Unterwegs keine

CHARAKTER
Tolle Gratüberschreitung in teils brüchigem Gestein, die gute Trittsicherheit und gutes Orientierungsvermögen erfordert. Im Sommer genug zum Trinken mitnehmen!

AUSRÜSTUNG
Normale Bergwanderausrüstung

EINSAMKEITSFAKTOR
Außer auf Gämsen, Dohlen und Kolkraben wird man bis zum Hauptgipfel auf kaum jemanden treffen.

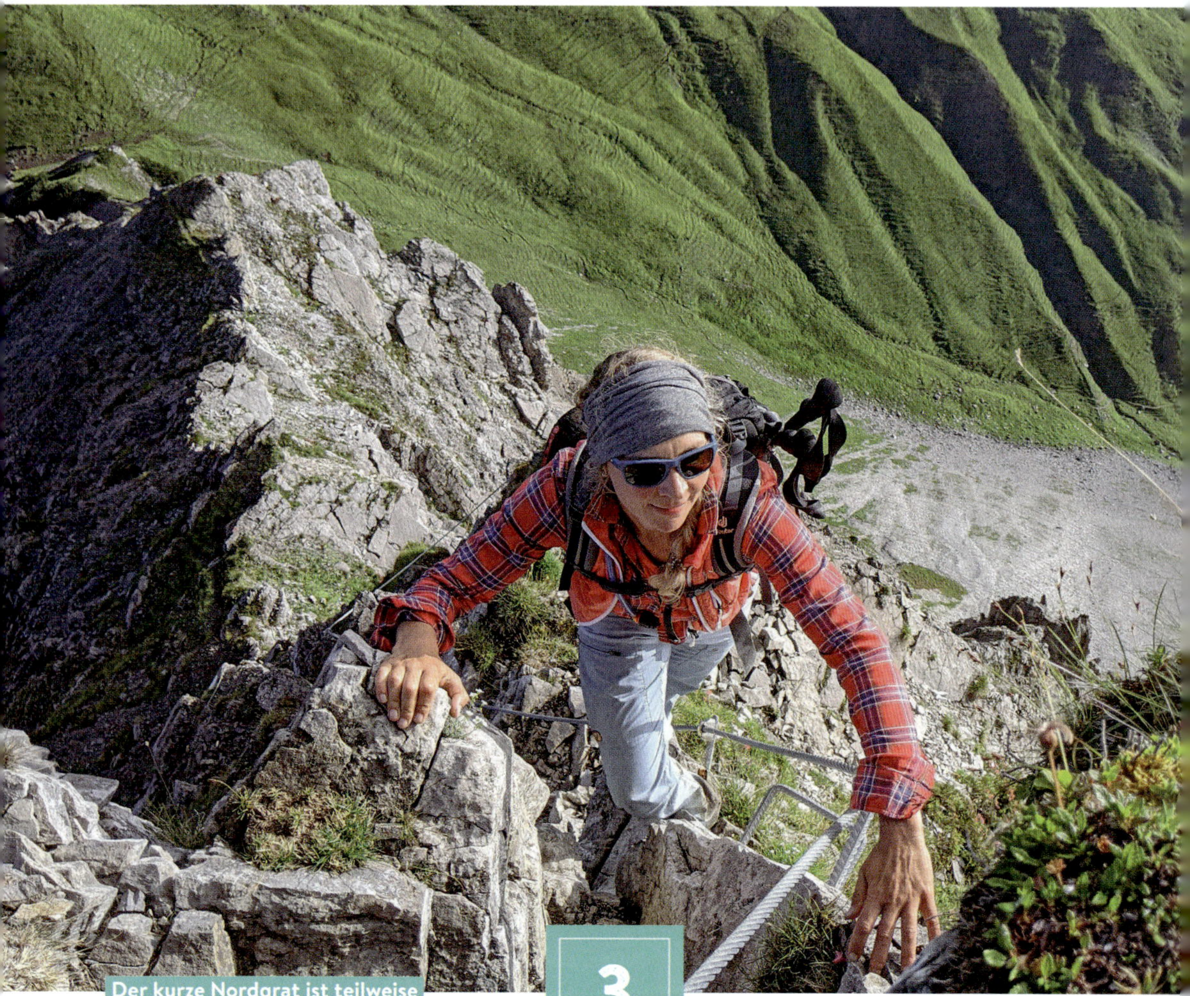

Der kurze Nordgrat ist teilweise mit Trittbügeln gesichert.

3

Auf und über die Gartnerwand

Kecker Nordgrat mit Kammüberschreitung

Ganz im Osten der Lechtaler Alpen bietet die Überschreitung von der Gartnerwand zum Grubigstein Tief- und Fernblicke vom Feinsten. Angesichts des stark erschlossenen Liftgebiets unterhalb des Grubigsteins wird man dabei kaum vermuten, was für eine wilde Berg-Natur man direkt hinter dem 2377 Meter hohen Gipfel erleben kann.

WILL MAN DIE GESAMTE hoch über dem Gartnertal aufragende Bergkette überschreiten, müsste man eigentlich in Bichlbächle starten. Noch lohnender ist es aber, »nur« die Osthälfte des Kammverlaufs unter die Füße zu nehmen: Erstens gelangt man auf dieser Rundtour dann wieder zum Ausgangspunkt zurück, zweitens ist der östliche Teil ohnehin der spektakulärere Tourenabschnitt, und drittens besteigt man auf dieser Variante den tollen Nordgrat der Gartnerwand.

Schon der Anstieg über den teilweise mit Stahlseilen gesicherten Nordgrat ist ein großes Bergerlebnis für sich. Da aufgrund der Exposition Altschneefelder hier länger liegen bleiben können, sollte man diese Tour nicht zu früh im Bergsommer unternehmen und am besten erst ab der zweiten Junihälfte angehen. Je höher man auf dem morgens oft noch schattigen Grat steigt, desto näher kommt man der Sonne, die einen bei gutem Wetter spätestens kurz vor Erreichen des Gipfelkreuzes anstrahlt. Auf der anschließenden Kammüberschreitung sind weiterhin Trittsicherheit und Konzentration angesagt ... auch wenn man angesichts des gewaltigen Panoramas aus dem Staunen eigentlich nie herauskommt – bei klarer Luft reicht die Fernsicht bis zum Alpenhauptkamm.

↑ Brunnen an der Gartner Alm ↓ Wegweiser am Sommerbergjöchl
↘ Seilversicherung bei der Kammüberschreitung

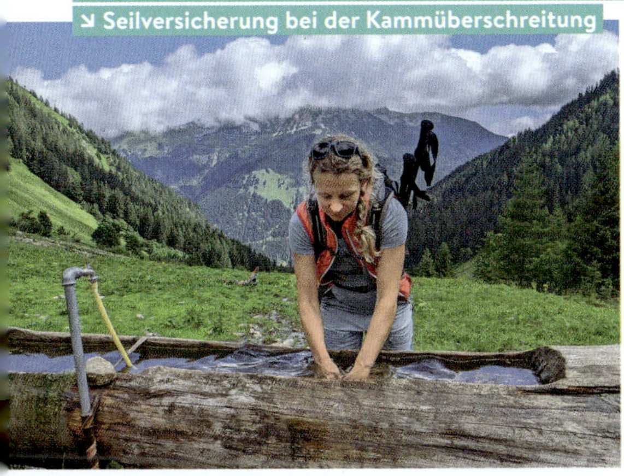

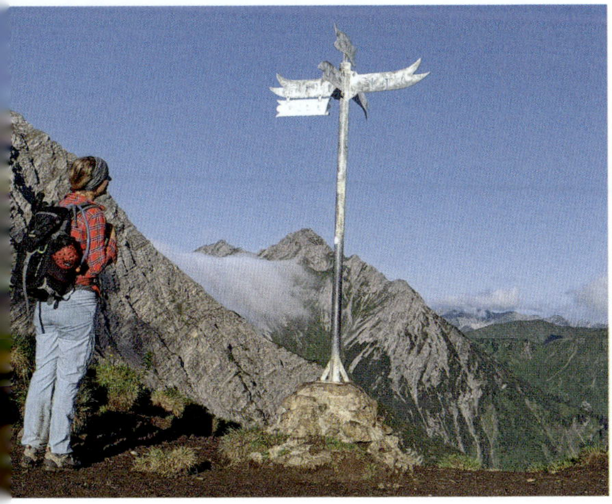

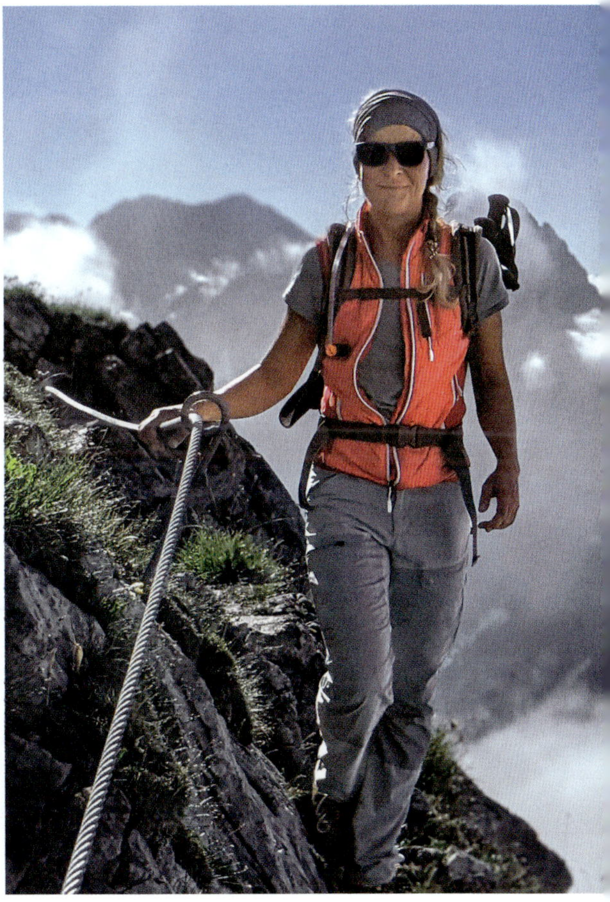

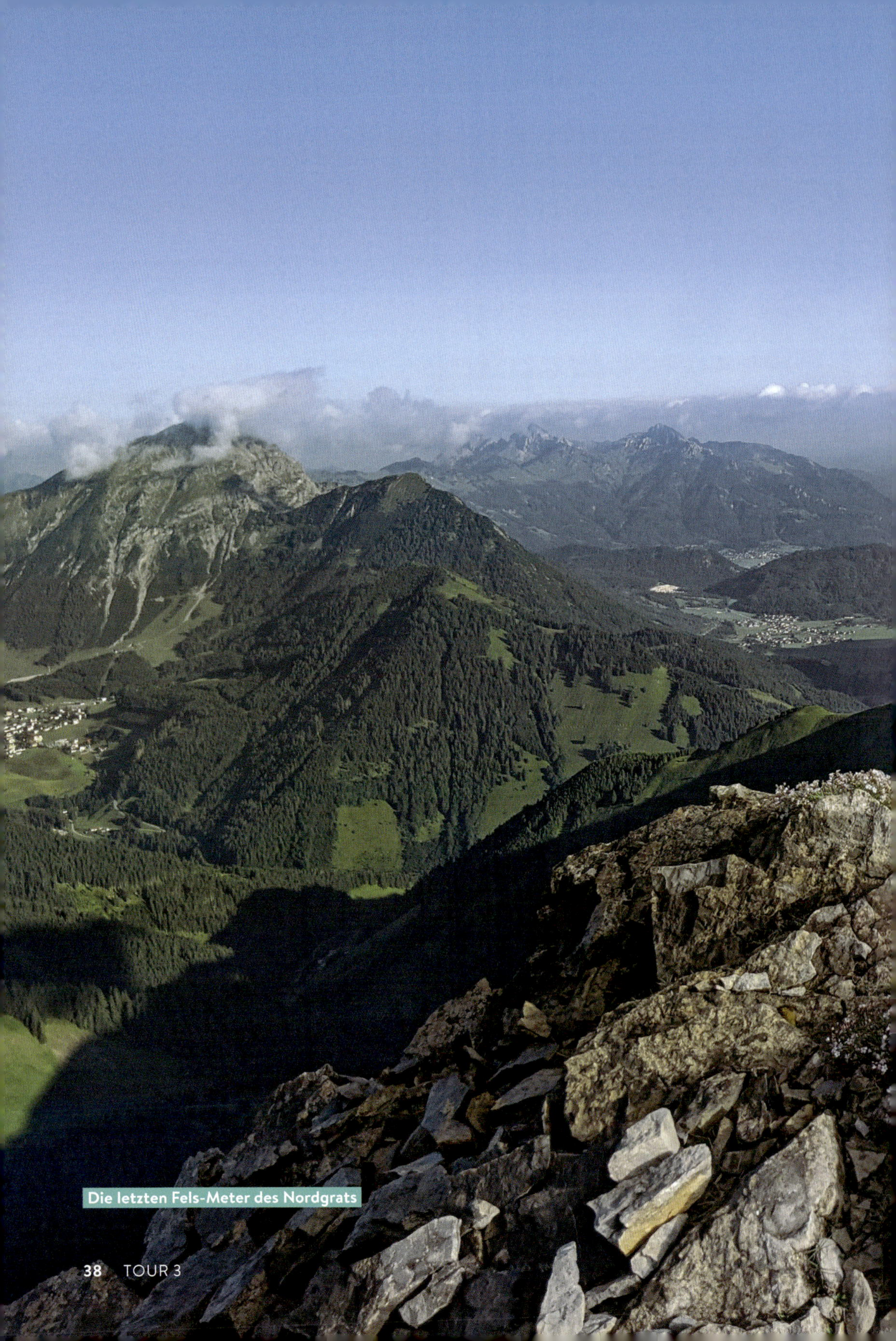
Die letzten Fels-Meter des Nordgrats

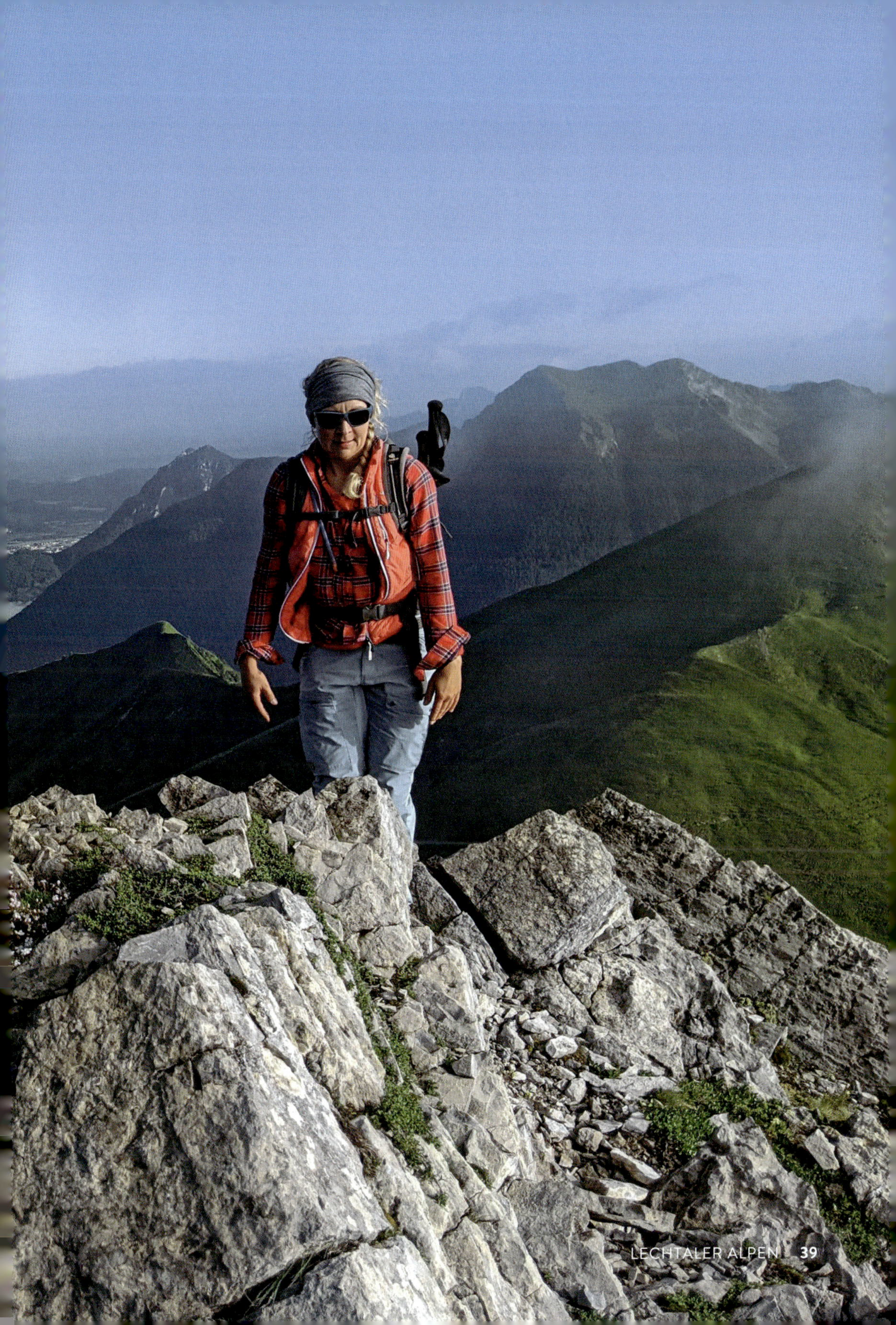

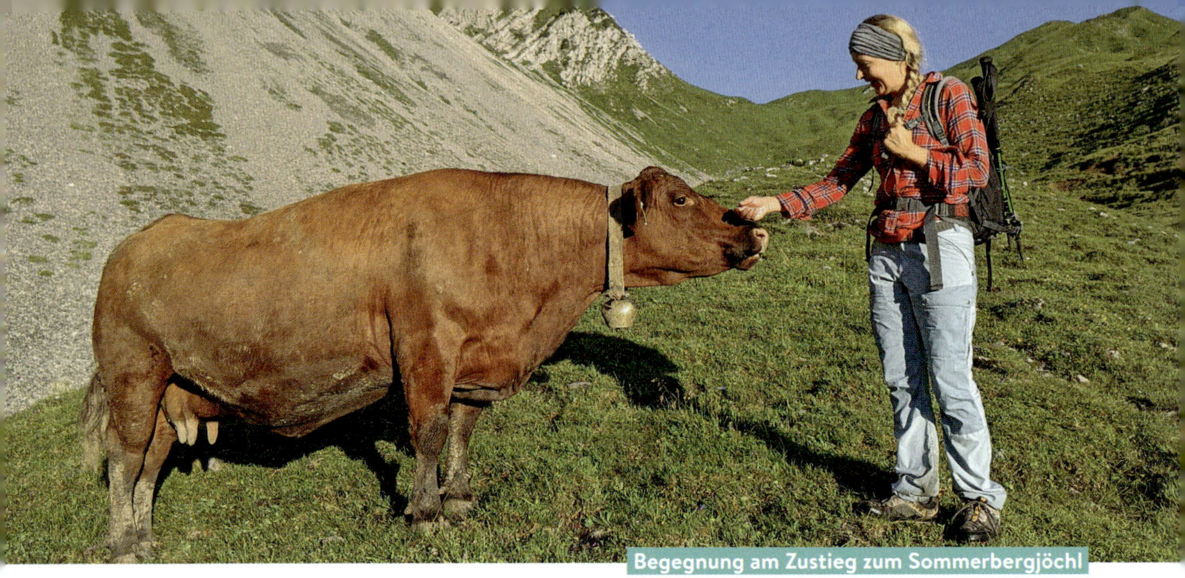

Begegnung am Zustieg zum Sommerbergjöchl

Einziges kleines Manko dieser Tour ist beim Abstieg der Abschnitt zwischen Grubigstein und der Wolfratshausener Hütte, der durch Pisten- und Liftgelände führt. Doch mit einem kühlen Getränk und einer grandiosen Aussicht auf das Zugspitzmassiv wird man bei einer Rast auf der Hütte dafür mehr als entschädigt.

Aufgrund des nordseitigen Anstiegs ist diese Tour übrigens auch für eher heiße Sommertage geeignet.

ROUTE Vom Wanderparkplatz aus folgt man zunächst dem Gartnerbach auf seiner von unten gesehen linken Seite. Dann wird der Bach überquert, und es geht auf der anderen Seite immer in Richtung Süden dem Gewässer folgend bergan zur (späteren) Einkehrmöglichkeit Gartner Alm. Dort folgt man ein Stück einem Fahrweg und hält sich an einer Gabelung rechts. In Richtung Westen geht es nun über eine Wiese, dann durch lichten Wald und entlang eines schönen Rückens in Richtung Sommerbergjöchle, das schließlich über einen weiten Südosthang erreicht wird.

Am Joch angekommen, wendet man sich nach Süden und steigt über einen schmalen Pfad zum Beginn des Nordgrats an. Dort wechseln sich Schrofen-Passagen, stahlseilgesicherte Stellen (max. B) und felsige Abschnitte (max. II–) miteinander ab. Immer den roten Markierungen bergan folgend erreicht man den vom Westgipfel herkommenden Kamm und folgt ihm nach links zum Hauptgipfel der Gartnerwand (2377 m).

ABSTIEG Nachdem man sich an der wunderbaren Aussicht sattgesehen hat, geht es ein Stück nach Osten bergab und dann immer entweder dem Kammverlauf folgend oder etwas unterhalb davon (teilweise gibt es wieder Stahlseile) in Richtung Grubigstein weiter, den man schließlich über einfaches Felsgelände erreicht. Alles in allem ist dieser Abschnitt deutlich leichter als der Anstieg über den Nordgrat. Dennoch muss man weiterhin gut auf seine Tritte achten.

Vom Grubigstein (2233 m) folgt man dem deutlich ausgetreteneren Steig hinunter ins Liftgebiet, wo man nach Lawinenverbauungen auf einen breiteren Weg stößt, dem man nach links zum Grubigsteinhaus folgt. Kurz davor zweigt nach rechts ein steilerer Steig in Richtung Wolfratshauser Hütte ab. Dieser führt durch Latschengelände nach

Norden bergab. Kurz vor der Wolfratshauser Hütte (1751 m) zweigt schließlich nach links der Abstieg ins Gartnertal ab, wo man nach einigen Serpentinen den oberen Talboden südlich der Gartner Alm erreicht. Zurück zum Ausgangspunkt geht es dann schließlich auf bereits bekanntem Weg immer dem Bach folgend.

INFO

INFO

Österreich – Lechtaler Alpen – Grattour zur Gartnerwand (2378 m)

TALORT

Lermoos (1000 m)

AUSGANGS-/ENDPUNKT

Wanderparkplatz (1150 m) bei Untergarten

GEHZEITEN

Wanderparkplatz – Gartnerwand 4 Std. – Wolfratshauser Hütte 1.30 Std. – Wanderparkplatz 1.30 Std.

MOBIL VOR ORT

Bus & Bahn: Von Reutte oder Garmisch-Partenkirchen stündlich mit der Bahn nach Lermoos. Von dort zu Fuß in knapp 30 Min. über Untergarten (s. u.) zum Wanderparkplatz

Auto: Über Garmisch-Partenkirchen bzw. Reutte nach Lermoos, ca. 1 km westlich vom Ortszentrum über die Unterführung zum Ortsteil Untergarten, gleich nach der Unterführung erst rechts, dann halb links und immer der Straße folgend aus dem Ort in den Wald und bis zum Straßenende am Wanderparkplatz

KARTE

AV-Karte Blatt 4/1 »Wetterstein West«, 1:25 000

INFORMATION

zugspitzarena.com

EINKEHR

Wolfratshauser Hütte (bew. Anfang Juni bis Anfang Okt.), Gartner Alm

Anspruchsvolle Bergtour, bis II– bzw. Klettersteig (B) | **7 Std.** | **12,5 km** | **1280 Hm**

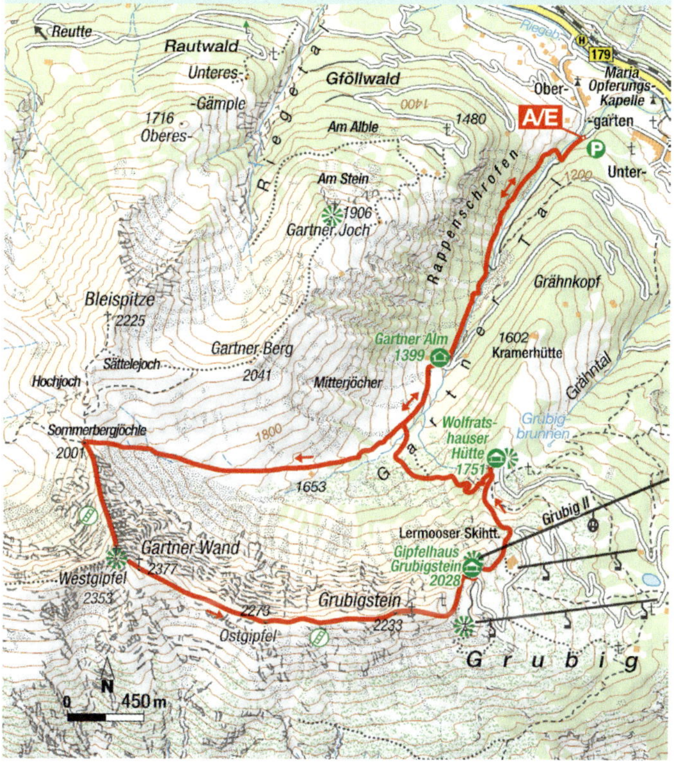

CHARAKTER

Der Nordgrat weist Stellen bis II– auf, ist teilweise leicht ausgesetzt, aber an steilen Felspassagen teils seilversichert (max. Schwierigkeit B). Sowohl für den Nordgrat als auch für die anschließende Überschreitung zum Grubigstein sind sichere Wetterbedingungen unabdingbar!

AUSRÜSTUNG

Normale Bergwanderausrüstung, evtl. Klettersteig-Set

EINSAMKEITSFAKTOR

Diese Überschreitung ist auch an schönen Wochenenden wenig frequentiert.

Mittenwalder Höhenweg

Beliebter Klettersteig-Klassiker hoch über der Isar

Wer in die Welt der Klettersteige mit alpinem Flair hineinschnuppern möchte, ist am Mittenwalder Höhenweg genau richtig: Die beliebte Kammwanderung zwischen Mittenwald und Scharnitz weist nur wenige, zudem mit soliden Leitern versehene Steilstücke auf, und auch ausgesetzte Passagen sind vergleichsweise breit angelegt. Nichtsdestotrotz sind gute Trittsicherheit und Schwindelfreiheit Grundvoraussetzungen.

4

Beim Abstieg kommt man direkt an der urigen Brunnsteinhütte vorbei.

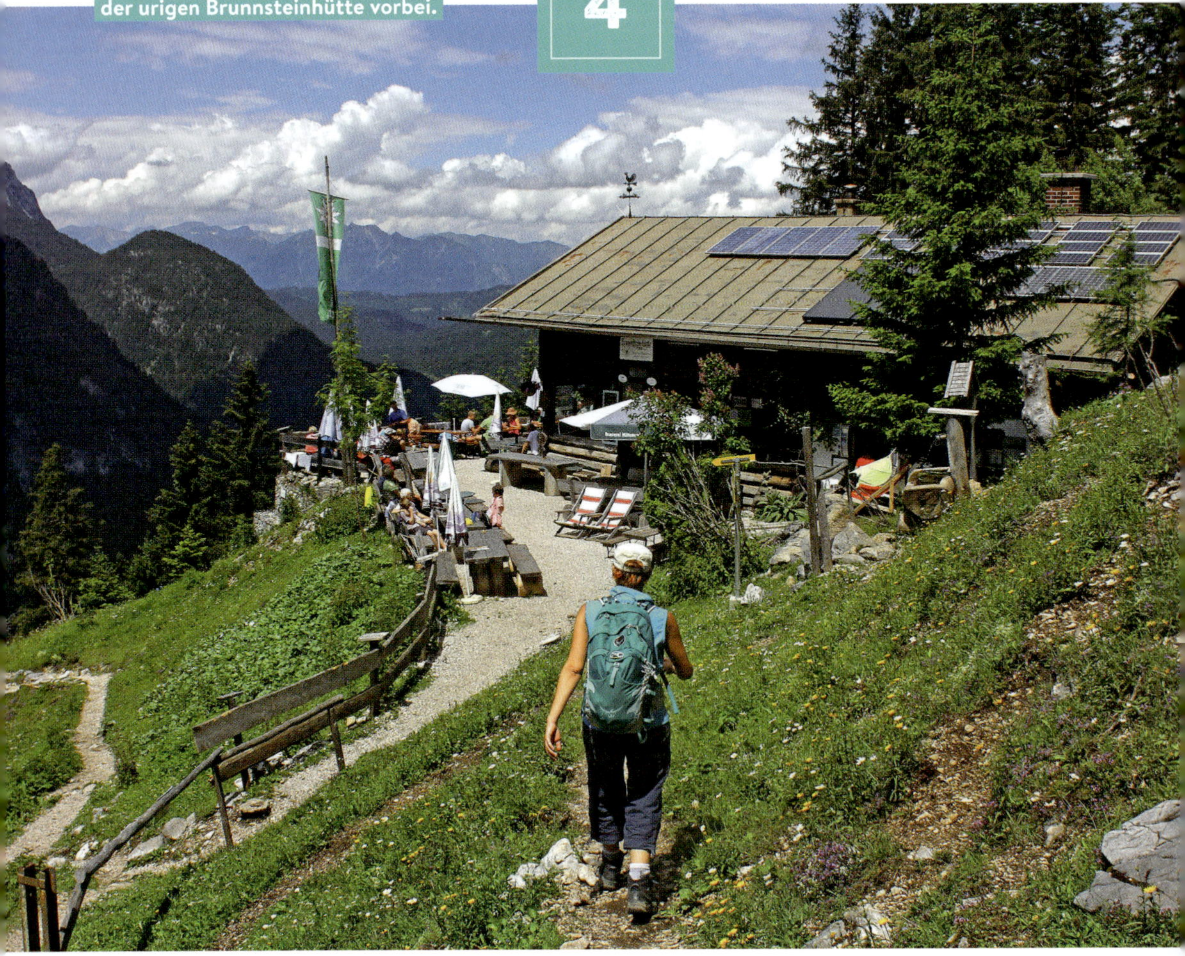

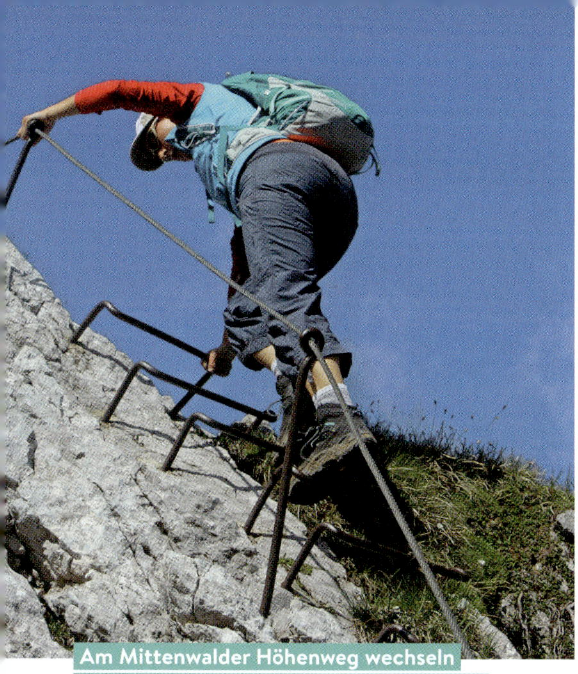

Am Mittenwalder Höhenweg wechseln sich Kletterpassagen und Gehgelände ab.

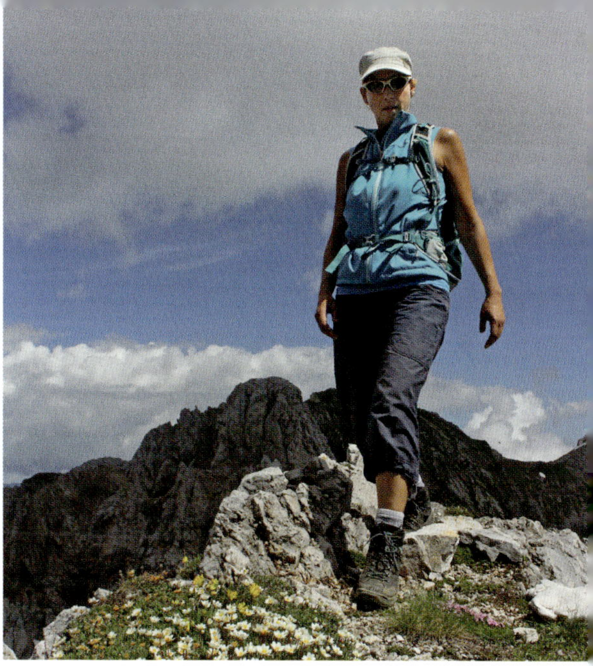

WER DIESE BEIDEN FÄHIGKEITEN mitbringt, dem winken als Belohnung schwindelerregende Tief- und Fernblicke, die schnell und ohne große Anstrengungen zu erreichen sind. Dass der Mittenwalder Höhenweg sehr beliebt ist, hat also seine guten Gründe. Was im Umkehrschluss bedeutet: Genieße, wenn möglich, die spektakulären Aussichten von Linderspitze, Sulzleklammspitze & Co. an einem Werktag. Fragwürdiges Wetter ist hingegen keine Option, um potenziellem Wochenendandrang aus dem Weg zu gehen, denn für die exponierte Unternehmung ist stabiles Bergwetter ohne Gewittergefahr wichtig!

Tipp

HINWEIS

Wer mit dem Zug anreist und eine Überschreitung unternehmen will, kann alternativ am Brunnsteinanger dem Weg Nr. 293 nach Süden folgen und über Brunnensteinspitze und Brunnensteinkopf zum Bahnhof Scharnitz absteigen.

Dass man ein Klettersteigset mitnehmen muss, ist hingegen nicht in Stein gemeißelt. Wer solide alpine Erfahrung hat und absolut trittsicher und schwindelfrei ist, kann den vergleichsweise leichten Mittenwalder Höhenweg auch ohne Gurt und Karabiner unternehmen. Wir sprechen hierbei von Schwierigkeitsstufe B der Klettersteigskala.

Im Herbst 2023, also genau zu der Zeit, als das Manuskript dieses Buchs fertig gestellt wurde, feierte der altehrwürdige Klettersteig übrigens seinen 50. Geburtstag, wobei viele der Stahlseile zwischenzeitlich ausgewechselt wurden. Die meisten Eisenleitern sind hingegen noch authentisch … genau wie die auf dem Abstieg liegende urige Brunnsteinhütte. Wer hier nicht einkehrt, um einen der selbst gebackenen Kuchen zu genießen, ist wirklich selbst schuld.

ROUTE Von der Bergstation der Karwendelbahn führen zwei gut beschilderte breite Wege (links und rechts des Kessels der

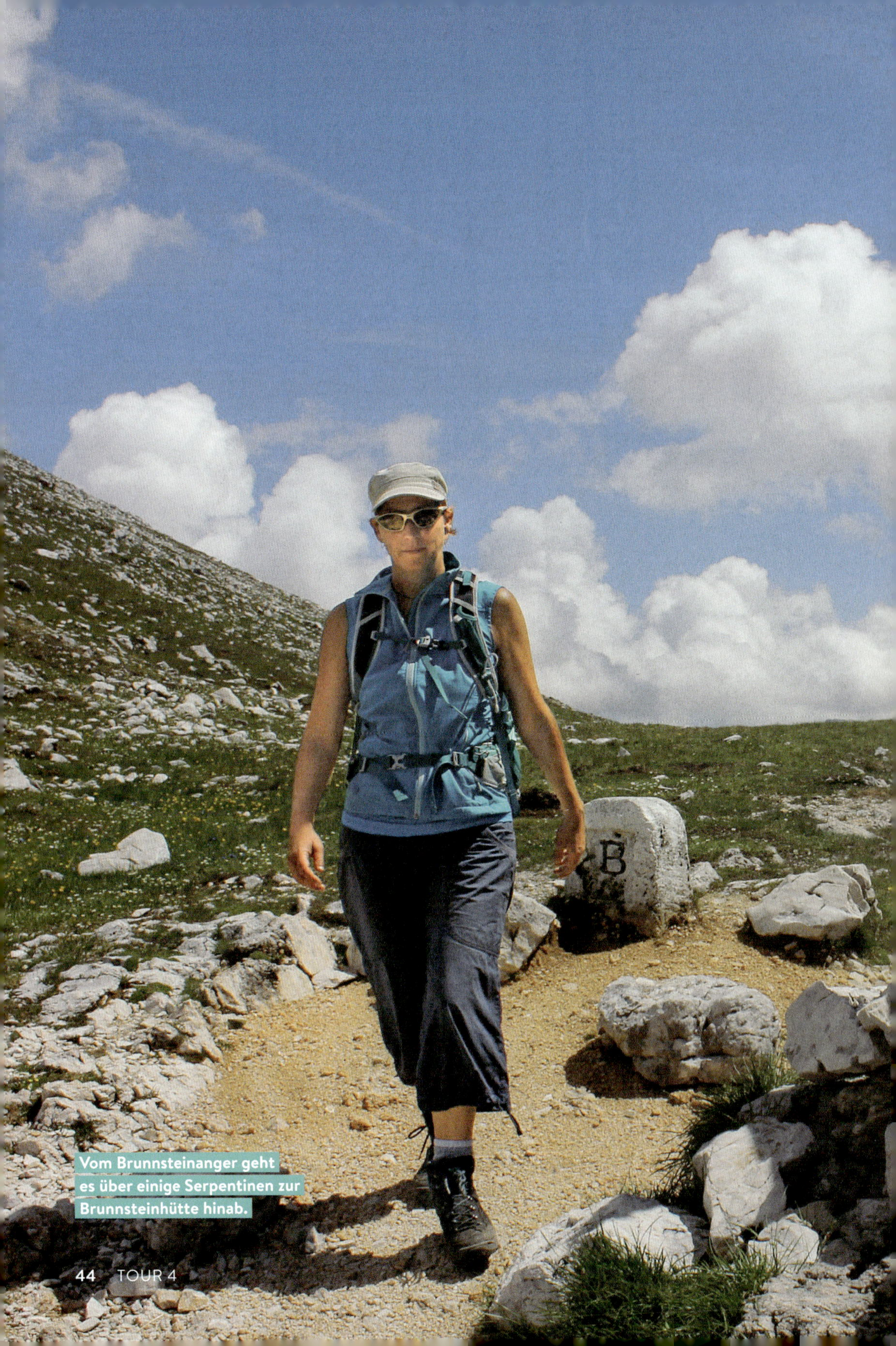

Vom Brunnsteinanger geht es über einige Serpentinen zur Brunnsteinhütte hinab.

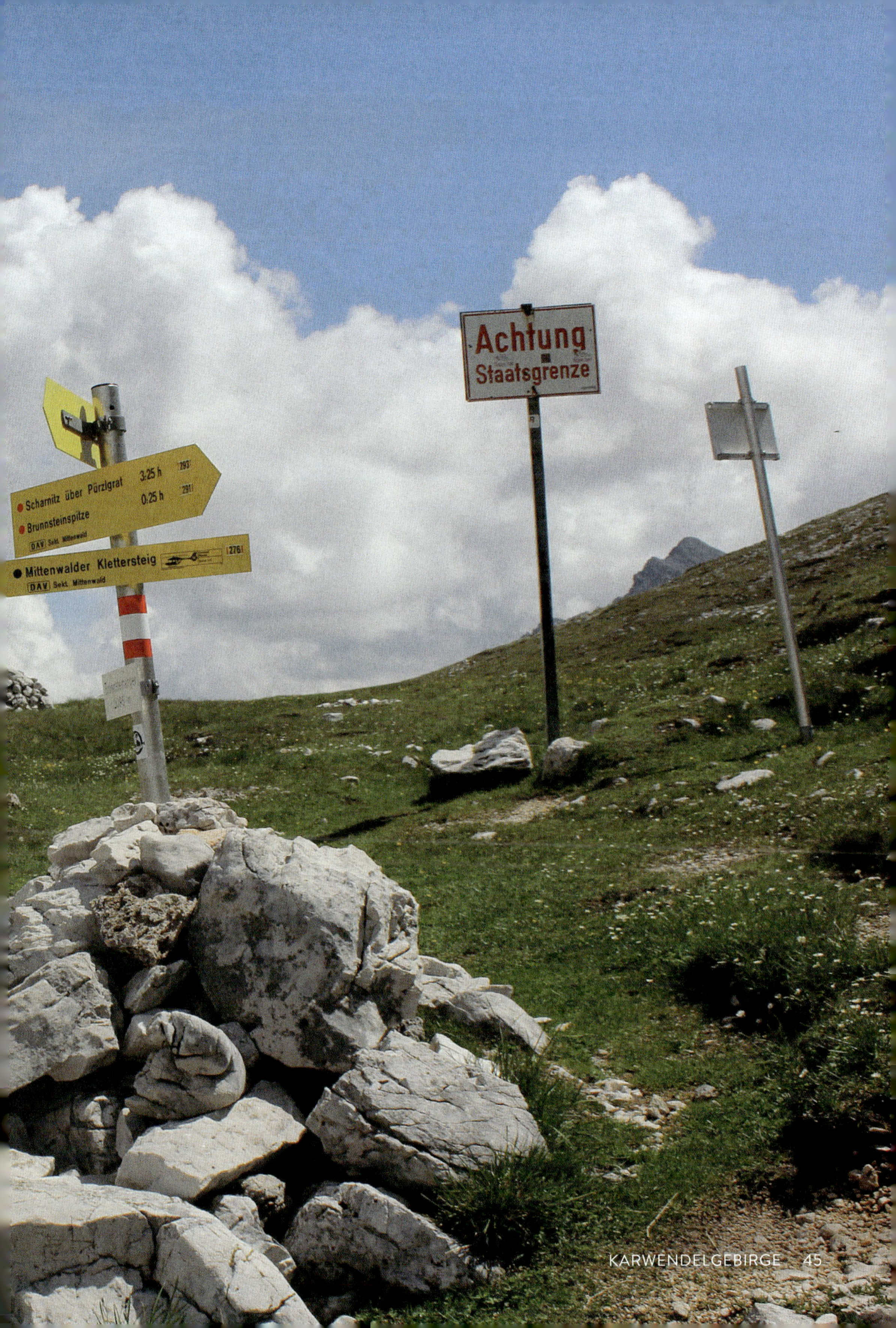
Scharnitz über Pörzlgrat 3:25 h 293
Brunnsteinspitze 0:25 h 291
DAV Sekt. Mittenwald
Mittenwalder Klettersteig 276
DAV Sekt. Mittenwald
Achtung
Staatsgrenze

Karwendelgrube) zum Beginn des Mittenwalder Höhenwegs an der Nördlichen Linderspitze; diese ist mit 2372 Metern zugleich dessen höchster Punkt. Hier sieht man auch schon bald die ersten Stahlseile. Ein Steilaufschwung wird über Eisenstufen erklettert und eine etwas ausgesetzte Passage gemeistert. Dann geht es hinab in die große Scharte mit dem Namen Am Gatterl, wo man nach rechts direkt zur Brunnsteinhütte absteigen könnte. Wir folgen aber weiter dem Mittenwalder Höhenweg und dürfen als Nächstes eine lange, steile Eisenleiter erklimmen.

In stetem, teils ausgesetztem Auf und Ab folgt man dem gut markierten Gratverlauf Richtung Süden. Schwierigere Passagen sind weiterhin mit Drahtseilen und Eisenleitern gesichert. Der Weg führt über den Gamsanger und hinab zum Fuß des Gipfelaufbaus der Sulzleklammspitze. An diesem Geröllhang befindet sich eine Unterstandshütte.

Hier sollte man aber keine Pause machen, sondern diesen steinschlaggefährdeten Bereich zügig queren. Auf der Ostseite des Gipfels geht es in einer Felsrinne (Stahlseile) bergan und dann auf der Rückseite zur Sulzleklammspitze (2321 m) hinauf und wieder direkt am Kamm sehr schön weiter zur Kirchlspitze (2301 m). Nach etwa zwei Stunden weitet sich der Grat zu einem breiteren Rücken, was den Abstieg zum grünen Brunnsteinanger erleichtert.

ABSTIEG Dem Wegweiser zur Brunnsteinhütte (1560 m) nach rechts folgend, geht es nun in langen Serpentinen über weite Latschenhänge bergab. Nach der netten Einkehrmöglichkeit folgt man weiter dem Hüttenweg Richtung Tal, überquert die spektakuläre Hängebrücke über die Sulzleklamm und folgt direkt dahinter nach links dem Talabstieg. Hat man den grünen Talboden erreicht, geht es über breite Landwirtschaftswege zurück nach Mittenwald.

Seilversicherung im letzten Teil des Höhenwegs

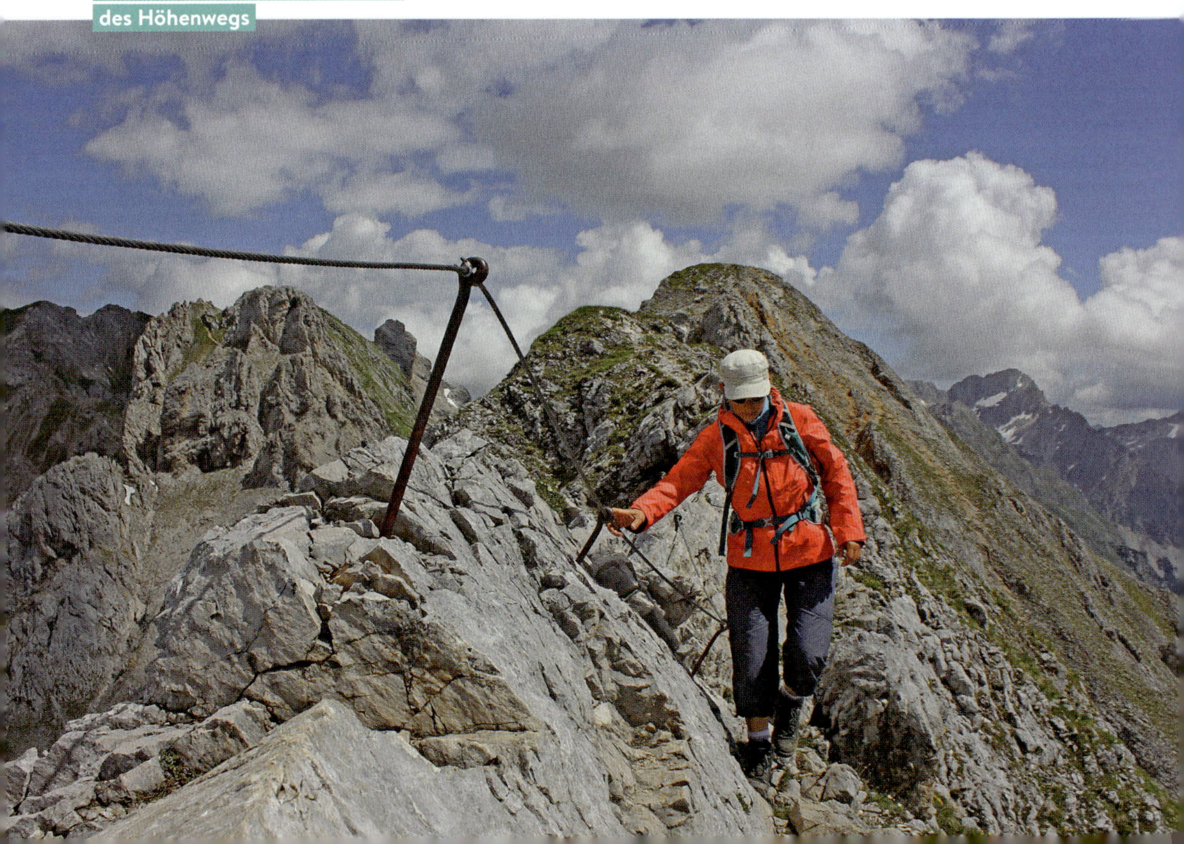

INFO

Leichter Klettersteig (A/B) | 6 Std. | 12 km | auf 400 Hm ab 1700 Hm

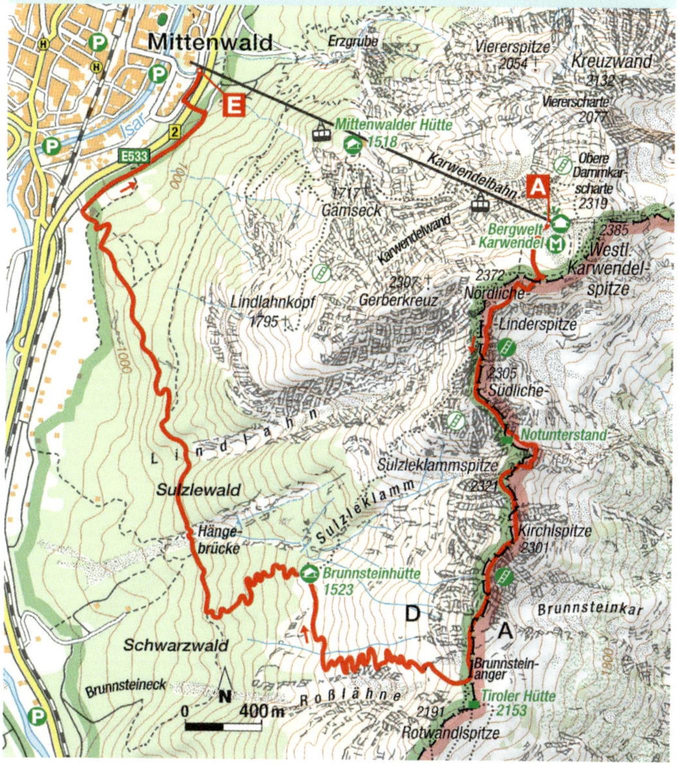

INFO

Deutschland – Karwendelgebirge – Mittenwalder Höhenweg über Nördliche Linderspitze (2372 m) und Sulzleklammspitze (2321 m)

TALORT

Mittenwald (912 m)

AUSGANGSPUNKT

Bergstation (2243 m) der Karwendelbahn

ENDPUNKT

Talstation (920 m) der Karwendelbahn

GEHZEITEN

Bergstation – Nördliche Linderspitze 15 Min. – Sulzleklammspitze 1.45 Std. – Brunnsteinanger 1.30 Std. – Talstation 2.30 Std.

MOBIL VOR ORT

Bus & Bahn: Mit dem Zug stündlich und meist mit Umsteigen in Garmisch-Partenkirchen zum Bhf. Mittenwald, von dort zu Fuß in wenigen Minuten zur Talstation der Karwendelbahn
Auto: Über Garmisch-Partenkirchen nach Mittenwald und an der dortigen Umgehungsstraße der Beschilderung »Karwendelbahn« folgen

KARTE

AV-Karte BY 10 »Karwendelgebirge Nordwest«, 1:25 000

INFORMATION

alpenwelt-karwendel.de

SEILBAHN

Erste Bergfahrt um 8.30 Uhr; weitere Infos unter karwendelbahn.de

EINKEHR

Brunnsteinhütte (bew. Mitte Mai bis Mitte Okt., bruennsteinhaus.de)

CHARAKTER

Beliebte Grat- und Kammüberschreitung mit tollen Tief- und Fernblicken. Mit vielen Stahlseilen und Eisenleitern ausgestattet, aber auch ungesicherte Passagen (I–II). An Wochenenden sollte man möglichst früh unterwegs sein.

AUSRÜSTUNG

Mit guter alpiner Erfahrung kann man die Tour auch ohne Klettersteigset unternehmen (im Zweifelsfall natürlich mitnehmen!).

EINSAMKEITSFAKTOR

Der Mittenwalder Höhenweg ist an schönen Wochenenden sehr beliebt.

Eisenleiter im ersten Teil des Höhenwegs

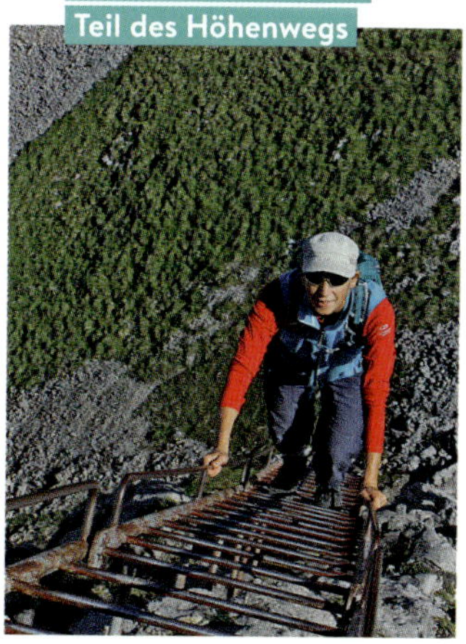

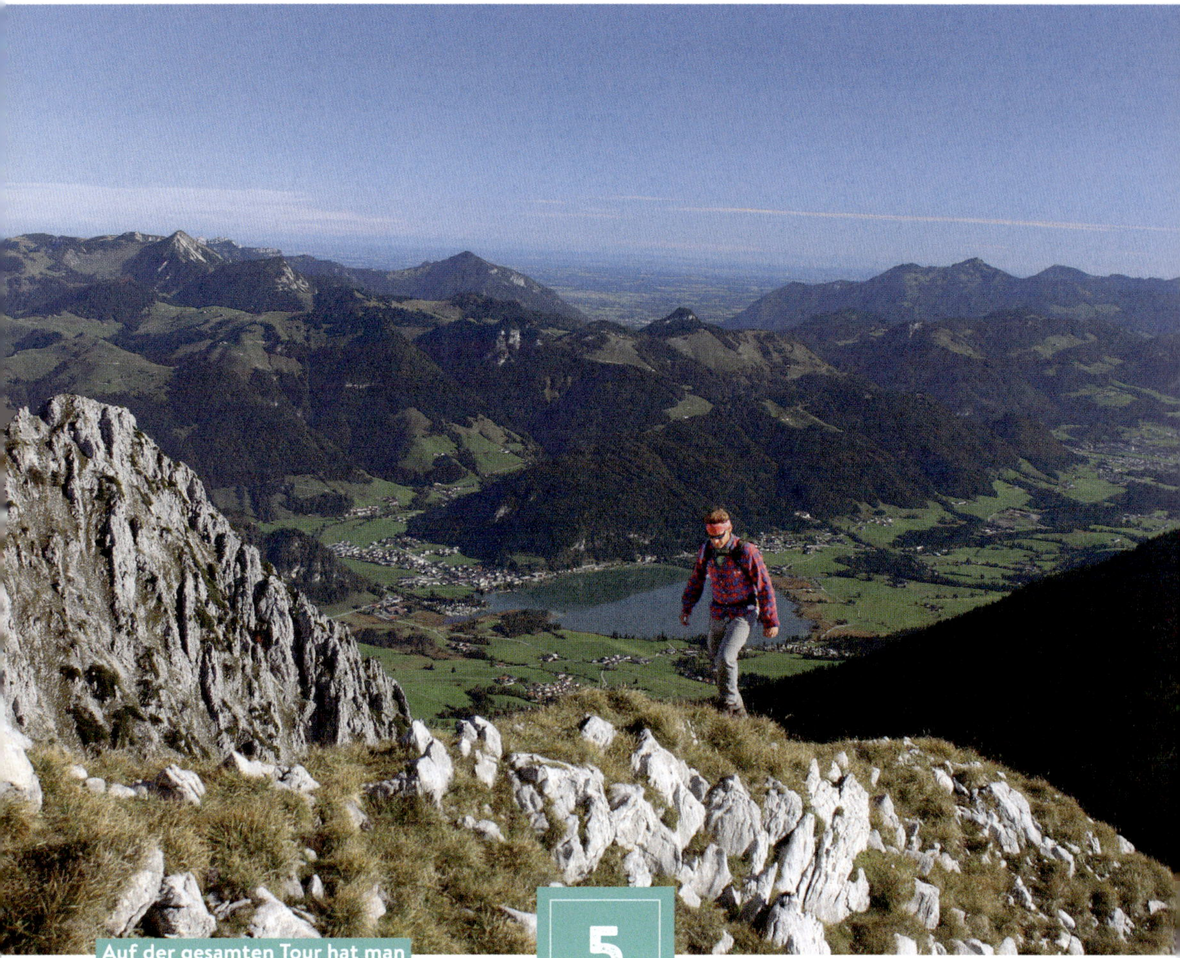

Auf der gesamten Tour hat man den schönen Walchsee im Blick.

5

Grattour am Roßkaiser

Wo der Zahme Kaiser seine Zähne zeigt

Diese Tour bietet einen sensationellen Verbindungsgrat, der einen weiten Bogen von Jofen- und Pyramidenspitze über Vordere und Hintere Kesselschneid zu Großem und Kleinem Roßkaiser spannt. Und zum Schluss des langen Berg-Tags kann man mit dem Heuberg noch den »Wächter des Winkelkars« und somit Gipfel Nr. 7 besteigen – das heißt, wenn die Oberschenkel dann nicht schon streiken.

DIE WUNDERSCHÖNE und recht unbekannte Grattour im Zahmen Kaiser, der dem Wilden Kaiser vorgelagert ist, führt über ausgesetztes Schrofen- und Felsgelände. Dabei müssen jeder Tritt und jeder Griff wie immer genau geprüft werden. Auch die Orientierung ist im weglosen Gelände nicht immer eindeutig. Hier hilft eine uralte Grat-Regel weiter: Im Zweifelsfall nicht in schrofige Flanken ausweichen, sondern zurück zur eigentlichen Scheitellinie. Dort ist der Fels auch am wenig Zahmen Kaiser kompakter und führt mit schwindelerregenden Tiefblicken ins schattige Winkelkar weiter zur breiten Hinteren Kesselschneid. Unser »Wellness-Bergrücken« lädt hier zu einer größeren Pause ein – also nichts wie den Rucksack runter, die Beine ausstrecken und die duftende Bergwiese genießen. Und nochmals Kraft tanken … auch für den etwas Furcht einflößenden Schlussanstieg. Aber keine Angst, die felsige Gipfelflanke des Roßkaisers ist weniger steil und leichter zu erklimmen, als es in der Draufsicht aussieht.

↑ Kurze Kletterstelle im Mittelteil ↓ Steinmann an der Vorderen Kesselschneid ↘ Gipfelglück am Roßkaiser

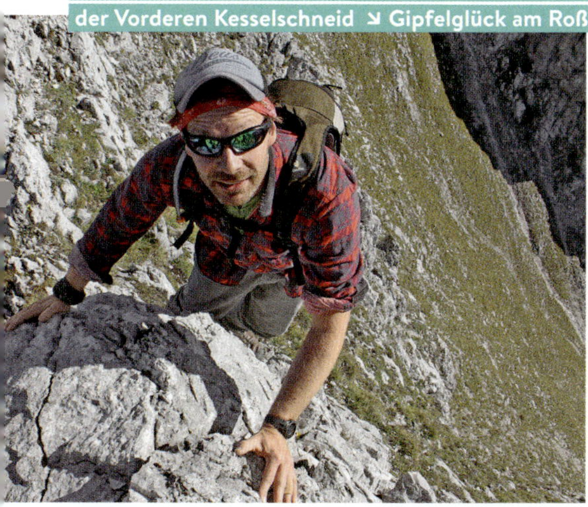

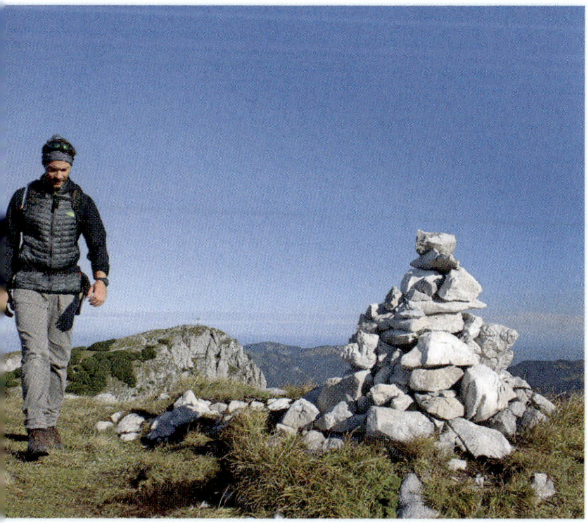

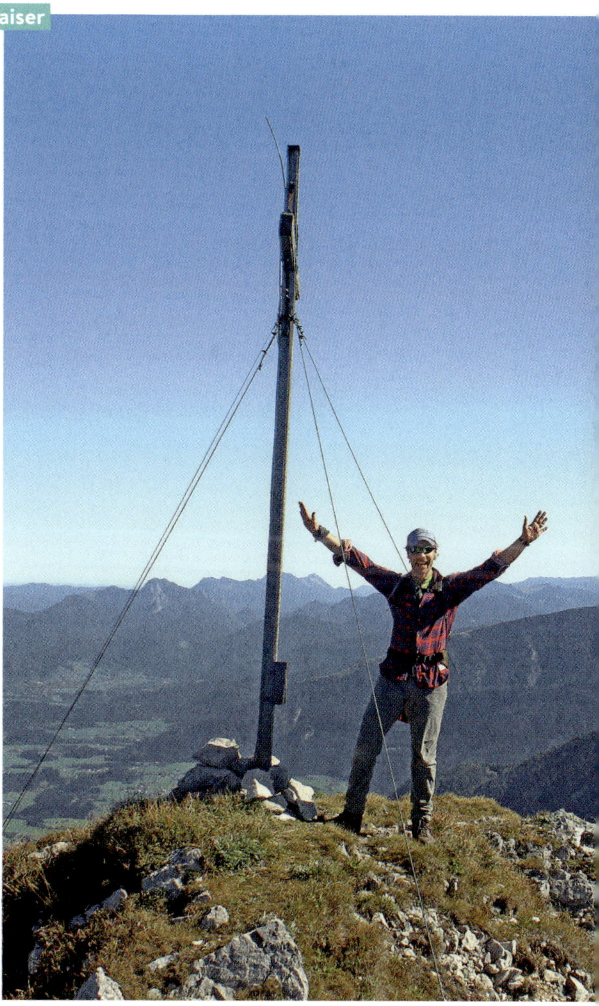

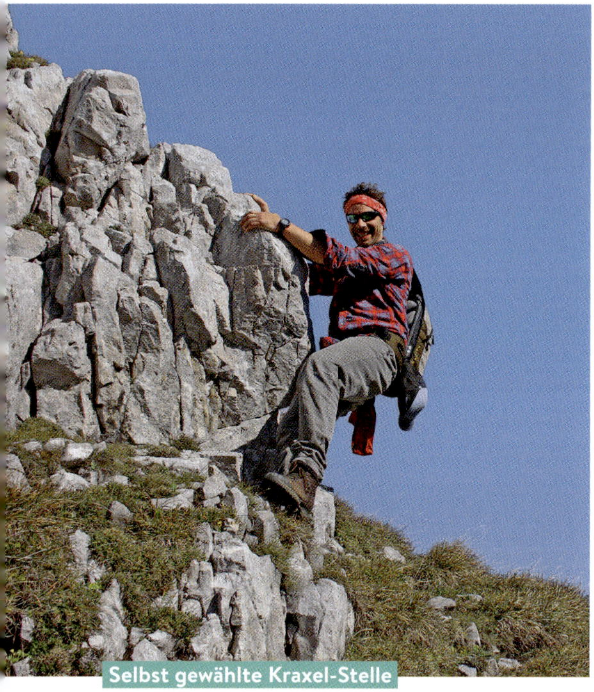

Selbst gewählte Kraxel-Stelle

Und am letzten Gipfel der Winkelkar-Umrahmung endet der ausgedehnte Berg-Tag (zum Glück) noch lange nicht. Beim einsamen Abstieg zur Hochalm ist Orientierungsvermögen gefragt, bevor es in einer langen, landschaftlich sehr schönen Querung zum Jöchl geht. Dort lautet dann die Gretchenfrage: Direktabstieg ins Winkelkar oder noch zusätzliche Kräfte für Gipfel Nr. 7 mobilisieren?

ROUTE Vom Parkplatz folgt man dem Weg Richtung Pyramidenspitze, der bis zur Großpointner Alm auf einer Straße erfolgt. Dann geht es im Wechsel von Wiesenpfaden und Waldwegen zum Talschluss und rechts zur Winkelalm. Bald gelangt man an den Fuß der Jofenspitze, wo es steiler bergan geht, und bald trifft man auf erste seilversicherte Passagen. Nachdem man den optionalen Abstecher (nach rechts) zur Jovenspitze (1892 m) gemacht hat, führt ein leichter Klettersteig (B) zur Pyramidenspitze (1997 m). Von dort steigt man nach Süden zur Scharte zwischen Pyramidenspitze und Vorderer Kesselschneid ab und hält sich hier nicht rechts ins Kaisertal, sondern bleibt geradeaus (ab jetzt Pfadspuren bzw. weglos) und gelangt unschwierig zur Vorderen Kesselschneid (2001 m).

Steil geht es nun über Gras- und Felsgelände Richtung Osten hinab. Es gibt keine Versicherungen. Der Grat gibt die weitere Orientierung vor. Man steigt und klettert entlang der Schneide bzw. südlich von ihr in Richtung Osten. Man umgeht einen Felsaufschwung rechts und steigt eine Rinne hinauf, um zum ausgesetzten Grat zu gelangen. Noch einmal klettert man teils über Felsen, teils über Wiesenhänge bergab, bis das Gelände leichter wird und man die Hintere Kesselschneid (1995 m) erreicht. Der Grat wird schmaler, und es warten weitere Stellen im II. Schwierigkeitsgrad auf uns, bis wir vor dem Gipfelanstieg zum Großen Roßkaiser (1971 m) stehen. Dieser führt über die felsdurchsetzte Westflanke zum höchsten Punkt.

ABSTIEG Vom Gipfel folgt man dem Grat nach Osten zu einem Sattel. Hier wendet man sich nach rechts und steigt über eine Wiese weglos ab. Vor einer Kuppe geht es nach rechts und durch ein Tälchen nach Westen. Hier gibt es wieder eine deutlichere Spur, wobei man bei einer Gablung im Latschengelände der rechten Spur folgt, um bald auf einen Wiesenhang zu gelangen, über den man nach Süden in Richtung Hochalm wandert.

Vor dieser stößt man auf einen markierten Weg und folgt diesem nach links. Noch vor der Hochalm zweigt man von dem Weg nach links ab, folgt einem Pfad und spärlichen Markierungen bergan. Nachdem sich das

Gelände zurücklegt, wird der Weg deutlicher und führt nun in Nordostrichtung parallel unterhalb des Roßkaisers entlang weiter. Alle Abzweigungen nach rechts ignoriert man und gelangt nach einer langen Hangquerung zu einem Geländeabsatz oberhalb der Hageralm (1380 m). Hier hält man sich an die Gabelung links und erreicht in einer ansteigenden Querung das Jöchl (hier ist zusätzlich der Abstecher zum Heuberg möglich). Auf der anderen Seite geht es zumeist durch Wald wieder zurück ins Winkelkar.

INFO

INFO

Österreich – Kaisergebirge – Roßkaiser (1971 m) über Pyramidenspitze (1997 m) und Vordere Kesselschneid (2001 m)

TALORT

Walchsee (538 m)

AUSGANGS-/ENDPUNKT

Wanderparkplatz »Am Brand« (700 m) südlich von Durchholzen

GEHZEITEN

Wanderparkplatz – Pyramidenspitze 3 Std. – Roßkaiser 2 Std. – Jöchl 2 Std. – Wanderparkplatz 1 Std.

MOBIL VOR ORT

Bus & Bahn: Mit dem Zug nach Kufstein und weiter mit Bus 4030 nach Durchholzen, von dort in gut 10 Min. zu Fuß zum Wanderparkplatz

Auto: Über die Inntalautobahn bis Ausfahrt Oberaudorf und über Niederndorf nach Durchholzen, hier rechts zum Wanderparkplatz »Am Brand«

KARTE

AV-Karte Blatt 8 »Kaisergebirge«, 1:25 000

INFORMATION

wilderkaiser.info

EINKEHR

Hageralm (einfache Gastronomie, zur Almsaison geöffnet)

Anspruchsvolle Bergtour, bis II | **8 Std.** | **15 km** | **1550 Hm**

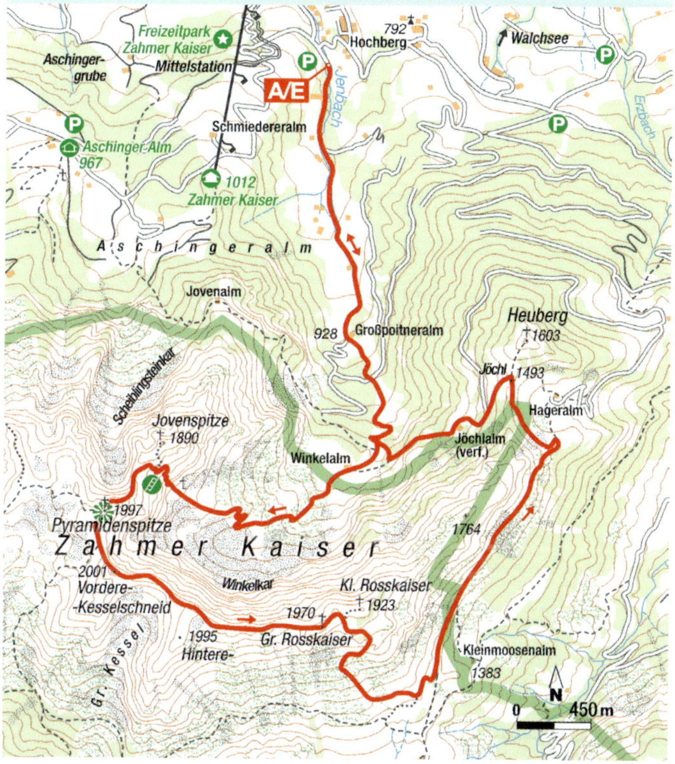

CHARAKTER

Gleich der Abstieg von der Vorderen Kesselschneid (II) zeigt, »wo's langgeht«: Wer sich hier unwohl fühlt, sollte besser umkehren, denn vergleichbare Stellen kommen auf der Tour immer wieder vor.

AUSRÜSTUNG

Normale Bergwanderausrüstung

EINSAMKEITSFAKTOR

Selbst an schönen Wochenenden kann man am Roßkaiser-Grat oft Bergeinsamkeit genießen.

Überschreitung der Hackenköpfe

Großartige Grattour im Westen des Wilden Kaisers

Der Scheffauer ist im Wilden Kaiser ein besonders lohnendes Bergziel, denn von dem 2111 Meter hohen Gipfel bietet sich ein toller Tiefblick auf den Hintersteiner See. Vor allem an klaren Herbsttagen ist aber auch die Fernsicht in Richtung Alpenhauptkamm grandios. Zudem ist ab Mitte September die Gewittergefahr geringer, wobei man sich aber auch zu dieser Jahreszeit schon über eine eventuelle Schneelage dort oben informieren sollte.

6

Solche Sprünge können, müssen aber nicht sein.

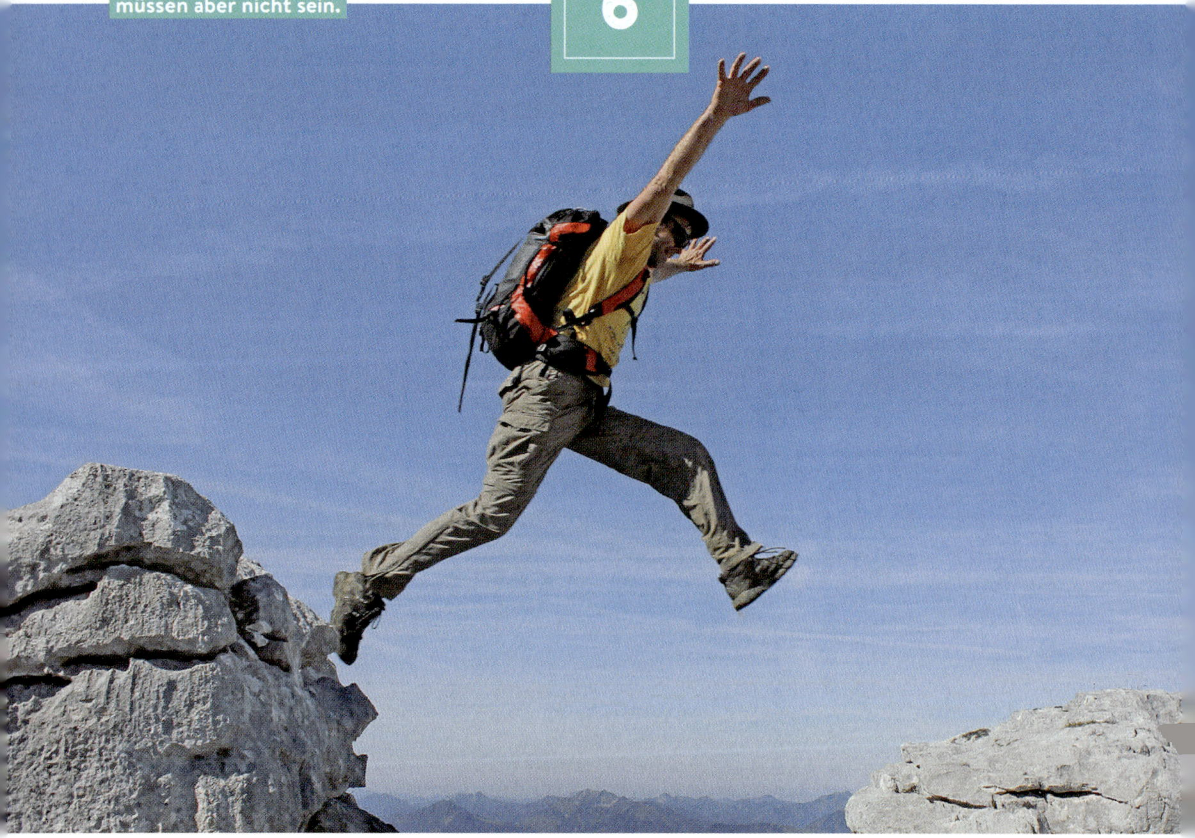

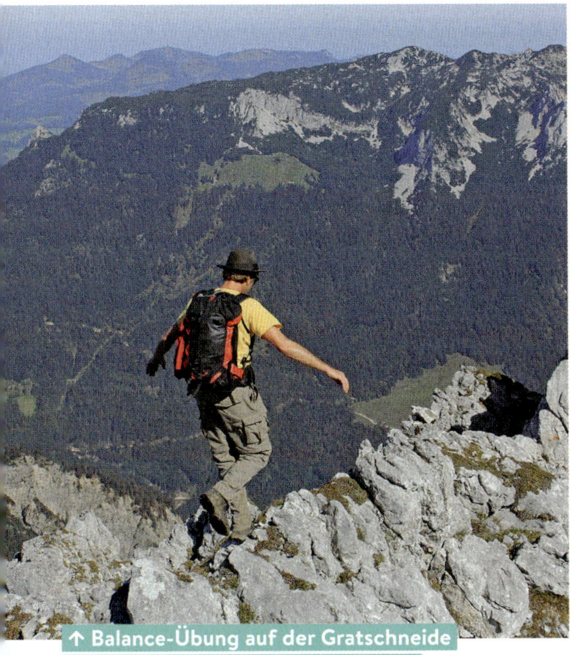

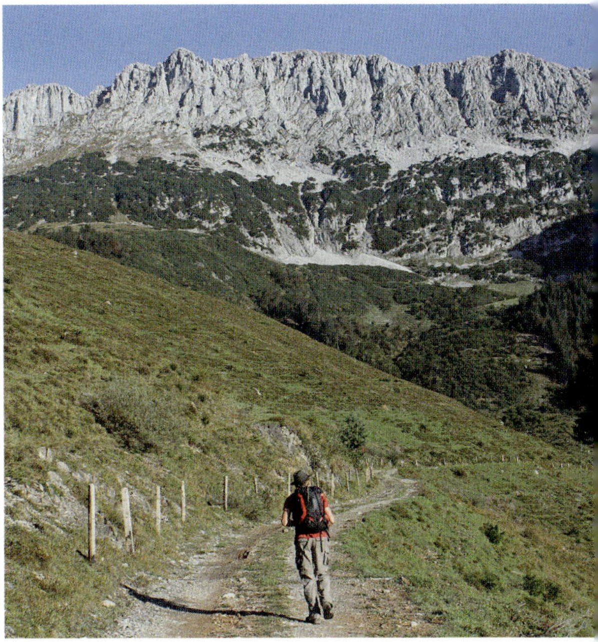

↑ Balance-Übung auf der Gratschneide
↗ Am Zustieg zu den Hackenköpfen

DIE MEISTEN BERGWANDERER steigen nach dem Scheffauer-Gipfelerfolg auf demselben Weg wieder ab und verpassen so eine grandiose Grat- und Kammüberschreitung, die für schwindelfreie und trittsichere Bergsteiger ein echtes Schmankerl ist! Die tolle Route über den Felskamm der Hackenköpfe ist allerdings an keiner Stelle mit Stahlseilen versichert, aber diese braucht es auch gar nicht, denn das Kalkgestein ist, wie im Wilden Kaiser üblich, meist bombenfest und herrlich griffig. Zudem gehen die Kletterschwierigkeiten über den II. Schwierigkeitsgrad nicht hinaus.

Am Wiesberg wird der westlichste Ausläufer des Wilden Kaisers dann deutlich breiter, und man könnte bald schon nach rechts zurück zur Kaiserhochalm absteigen. Bei schönem, stabilem Bergwetter lohnt es sich aber unbedingt, dem Kamm noch weiter über die Kopfkraxen zum Sonneck zu folgen. Von dort bietet sich einerseits ein beeindruckender Blick hinüber zur benachbarten Ellmauer Halt, dem höchsten Gipfel des Kaisergebirges, vor allem aber hat man einen schönen Rückblick auf den gesamten zurückgelegten Tourenverlauf bis hin zum Scheffauer.

Beim Abstieg stellt schließlich die Hinterschießlingalm ein gastronomisches Schmankerl dar, das man mit einem kleinen Umweg (Wegweiser an der Kaiseralm) erreichen kann: Hier werden Angus-Rinder gezüchtet, und diesbezügliche Fleischspezialitäten (Schinken und Wurst) kann man auf der Alm verkosten. Und Baderatten können ihre heiß gelaufenen Füße nach der Tour zusätzlich im Hintersteiner See kühlen.

ROUTE Vom kleinen Wanderparkplatz folgt man zunächst der Fahrstraße (also nicht links zur Hinterschießlingalm abzweigen). An den Häusern der (unbewirteten)

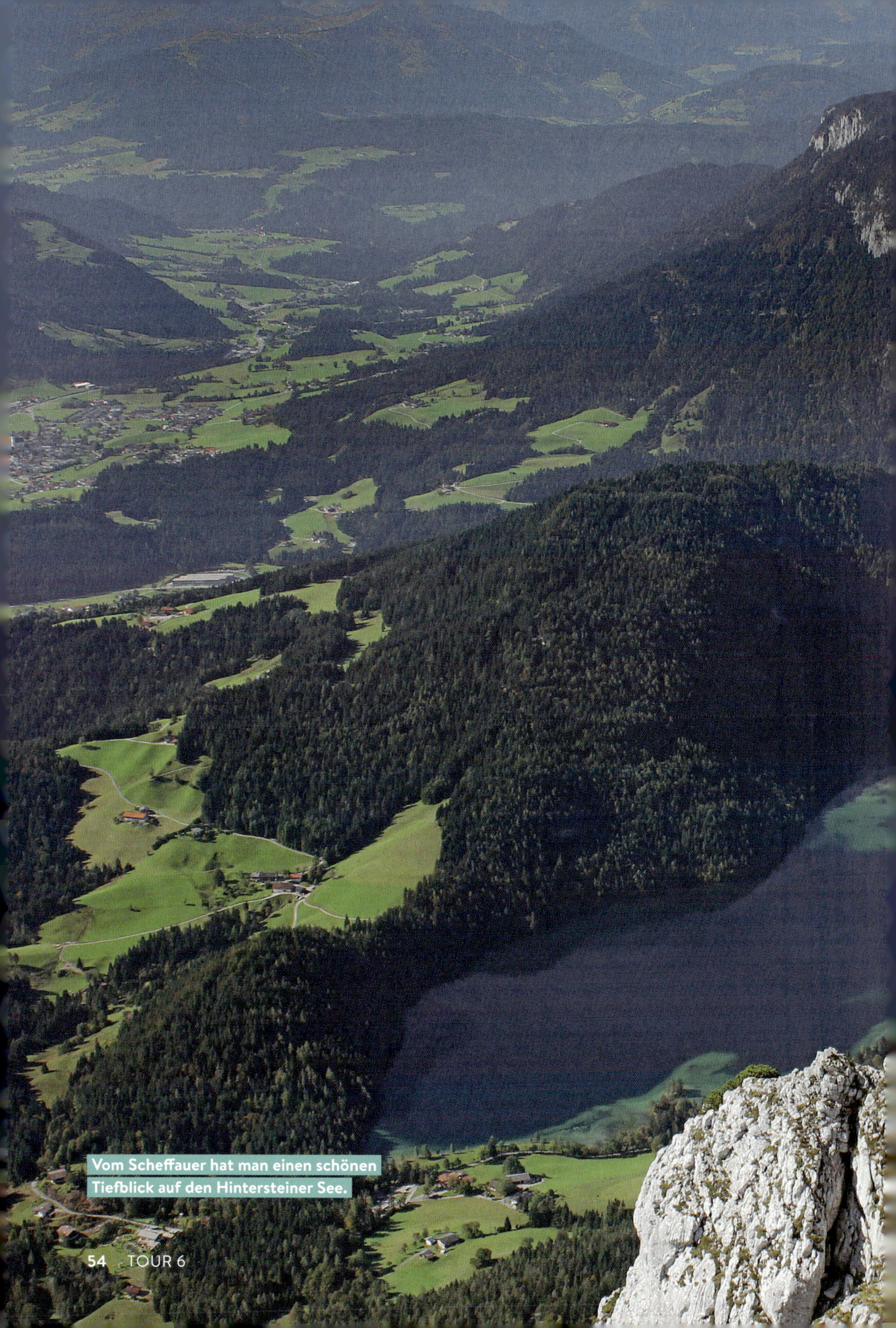

Vom Scheffauer hat man einen schönen Tiefblick auf den Hintersteiner See.

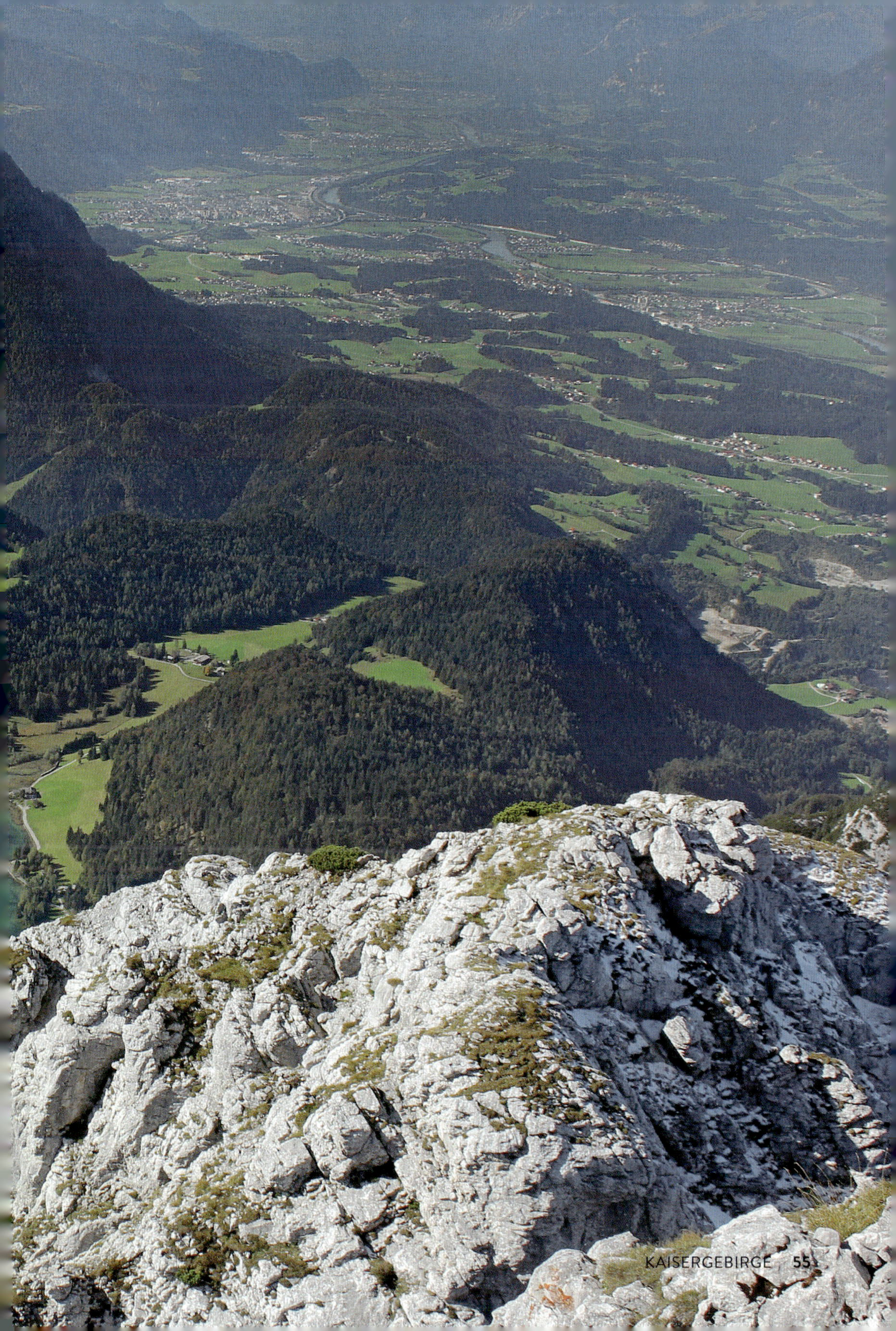

Schießlingalm vorbei und gelangt über Kehren in den Wald. Immer dem Fahrweg folgend erreicht man das freie Gelände der (unbewirteten) Kaiseralm. Dahinter wandert man auf einem schönen Bergsteig zunächst entlang eines Tälchens und dann über einen Wiesenhang nach rechts zur (unbewirteten) Kaiser-Hochalm. An zwei Gabelungen jeweils links haltend erreicht man eine Querung, die leicht ansteigend durch die Latschen zu den ersten Felsstufen führt. Hier wird der Steig steiler, führt aber weiter als Gehgelände nach Nordwesten zu einem Bergsattel, der zwischen Hackenköpfen und Scheffauer liegt. Hier halten wir uns links und folgen dem breiten Bergrücken, zuletzt im Felsgelände, zum höchsten Punkt am Scheffauer (2111 m).

Nach der Gipfelpause kehrt man zum Bergsattel zurück und wandert über einen Wiesenrücken nach Osten (ab hier Pfadspuren, Steinmänner und ab und zu Markierungen) bis zu einem ersten felsigen Grataufschwung. Ab jetzt folgt man in leichtem Auf und Ab immer dem Grat, der im ersten Drittel am schmälsten, doch nie extrem ausgesetzt ist. Hier und da gibt es kurze, leichte Klettereinlagen, die den II. Schwierigkeitsgrad nicht überschreiten. Ohne Orientierungsprobleme halten wir uns so weiter nach Osten, wobei man ausgesetzte Stellen auch südseitig umgehen kann. Nachdem man noch einmal etwas schmäler den Östlichen Hackenkopf (2119 m, der höchste der drei Gratköpfe) überschritten hat, wird der Grat am – nomen est omen – Wiesberg (1998 m) zu einem breiten grünen Bergrücken und läuft auf die Kopfkraxn zu.

Bevor man diesen weiteren Grataufschwung erreicht, mündet von rechts ein markierter Steig ein, den man sich für den Abstieg merkt. Hinter dem höchsten Punkt (2178 m) der Kopfkraxn geht es noch einmal schmaler (mit Stahlseilen entschärft) zu einem Sattel hinab. Auf der anderen Seite steigt man zuletzt über eine breite Schulter (teils wegloses, leichtes Felsgelände) zum Sonneck (2260 m)

Grattour geschafft! Am großen Sonneck-Gipfelkreuz

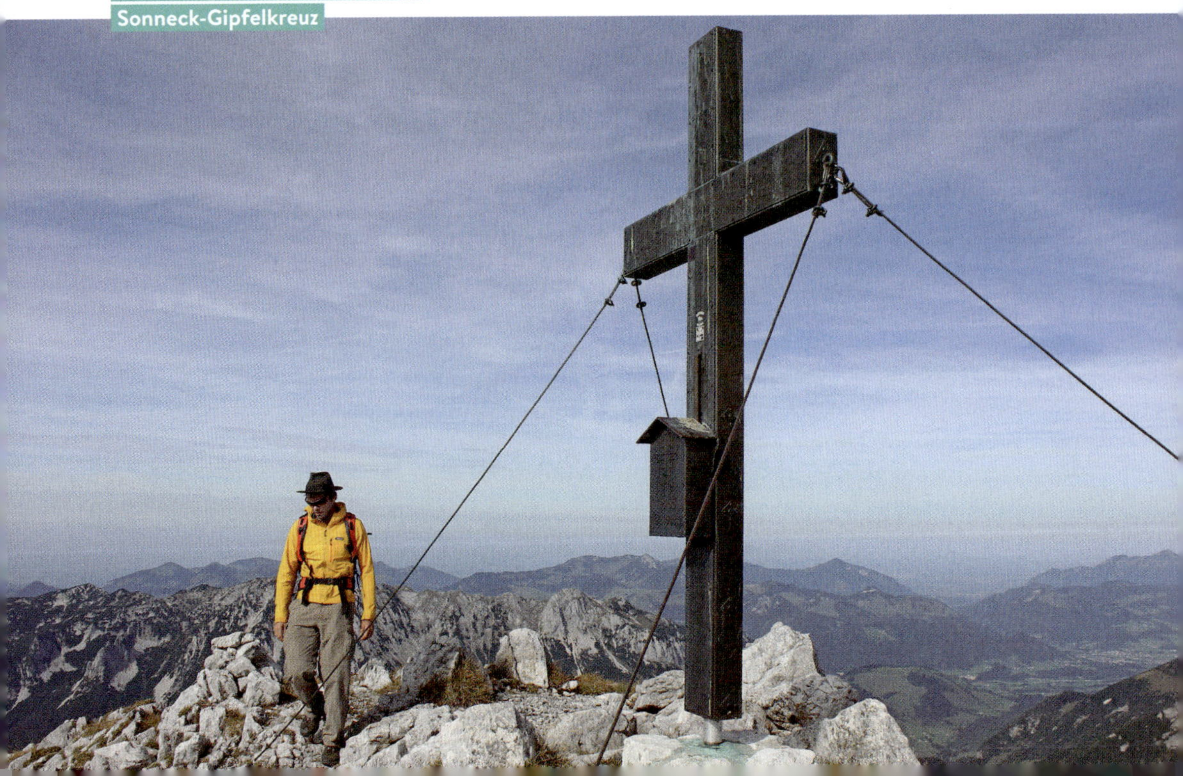

hinauf und erreicht damit den höchsten Punkt dieser tollen Bergrunde.

ABSTIEG Zunächst geht man vom Sonneck zur oben angegebenen Stelle zurück, an der der Normalweg von Süden heraufkommt. Man wendet sich hier also nach links und steigt über steile Serpentinen gen Süden ab. Im schrofigen Gelände ist auch jetzt gute Trittsicherheit von großem Vorteil. Nachdem es flacher wird, geht es nach Südwesten auf den markanten Sonnenstein zu. Dieser kann entweder links oder rechts (etwas kürzer, aber etwas schlechterer Steig) umgangen werden, um zur Kaiser-Hochalm zu gelangen. Von dort geht es auf bekanntem Weg über die Kaiseralm zum Ausgangspunkt zurück.

INFO

INFO
Österreich – Kaisergebirge – Hackenköpfe-Überschreitung über Scheffauer (2111 m) und Sonneck (2260 m)

TALORT
Scheffau (745 m)

AUSGANGS-/ENDPUNKT
Wanderparkplatz Hinterschießlingalm (910 m)

GEHZEITEN
Wanderparkplatz – Scheffauer 2.30 Std. – Sonneck 3.30 Std. – Wanderparkplatz 2 Std.

MOBIL VOR ORT
Bus & Bahn: Nicht möglich
Auto: Über die Inntalautobahn bis Ausfahrt Kufstein-Süd und Richtung Kitzbühel nach Scheffau, hier Richtung Hintersteiner See und nach dem Ort bei der Linkskurve geradeaus bis zur Parkmöglichkeit hinter der Rechtskurve am Bach

KARTE
AV-Karte Blatt 8 »Wilder Kaiser«, 1:25 000

INFORMATION
wilderkaiser.info

EINKEHR
Hinterschießlingalm (bew. Mai–Okt., Mo Ruhetag, Tel. +43/(0)677/64 18 18 85)

Anspruchsvolle Bergtour, bis II

8 Std. | 16 km | 1550 Hm

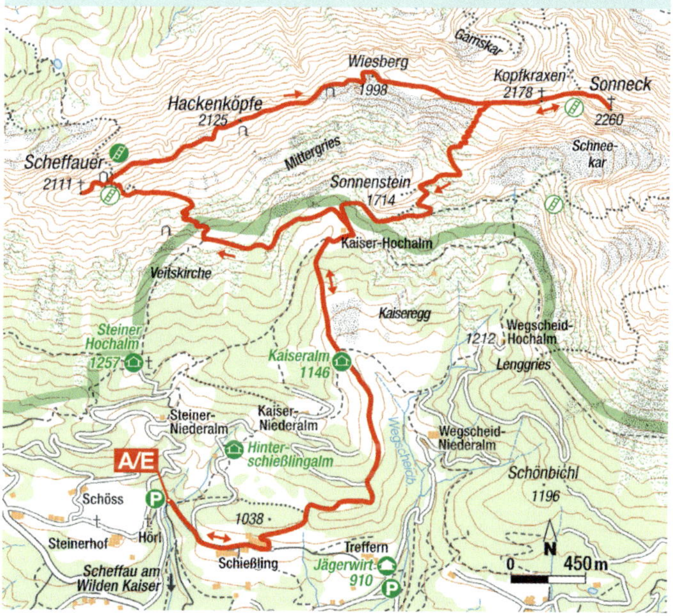

CHARAKTER
Wunderschöne Gratüberschreitung, bei der man ausgesetzte Passagen und leichte Kletterstellen meist auch südseitig umgehen kann. In Kombination mit dem Scheffauer mit Sicherheit eine der schönsten Rundtouren des Wilden Kaisers!

AUSRÜSTUNG
Normale Bergwanderausrüstung

EINSAMKEITSFAKTOR
Auch an Wochenenden ist diese Grattour bestimmt nicht überlaufen.

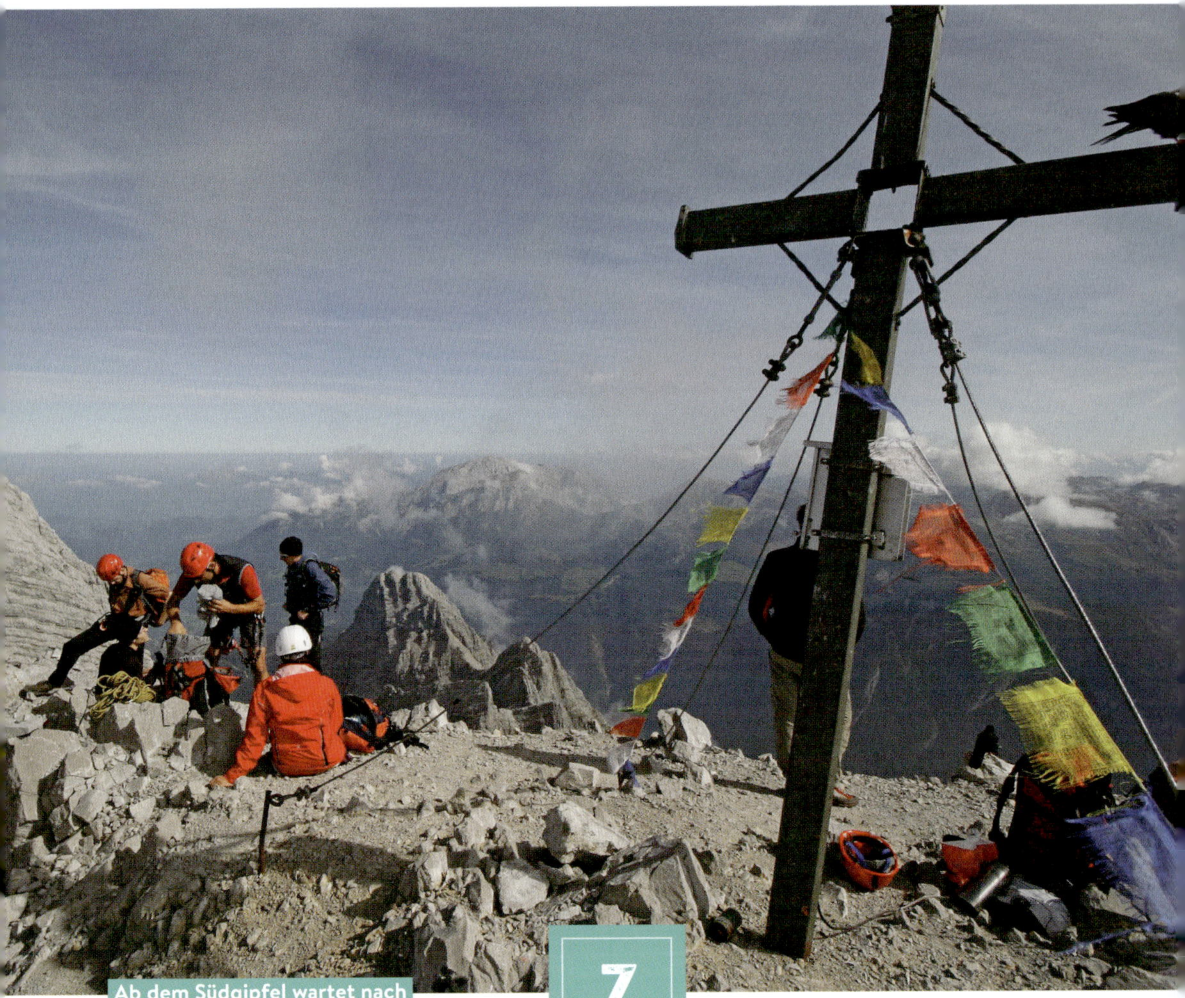

Ab dem Südgipfel wartet nach der Gratüberschreitung ein langer Talabstieg.

7

Watzmann-Überschreitung

Großartige Tiefblicke hoch über dem Königssee

Man muss es nicht unbedingt dem legendären Berchtesgadener Bergführer Heinz Zembsch gleichtun und mehr als 300-mal zur Watzmann-Südspitze aufsteigen. Doch einmal in seinem Bergsteigerleben sollte ein halbwegs ambitionierter Alpinist die Watzmann-Überschreitung unternommen haben.

OB MAN DIESE LANGE GRATTOUR mit oder ohne Klettersteigset in Angriff nimmt, hängt vom eigenen Sicherheitsempfinden ab. Außer Frage steht hingegen, dass man diese große Klassiker-Tour wenn möglich unter der Woche unternimmt, denn an schönen Wochenenden ist das traditionsreiche Watzmannhaus (wo man vor dem Gipfeltag übernachtet) oft überfüllt. Die Tatsache, dass der Watzmanngrat – der den Wandergipfel Hocheck (2651 m) mit der Mittelspitze (2713 m) und diese mit der Südspitze (2712 m) verbindet – den Kräften der Erosion so erfolgreich trotzt, ist seinem festen Dachsteinkalk zu verdanken. Das kompakte Gestein bietet über weite Strecken hinweg herrlich griffigen Fels, den allerdings unzählige Kletterhände im Lauf der Zeit abgespeckt haben. Der Sage nach entstand das Bergmassiv übrigens dadurch, dass der hartherzige König Watzmann samt Familie zur Strafe für seine vielen Untaten in Fels verwandelt wurde.

Im Jahr 2017 wurden übrigens 150 Meter Stahlseil am Anfang der Grattour zurückgebaut. Längere Passagen im I. und II. Schwierigkeitsgrad waren aber schon davor ungesichert zu meistern. Man darf diese Tour also nicht mit einem alpinen Klettersteig verwechseln – die Überschreitung erfordert neben absoluter Trittsicherheit und Schwindelfreiheit auch alpine Erfahrung! Zudem sollte man für den steinschlaggefährdeten Abstieg von der Südspitze einen Helm mit dabeihaben.

Wer im Anschluss an die Gratüberschreitung noch einen Tag Zeit hat, dem sei eine zusätzliche Übernachtung auf der Wimbachgrieshütte empfohlen. Man spart sich so den langen Talhatscher durchs Wimbachtal und kann am nächsten Tag über den aussichtsreichen Hirschwiesenkopf zum Königssee wandern, wo die Tour mit einer Bootsfahrt auf dem Königssee endet.

ROUTE An der Wimbachbrücke folgt man der Straße und zweigt links ab, um eine Brücke zu überqueren. Hinter dieser geht es gleich rechts und auf einem Fußweg steiler bergan. Der Weg stößt auf eine Forststraße, der man ein Stück nach rechts folgt, um sie in einer Linkskurve nach rechts zu verlassen. Der Weg wird flacher und erreicht die Stubenalm. Von dort wandert man gerade in den Wald und hält sich auch bei der nächsten Gabelung weiter geradeaus. Der Weg wird flacher, und man kommt an der Materialseilbahn vorbei. An der Gabelung hält man sich links und wandert über die Wiesen der Mitterkaseralm. Wieder im Wald endet der breite Weg, und man steigt auf einem Bergpfad steiler empor. An der nächsten Gabelung folgt man dem Schild »Watzmannhaus« und wandert zuletzt durch Latschen- und Felsgelände zum Haus (1930 m) hinauf.

Von dort steigt man nach Südwesten zunehmend steiler über die Nordflanke auf. In Serpentinen geht es empor; an einem steilen

Die empfehlenswerte Wimbachgrieshütte

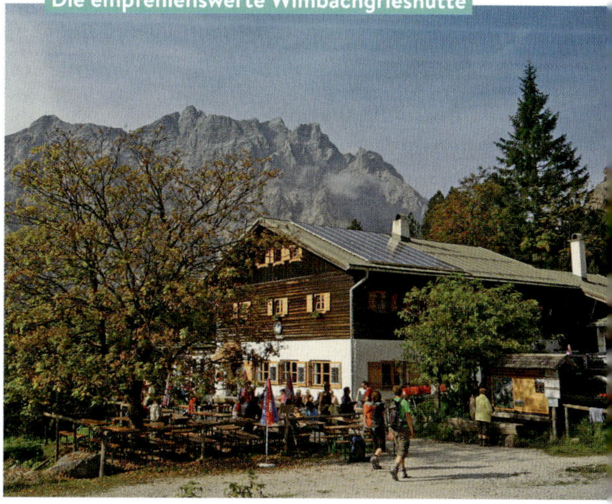

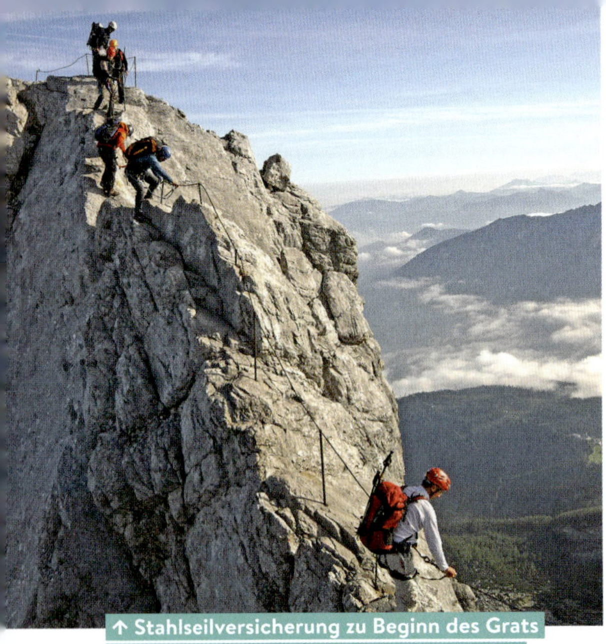

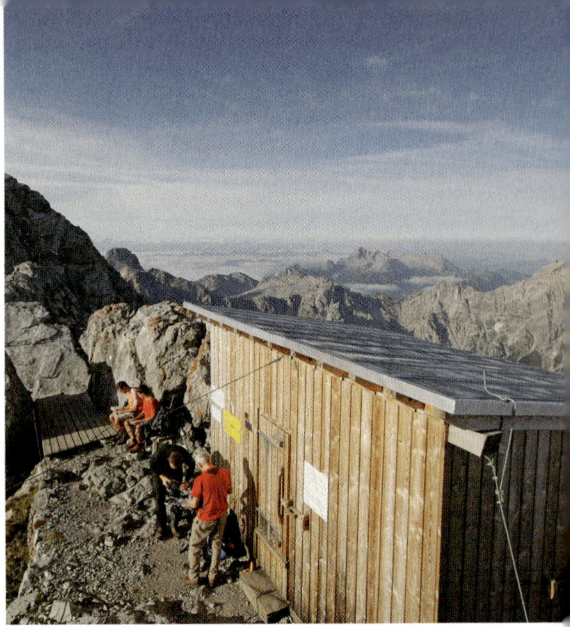

↑ Stahlseilversicherung zu Beginn des Grats
↗ Biwak am Hocheck, dem Nordgipfel des Watzmanns

Aufschwung erleichtern Drahtseile den Aufstieg. Dahinter halten wir uns nun westlich des Kammverlaufs auf einer Steigspur weiter und gelangen über eine Felspassage zum Watzmann-Hocheck (2651 m).

Weiter in Richtung Süden und sogleich über eine ausgesetzte Stelle hinab, geht es anschließend in leichterem Gelände zu einer Felsplatte. Über diese steigen wir aufwärts bis zu einem Gratstück westlich vom Hauptgrat. Nach einem kurzen Abstieg erreicht man ein Rampensystem, das zur Watzmann-Mittelspitze (2713 m) führt.

Kurz westlich, dann wieder südlich steigt man den luftigen Grat hinab, bis man westlich nach einer Rinne flacheres Gelände erreicht. Meist im Bereich des Grats geht es weiter, bis man erneut im Zickzack und über ein ausgesetztes Band absteigt und in eine Scharte vor einem Aufschwung kommt. Dieser Gratteil wird nun westlich umgangen, und man erreicht auf Bändern wieder den Grat. Einem Block wird westlich ausgewichen, dann geht es absteigend in eine Scharte. Schließlich wird ein Grataufschwung östlich umgangen, bevor man am Grat eine leicht ausgesetzte Passage genießen darf. Die Watzmann-Südspitze (2712 m) wird alsdann westseitig erstiegen.

ABSTIEG Von der Südspitze geht es weiter über oder kurz neben dem Grat hinab. An der von oben gesehen zweiten Gratscharte muss man aufpassen: Hier leiten Markierungen nach rechts vom Grat weg. Durch eine Schotterrinne steigt man zum Geröllhang des Oberen Schönfelds ab und folgt den Steigspuren weit oberhalb der Steilabbrüche nach links. Zunächst noch über den Geröllhang erreicht man eine Steilstufe. Über diese und die nachfolgende Felsrinne geht's ins Untere Schönfeld, hier in Südrichtung durch einen Graben, über einen ausgesetzten Steig den Hang querend und dann wieder durch steile Gräben bergab. Nach einem kurzzeitig ebeneren Wegstück steigt man wieder steiler in den Talkessel und zum Talboden hinab. Dort quert der Weg das Geröllbett und stößt bald auf einen weiteren Weg, dem man nach rechts zur Wimbachgrieshütte (1327 m) folgt. Von dort wandert man talauswärts zur Wimbachbrücke zurück.

INFO

Anspruchsvolle Bergtour, I bzw. Klettersteig (B) | **14 Std.** | **23 km** | **2300 Hm**

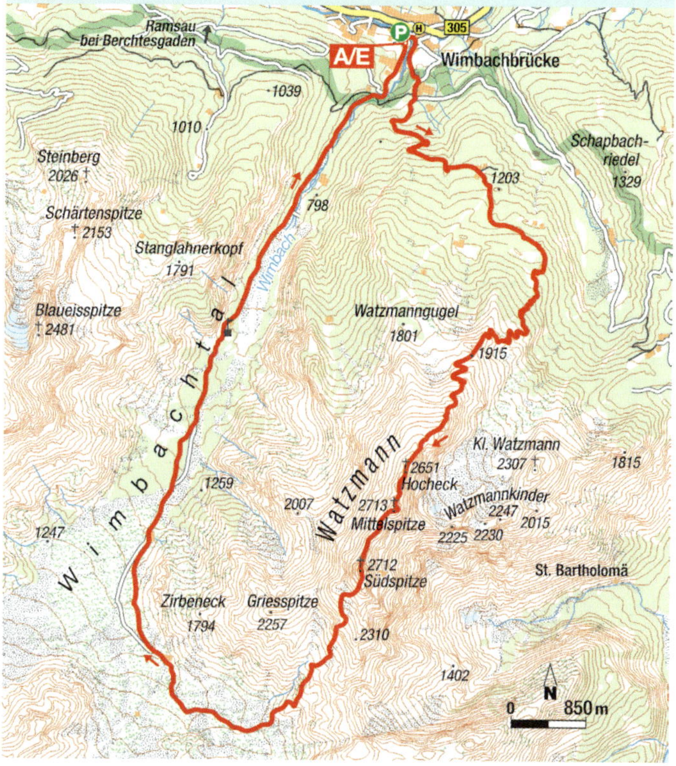

INFO

Deutschland – Berchtesgadener Alpen – Watzmann-Überschreitung über Hocheck (2651 m), Mittelspitze (2713 m), Südspitze (2712 m)

TALORT

Berchtesgaden (572 m)

AUSGANGS-/ENDPUNKT

Parkplatz bzw. Bushaltestelle Wimbachbrücke (650 m)

GEHZEITEN

Wimbachbrücke – Watzmannhaus 3 Std. – Hocheck 2 Std. – Südspitze 4 Std. – Wimbachgrieshütte 2.30 Std. – Wimbachbrücke 2.30 Std.

MOBIL VOR ORT

Bus & Bahn: Von München mit dem Zug zum Bhf. Berchtesgaden und weiter mit Bus 846 zur Wimbachbrücke

Auto: A 8 bis Bad Reichenhall und auf der B 20 Richtung Berchtesgaden, kurz vor dem Ort rechts Richtung Ramsau und nach einem Tunnel links zum Parkplatz

KARTE

AV-Karte BY 21 »Nationalpark Berchtesgaden«, 1:25 000

INFORMATION

berchtesgaden.de

UNTERKUNFT

Watzmannhaus (DAV, offen von Mitte Mai bis Mitte Okt., Tel. 08652/96 42 22, watzmannhaus.de); Wimbachgrieshütte (NaturFreunde, Tel. 08657/794 40 01, wimbachgrieshuette.de)

CHARAKTER

Einmalige Grattour mit überwältigenden Tiefblicken. Absolute Trittsicherheit und Schwindelfreiheit nötig. Längere Passagen im I. Schwierigkeitsgrad sind ungesichert zu bewältigen. Nicht bei Gewittergefahr unternehmen! Beim Abstieg Steinschlaggefahr berücksichtigen

AUSRÜSTUNG

Ein Klettersteigset ist je nach Vertrautheit mit dem Gelände nötig, auf jeden Fall aber einen Helm für den Abstieg mitnehmen!

EINSAMKEITSFAKTOR

Die Watzmann-Überschreitung ist an stabilen, schönen Wochenenden sehr beliebt.

Sonnenaufgang am Watzmannhaus

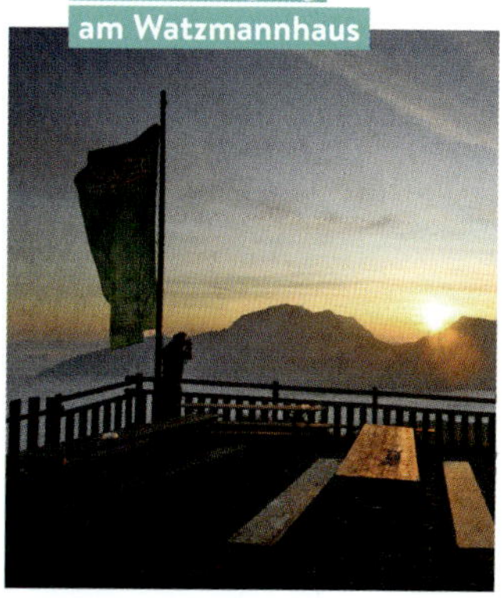

Nuaracher Höhenweg

Die Königstour der Loferer Steinberge

Die Loferer Steinberge sind nur ein recht kleiner Gebirgszug von etwa zehn Kilometern Länge. Im westlichen Teil kann man auf dem Nuaracher Höhenweg sechs Gipfel zwischen 2000 und 2500 Metern Höhe überschreiten. Zu Recht gilt diese Tour als anstrengend, aber auch als einer der schönsten Höhenwege der Ostalpen!

8

Zu Beginn geht es recht steil zum Ulrichhorn hinauf.

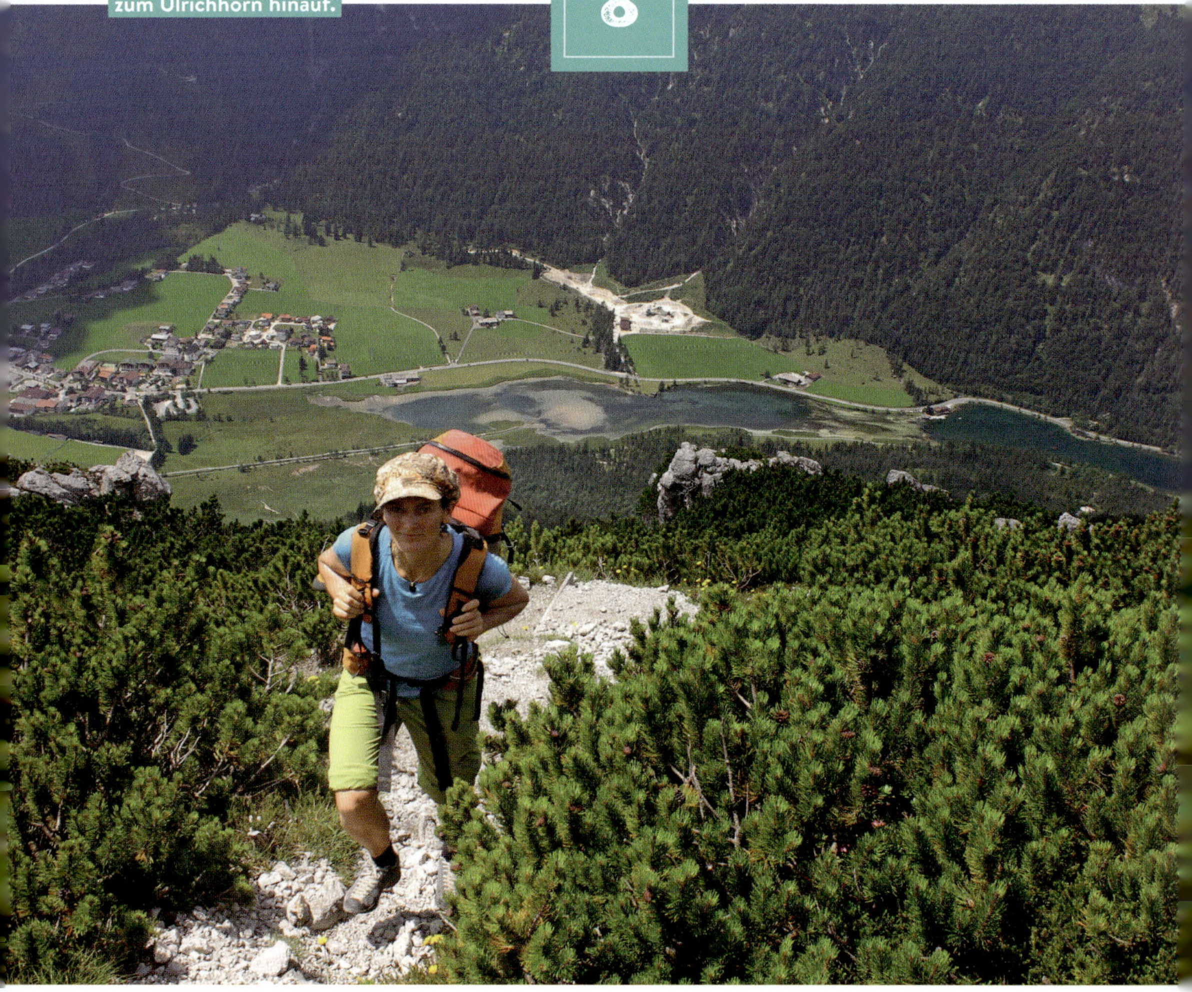

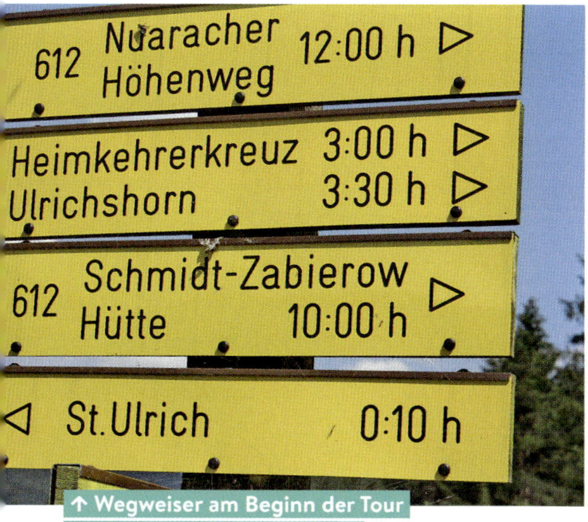

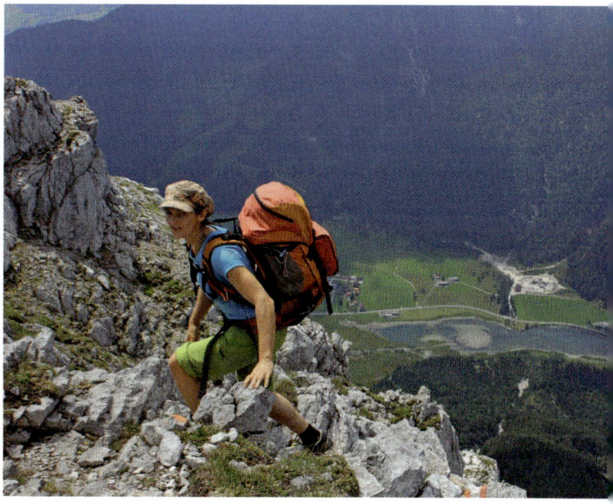

↑ Wegweiser am Beginn der Tour
↗ Die letzten Meter vor dem Ulrichhorn-Gipfel

WOBEI MAN SICH von der Bezeichnung »Höhenweg« nicht täuschen lassen sollte, denn es sind einige ausgesetzte, aber gut mit Stahlseilen gesicherte Passagen zu meistern. Eine klassische Grattour, bei der man die meiste Zeit direkt auf einem schneidigen Kamm entlang balanciert, ist der Nuaracher Höhenweg freilich nicht. Aber wir befinden uns ja auch noch im »Einsteiger-Teil« dieses Buchs, und zudem kann man auf einer solchen Unternehmung das sehr gut trainieren, was man neben Schwindelfreiheit und Klettervermögen zusätzlich benötigt, um die ganz großen Touren wie den Hintergrat am Ortler oder den Biancograt zu bezwingen: eine solide Kondition – 1900 Höhenmeter sind bei dieser Rundtour auf das Mitterhorn zu meistern. Nicht nur aufgrund der Vertikaldistanz muss man also möglichst früh starten, verläuft der Anstieg doch südseitig und ist daher auf keinen Fall in der Mittagshitze zu empfehlen. Zudem muss man unbedingt ausreichend zum Trinken mitnehmen, denn in der bizarren Karstwelt rund um den Nuaracher Höhenweg wird man vergeblich nach sprudelnden Bächen Ausschau halten.

Man kann die ganze Sache im Übrigen zeitlich entschärfen, wenn man den Nuaracher Höhenweg im Rahmen einer Zweitagestour unternimmt. In diesem Fall steigt man vom Mitterhorn – mit 2506 Metern übrigens der zweithöchste Gipfel der Loferer Steinberge – nach Osten in die Große Wehrgrube ab, wo man auf der Schmidt-Zabierow-Hütte (1966 m) übernachten kann. Am zweiten Tag ginge es dann über das Wehrgrubenjoch (2218 m, mit optionaler Besteigung des Westlichen Reifhorns) wieder zum Pillersee zurück. Und ganz egal, ob als Tages- oder Zweitagestour geplant: Badesachen gehören auf jeden Fall ins Gepäck – was gibt es schließlich Schöneres, als nass und erfrischt auf ein groß(artig)es Stück Berg-Arbeit zurückzublicken?

ROUTE Vom Parkplatz folgt man einem Teerweg nach Nordosten, der dann als Schotterweg das Tal quert (dort Wegweiser »Nuaracher Höhenweg«). Es geht zunächst in angenehmer Steigung durch Bergwald bergan, dann wird der Weg steiler und zu einem Bergsteig. Über erste Stahlseilversicherungen erreicht man das Heimkehrerkreuz (2030 m) und darauf das Ulrichshorn (2155 m).

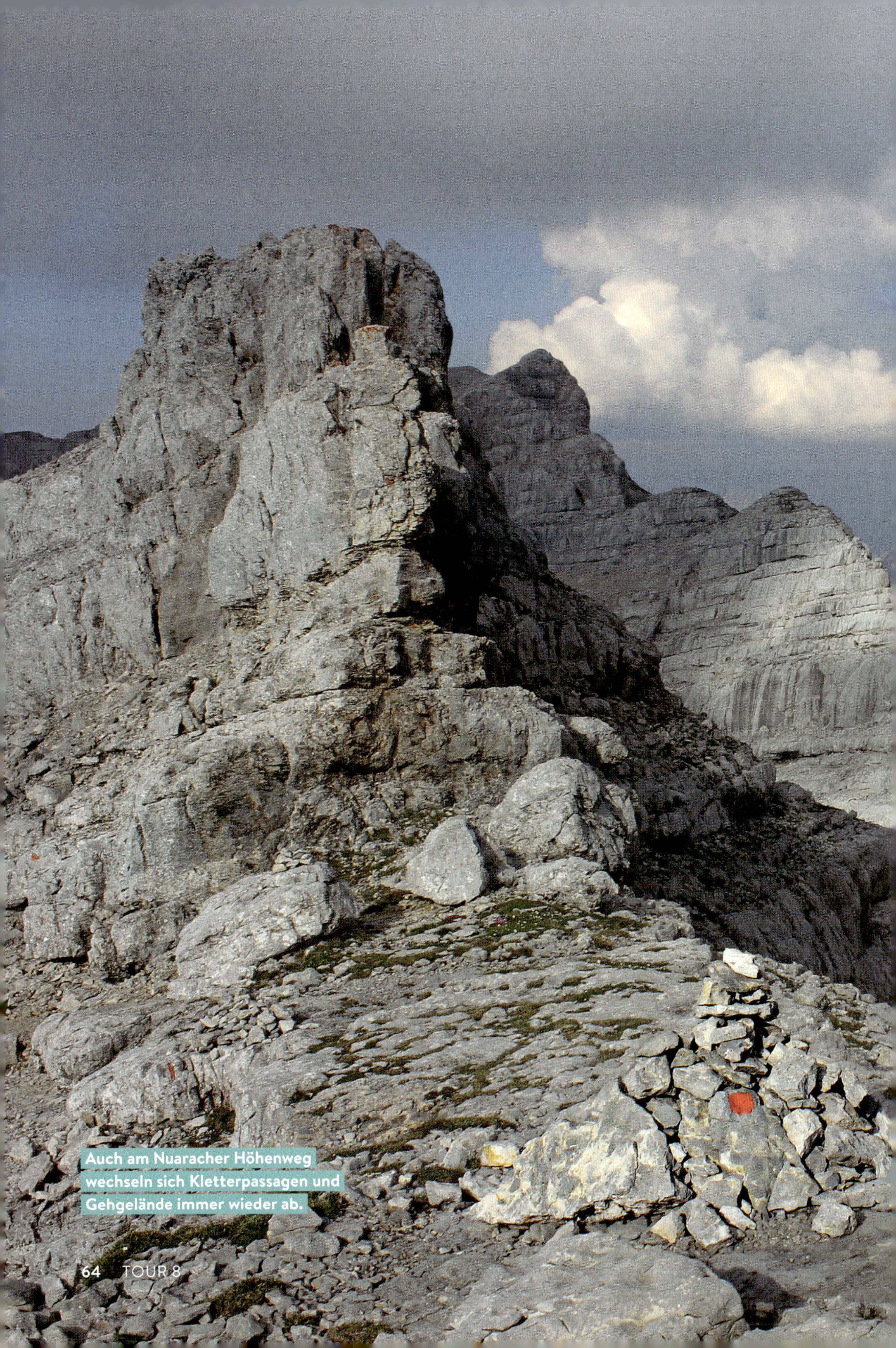

Auch am Nuaracher Höhenweg wechseln sich Kletterpassagen und Gehgelände immer wieder ab.

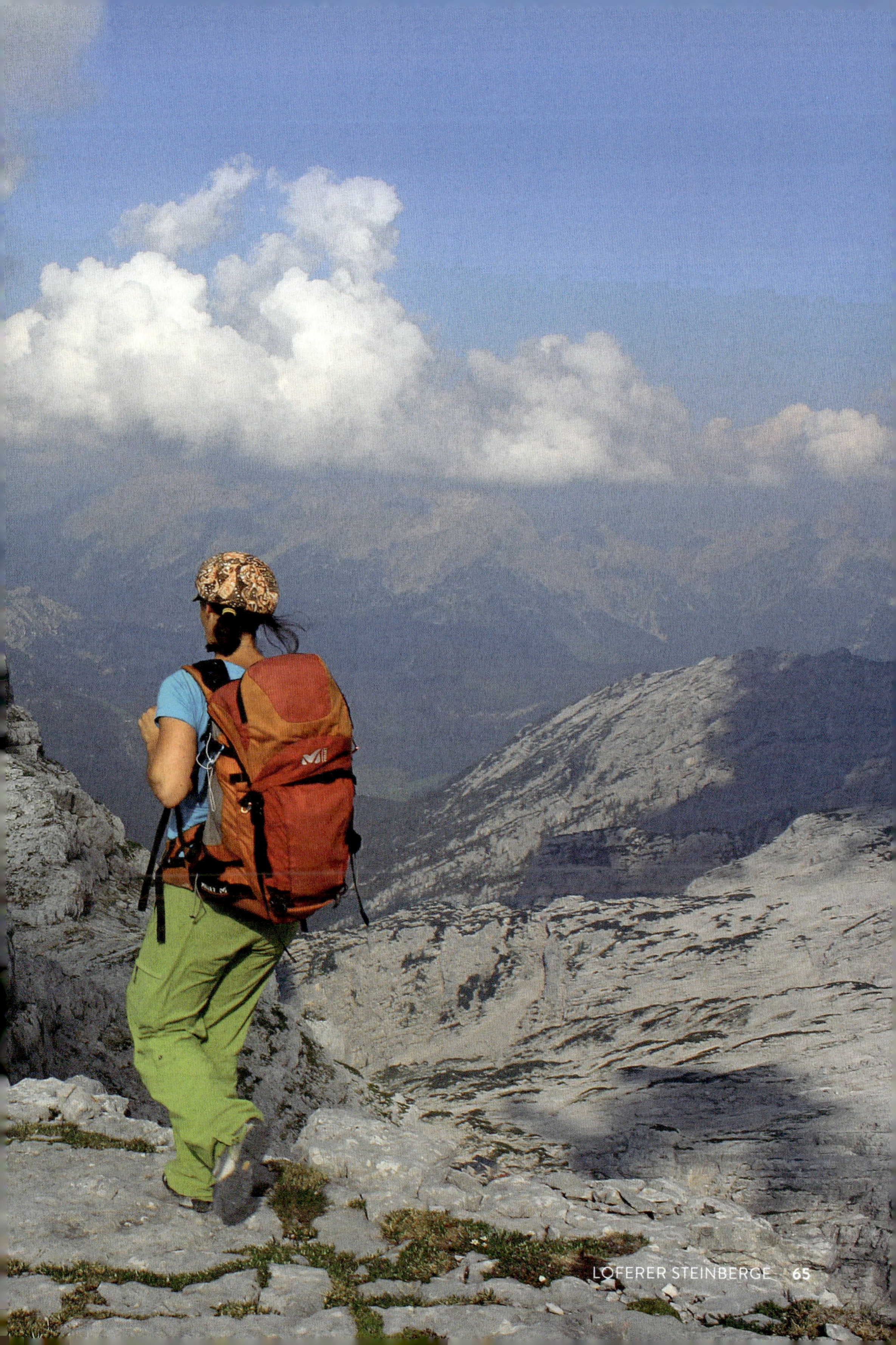

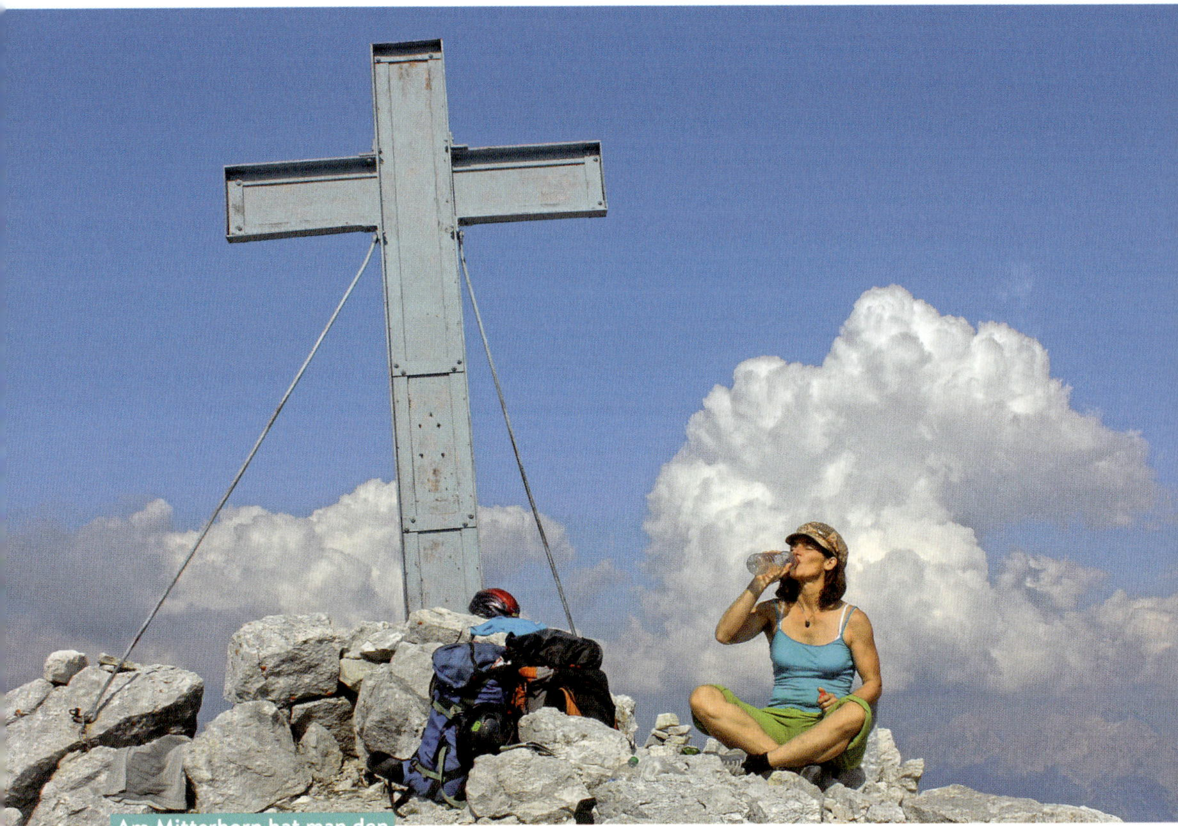

Am Mitterhorn hat man den höchsten Punkt der Tour erreicht.

Von hier folgt man einem schmaler werdenden Rücken und steigt ausgesetzt in die Scharte vor der Westflanke des Rothörndls hinab. An der Gabelung folgt man rechts dem Nuaracher Höhenweg und quert die Südflanke nach Nordosten. Auf dieser steilen Querung muss man gut auf seine Tritte achten!

Der Steig erreicht flacher werdendes Karstgelände, wo aber immer wieder Felsstufen zu überwinden sind – hier muss man gut auf die roten Markierungen achten. Man gelangt in einen Sattel und wendet sich nach rechts. Über leichte Felsrinnen und zuletzt über Geröll leiten die Markierungen weiter zum Großen Rothorn (2408 m). Hier wendet sich die Route nach Osten und führt zunächst über Serpentinen, dann über Kalkfelsen und -platten zum Östlichen Rothorn (2402 m). Dem Kammverlauf folgend steigt man zum breiten Sattel vor der Westflanke des Mitterhorns ab. Hier kann man geradeaus dem rot markierten Normalweg folgen oder nach rechts queren und über den Steig, der vom Lastal heraufkommt, aufsteigen. Hierbei wird eine Steilstufe mittels einer Leiter überwunden. Gemeinsam folgen beide Anstiege dann weiter dem Kamm bis zum Gipfel des Mitterhorns (2506 m).

ABSTIEG Nun geht es ein Stück auf demselben Weg zurück, bis nach links der Abstieg ins Lastal beginnt, der – wie oben beschrieben – mittels einer Leiter eine Steilstufe überwindet. Der steile Abstiegsweg führt zuerst über Felsgelände nach Süden und wendet sich dann nach links, um den Geröllkessel der Schneegrube zu erreichen. An deren unterem Ende hält man sich bei der Verzweigung rechts und steigt über Serpentinen nach Südwesten ins Lastal ab, wo der Weg die Latschenzone erreicht. Immer auf der von oben gesehen linken Seite des Lastal geht es zum Ortsteil Weißleiten hinab. Bei den ersten Häusern hält man sich an der Kreuzung rechts und wandert parallel zum Bach nach Westen. Ein gutes Stück nach den letzten Häusern wird der Bach auf einer Brücke nach rechts überquert; auf der anderen Seite folgt man nach links dem Talweg zurück zum Ausgangspunkt.

INFO

INFO

Österreich – Loferer Steinberge – Nuaracher Höhenweg über Ulrichshorn (2155 m), Großes Rothorn (2408 m), Mitterhorn (2506 m)

TALORT

St. Ulrich am Pillersee (847 m)

AUSGANGS-/ENDPUNKT

Parkplatz (847 m) am nördlichen Rand von St. Ulrich

GEHZEITEN

St. Ulrich – Seehorn 3 Std. – Mitterhorn 4.30 Std. – St. Ulrich 3.30 Std.

MOBIL VOR ORT

Bus & Bahn: Mit Umsteigen in Kufstein und Wörgl mit dem Zug nach Paffenschwendt und weiter mit Bus 8302 nach St. Ulrich am Pillersee

Auto: Über die Inntalautobahn bis Oberaudorf und über Kössen und Erpfendorf nach Waidring, hier rechts nach St. Ulrich am Pillersee abzweigen

KARTE

AV-Karte Blatt 9 »Loferer und Leoganger Steinberge«, 1:25 000

INFORMATION

stulrich.at

EINKEHR

Unterwegs keine; bei einer Zweitages-Variante Unterkunft in der

Mittelschwere Bergtour | 11 Std. | 16 km | 1850 Hm

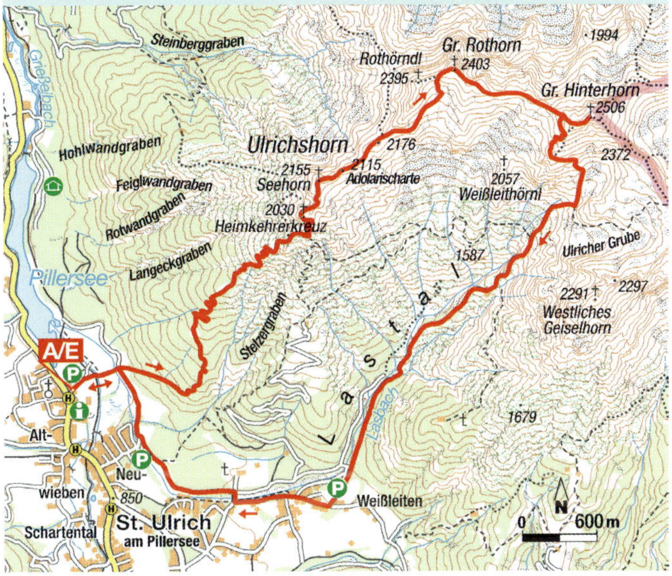

Schmidt-Zabierow-Hütte möglich (Tel. +43/(0)6588/72 84, schmidt-zabierow.at)

CHARAKTER

Beeindruckende Überschreitung, die gute Trittsicherheit und eine sehr gute Kondition erfordert. Maximale Schwierigkeit I+ bzw. (bei versicherten Passagen) Klettersteigskala B. Nur bei stabilem Bergwetter!

AUSRÜSTUNG

Normale Bergwanderausrüstung

EINSAMKEITSFAKTOR

Auch an Wochenenden vergleichsweise wenig frequentiert

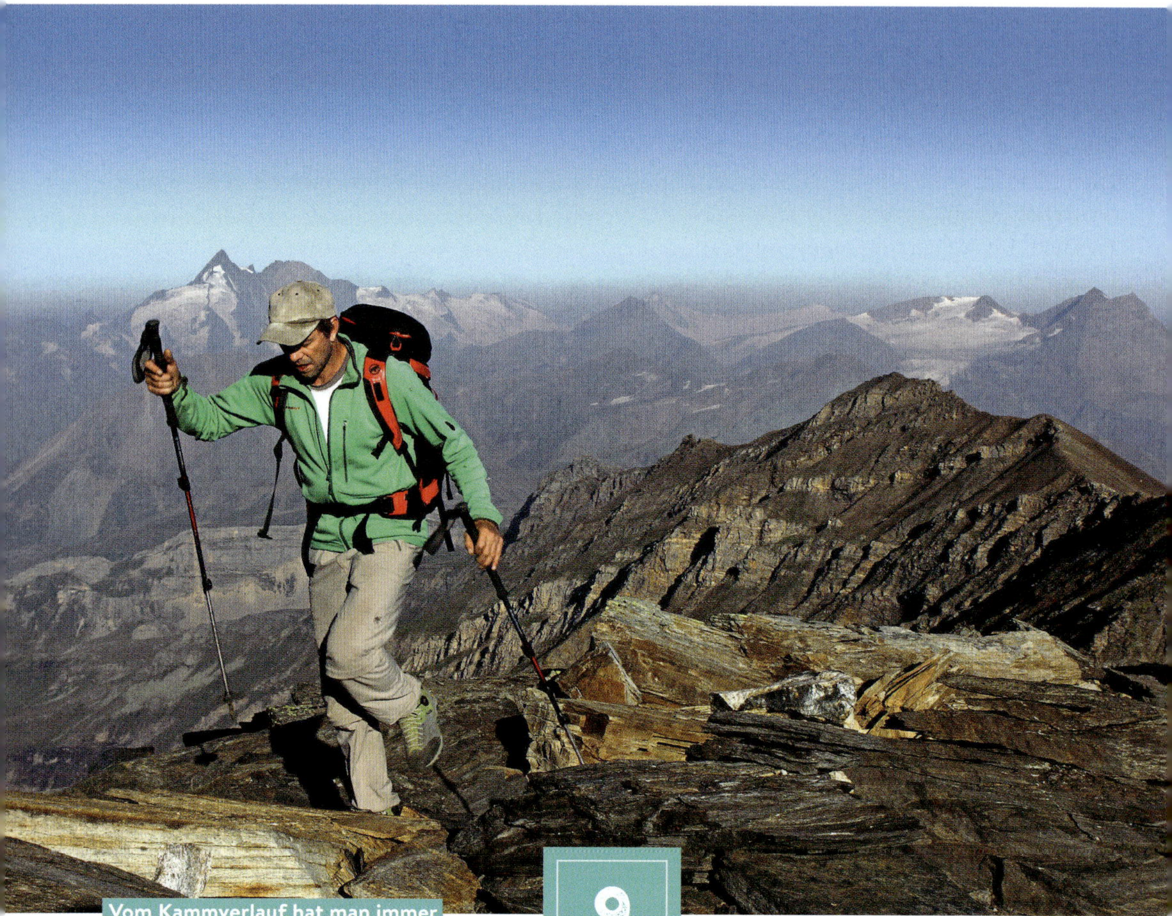

Vom Kammverlauf hat man immer gut die Glocknergruppe im Blick.

9

Klagenfurter Jubiläumsweg

Dreitausender-Grattour mit Glockner-Blick

Eigentlich beginnt der Klagenfurter Jubiläumsweg bereits am Glocknerhaus, doch richtigen Gratcharakter besitzt dieses vergleichsweise unbekannte Schmankerl erst auf der zweiten Hälfte vom Hochtor zum Hohen Sonnblick. Ab dem Anstieg zum Hinteren Modereck wird es dann eine richtige Gratüberschreitung, die nun an fast allen ausgesetzten Stellen mit Stahlseilen gesichert ist. Und immer dominiert der Großglockner den westlichen Horizont.

WER EINE UNVERGESSLICHE Hochgebirgsnacht erleben möchte, kann im stets offenen Otto-Umlauft-Biwak übernachten, muss dann aber Verpflegung und genug Wasser mitnehmen. Oder aber man hat einen Kocher dabei, denn unweit der Biwakschachtel gibt es ein Gletscher- bzw. Firnfeld. Im Anschluss folgt die grandiose Überschreitung der Arlthöhe zum gewaltigen Hocharn. Hier hat man das Ziel schon vor Augen, schließlich ist der Hocharn mit seinen 3254 Metern satte 150 Meter höher als der anscheinend zum Greifen nahe Hohe Sonnblick und somit der höchste Punkt am Klagenfurter Jubiläumsweg.

Über schönes Blockgelände geht es weiter zum vorletzten Dreitausender, dem Goldzechkopf, und von dort mit einer kleinen Klettersteigeinlage hinab zur Pilatusscharte und zum in der Sonne schwitzenden Kleinfleißkees. Eine meist ausgetretene Spur und die Tatsache, dass man die Spaltenzonen weiträumig umgehen kann, ermöglichen es, dass man keine Gletscherausrüstung mitnehmen muss. Zum Schluss darf man dann auf dem Zittelhaus auf diese große Tour anstoßen. Wer nicht bereits am Otto-Umlauft-Biwak übernachtet hat, sollte dies hier tun, bevor er den langen Abstieg über das Kleinfleißtal nach Heiligenblut in Angriff nimmt.

↑ Polsterpflanzen am Wegrand ↓ Das altehrwürdige Zittelhaus
↘ Seilversicherungen im Mittelteil der Tour

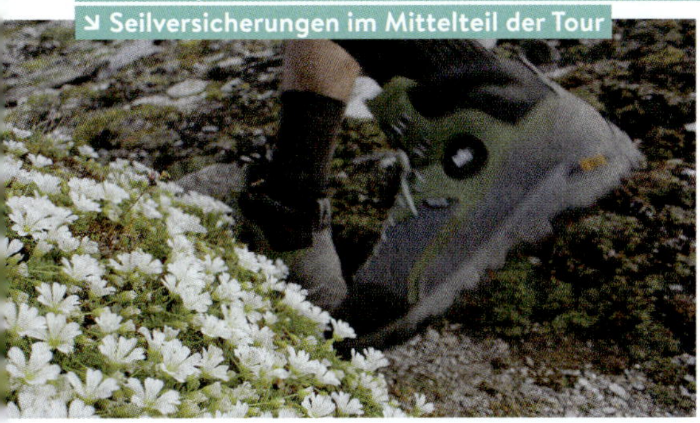

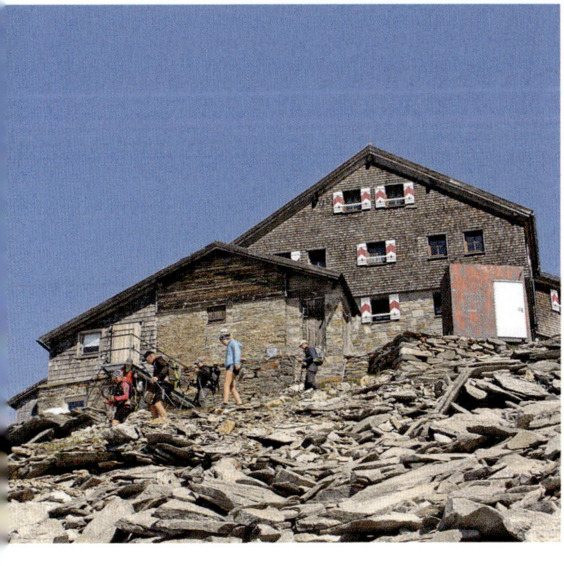

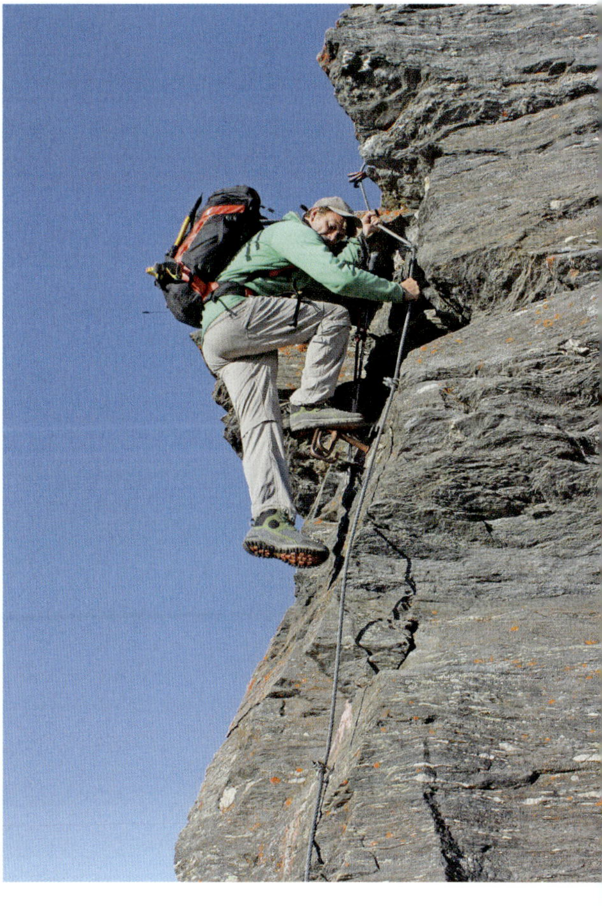

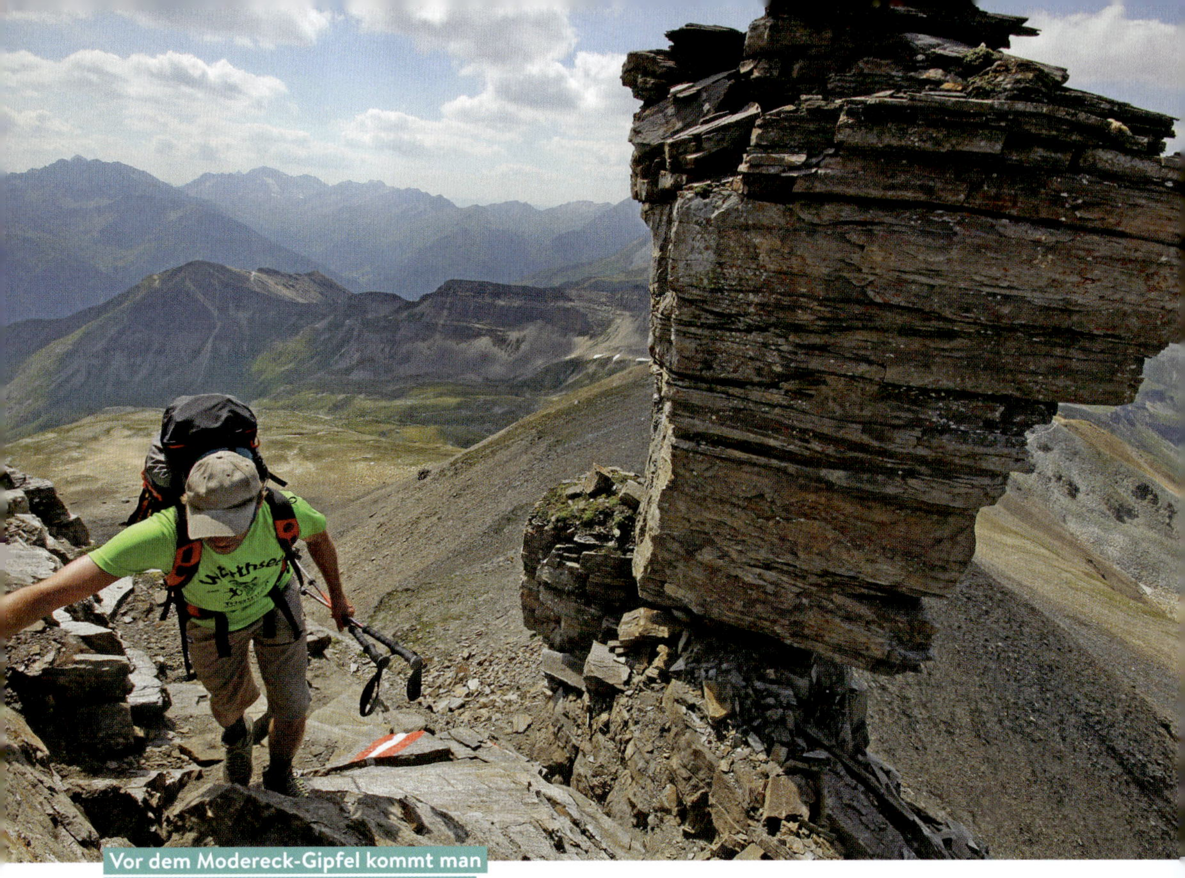

Vor dem Modereck-Gipfel kommt man an einem markanten Felsturm vorbei.

ROUTE Vom Parkplatz steigt man über Serpentinen in den Sattel über dem Tunnel und folgt dem Gratverlauf nun immer nach Osten und somit zunächst zum Gipfel des Tauernkogels (2626 m). Weiter nach Osten geht es nördlich des Kamms am Rand einer weiten Ebene entlang und nördlich am Roßschartenkopf vorbei zur Roßscharte. Über einen breiten Rücken wandert man weiter nach Nordosten und steigt hinab in die Weißenbachscharte. Dem Rücken folgend geht es jenseits empor zu einer Gratverengung, wo eine kurze Kletterstelle mit Versicherungen auf den schmäleren Gratrücken folgt, der nun über einige Köpfe hinweg auf das Hintere Modereck (2932 m) führt.

Durch die Nordflanke steigt man nach Osten in einen Sattel und weiter zum Herbertturm. Es folgt ein steiler, aber versicherter Abstieg nach Osten und ein Gegenanstieg auf die Noespitze (3005 m). Etwas ausgesetzt klettert man hinab in eine Scharte und auf den zum Krumlkeeskopf (3101 m) führenden Kamm. Am relativ schmalen Grat geht es weiter nach Osten bis zu einem Abbruch und dort an Versicherungen hinab in die Scharte, in der das Otto-Umlauft-Biwak (2987 m) steht.

Über groben Schotter steigt man jenseits zum Kamm hinauf und leicht auf die Arlthöhe (3084 m). Im kurzen Abstieg geht es in die wenig ausgeprägte Untere Jausenscharte und anschließend über eine ausgesetztere Passage aufs Schneehorn (3062 m). Weiter dem Kamm folgend erreicht man über die Obere Jausenscharte den Hocharn, von dem man über Firn und Schutt nach Süden absteigt und sich an einer Abzweigung geradeaus hält, um durch die beiden Goldzechscharten an den Fuß des Goldzechkopf-Nordgrats zu gelangen. In leichter Kletterei längs der Versicherungen geht es zum Goldzechkopf (3042 m) und über den Südostgrat in eine markante Einschartung, aus der man steil (versichert) hinab auf das Kleinfleißkees klettert. Am nördlichen Gletscherrand erreicht man in Richtung Osten den Hohen Sonnblick (3106 m), wo das Zittelhaus steht.

ABSTIEG Vom Zittelhaus geht es zunächst wieder über den Gletscher nach Westen hinab und dann am Zirmsee vorbei auf dem gut markierten AV-Weg Nr. 159 zum Alpengasthof Alter Pocher. Von dort wandert man zumeist auf Fahrwegen immer dem Kleinfleißtal folgend nach Heiligenblut. Von hier per Autostopp zurück zum Ausgangspunkt.

INFO

INFO
Österreich – Hohe Tauern – Klagenfurter Jubiläumsweg über Noespitze (3005 m), Hocharn (3254 m), Hoher Sonnblick (3106 m)

TALORT
Heiligenblut (1288 m)

AUSGANGSPUNKT
Parkplatz am Hochtor (2576 m)

ENDPUNKT
Heiligenblut (1288 m)

GEHZEITEN
Parkplatz Hochtor – Krumlkeeskopf 4 Std. – Hoher Sonnblick 4 Std. – Heiligenblut 4 Std.

MOBIL VOR ORT
Der Ausgangspunkt ist nur mit dem Auto zu erreichen: Über Zell am See nach Fusch und weiter auf der gebührenpflichtigen Großglockner-Hochalpenstraße zum Parkplatz Hochtor. Zurück zum Ausgangspunkt von Heiligenblut via Autostopp

KARTE
AV-Karte Blatt 42 »Sonnblick«, 1:25 000

INFORMATION
heiligenblut.at

Anspruchsvolle Bergtour, bis II bzw. Klettersteig (A/B) | **12 Std.** | **23 km** | **auf 1500 Hm ab 2700 Hm**

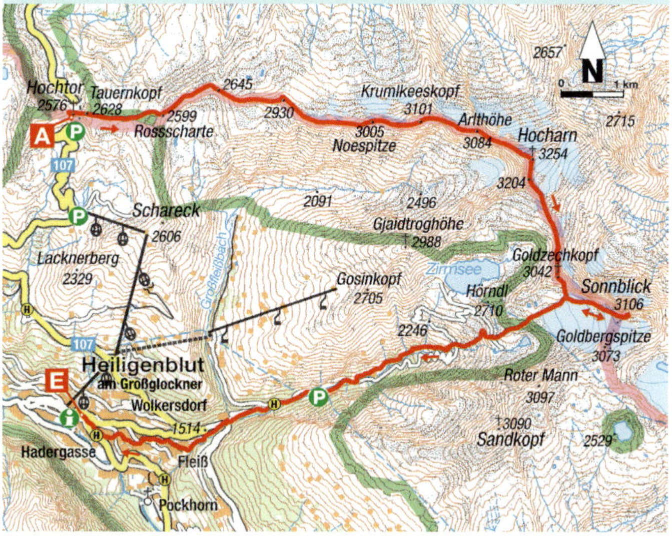

UNTERKUNFT
Otto-Umlauft-Biwak (ÖAV, stets offen, 8 Schlafplätze); Zittelhaus (ÖAV, bew. Ende Juni bis Anfang Okt., Tel. +43/(0)6544/64 12, zittelhaus.at)

CHARAKTER
Gute Kondition, Trittsicherheit und Schwindelfreiheit erforderlich, dann kann man auch die stahlseilgesicherten Passagen frei bewältigen. Am Gletscher ist in der Regel kein Seil nötig (zur Sicherheit vorher im Zittelhaus anrufen).

AUSRÜSTUNG
Normale Bergwanderausrüstung. Wer sich nicht ganz sicher ist, nimmt ein Klettersteigset mit.

EINSAMKEITSFAKTOR
Der Klagenfurter Höhenweg ist auch an Wochenenden nicht besonders stark frequentiert.

Über den Ostgrat auf den Triglav

Großartige Gratwanderung auf den König der Julischen Alpen

Jeder »richtige« Slowene muss einmal im Leben auf dem Triglav gestanden haben – so will es jedenfalls der Volksmund. Und das liegt nicht nur daran, dass er mit 2864 Metern der höchste Berg des Landes ist. Sein Name bedeutet so viel wie »Dreihaupt«, denn der Sage nach thronte auf dem Berg eine alte slawische Gottheit, der dreiköpfige Triglaw, der mit einem Kopf den Himmel, mit dem zweiten die Erde beherrscht und seinen dritten Kopf dem unterirdischen Reich zuneigt.

10

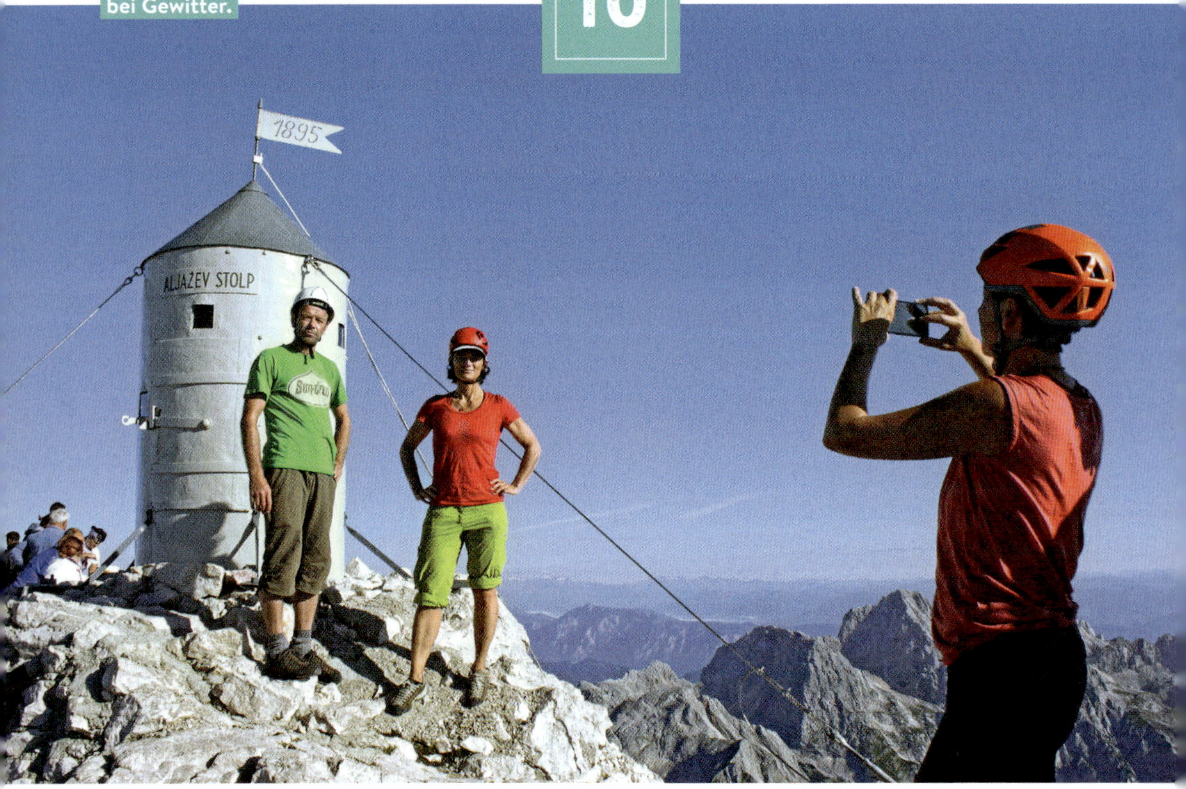

Am Triglav-Gipfel bietet ein schmaler Metallturm Schutz bei Gewitter.

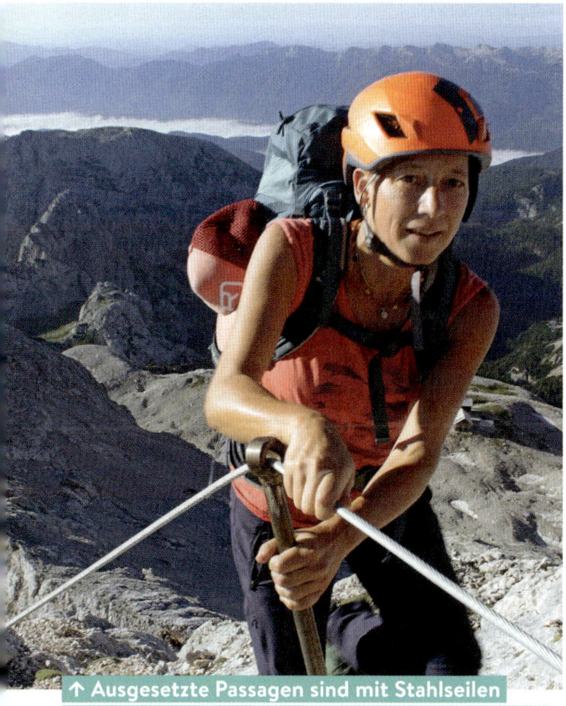

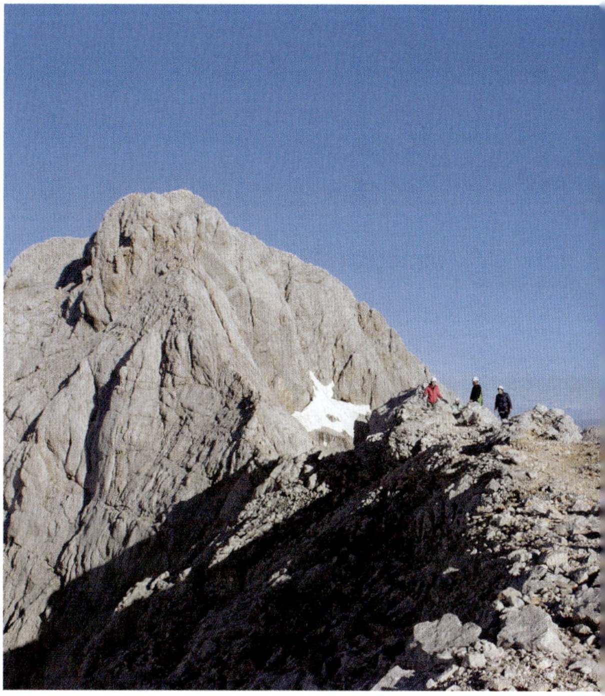

↑ Ausgesetzte Passagen sind mit Stahlseilen versichert. ↗ Breite Gehpassage vor dem letzten Steilaufschwung

DIESE MYTHISCHE DREIEINIGKEIT führt übrigens dazu, dass slowenische Triglav-Besteiger bei ihren ersten Gipfelerfolgen eine sogenannte Triglav-Taufe erhalten: standesgemäß mit drei Schlägen auf den Allerwertesten. Doch auch für Nichtslowenen ist diese Königstour am Südostrand des Alpenbogens ein absolutes Muss. Es gibt nicht viele Gipfel in den Alpen, von denen man bei guter Fernsicht den Alpenhauptkamm und die Adria sehen kann. Außerdem ist die hier beschriebene Überschreitung – nicht zuletzt wegen der gewaltigen Triglav-Nordwand und den tief eingeschnittenen Tälern – eine der landschaftlich großartigsten Hochgebirgsrundwanderungen der Ostalpen.

Bereits der Hüttenanstieg zum Triglavhaus (Triglavski dom na Kredarica) ist eine ideale Vorbereitung für die Besteigung des Gipfels am Folgetag. Wer sich am »Tominško pot« mit seinen ausgesetzten Klettersteigpassagen sicher fühlt, für den/die dürfte der mit Drahtseilen versehene Übergang vom Kleinen zum Großen Triglav kein Problem darstellen. Wer rechtzeitig dran ist, sollte im Anschluss an die Gipfelbesteigung noch die im Wegverlauf beschriebene Rundtour anhängen, um zum Ausgangspunkt zurückzukehren. Im zweiten Teil dieses Buchs werden wir übrigens zum Triglav und seiner etwas anspruchsvolleren Anstiegsvariante über den Bamberg-Weg zurückkehren.

Wie bei allen Grat-Touren sollte auch beim Triglav kein Gewitter im Anzug sein. Wird man dennoch von Blitz und Donner überrascht, bietet der »Aljažev stolp« am Gipfel Schutz. Dieser zylindrische metallene Turm mit der Flagge wurde 1895 auf die Initiative von Jakob Aljaž, einem Priester aus Dovje, hin errichtet.

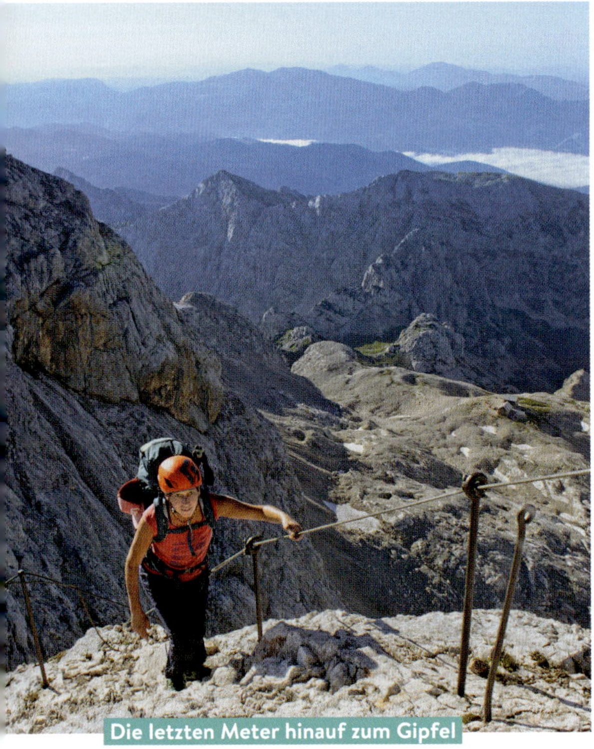
Die letzten Meter hinauf zum Gipfel

ROUTE Vom Aljažev dom der Beschilderung »Tominško pot« folgend über das Flussbett und auf der anderen Seite erst gemächlich, dann steil bergan wandern. Der Weg quert etwas flacher in Richtung Süden, erste Drahtseile sichern ausgesetzte Passagen. Es wird felsiger, die Klettersteigpassagen häufen sich. Nach zwei Stunden gelangt man auf einen Absatz, der sich für eine Pause anbietet. Kurz danach muss man bei weiterem Absatz darauf achten, dass man nicht geradeaus geht, sondern der Markierung nach links folgt. Der Weg quert in Richtung der Karstmulde »Kotel«. Über eine schotterige Flanke geht es hinauf zum weiten Kotel-Hochkar, wo ein Wegweiser rechts Richtung Triglavski dom weist. Über festen Fels geht es nun den Markierungen folgend nach Süden. Zum Schluss führen Drahtseile steiler bergan, dann erreicht man das Triglavski dom na Kredarica (2515 m).

Tipp

HINWEIS

Deutlich kürzer (knapp 2 Std.) als die beschriebene große Rundtour ist es, vom Gipfel auf demselben Weg wieder zum Ausgangspunkt zurückzukehren.

Vom Triglavhaus geht es nach Westen bergab auf den breiten Gipfelaufbau des Triglavs zu. Bald steilt sich das Gelände auf, und von nun an wird der Anstieg mit Eisenstiften, Trittstufen und Drahtseilen erleichtert. Zunächst steil, dann flacher erreicht man den Vorgipfel Mali Triglav (2725 m). Das nächste Stück verläuft über einen ausgesetzten Verbindungsgrat, und zum Schluss geht es noch einmal steiler hinauf zum Triglav-Gipfel (2864 m).

ABSTIEG Vom Gipfel läuft man noch ein kurzes Stück in dieselbe Richtung weiter, bis man eine rot-weiße Markierung sieht. Dieser folgt man nach links und steigt nun über den Südgrat (Drahtseile) und die Südflanke ab. An der Gabelung hält man sich rechts zur Triglavscharte, wo man der Beschriftung »Dolic« nach rechts (Westen) folgt. Durch eine breite Rinne und eine kurze, ausgesetzte Querung (Eisenstifte) erreicht man ein Karstbecken mit Wegweiser. Nun der Beschilderung »Tržaška koča na Doliču« nach links folgen und nach Südwesten zu dieser Hütte (2151 m) hinab.

Von dort geht es ein Stück zurück (Beschriftung »Trenta«) und entlang eines riesigen Hangs Richtung Nordwesten weiter. Man erreicht die Waldgrenze, läuft über Serpentinen ein gutes Stück bergab und hält sich bei einer Abzweigung geradeaus Richtung Luknja/Vrata. Es folgt ein Gegenanstieg von 300 Metern hinauf zur Luknjascharte (1758 m). Dahinter geht es unangenehm durch Schotter bergab, bis der Weg flacher wird und zwischen Felsblöcken talwärts zieht. Zuletzt entlang eines Rückens und parallel eines Bachs zum Talboden hinab, wo man bald das Aljažev dom erreicht.

INFO

INFO
Slowenien – Julische Alpen – Triglav-Ostgrat (2864 m)

TALORT
Mojstrana (660 m)

AUSGANGS-/ENDPUNKT
Aljažev dom (1015 m)

GEHZEITEN
Aljažev dom – Triglavski dom 3.30 Std. – Triglav 2.30 Std. – Luknjascharte 3 Std. – Aljažev dom 2 Std.

MOBIL VOR ORT
Auto: Über Villach durch den Karawankentunnel, dann rechts Richtung Kranjska Gora, bei Mojstrana links abbiegen und der Beschilderung »Vrata/Aljažev dom« folgen

KARTE
Kompass-Karte Blatt 064 »Julische Alpen, Nationalpark Triglav«, 1:25 000

INFORMATION
mojstrana.com

UNTERKUNFT
Triglavski dom na Kredarica (geöffnet je nach Schneelage von Juni bis Sept., Tel. +386/(0)4/531 28 64, pd-ljmatica.si/koce/kredarica)

EINKEHR
Aljažev dom (Ende April bis Ende Okt.), Koča na Doliču (Juni bis Anfang Okt.)

Mittelschwere Grattour bzw. leichter Klettersteig (A/B) | **11 Std.** | **18,5 km** | **2400 Hm**

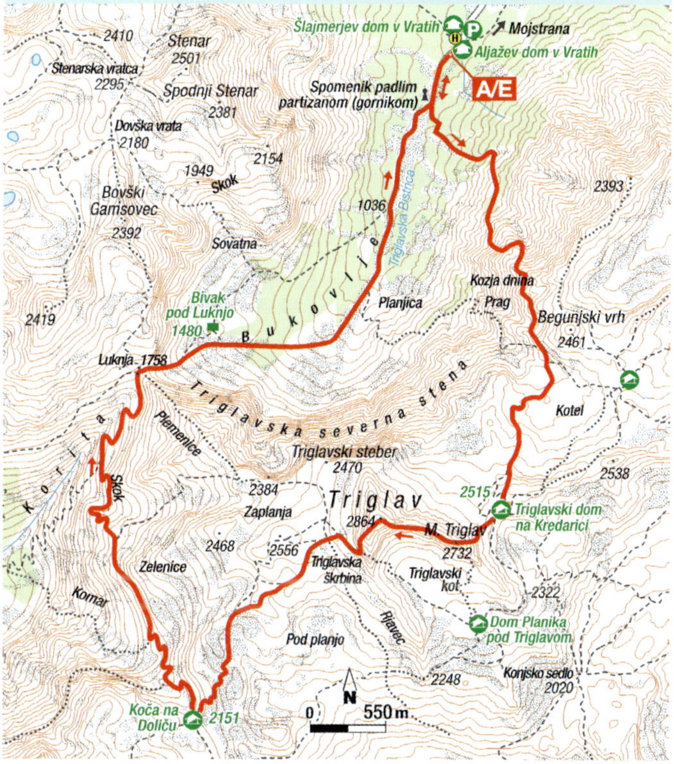

CHARAKTER
Großartige, ausgedehnte Rundtour in einzigartiger Hochgebirgslandschaft. Sowohl beim Hüttenzustieg als auch bei der Gipfelbesteigung sind ausgesetzte, aber mit Drahtseilen gesicherte Klettersteigpassagen zu meistern. Gute Trittsicherheit, Schwindelfreiheit und Kondition nötig

AUSRÜSTUNG
Normale Wanderausrüstung, im Zweifelsfall auch ein Klettersteigset. Bei starker Frequentierung sind Steinschlaghelme nötig!

EINSAMKEITSFAKTOR
Der Triglav ist zur Hochsaison auch an Wochentagen ziemlich beliebt.

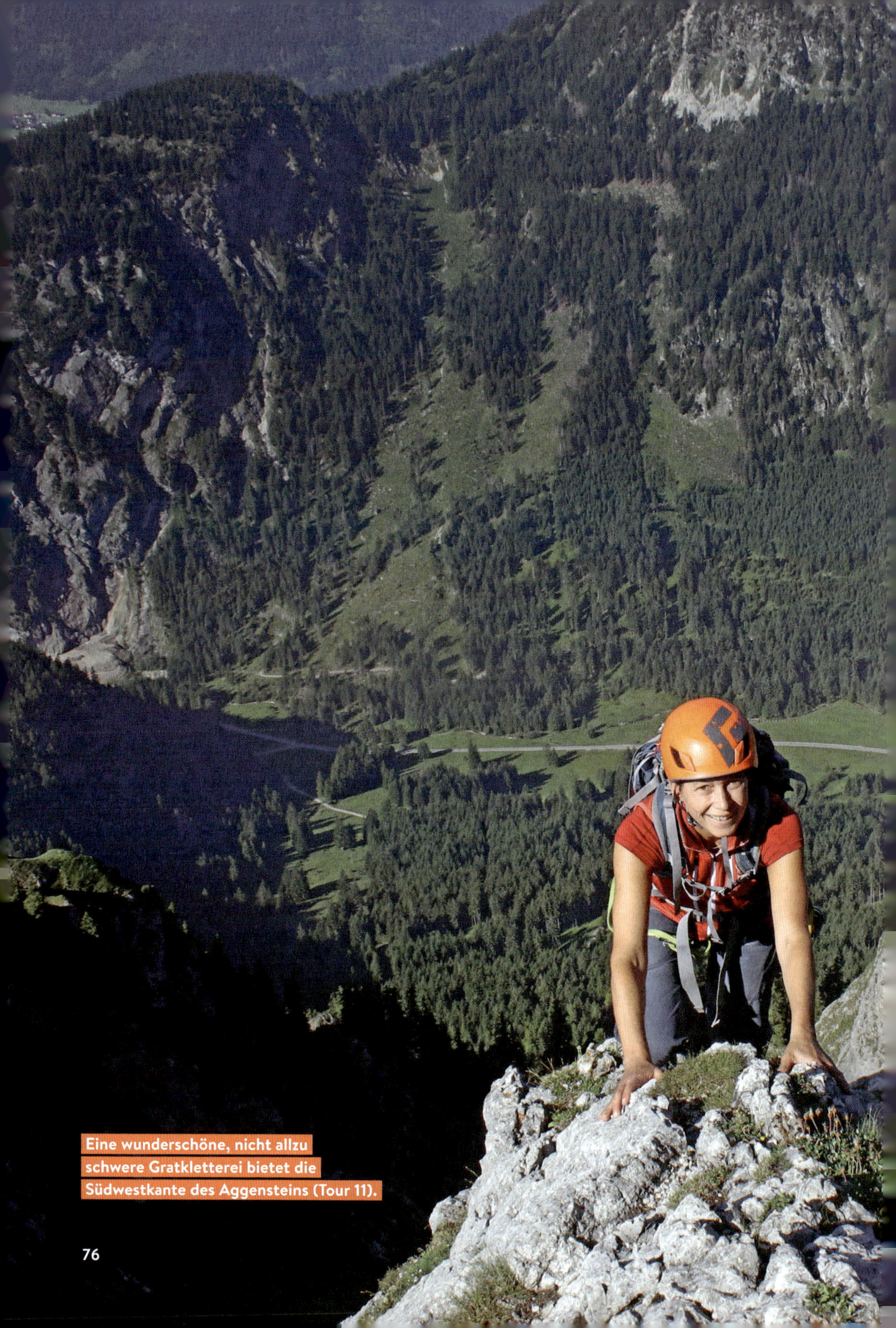

Eine wunderschöne, nicht allzu schwere Gratkletterei bietet die Südwestkante des Aggensteins (Tour 11).

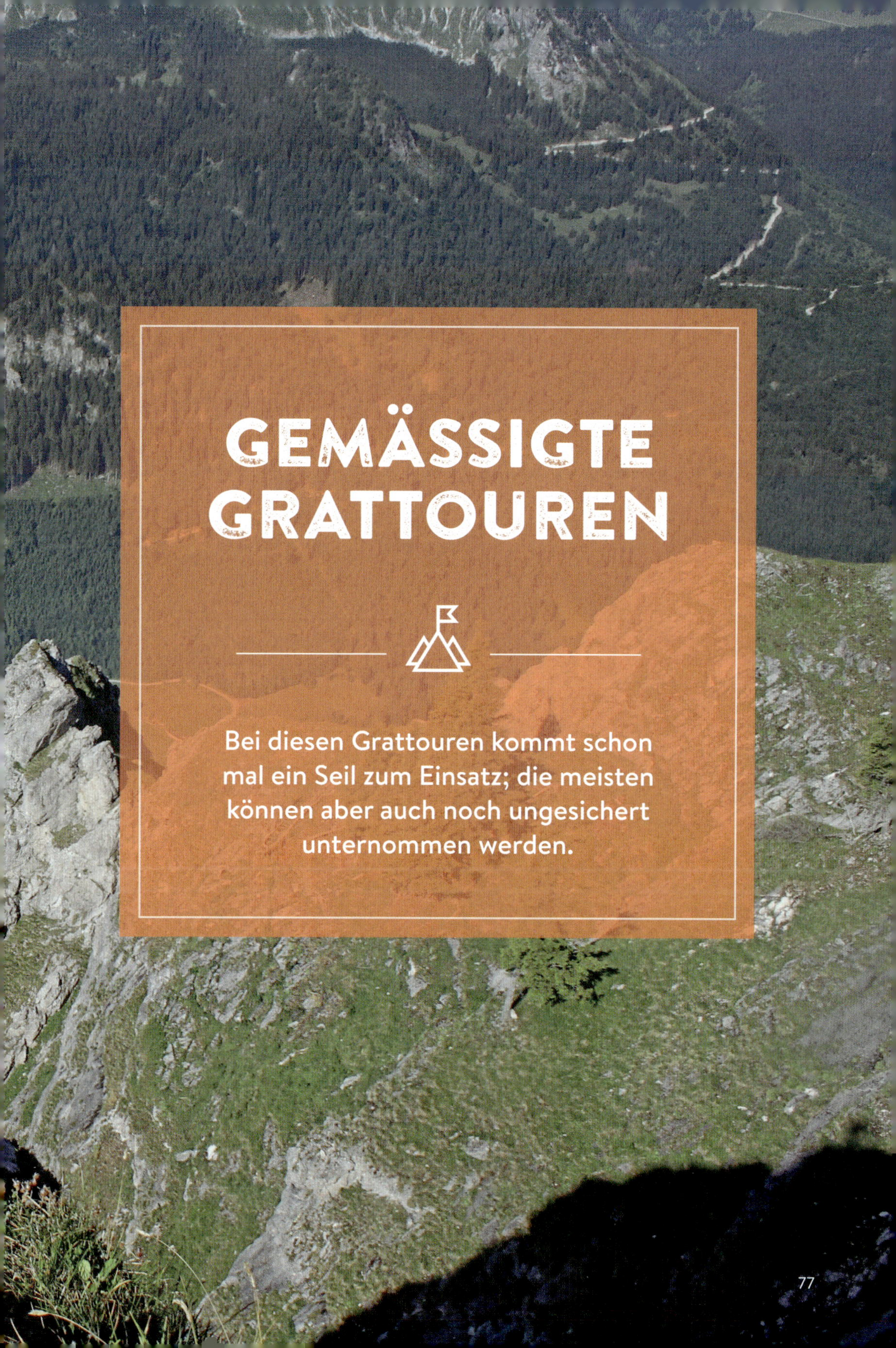

GEMÄSSIGTE GRATTOUREN

Bei diesen Grattouren kommt schon mal ein Seil zum Einsatz; die meisten können aber auch noch ungesichert unternommen werden.

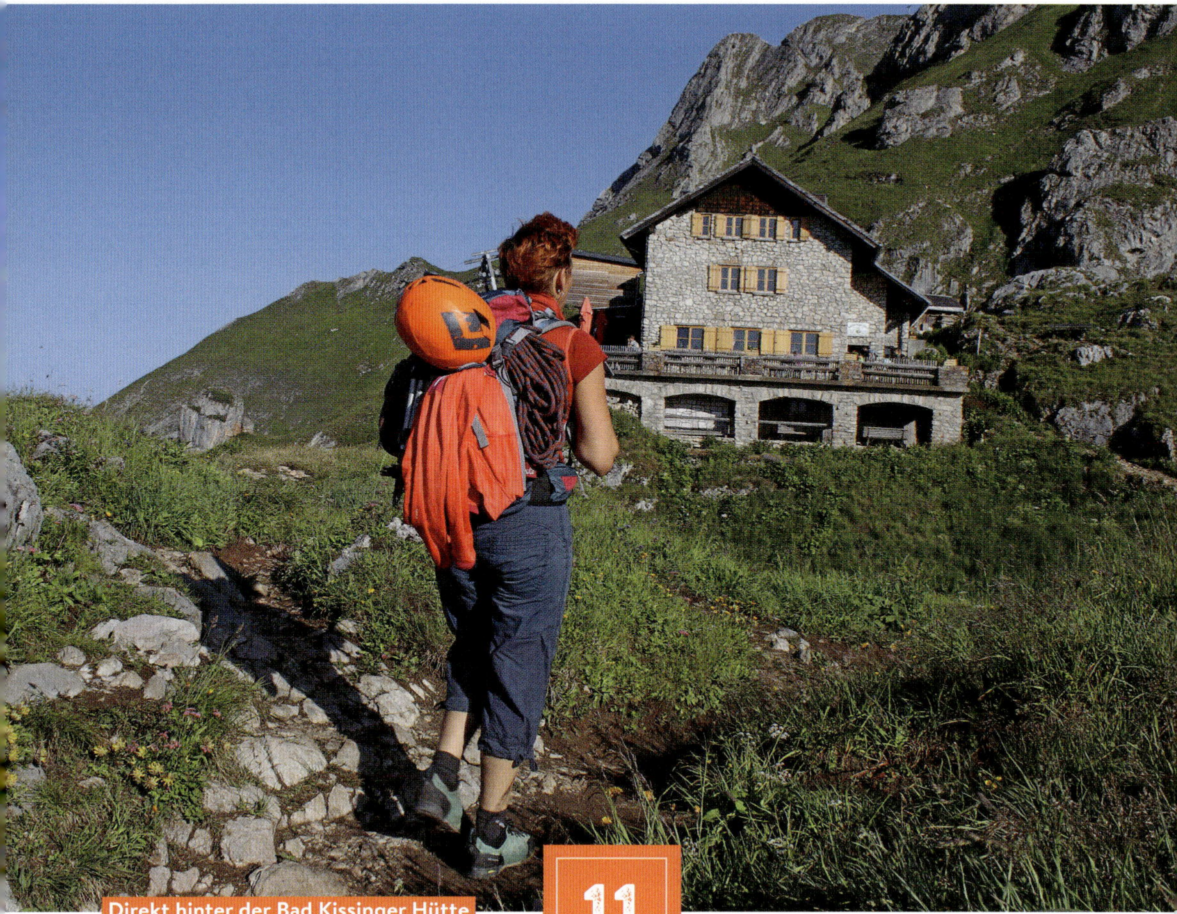

Direkt hinter der Bad Kissinger Hütte ragt der Aggenstein in den Himmel.

11

Über die Südwestkante auf den Aggenstein

Ran an den Fels!

Mit dieser Tour starten wir in den zweiten Teil dieses Buchs und somit in die Kategorie von Grattouren, bei der man eine Seilausrüstung bzw. ein Klettersteigset mitnehmen sollte. Denn in diesem Abschnitt werden der III. Schwierigkeitsgrad (beim Alpinklettern) bzw. Schwierigkeit D (bei Klettersteigpassagen) erreicht.

DAS HEISST ABER noch lange nicht, dass man solche Grattouren in ihrer ganzen Länge durchsichern muss. Ganz im Gegenteil macht es großen Sinn, immer wieder zu hinterfragen, welche Passagen man auch seilfrei klettern kann, um Zeit zu sparen. Bei der Südwestkante des Aggensteins betrifft das vor allem die ersten und die letzten Felspassagen. Diese liegen im II. Schwierigkeitsbereich und können bei entsprechender Erfahrung durchaus ohne Seilsicherung geklettert werden, da der Fels nicht brüchig ist. Im Zweifelsfall sichert man sich natürlich gegenseitig, was von Anfang an durch gute gebohrte Standplätze (meist Ringhaken) ideal möglich ist.

Es ist darauf hinzuweisen, dass die Hakenabstände (ebenfalls gebohrte und nicht geschlagene Haken) zwischen den Standplätzen

↑ Anstoßen auf die gelungene Tour! ↓ Am Vorgipfel kommt das Seil auf den Rücken. ↘ Der deutliche Zustiegsweg ist kaum zu verfehlen.

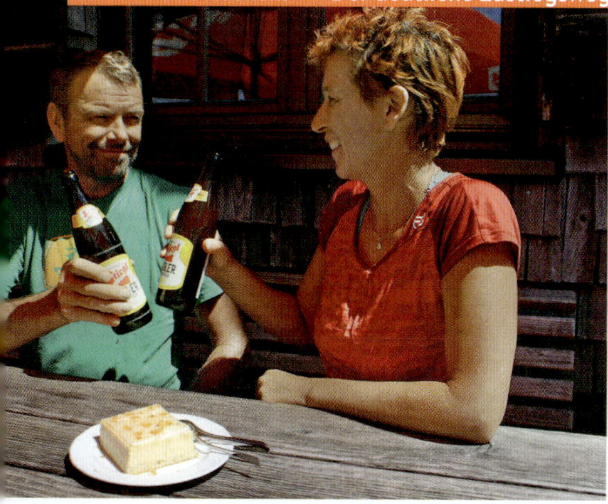

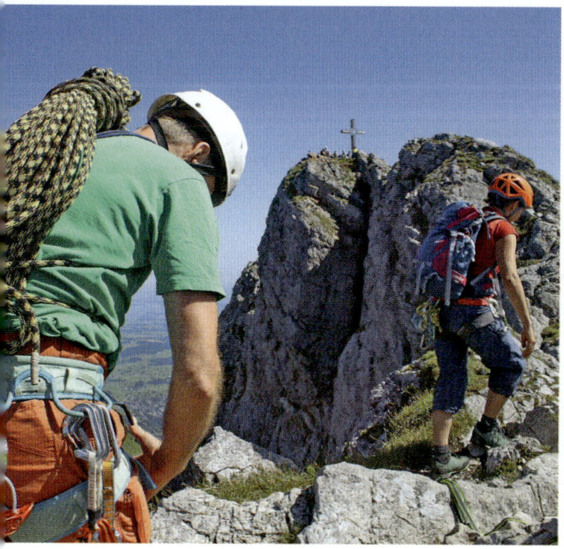

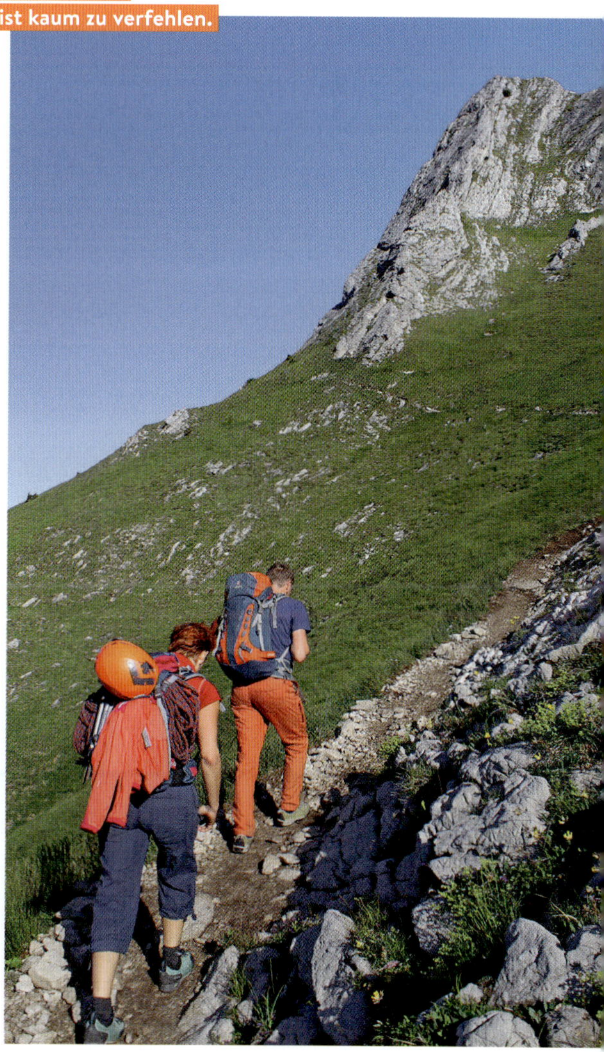

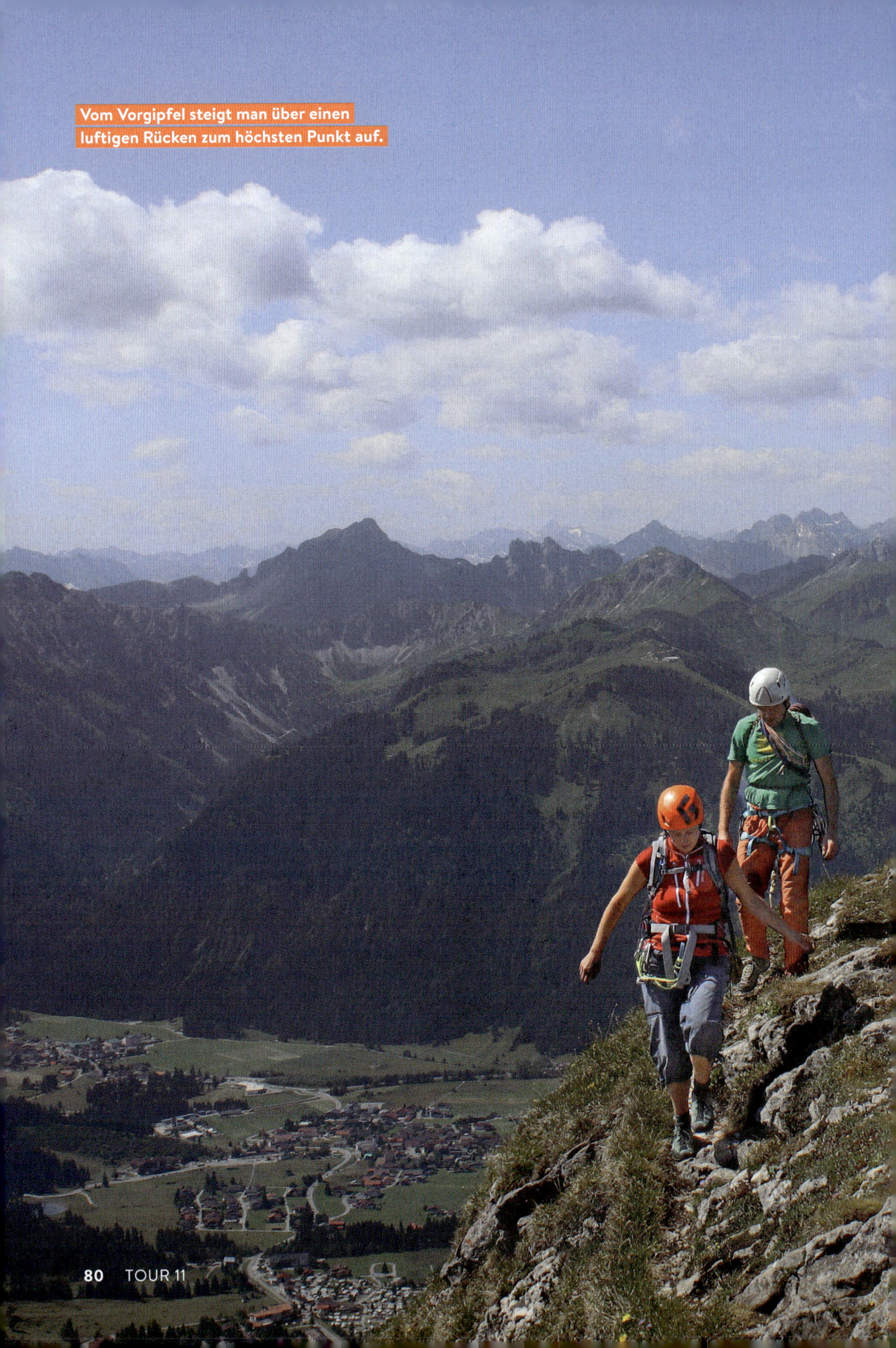

Vom Vorgipfel steigt man über einen luftigen Rücken zum höchsten Punkt auf.

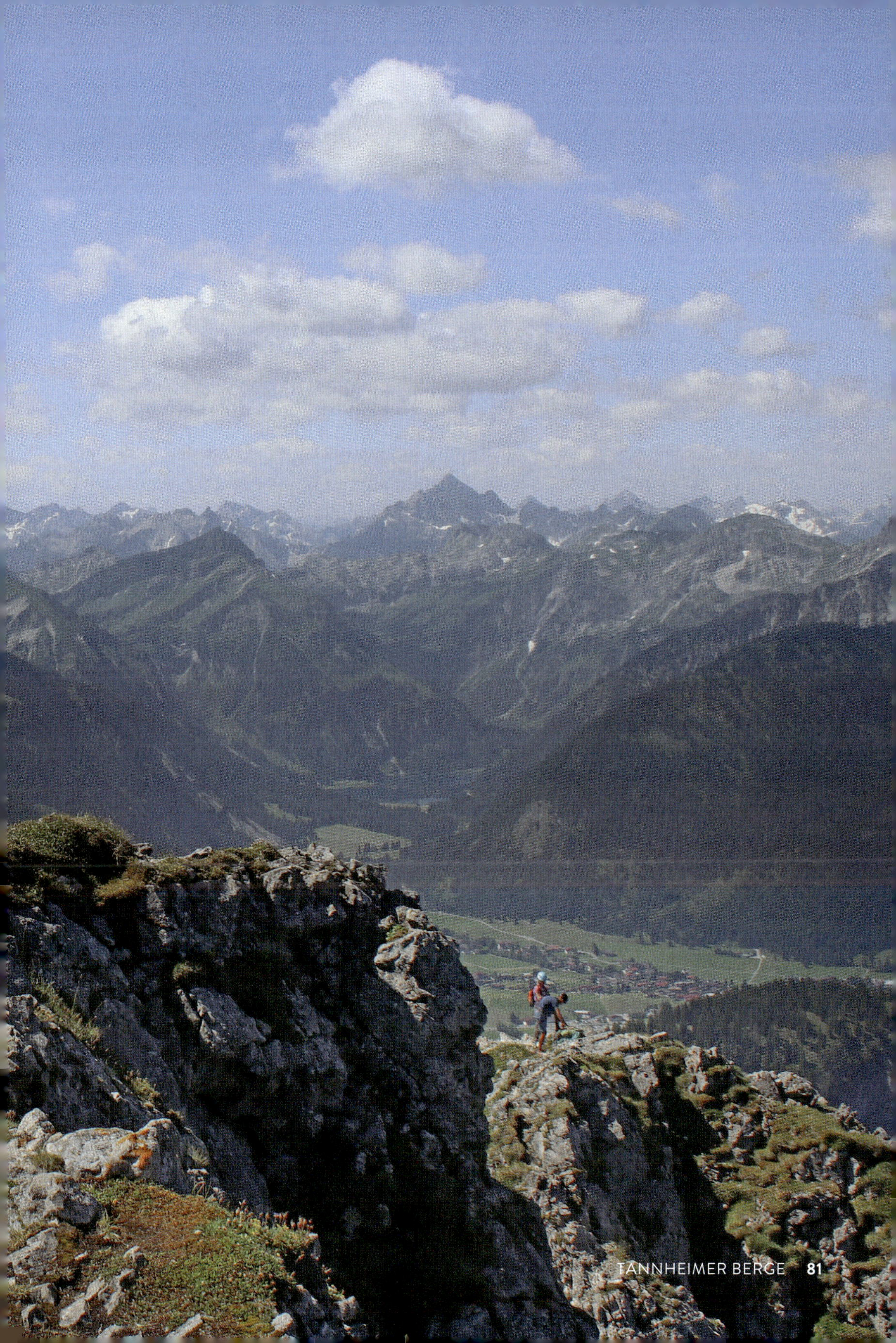

sehr weit auseinanderliegen. Das ist bei diesem Schwierigkeitsgrad nicht unüblich und bedeutet, dass der Vorsteigende einen IIIer ganz sicher klettern können sollte. Das gilt vor allem für eine kurze Steilstufe in der Mitte der Tour, die sich von unten als kleiner Überhang präsentiert, den man aber in einem Linksbogen gut umklettern kann.

Hat man dann nach etwa zweieinhalb Stunden Gratzeit das Gipfelkreuz erreicht, wird man das wunderbare 360°-Panorama mit weiteren Bergliebhabern teilen, die auf dem Normalweg hinaufgestiegen sind. Über diesen vergleichsweise leichten, seilversicherten Steig geht es im Anschluss zurück zur Bad Kissinger Hütte, wo man auf die wunderschöne Tour anstoßen kann, ehe man zum Ausgangspunkt in Grän zurückwandert.

ROUTE Vom Parkplatz steigt man auf dem bestens beschilderten Hüttenzustiegs-Weg in meist lichtem Waldgelände zur Bad Kissinger Hütte (1788 m) auf. Von dort folgt man dem weiterhin rot markierten und deutlichen Anstieg in Richtung Aggenstein, bis der Weg in der Wiese steiler wird. Dort zweigt ein deutlicher Steig nach links ab. Es geht hinab zu einem kleinen Grasabsatz und von dort hinab in eine Rinne, wo man am besten den Gurt anlegt.

Tipp

HINWEIS

Es lohnt sich, vorab auf der wunderschön gelegenen Bad Kissinger Hütte zu übernachten. Dadurch hat man am nächsten Tag genug Zeit, um nach dem Südwestgrat auch noch den »Hüttengrat« (Südostkante, ca. 90 Min., III–) zu erklimmen.

An der Rinne geht es nicht gleich rechts hinauf (das wäre die »Linke Südwandplatte«, IV–), sondern man steigt etwas ausgesetzt ein Grasband hinauf (Bohrhaken am Beginn des ansteigenden Grasbands), wo der eigentliche Südwestgrat beginnt. Nun klettert man im angenehmen IIer-Gelände direkt am eher breiten Grat hinauf. Dieser legt sich bald etwas zurück, ehe er sich wieder aufsteilt.

Nun kommt die eigentliche Schlüsselstelle, eine kurze Steilstufe (III+), bei der man

Die Kletterpassagen bieten wunderbar griffigen und festen Fels.

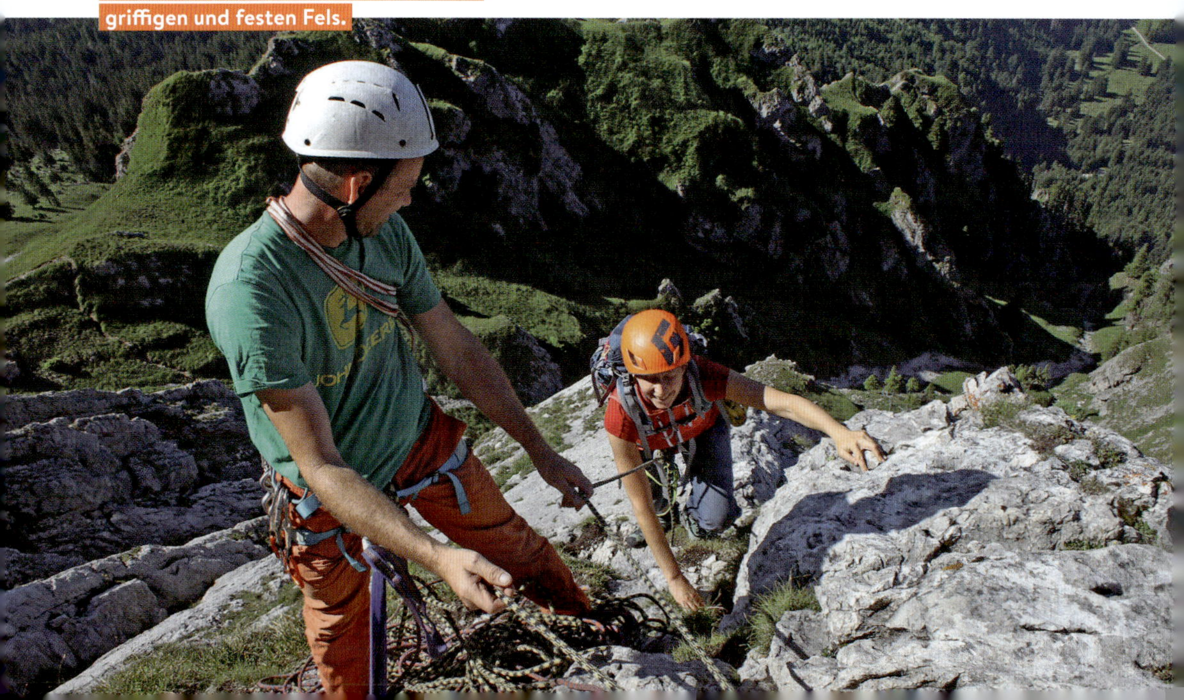

einen Überhang links umgeht. In der Folge wird es wieder deutlich leichter (meist II). Nach einem Gratabsatz (an dem man sich etwas rechts hält) folgt eine weitere Steilstufe (III), bevor man an der letzten Passage vor dem Südgipfel zwischen zwei Alternativen wählen kann: Entweder man hält sich etwas links vom Grat (hier eher Geh- als Klettergelände) oder man folgt weiter der Gratschneide, was etwas schwerer, aber viel schöner ist. Am Südgipfel kommt bei den meisten Seilschaften das Seil dann in den Rucksack, da der Übergang zum Hauptgipfel (1985 m) zwar kurz ausgesetzt, aber maximal ein IIer ist.

ABSTIEG Um zur Bad Kissinger Hütte zurückzugelangen, folgt man einfach dem stahlseilversicherten und nicht zu übersehenden Normalweg.

INFO

INFO
Österreich – Tannheimer Berge – Aggenstein-Südwestkante (1985 m)

TALORT
Grän (1140 m)

AUSGANGS-/ENDPUNKT
Parkplatz Bad Kissinger Hütte (1180 m)

GEHZEITEN
Hüttenparkplatz – Einstieg Südwestgrat 2 Std. – Aggenstein-Gipfel 2.30 Std. – Hüttenparkplatz 2 Std.

MOBIL VOR ORT
Bus & Bahn: Mit dem Zug nach Pfronten-Steinach und weiter mit Bus 123 nach Grän/Lumberg-Campingplatz, von hier in 10 Min. zu Fuß zum Hüttenparkplatz.
Auto: Über Marktoberdorf und Seeg nach Pfronten-Steinach, hier rechts Richtung Tannheim und kurz vor Grän links oberhalb zum großen Wanderparkplatz

KARTE
AV-Karte BY 5 »Tannheimer Berge«, 1:25 000

INFORMATION
tannheimertal.com

EINKEHR
Bad Kissinger Hütte (DAV, geöffnet Mitte Mai bis Ende Okt., Tel. +43/(0)676/373 11 66, badkissingerhuette.at)

CHARAKTER
Leichte, schöne Genusskletterei, die aber nur an den schweren Stellen gut mit Bohrhaken gesichert ist. Im IIer-Gelände sind die Hakenabstände recht weit. Standplätze mit Ringhaken

Mittelschwere Gratkletterei, bis III+ | 6.30 Std. | 8,5 km | 1000 Hm

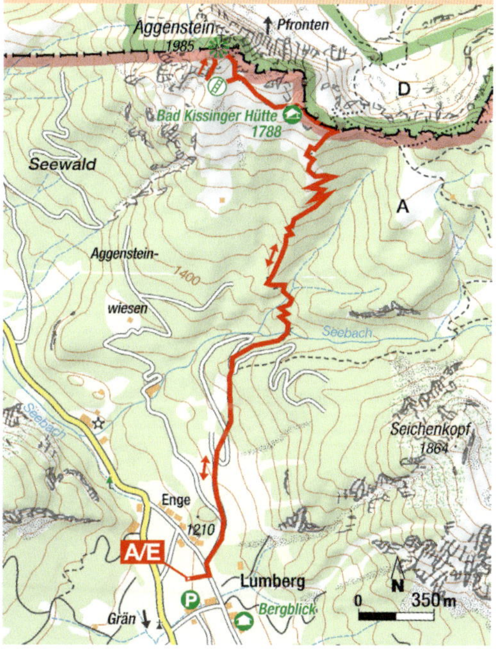

AUSRÜSTUNG
Kletterausrüstung mit Helm, Gurt, 50-m-Seil, Bandschlingen, Schraubkarabiner, 4 Expressschlingen

EINSAMKEITSFAKTOR
Auch an Wochenenden ist die Aggenstein-Südwestkante meist nicht überlaufen.

Über den Zwölf-Apostel-Grat

Kraxeln beim »Kini«

In Hohenschwangau steht die Beliebtheit des Königsschlosses Ludwigs II. im diametralen Gegensatz zum direkt hinter Neuschwanstein aufragenden Zwölf-Apostel-Grat. Die überwältigende Aussicht auf Forggensee und das Alpenvorland ist daran mit Sicherheit nicht schuld, die Abwesenheit von Stahlseilen vielleicht schon. Zudem wird auf der Tour dreimal an soliden Ringhaken abgeseilt. Was die Frage »Mit oder ohne Seil?« gleich mit beantwortet.

Um Zeit zu sparen, sollte man auch immer mal wieder am laufenden Seil gehen.

12

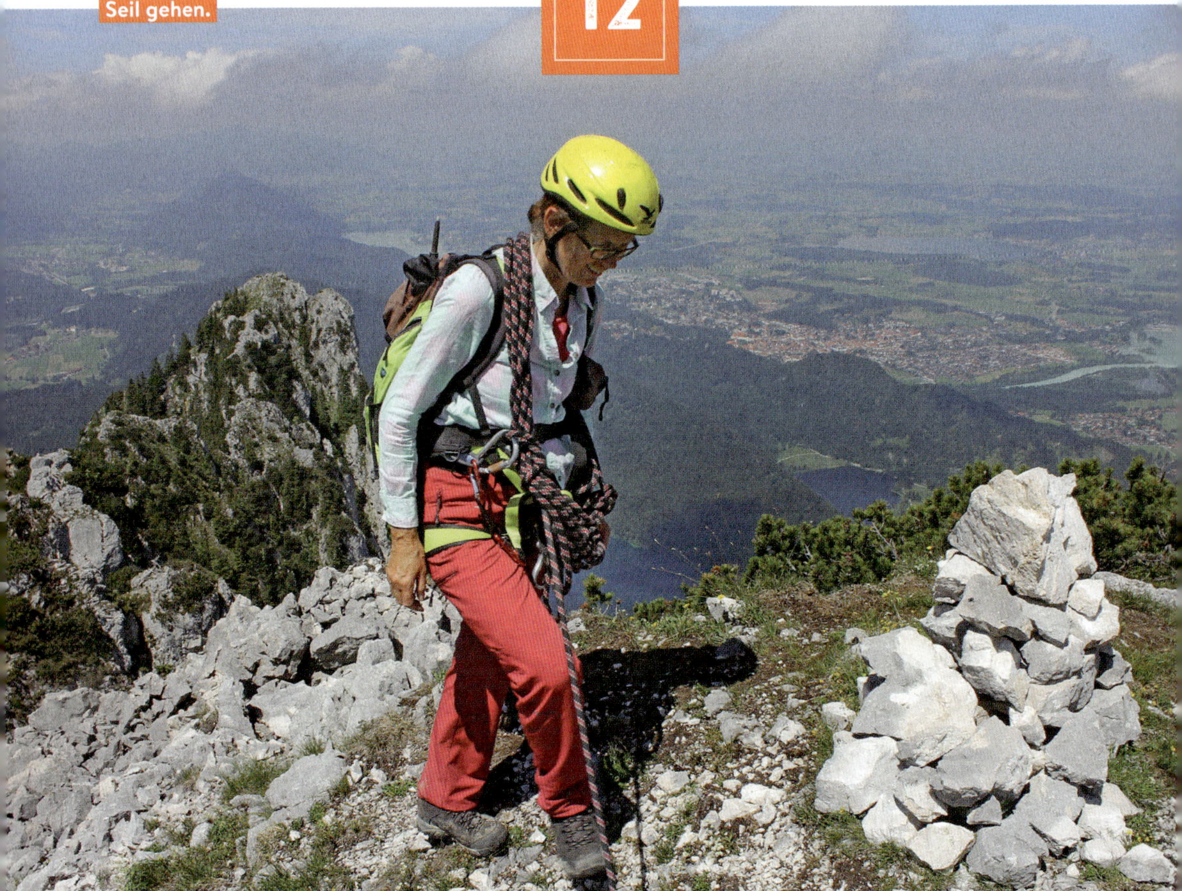

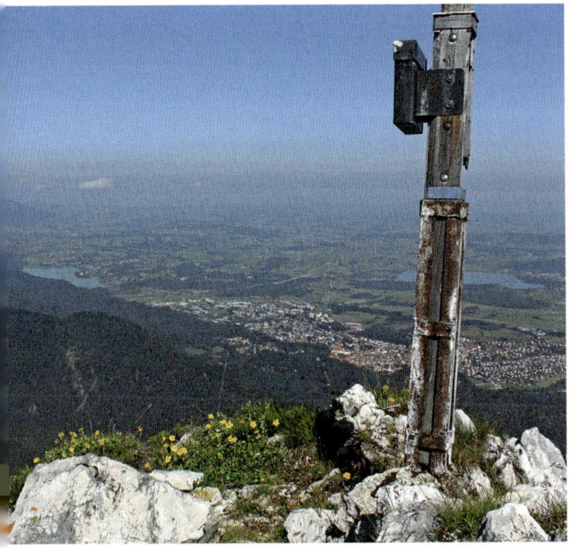

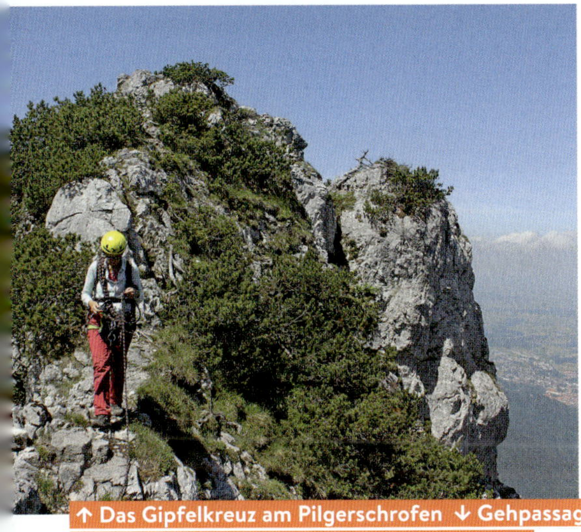

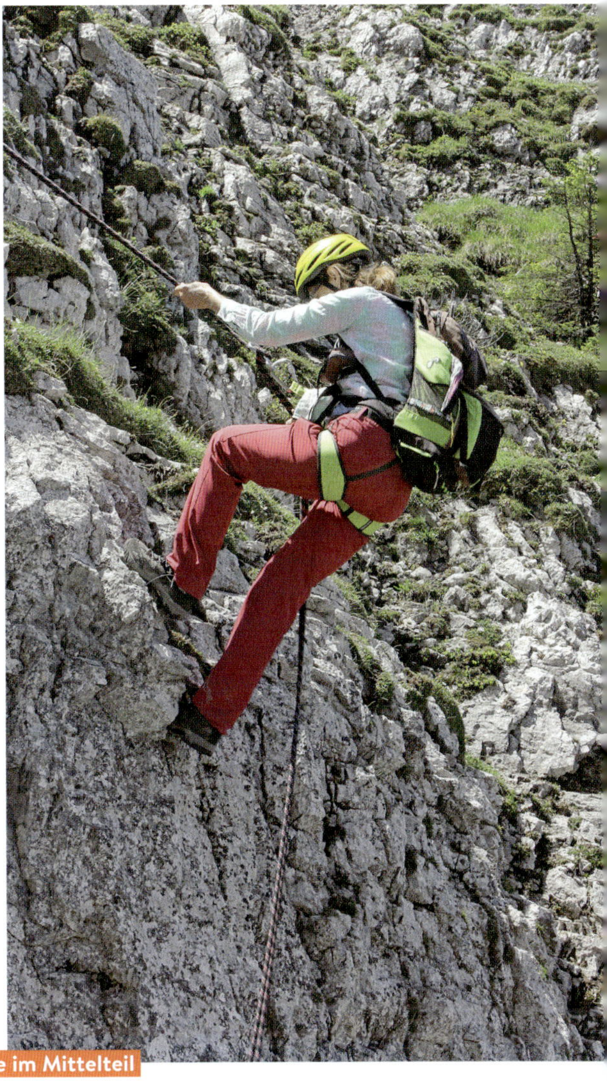

↑ Das Gipfelkreuz am Pilgerschrofen ↓ Gehpassage im Mittelteil der Tour ↗ Abseilstelle gegen Ende des Grats

EINE KLETTERAUSRÜSTUNG mitzunehmen, ist ab dem III. Schwierigkeitsgrad grundsätzlich keine schlechte Idee. Wenn die Partner beispielsweise unterschiedliches Know-how mitbringen, funktioniert die beste, weil zeitsparendste Strategie in etwa so: Der/die Schwächere gibt Bescheid, wenn er/sie sich nicht mehr ganz wohl fühlt. Es binden sich beide ins Seil ein, und der/die Stärkere besteigt ungesichert die nächste schwerere Passage. Oben angekommen, macht man mit Bandschlingen einen Stand, z. B. an Felsköpfen, Bäumen oder Wurzeln, und sichert den Seilzweiten nach. Um zügig voranzukommen, bleibt man bei dazwischenliegenden Geh-Passagen eingebunden (am laufenden Seil gehend) und hat so auch bei den Abseilstellen das Seil immer parat – klettert man diese ab, begibt man sich übrigens bereits in den IV. Schwierigkeitsgrad.

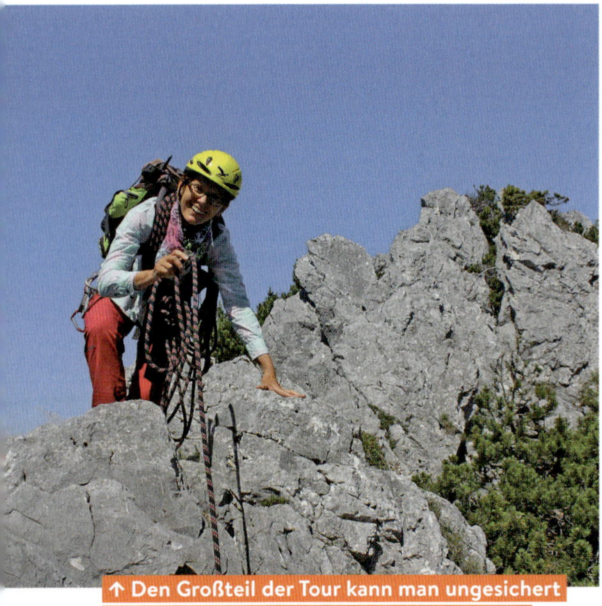

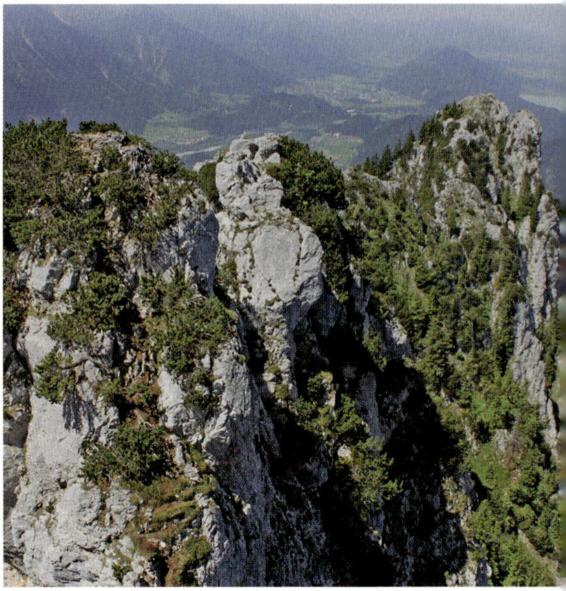

↑ Den Großteil der Tour kann man ungesichert angehen. ↗ Rückblick auf den Gratverlauf

Der Zwölf-Apostel-Grat vom Pilgerschrofen hinüber zum Säuling bietet genau diesen Mix aus Kraxelei und Gehpassagen, bei dem man sich in Sachen Seilstrategie für längere Touren üben kann. Zudem müssen kurze Kletterstellen und zwei Abseil- und eine gesicherte Abkletterpassage gemeistert werden.

Hat man nach dem Grat den breiten grünen Gamsanger erreicht und noch genug Schmalz in den Waden, sollte man zusätzlich noch den Säuling auf seinem wenig schweren Normalweg besteigen. Von oben bietet sich zwar ein ähnlicher Blick auf das Märchenschloss und den Forggensee, aber die Aussicht in Richtung Lechtal und Lechtaler Alpen ist noch um einiges besser als bei den etwa 200 Höhenmetern tiefer sitzenden »Heiligen«.

ROUTE Vom Parkplatz Hohenschwangau folgt man der Straße zum Schloss Neuschwanstein und hält sich dort mit der Beschilderung »Säuling und Pilgerschrofen« auf Forststraße bergan bis zum Älple. Von dort folgt man dem Wegweiser »Um den Pilgerschrofen«. Es geht auf einem Fußweg durch den Wald steiler empor zur Wildsulz-Forsthütte, wo man sich an der Gabelung rechts hält. Nach Westen ansteigend erreicht man eine blau-weiße Fahnenstange (Grenze Bayern/Tirol) und steigt hier nach links auf teils undeutlichen Pfadspuren zum Pilgerschrofen hinauf. Das Gelände wird exponierter und im oberen Bereich immer steiler. Zuletzt geht es in leichter Kraxelei (III) zum Gipfel des Pilgerschrofens hinauf (1759 m).

Vom Gipfel hält man sich nach Osten über Gras und Steine abwärts in eine Mulde bis zur ersten Kletterstelle durch eine Rinne und weiter über Gehgelände bis zur ersten Abseilstelle an einem Baum (ca. 10 m). Immer dem Gratverlauf folgend, geht es mal im Gehgelände, mal über IIer-Stellen bis zur zweiten Abseilstelle über einen Doppelriss. Kurz dahinter folgt die etwas ausgesetzte Schlüsselstelle (III). Weiter geht's über leichte

Kletterfelsen und durch Latschengelände immer auf und ab, bis man den Zackengrat links haltend hinter sich gebracht hat.

Nach der letzten Abseilstelle (Bohrhaken) schlüpft man durch eine Felsscharte und steigt dann erst über Fels-, dann über steiles, wegloses Wiesengelände auf bis zur breiten flachen Säulingwiese. Von hier aus kann man in etwa einer halben Stunde dem beschilderten Normalweg zum Gipfel des Säulings (2048 m) folgen, von wo sich ein grandioses 360°-Panorama bietet.

ABSTIEG Wieder zurück an der Säulingwiese folgt man dem beschilderten, steilen Abstieg Richtung Hohenschwangau nach Norden. Der Weg ist teils exponiert und stahlseilversichert sowie mit einer Eisenleiter versehen. An der Wildsulzhütte trifft der Steig auf den Weg nach Hohenschwangau, der vom Aufstieg bereits bekannt ist.

INFO

INFO

Deutschland – Ammergauer Alpen – Zwölf-Apostel-Grat mit Pilgerschrofen (1759 m)

TALORT

Schwangau (790 m)

AUSGANGS-/ENDPUNKT

Hohenschwangau (800 m)

GEHZEITEN

Hohenschwangau – Pilgerschrofen 3 Std. – Säulingwiese 3 Std. – Hohenschwangau 2 Std.

MOBIL VOR ORT

Bus & Bahn: Mit dem Zug nach Füssen, von dort häufige Busverbindung nach Hohenschwangau
Auto: B 17 Richtung Füssen und kurz vor dem Ort links nach Hohenschwangau

KARTE

AV-Karte BY 6 »Ammergebirge West«, 1:25 000

INFORMATION

schwangau.de

EINKEHR

Unterwegs keine

CHARAKTER

Vergleichsweise unbekannte Gratüberschreitung mit viel Gehgelände, leichten Kletterstellen (bis III) und dreimaligem Abseilen. Tolle Blicke auf die Königsschlösser und Seen

Mittelschwere Gratkletterei, bis III | **8 Std.** | **13 km** | **1300 Hm**

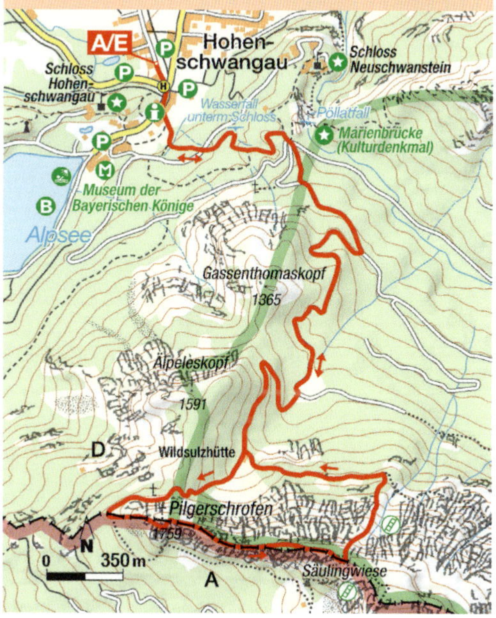

AUSRÜSTUNG

50-m-Seil, Abseilgerät, Bandschlingen, 2 Schraubkarabiner, evtl. 2 Expressschlingen, Klettergurt, Helm

EINSAMKEITSFAKTOR

Der Zwölf-Apostel-Grat ist selbst an schönen Wochenenden wenig frequentiert.

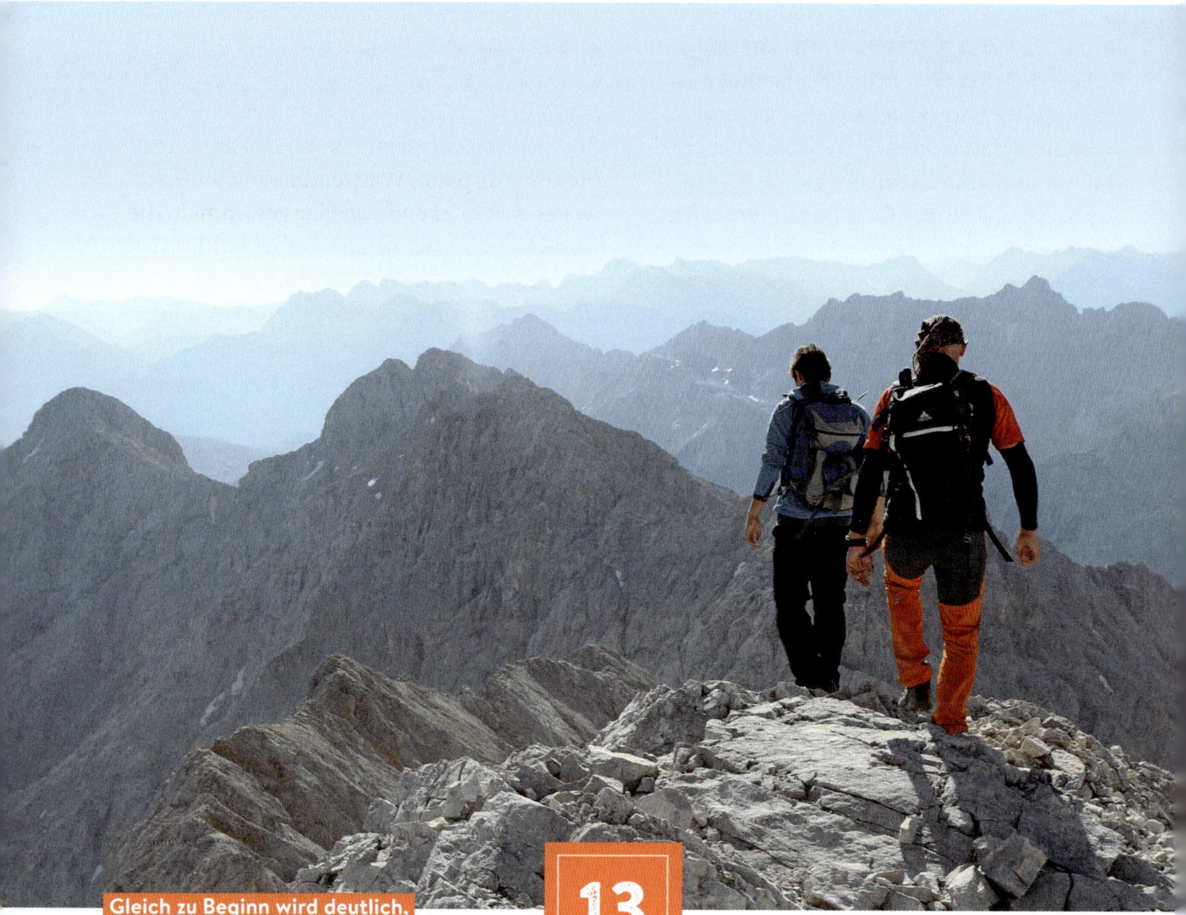

Gleich zu Beginn wird deutlich, was für ein tolle lange Gratstrecke vor einem liegt.

13

Über den Jubiläumsgrat

Balanceakt der Extraklasse

Egal, ob man per Seilbahn oder zu Fuß Deutschlands höchsten Berg erklimmt – auf den letzten Metern zum goldenen Gipfelkreuz herrscht bei gutem Wetter ein ziemliches Gedränge. Doch direkt dahinter beginnt ein Grat-Schmankerl, das man über weite Strecken ganz allein genießen kann. Und nach wenigen Metern wird deutlich: Der Jubiläumsgrat hat wenig mit einem komplett versicherten Klettersteig zu tun. Und das ist gut so.

DENN VIELE NATÜRLICHE Felspassagen im II. und maximal unteren III. Schwierigkeitsgrad wären ein weitaus weniger eindrucksvolles Bergerlebnis, wenn sie mit Stahlseilen versichert wären. Das sahen Ende des 19. Jahrhunderts auch zwei Ausnahmealpinisten so, die den Grat noch rechtzeitig in seiner ursprünglichen Gestalt erleben wollten: Zwei Jahre nachdem die DAV-Sektion München 900 Mark spendete, um einen sogenannten Jubiläumsweg zu erschließen, gelang Emil Diehl im Sommer 1896 erstmals die Gratüberschreitung bis zur Inneren Höllentalspitze. Ein Jahr darauf bezwang Ferdinand Henning den gesamten Gratverlauf bis zur Alpspitze. Währenddessen wurden weiter fleißig Spendengelder gesammelt, die die Errichtung von Trittbügeln, Stahlhaken und -seilen ermöglichten. Allerdings war das Vorhaben am auch Höllentalgrat genannten

↑ Blick aus der Biwakschachtel am Höllentorkopf ↓ Alte Seilversicherungen zu Beginn der Tour ↘ Klettersteigpassage an der Vollkarspitze

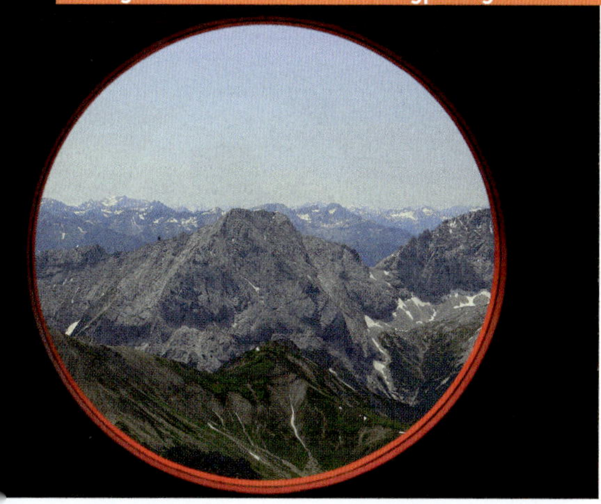

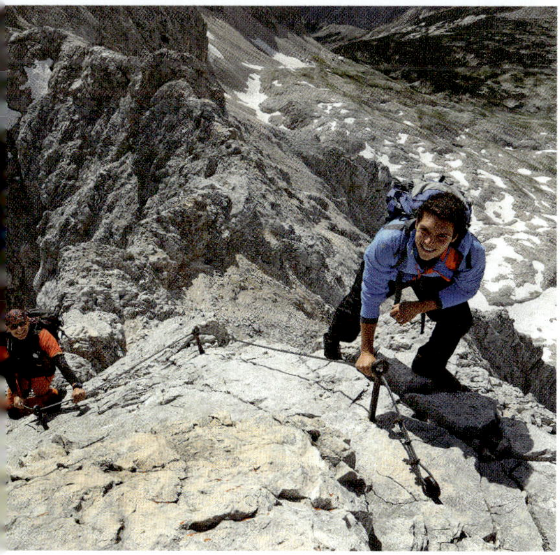

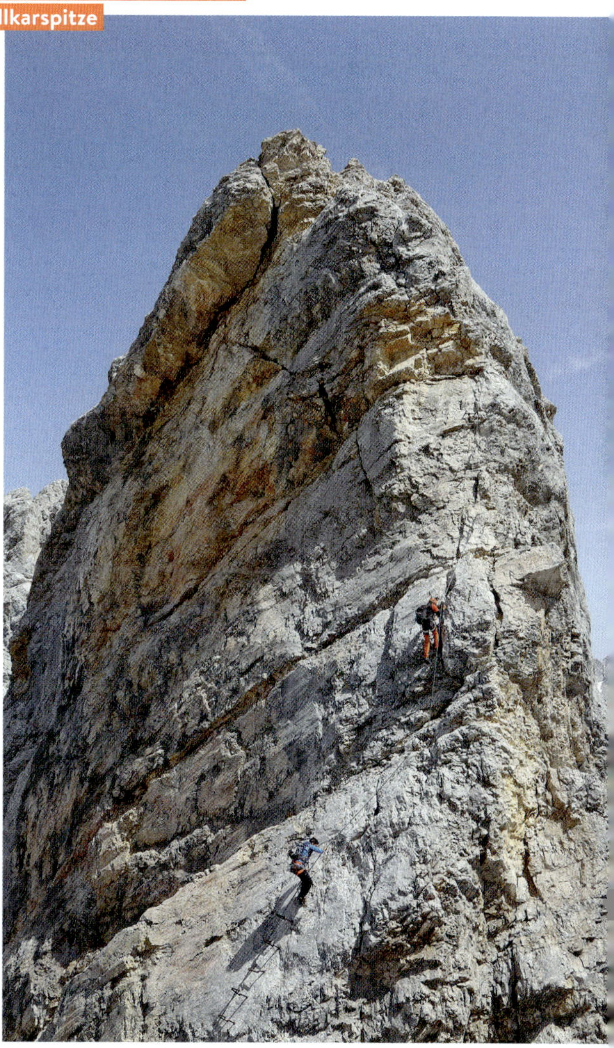

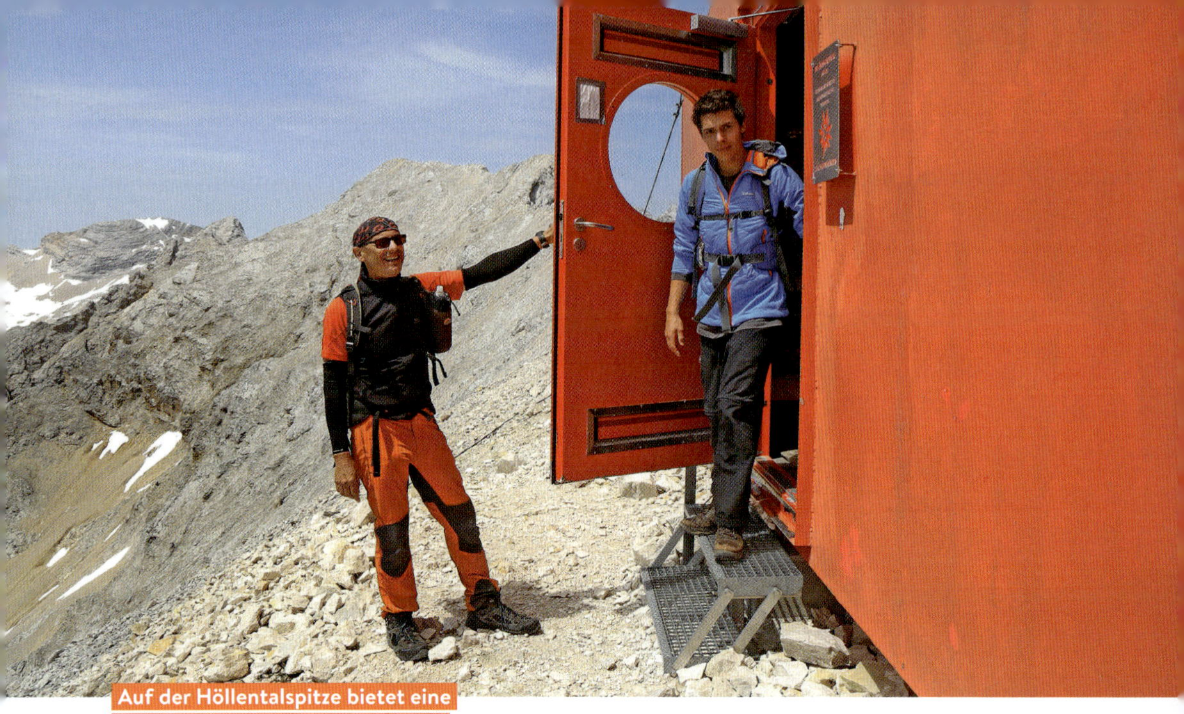

Auf der Höllentalspitze bietet eine gut ausgestattete Biwakschachtel Schutz bei Gewittergefahr.

Kamm nicht unumstritten, und die Sicherungsanlagen wurden nie ganz fertiggestellt. Teilweise wurden sie sogar wieder zurückgebaut.

Über einen kompletten Rückbau des Jubiläumsgrats wurde im Sommer 2002 heiß diskutiert. Anlass waren zwei gewaltige Bergstürze, die im Winter 2000/2001 und im Herbst 2001 von der Vollkarspitze ins Höllental hinabdonnerten – und mit ihnen große Teile der Stahlseilversicherungen, die einst über den vaporisierten Nordgipfel führten. Umweltverbände wie Mountain Wilderness Deutschland forderten die Sektion München damals auf, die Felsstürze zum Anlass zu nehmen, um den kompletten Jubiläumsgrat von seiner Eisenlast zu befreien.

Darüber, dass es dazu nicht kam, sind Grat-Aspiranten heutzutage nicht ganz unglücklich. Nach gut fünf Stunden Gratkletterei stehen sie an der Scharte vor der Vollkarspitze. Die gewaltige, teils überhängende Westflanke stellt mit Klettersteig-Schwierigkeit D in Bezug auf die versicherten Passagen die Schlüsselstelle des gesamten Gratverlaufs dar. Was mit einem Klettersteigset gesichert ein purer Berg-Genuss ist! Auch die schwersten ungesicherten Passagen liegen ab der Vollkarspitze hinter ihnen. Volle Konzentration ist bis zum Sattel vor dem Hochblassen, wo der eigentliche Jubiläumsgrat endet, freilich weiterhin angesagt.

Tipp

HINWEIS I

Am gesamten Gratverlauf gibt es nur einen einzigen Notabstieg. Dieser führt von der Inneren Höllentalspitze nach Süden hinab gegen den Brunntalkopf und weiter zur Knorrhütte. Er ist jedoch genauso anspruchsvoll wie der Jubiläumsgrat selbst und muss frei abgeklettert werden, ist aber nicht ganz so stark der Blitzgefahr ausgesetzt.

Zu Ende ist die große Tour dort aber lange noch nicht, sie führt erst einmal weiter zur Grießkarscharte. An dieser Stelle lautet die spannende Frage: Bleibt noch genug Zeit, um die letzte Seilbahn-Talfahrt vom Osterfelderkopf zu erreichen? Wenn ja, gelangt man über die leichte Alpspitz-Ferrata dorthin. Wenn nein, warten als »Zugabe« weitere 1300 Höhenmeter Talabstieg.

ROUTE Von der Bergstation der Zugspitzbahn folgt man der Beschilderung zur Zugspitze und kurz vor dem Gipfel den zunächst noch deutlichen Wegspuren, die entlang des Grats nach Osten führen. Bald wird das Gelände weglos, und man steigt über den teils schmalen Grat weiter. Wenig später muss man zu einer glatten Rinne hinabklettern. Danach klettert man wieder aufwärts und folgt im stetigen Auf und Ab dem Grat bis zur ersten drahtseilgesicherten Klettersteigstelle und weiter bis zum Grataufschwung der Inneren Höllentalspitze.

Weiter geht es den Grat entlang, dann wieder etwas ausgesetzt in eine Scharte hinab. Von hier aus steigt man rechts vom Grat zur Inneren Höllentalspitze (2741 m) auf. Nachdem man ein Stück abgestiegen ist, zweigt nach rechts der beschilderte Notabstieg zur Knorrhütte ab (s. Hinweis). Weiter geht es entlang des nun breiteren Grats über die Mittlere (2743 m) zur Äußeren Höllentalspitze (2720 m), wo eine mit Matratzen und Decken recht gut ausgestattete Biwakschachtel steht.

Wieder am Grat absteigend (teilweise Drahtseile), gelangt man bis zur Scharte vor der Vollkarspitze. Der folgende glatte Steilaufschwung wird mithilfe von Drahtseilen und Eisenstiften gemeistert. Dahinter steigt man wieder leichter, mehr oder weniger direkt am Grat, auf den Hochblassen zu, bis man

Tipp

HINWEIS II

Wer an der Grießkarscharte feststellt, dass er die letzte Seilbahn-Talfahrt nicht schaffen wird, der steigt nordseitig und beschildert über das Matheisenkar zur Höllentalhütte und durchs Höllental nach Hammersbach ab (je nach Jahreszeit Stirnlampe zur Sicherheit mitnehmen).

zum beschilderten Ende des Jubiläumsgrats gelangt. Dort folgt man nach links der Beschilderung »Grießkarscharte« und kommt unter den Nordabbrüchen des Hochblassens vorbei. Ein letztes Mal steigt man in einer Rinne bergauf und dann auf deutlichen Steigspuren im Geröll zur Grießkarscharte (2463 m) hinab.

ABSTIEG Hier folgt man der Beschilderung zur Alpspitze (2628 m) und somit dem vergleichsweise unschweren Südwestanstieg zum Gipfel, von wo es auf der Alpspitz-Ferrata (B) nach Norden zur Bergstation der Seilbahn hinabgeht. (Man kann den höchsten Punkt auch auslassen, indem man kurz vor dem Gipfel die Westflanke zur Ferrata quert.)

Etwa in der Mitte der Tour kann man bei Wetterverschlechterung ins Reintal absteigen.

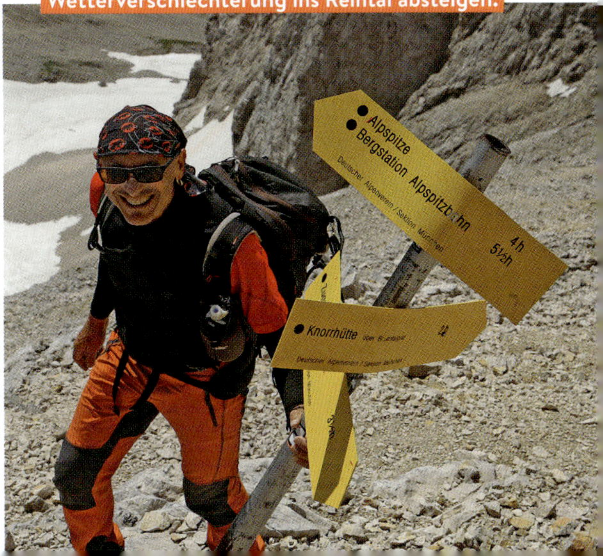

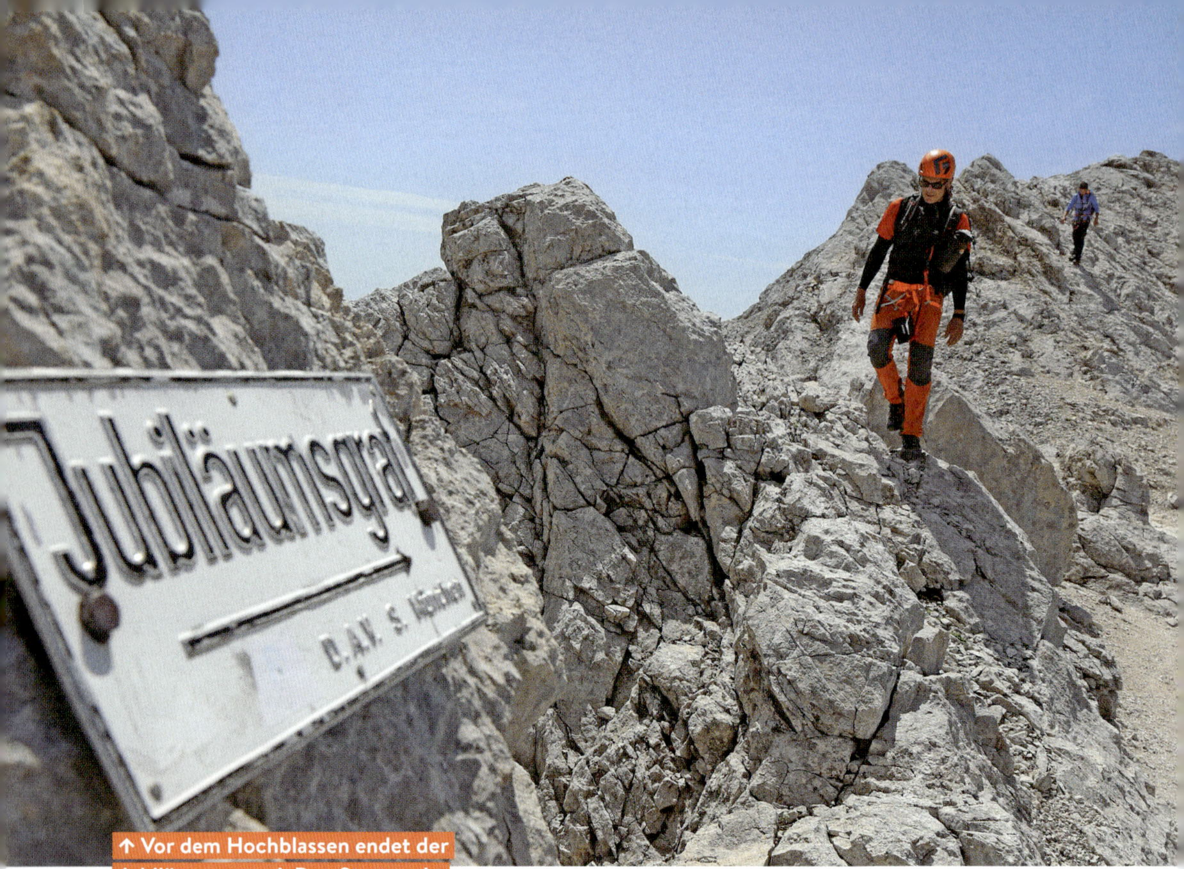

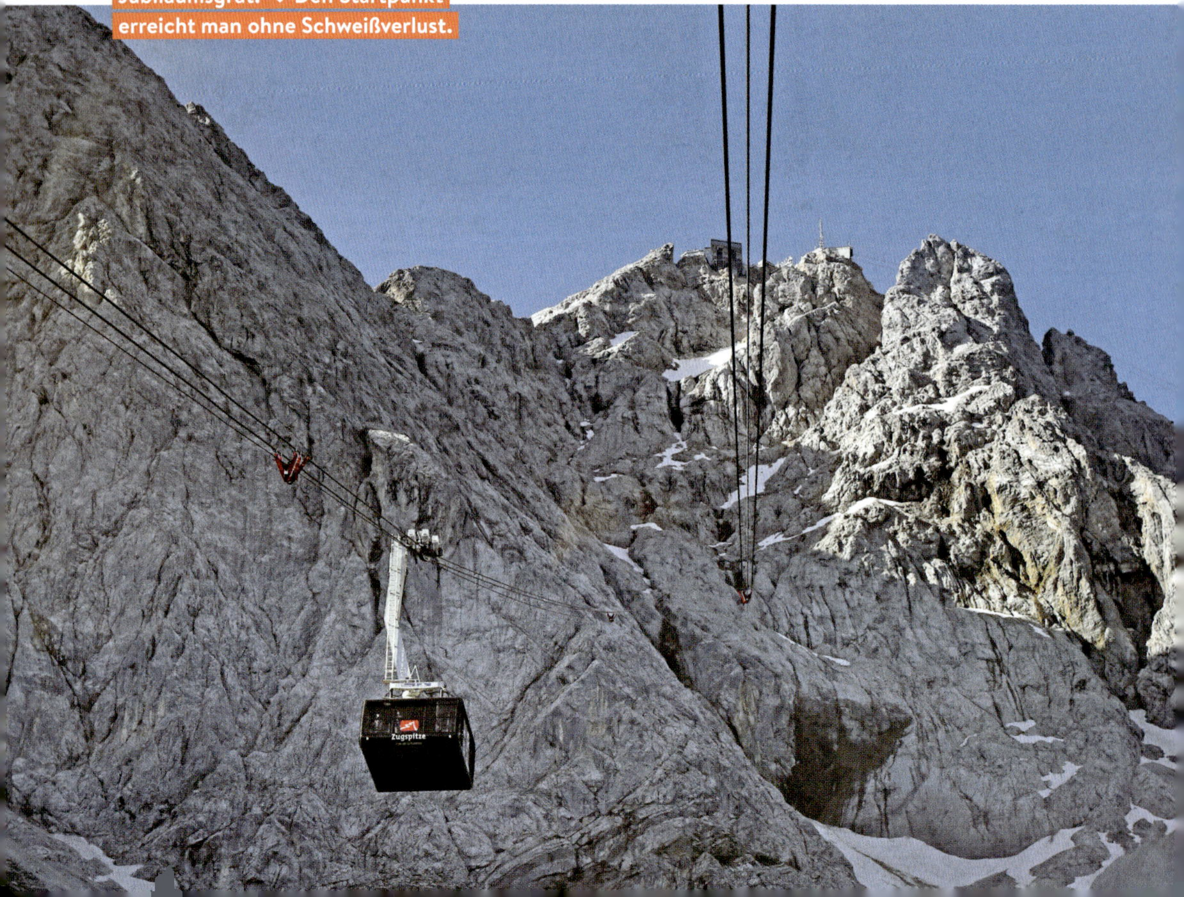

↑ Vor dem Hochblassen endet der Jubiläumsgrat. ↓ Den Startpunkt erreicht man ohne Schweißverlust.

INFO

Mittelschwere Gratklettertour, bis III– bzw. Klettersteig (bis D) | 8.30 Std. | 8 km | auf 700 Hm/ ab 1600 Hm

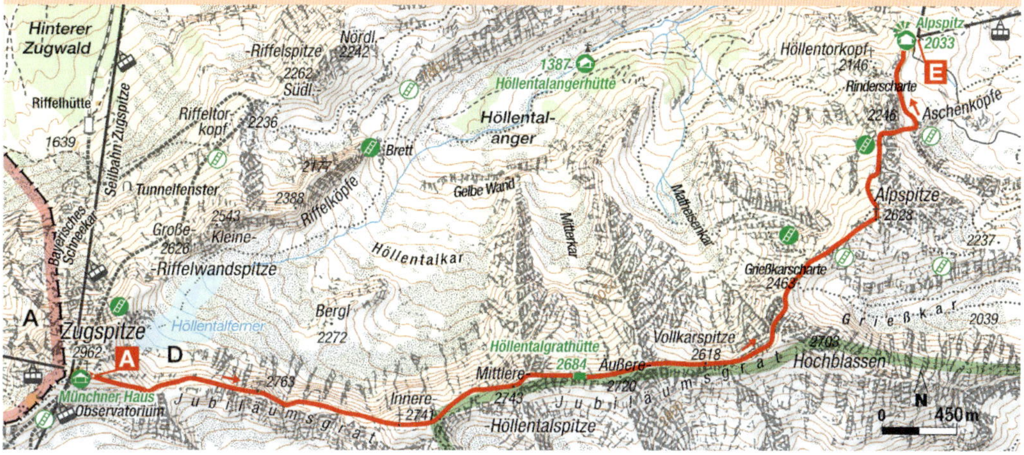

INFO

Deutschland – Wettersteingebirge – Jubiläumsgrat / Mittlere Höllentalspitze (2743 m)

TALORT

Garmisch-Partenkirchen (1440 m)

AUSGANGSPUNKT

Bergstation Zugspitzbahn (2962 m)

ENDPUNKT

Bergstation Alpspitzbahn (2033 m)

GEHZEITEN

Zugspitze – Mittlere Höllentalspitze 3.30 Std. – Grießkarscharte 3.15 Std. – Alpspitze 1 Std. – Alpspitzbahn 45 Min.

MOBIL VOR ORT

Bus & Bahn: Mit dem Zug nach Garmisch-Partenkirchen und weiter mit der Zugspitzbahn bis Haltestelle Eibsee, von dort mit der Seilbahn auf die Zugspitze
Auto: Von München über die A 95 nach Garmisch-Partenkirchen, weiter zum Eibsee und dort parken

KARTE

AV-Karte Blatt 4/2 »Wetterstein Mitte«, 1:25 000

INFORMATION

gapa.de

SEILBAHNEN

Erste Bergfahrt Zugspitzseilbahn 8.30 Uhr; letzte Talfahrt Alpspitzbahn 17.30 Uhr von Juli bis Sept. bzw. 17 Uhr im Juni und Okt.

UNTERKUNFT

Münchner Haus (DAV, Tel. 08821/2901, alpenverein-muenchen-oberland.de)

EINKEHR

Gaststätte bei der Bergstation der Alpspitzbahn

CHARAKTER

Sehr lange und ausgesetzte Grattour. Es gibt immer wieder Klettersteig-Passagen (max. D), aber weite Teile müssen seilfrei geklettert werden (bis III–). Nur bei stabilem Bergwetter und trockenen Verhältnissen unternehmen!

AUSRÜSTUNG

Klettersteigausrüstung und Helm empfehlenswert

EINSAMKEITSFAKTOR

An Wochentagen wenig frequentiert und auch an den Wochenenden nicht überlaufen

Das Gestein ist fester, als es aussieht.

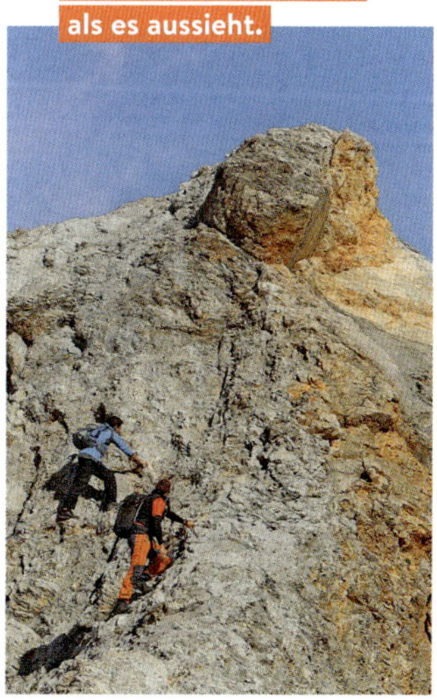

Überschreitung der Arnspitzen

Einsame Bergtour hoch über der Leutasch

Genau zwischen Wetterstein- und Karwendelgebirge gelegen, bietet die kleine, aber äußerst feine Arnspitzgruppe streng genommen keine Grattour, sondern – und das ist mindestens genauso gut – die Überschreitung ihrer drei namengebenden Felsgipfel. Auf der spannenden Tour über Arnplattenspitze, Mittlere und Große Arnspitze wechseln sich Gehgelände und leichte Kletterpassagen ab.

An der Mittleren Arnspitze bietet sich eine längere Pause an.

14

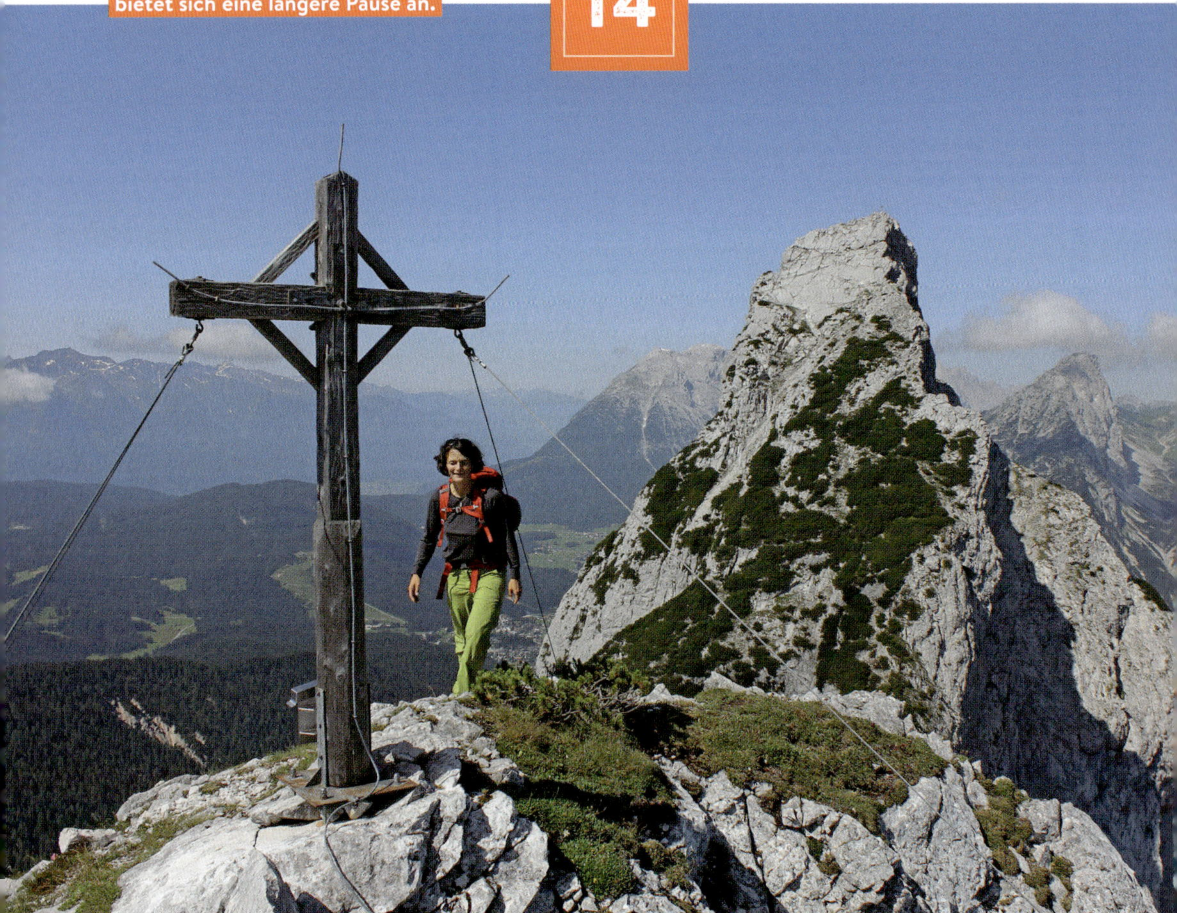

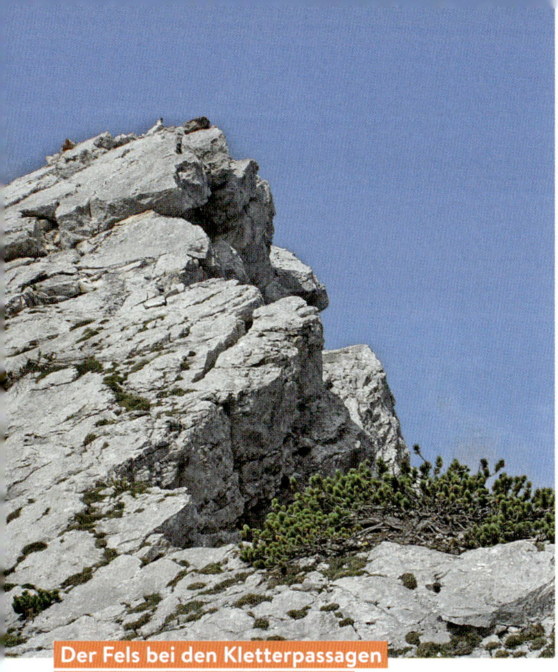

Der Fels bei den Kletterpassagen ist immer gut griffig und fest.

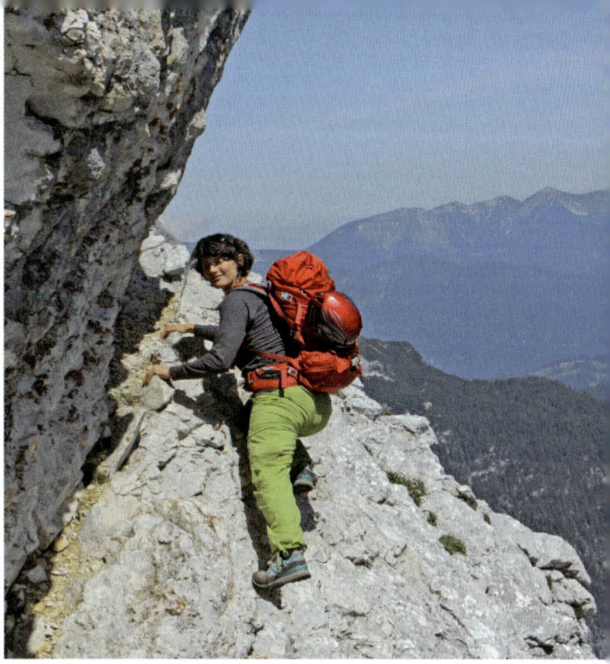

DA MAN VON den jeweiligen Gipfeln naturgemäß in die dazwischenliegenden Scharten bzw. Sättel absteigt, kommen auf der landschaftlich beeindruckenden Bergtour dann doch einige Höhenmeter zusammen. Deshalb ist neben Trittsicherheit und Schwindelfreiheit auch eine gute Kondition unerlässlich. Die Schlüsselpassage der Arnspitz-Überschreitung wird im Alpenvereinsführer als »bösartig aussehendes Band« beschrieben. Tatsächlich sieht die Querung im senkrechten Felsgelände erst einmal ziemlich schaurig aus – aber nur aus der Ferne: Bei näherem Hinsehen erkennt man ein griffiges Felsband, an dem man wunderbar entlangklettern kann. Etwas ausgesetzt ist diese Passage trotzdem und erfordert deshalb durchaus ein bisschen Überwindung.

Etwas Abenteuergeist ist auch bei einigen anderen Passagen gefragt. Daher ist die anspruchsvolle Überschreitung der drei Arnspitzen selbst an schönen Bergwochenenden alles andere als überlaufen. Wer gern im II. Schwierigkeitsgrad kraxelt und einen guten Orientierungssinn hat, findet hier das optimale Gelände für eine unvergessliche Bergtour. Zumal sich die ganze Zeit über großartige Ausblicke auf die steilen Südwände des Wettersteingebirges bieten.

Unterwegs gibt es keine Einkehrmöglichkeit, weswegen man am Ziel in Leutasch-Burggraben umso genussvoller im Gasthaus Mühle auf die Tour anstoßen kann, um die Zeit bis zum nächsten Bus zurück zum Ausgangspunkt zu überbrücken. Oder aber man lässt seinen Rucksack dort stehen und joggt

Schlüsselstelle im unteren III. Schwierigkeitsgrad

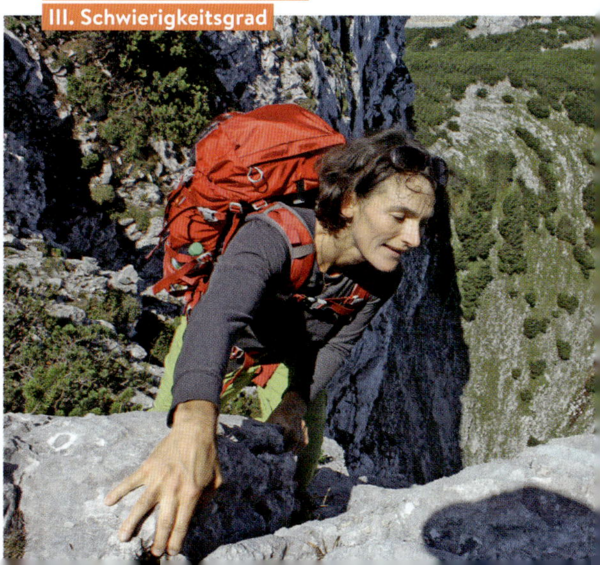

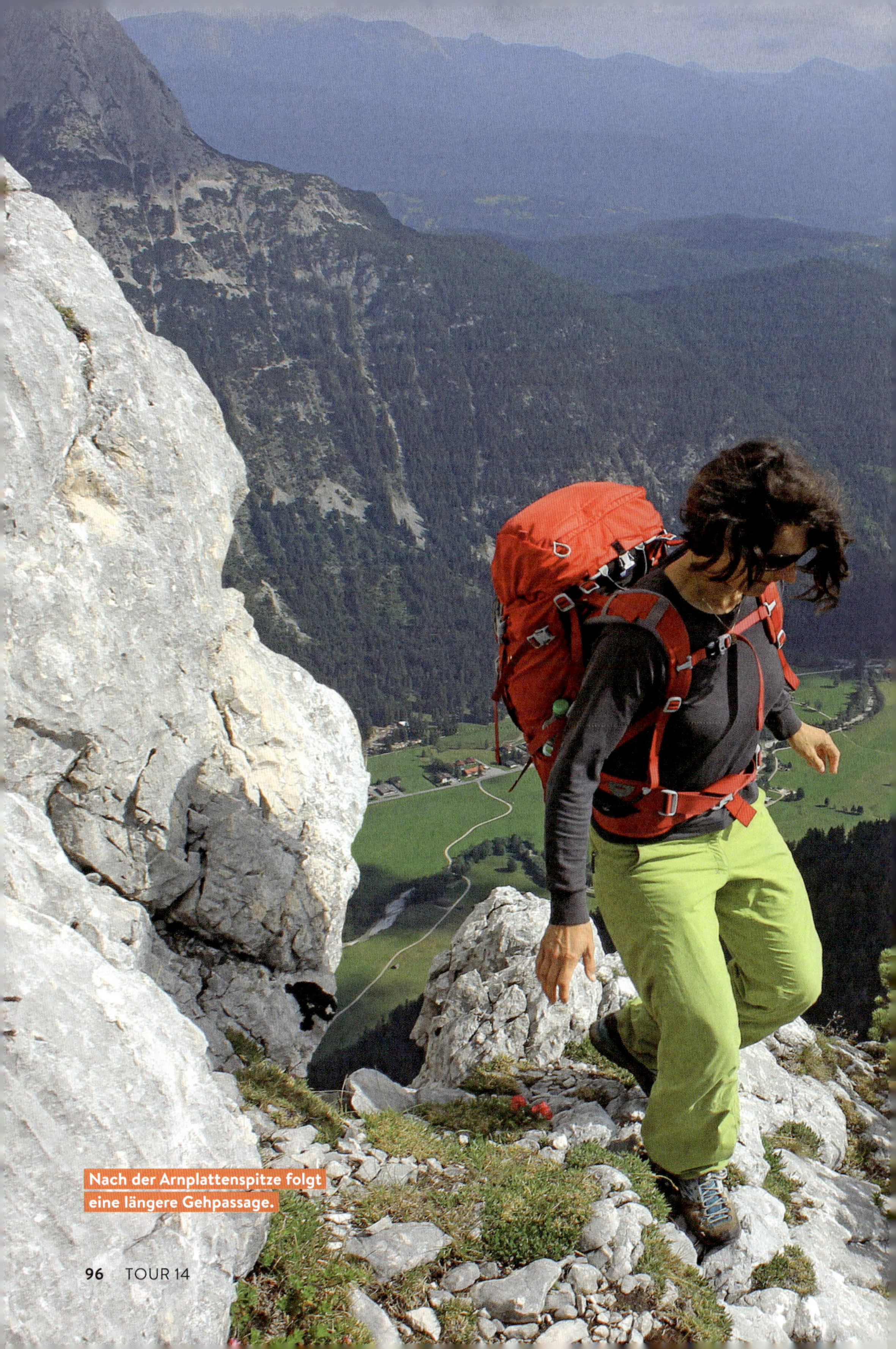

Nach der Arnplattenspitze folgt eine längere Gehpassage.

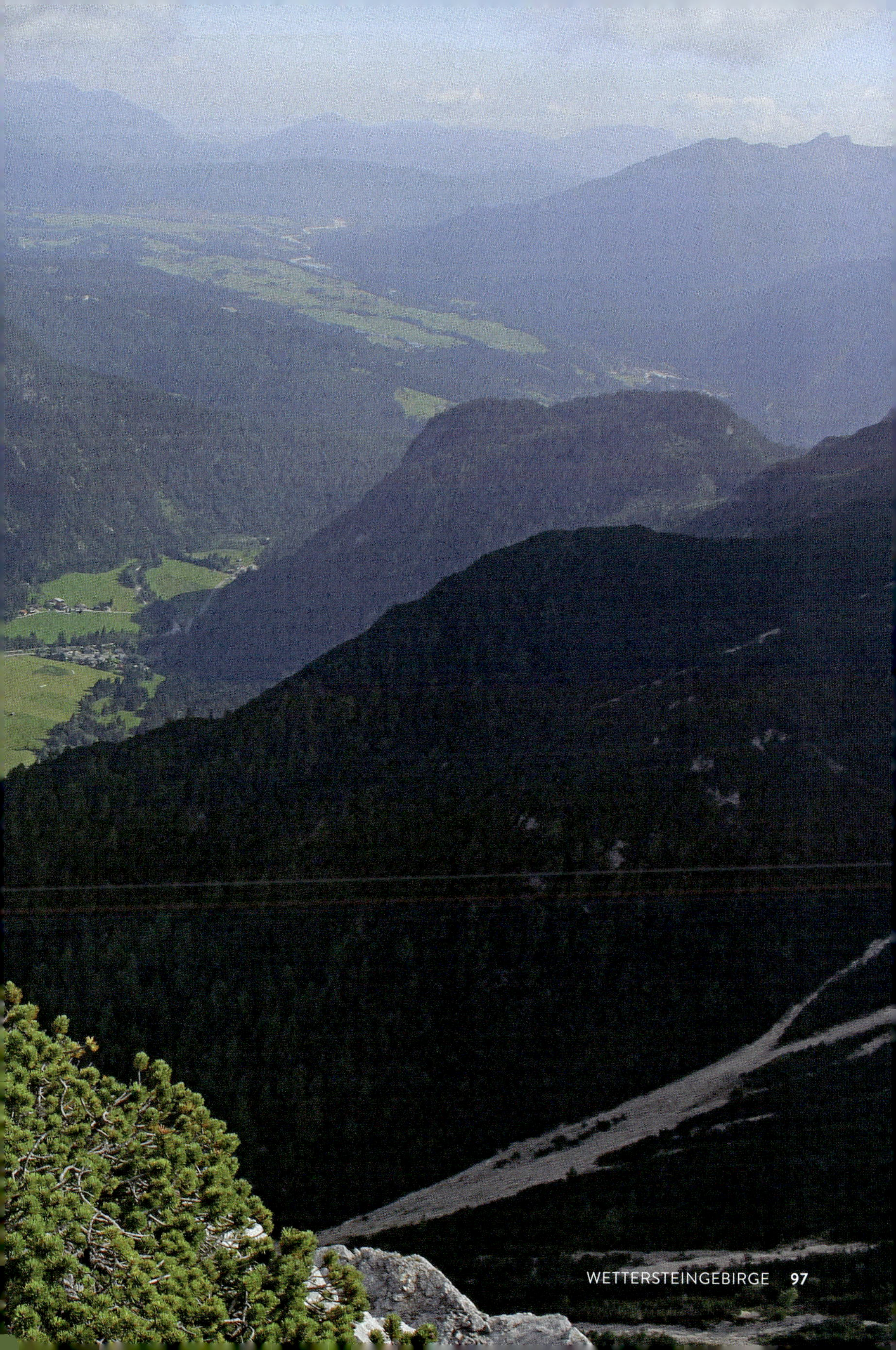

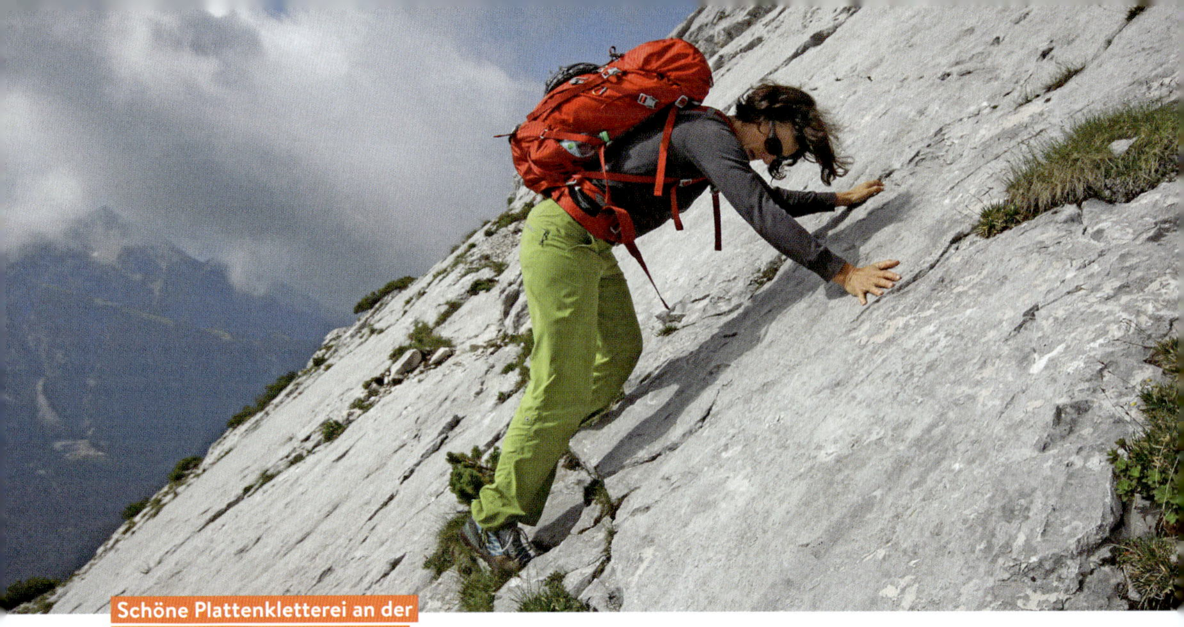

Schöne Plattenkletterei an der Ostseite der Arnplattenspitze

(wie der Autor) quasi als »Workout« nach Leutasch-Ahrn zurück …

ROUTE Vom Wanderparkplatz überquert man die Brücke und folgt der Leutascher Ache nach links. Nach einer kleinen Brücke zweigt man rechts auf einen schmalen Weg ab, und nun geht es steil hinauf, wobei man gut auf die Markierungen achten muss. Nachdem sich das Gelände zurücklegt, führt der nun deutliche Weg in leichtem Auf und Ab über ein Latschenplateau, von wo aus man bereits die Arnplattenspitze (2171 m) sieht. Erst kurz davor wird der Weg wieder steil und erfordert erste Klettereinlagen (II), um die Steilstufe zum Gipfel zu meistern.

Ab jetzt ist nicht nur Kletter-, sondern auch Orientierungsvermögen gefragt, da kaum Markierungen mehr folgen. Man steigt eine deutliche Verschneidung ab, umgeht eine senkrechte Felsstufe in einer Rechtsschleife und klettert gerade abwärts. Dann kann man über eine griffige Platte nach (von oben gesehen) links hinausqueren. Nun folgt man dem Kamm nach Osten (teils Steinmänner). Die Pfadspuren sind meist deutlich, allerdings führen sie teils nahe an einer abbrechenden Geländekante entlang. Dann geht es auf dem breiten Rücken auf die Mittlere Arnspitze zu. Über dem davorliegenden Sattel baut sich eine 60 Meter hohe, steile Felswand auf. Man klettert diese zunächst gerade hinauf und quert nach der steilsten Stelle (II) nach links. Weiter durch etwas ausgesetztes Latschengelände erreicht man eine Scharte, wo die Schlüsselstelle wartet, eine kurze Steilstufe im unteren III. Schwierigkeitsgrad. Darüber erreicht man einen Absatz, von wo aus man zur Mittleren Arnspitze (2091 m) aufsteigt.

Nach der Pause geht's wieder zum Absatz hinab und dann nach (von oben gesehen) links, um auf einem Band eine Scharte zu erreichen. Von hier steigt man eine steile, teils brüchige Verschneidung (II) hinab. Unten angekommen, geht man ein Schuttfeld hinab und quert dann, den Steigspuren folgend, nach (von oben gesehen) links. Im Latschengelände geht es auf eine Felswand zu. Diese Kletterquerung ist zwar ausgesetzt, dank guter Griffe und Tritte aber leichter, als sie aussieht. Nun folgt man leichter dem deutlichen Grat- bzw. Kammverlauf nach Osten bergan. Zuletzt stößt man auf den Normalweg und folgt ihm zum Gipfel der Großen Arnspitze (2196 m).

ABSTIEG Um die Arnspitzgruppe weiter zu überschreiten, folgt man dem Normalweg Richtung Arnspitzhütte und hält sich an der nördlich davon liegenden Gabelung links (Wegweiser »Achterköpfe«). Nach einer längeren Hangquerung (teils weglos) führt der markierte Steig über einen Kamm nach Nordosten und zu einem Waldsattel. Hier folgt man dem Wegweiser »Burggraben« nach links, um über einen Waldweg den gleichnamigen Weiler zu erreichen.

INFO

INFO
Österreich – Wettersteingebirge – Überschreitung Arnplattenspitze (2171 m), Mittlere Arnspitze (2091 m), Große Arnspitze (2196 m)

TALORT
Leutasch-Kirchplatzl (1140 m)

AUSGANGSPUNKT
Leutasch-Ahrn, Wanderparkplatz (1100 m)

ENDPUNKT
Leutasch-Burggraben (1050 m)

GEHZEITEN
Leutasch-Ahrn – Arnplattenspitze 2.30 Std. – Mittlere Arnspitze 1.30 Std. – Große Arnspitze 1.15 Std. – Leutasch-Burggraben 2.15 Std.

MOBIL VOR ORT
Bus & Bahn: Mit dem Zug über Mittenwald nach Seefeld, von dort weiter mit Bus 4185 nach Leutasch-Ahrn
Auto: B 2 nach Mittenwald, dort der Beschilderung in die Leutasch folgen und auf der Talstraße bis zum Wanderparkplatz in Ahrn

KARTE
AV-Karte BY 10 »Karwendelgebirge Nordwest«, 1:25 000

INFORMATION
seefeld.com

Mittelschwere Gratkletterei, bis III– | 7.30 Std. | 11 km | auf 1450 Hm ab 1500 Hm

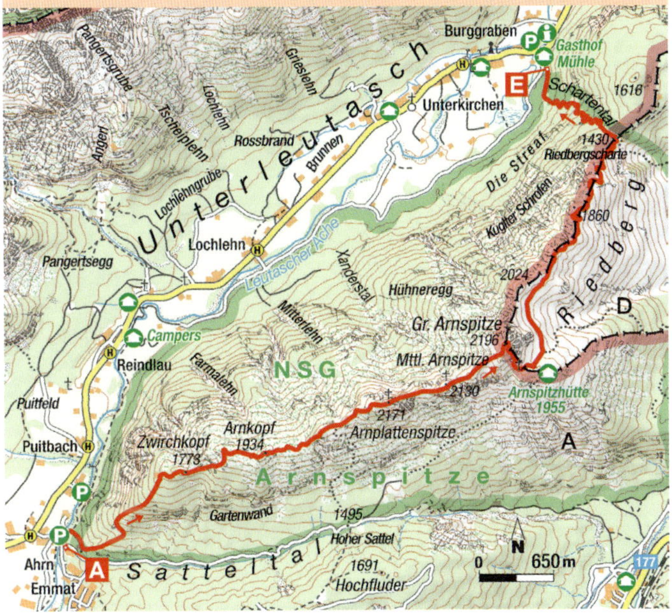

EINKEHR
Unterwegs keine

CHARAKTER
Landschaftlich wie bergsteigerisch extrem abwechslungsreiche Überschreitung, die allerdings eine sehr gute Kondition, sicheres Orientierungsvermögen und alpine Trittsicherheit erfordert. Kletterpassagen bis III–

AUSRÜSTUNG
Normale Bergwanderausrüstung

EINSAMKEITSFAKTOR
Selbst an schönen Wochenenden wenig frequentiert

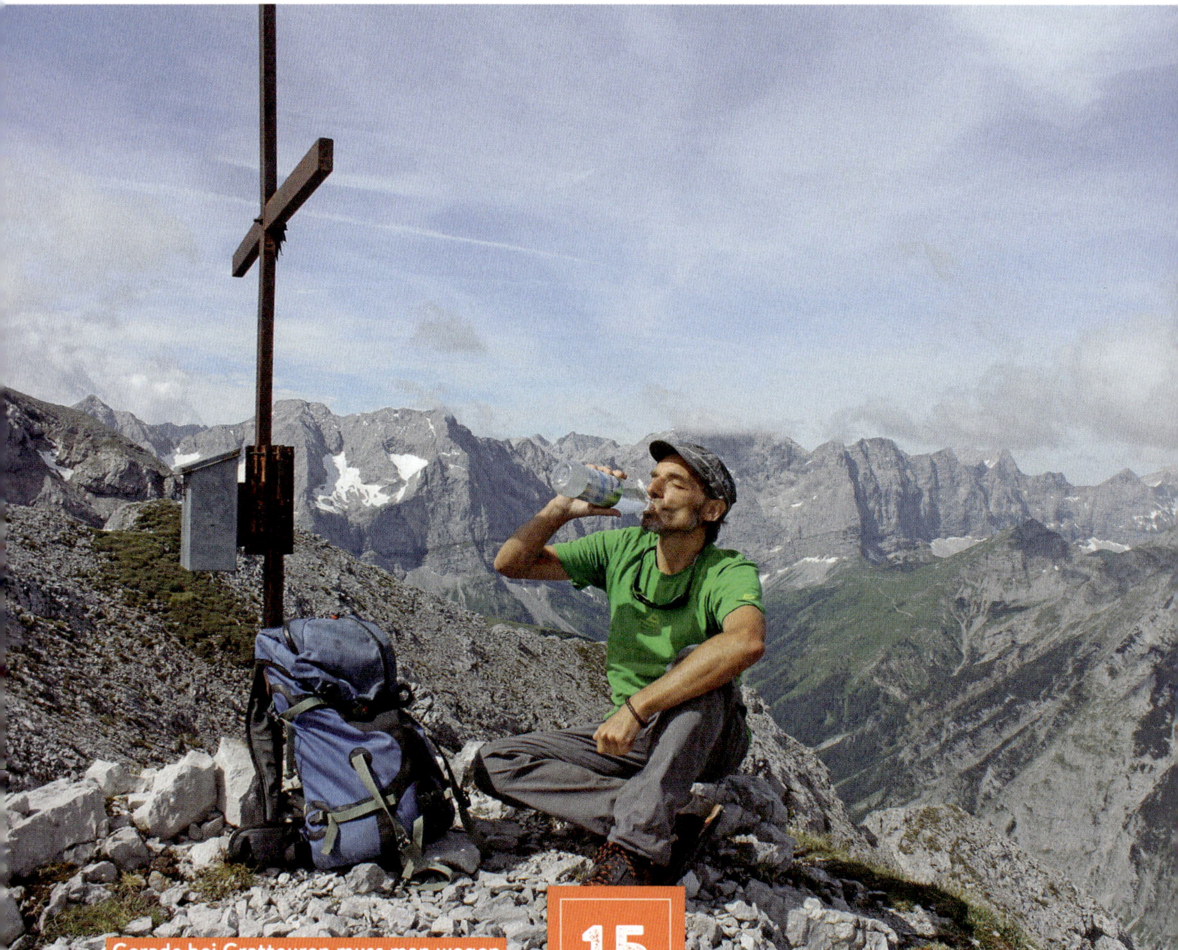

Gerade bei Grattouren muss man wegen fehlender Quellen auf ausreichende Getränkemitnahme achten.

15

Über die Schaufelspitze zur Bettlerkarspitze

Einsame Überschreitung hoch über dem Rißtal

Obwohl die Berge im Allgemeinen und die Berge vor der »Münchner Haustür« im Speziellen immer beliebter werden, gibt es immer noch Touren, die genauso einsam und wild sind wie Ende der 1980er-Jahre, als der Autor mit seiner Bergsportkarriere begann.

NACH WIE VOR wird man auf der grandiosen Karwendel-Überschreitung von der Schaufelspitze zur Bettlerkarspitze selbst an Wochenenden mit hoher Wahrscheinlichkeit fast allein unterwegs sein. An den gewaltigen Tiefblicken ins Rißtal und zum Großen Ahornboden wird das mit Sicherheit nicht liegen. Vielmehr dürften der nicht ganz leicht zu findende Zustieg zum ersten Etappenziel Schaufelspitze und der wenig kompakte Karwendelfels daran schuld sein, dass sich hier oben keine Bergsteiger-Karawanen drängeln.

Wenn man aber gut auf seine Griffe und Tritte achtet, ist der oft brüchige Grat dennoch gut machbar, denn der untere III. Schwierigkeitsgrad wird nur an der recht kurzen Schlüsselstelle erreicht: Zügig geht es dort Griff um Griff, Tritt um Tritt hinab. Dann hängt der rechte Fuß in der Luft. Am Ende ist die Rinne nämlich leicht überhängend. Linkes Knie beugen, Körpermitte tiefer platzieren, Fußspitzen auf eine Leiste stellen … bis die andere Sohle felsenfest steht. Dann noch ein kurzer Quergang, und schon steht man wieder am unschweren Grat, der im zweiten Teil deutlich leichter, dafür ab jetzt mit Blicken zum Achensee und zum Nachbargipfel Bettlerkarspitze hinaufführt.

Gut konzentrieren muss man sich freilich auch noch beim Abstieg über den sogenannten Normalweg. Und deswegen hat man sich auf der urigen Plumsjochhütte eine Stärkung wirklich verdient. Wer noch einen Tag Zeit hat, kann dort eine Übernachtung einplanen und am Folgetag sehr schön über das Satteljoch und die Hasentalalmen ins Rißtal absteigen.

ROUTE Von den Haglhütten wandert man über den Rißbach und auf einer Forststraße zur ersten Kehre, rechts hinunter über eine Brücke und auf dem Weg bis zur Fahrstraße. Genau gegenüber geht es die Böschung halb rechts hinauf (schmale Spur) und auf dem Waldrücken nach Südosten bergan. Gut auf Pfadspuren achten! Weiter oben hält sich der Anstieg eher links und erreicht am Beginn der Latschen einen kleinen Absatz. Hier geht es rechts bergan und dann nach links (rote Markierung), um in die Latschen (teils

↓ Die Haglhütten mit der Bettlerkarspitze im Hintergrund ↘ Immer wieder bieten sich tolle Ausblicke auf den Großen Ahornboden.

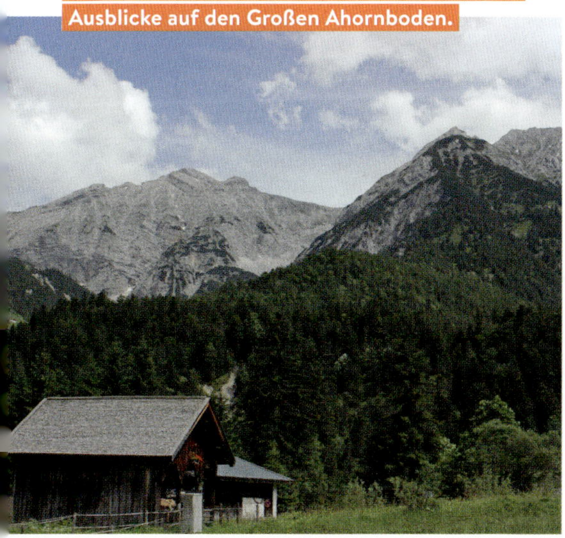

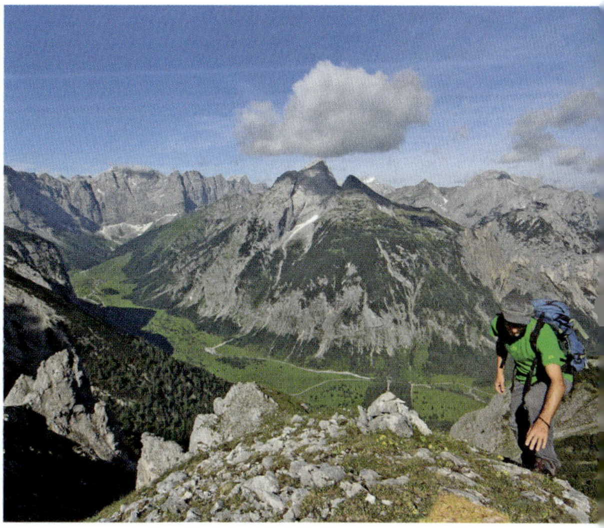

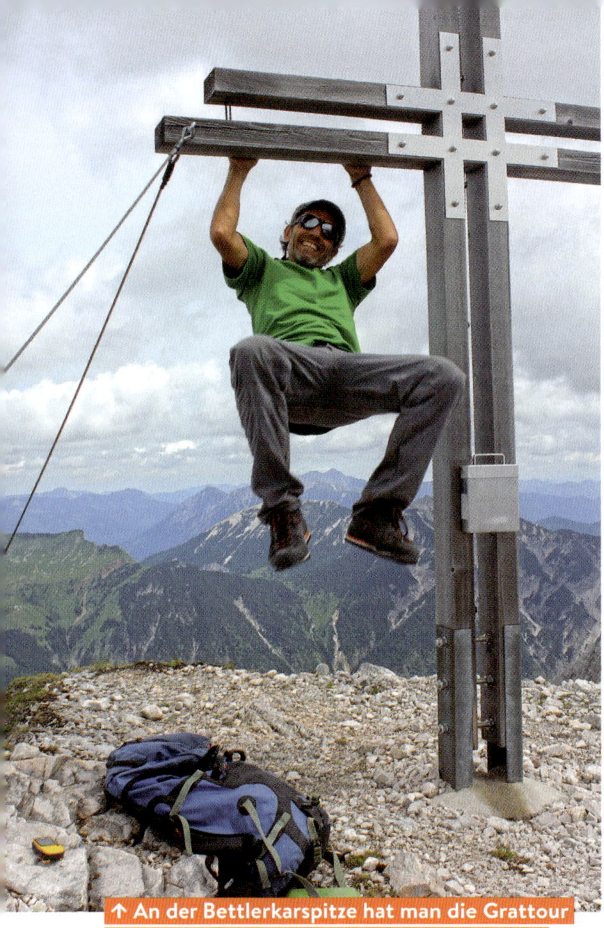

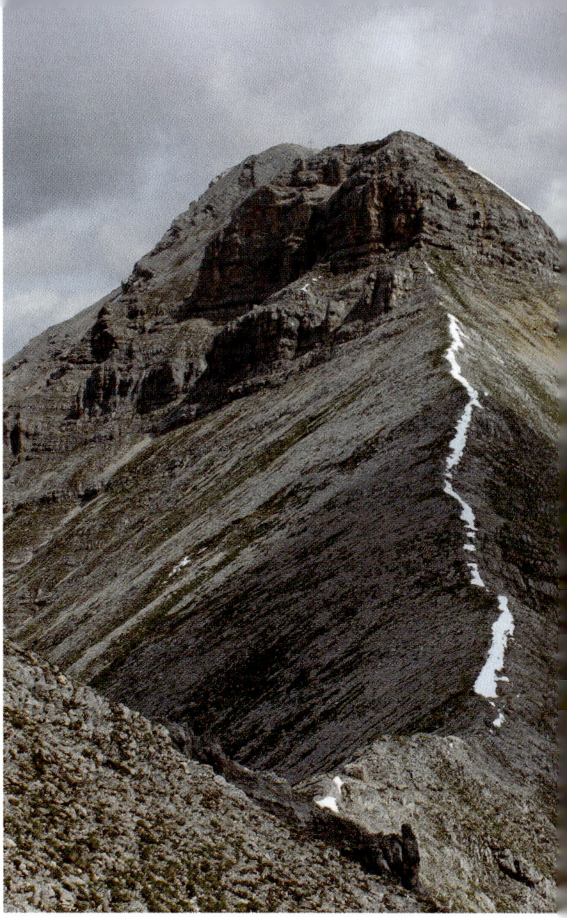

↑ An der Bettlerkarspitze hat man die Grattour »im Rucksack«. ↗ Blick auf den unschweren Schlussanstieg zur Bettlerkarspitze

ausgeschnitten) einzutauchen. Man erreicht einen Latschentunnel, durch den es gerade bergauf geht.

Am Ende hält man auf eine Felswand zu und biegt dann nach rechts (Steinmann). Man steigt durch eine Latschengasse nach rechts zu einem Geröllfeld ab, wendet sich hier nach links und steigt eine Rinne hinauf. Einen Abzweiger nach rechts ignoriert man und verlässt erst oben die Rinne nach rechts. Noch einmal muss man sich rechts haltend einen Durchschlupf durch ein Latschenfeld suchen, bis man einen Geländeabsatz erreicht. Über einen flachen Kamm geht es zu einer grasigen, steileren Flanke hinauf. An deren Ende wird es felsiger. Man erreicht einen Absatz und sieht den Gipfel vor sich. Nun dem Kamm folgend (Felsköpfe links umgehen) auf den Gipfelhang der Schaufelspitze (2306 m) zu und zuletzt auf kurzem Grat zum Kreuz.

Nach der Gipfelrast steigt man den Grat ein kurzes Stück zurück und dann nach rechts über einen ausgesetzten, splittrigen Rücken nach Osten in eine Scharte. Nun geht's in leichter Kletterei wieder hinauf und dem Kamm nach. Ein Abbruch wird Steigspuren folgend links umgangen. Beim zweiten Abbruch des Kamms muss man nach links eine Felsrinne abklettern. Direkt nach dieser Schlüsselstelle (ca. III–) quert man zum Grat und gelangt zu einem Sattel vor einem breiten, grasdurchsetzten Gratturm. Diesen in leichter Kletterei direkt überqueren oder südseitig umgehen. Dahinter wird der Grat breiter und führt auf eine Steilstufe zu. Dort angelangt, hält man sich rechts und steigt dann links über gestuftes Gelände zum Vorgipfel auf. Über einen flachen Grat geht es zu einem Sattel und zum Gipfelkreuz der Bettlerkarspitze (2268 m).

ABSTIEG Man folgt nun weiter dem Grat nach Norden (ab jetzt Markierungen) und steigt die mit einem Seil entschärfte Schlüsselstelle des Normalwegs ab. Dahinter wendet sich der undeutliche Steig nach links und führt nun links des Kamms nach Norden. Schließlich erreichen die Steigspuren einen Absatz, wo ein großer Steinmann steht. Ab nun folgt man dem AV-Weg, der erst noch durch Felsgelände, dann über einen Wiesenrücken und einen Schotterhang ins Latschengelände und zur Plumsjochhütte (1630 m) führt. Ab hier folgt man dem gut beschilderten Abstieg zu den Haglhütten.

INFO

Mittelschwere Gratkletterei, bis III– | 8 Std. | 14 km | 1350 Hm

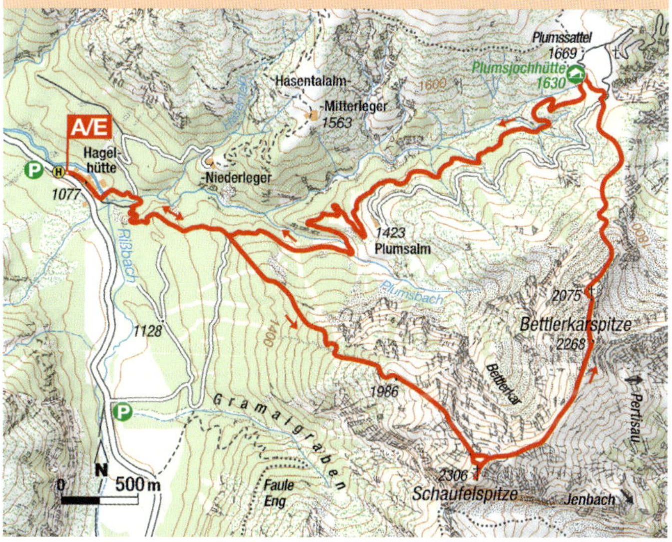

INFO
Österreich – Karwendelgebirge – Schaufelspitze (2306 m), Bettlerkarspitze (2268 m)

TALORT
Hinterriß (930 m)

AUSGANGS-/ENDPUNKT
Parkplatz bzw. Bushaltestelle Haglhütten (1077 m)

GEHZEITEN
Haglhütten – Schaufelspitze 3.30 Std. – Bettlerkarspitze 1.30 Std. – Haglhütten 3 Std.

MOBIL VOR ORT
Bus & Bahn: Mit dem Zug nach Lenggries und weiter (nur in der Hochsaison) mit RVO-Bus 9569 zu den Haglhütten
Auto: Über Bad Tölz und Fall nach Vorderriß und weiter der Talstraße folgend (Mautgebühr) zum Parkplatz an den Haglhütten

KARTE
AV-Karte Blatt 5/3 »Karwendelgebirge Ost«, 1:25 000

INFORMATION
silberregion-karwendel.com

EINKEHR
Plumsjochhütte (bew. Anfang Mai bis Ende Okt., Tel. +43/(0)160/98 35 53 31, plumsjochhuette.com)

CHARAKTER
Landschaftlich wie bergsteigerisch extrem abwechslungsreiche und lohnende Rundtour, die allerdings sehr gute Kondition, sicheres Orientierungsvermögen und alpine Trittsicherheit erfordert. Kletterpassagen meist bis II, eine Stelle III–

AUSRÜSTUNG
Normale Bergwanderausrüstung

EINSAMKEITSFAKTOR
Selbst an schönen Wochenenden wenig frequentiert

Über den Mannlgrat zum Hohen Göll

Beeindruckende Grattour in gewaltiger Felslandschaft

Auf dem westlichen Gratausläufer des Göll-Massivs gelegen, ist das Kehlsteinhaus nicht nur ein exponierter, sondern auch ein äußerst historischer Ausgangspunkt für eine Bergtour. Es macht durchaus Sinn, sich noch etwas Zeit für die Ausstellung auf der Terrasse zur Geschichte des Kehlsteinhauses während der unsäglichen Nazidiktatur zu nehmen.

16

Steil bricht der Hohe Göll nach Osten hin ab.

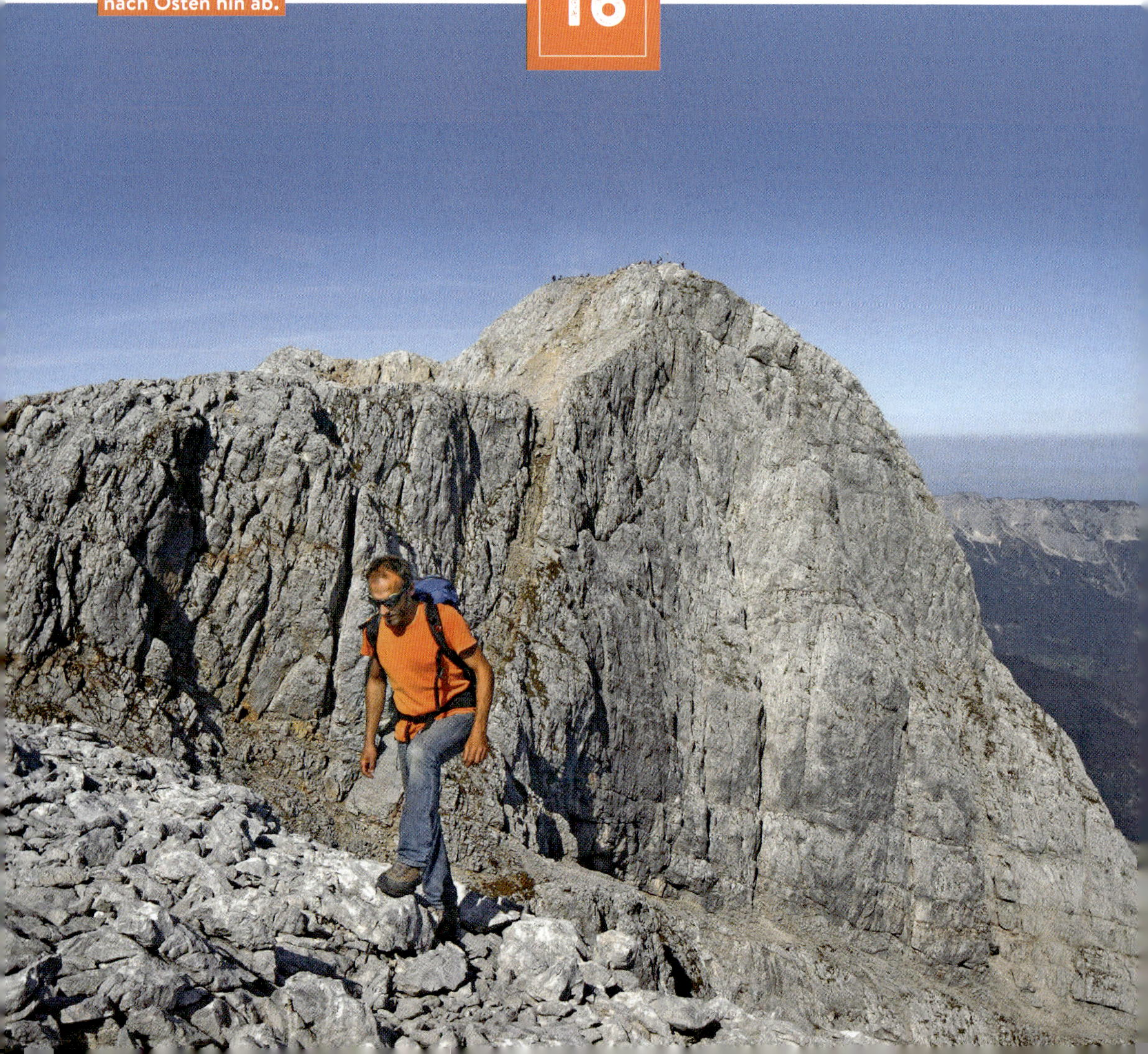

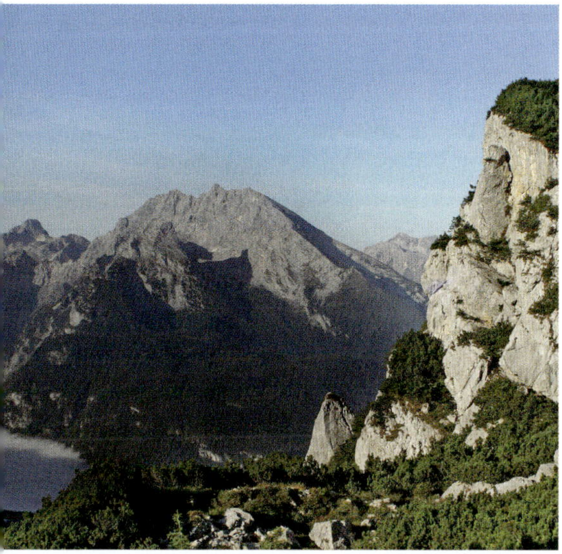

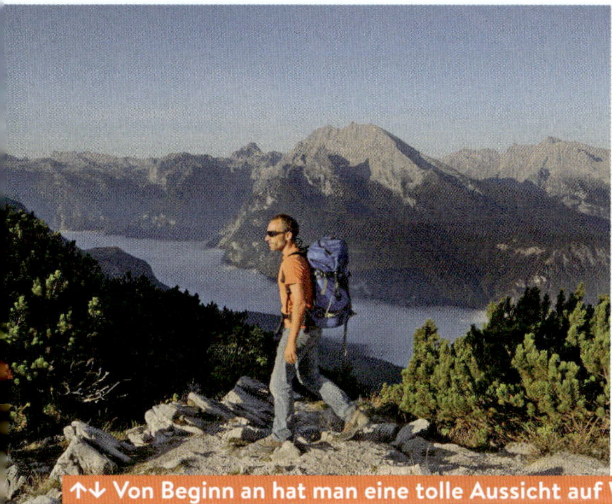

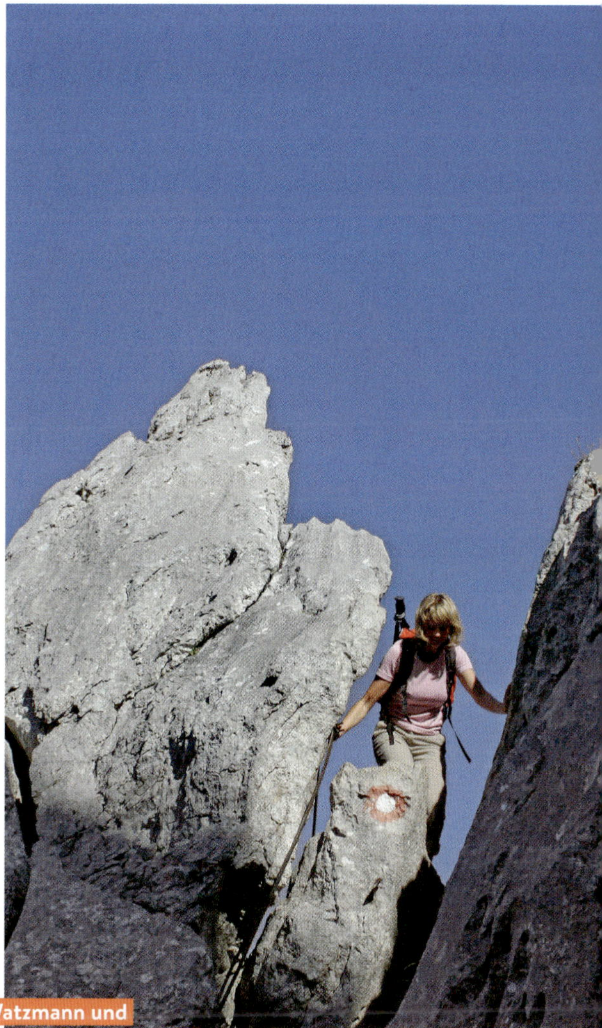

↑↓ Von Beginn an hat man eine tolle Aussicht auf Watzmann und Königssee. ↗ Nach dieser Scharte ist es nicht mehr weit bis zum Gipfel.

DIE BESTEIGUNG des Hohen Göll über den Mannlgrat ist eine der eindrucksvollsten Unternehmungen in den Berchtesgadener Alpen. Vor allem dann, wenn man auf dem Abstieg noch den Umweg über das Hohe Brett zum Stahlhaus unternimmt. Eine gute Kondition muss man für diese große Rundtour auf alle Fälle mitbringen.

Der schon sehr lange bestehende Klettersteig über die Mannlköpfe bietet großartige Ausblicke u. a. auf den direkt gegenüber aufragenden Watzmann – man kann von hier die gesamte Watzmann-Überschreitung überblicken, die ja schon im ersten Teil des Buchs vorgestellt wurde (s. Tour 7). Und wenn man ehrlich ist, dann ist der hier vorgestellte Mannlgrat auch nicht wirklich schwerer als der Watzmanngrat; da es aber eine kurze Klettersteigpassage mit Schwierigkeit C gibt, rutscht diese Göll-Besteigung dennoch korrekterweise in den mittleren Teil des Buchs.

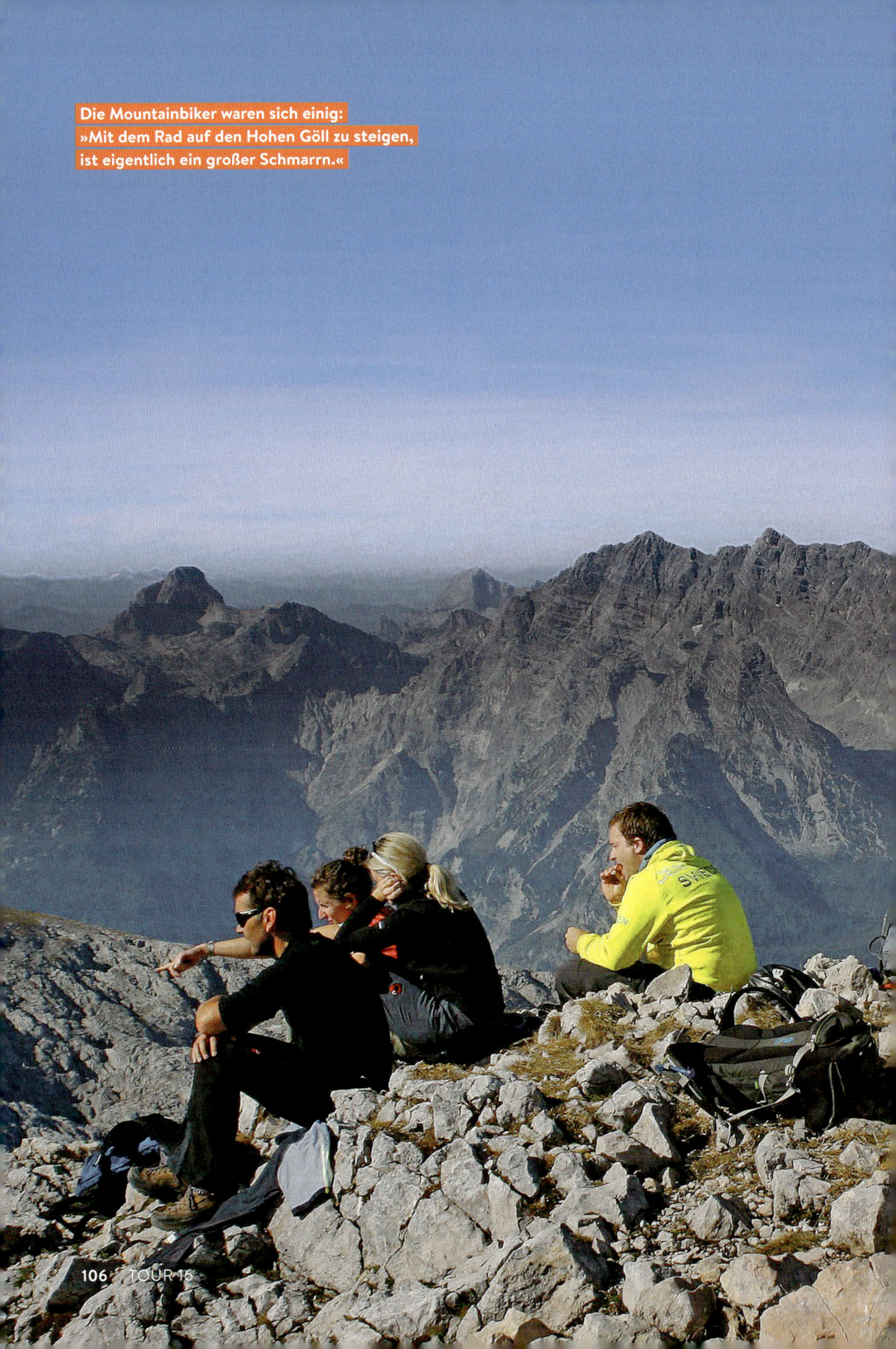

Die Mountainbiker waren sich einig: »Mit dem Rad auf den Hohen Göll zu steigen, ist eigentlich ein großer Schmarrn.«

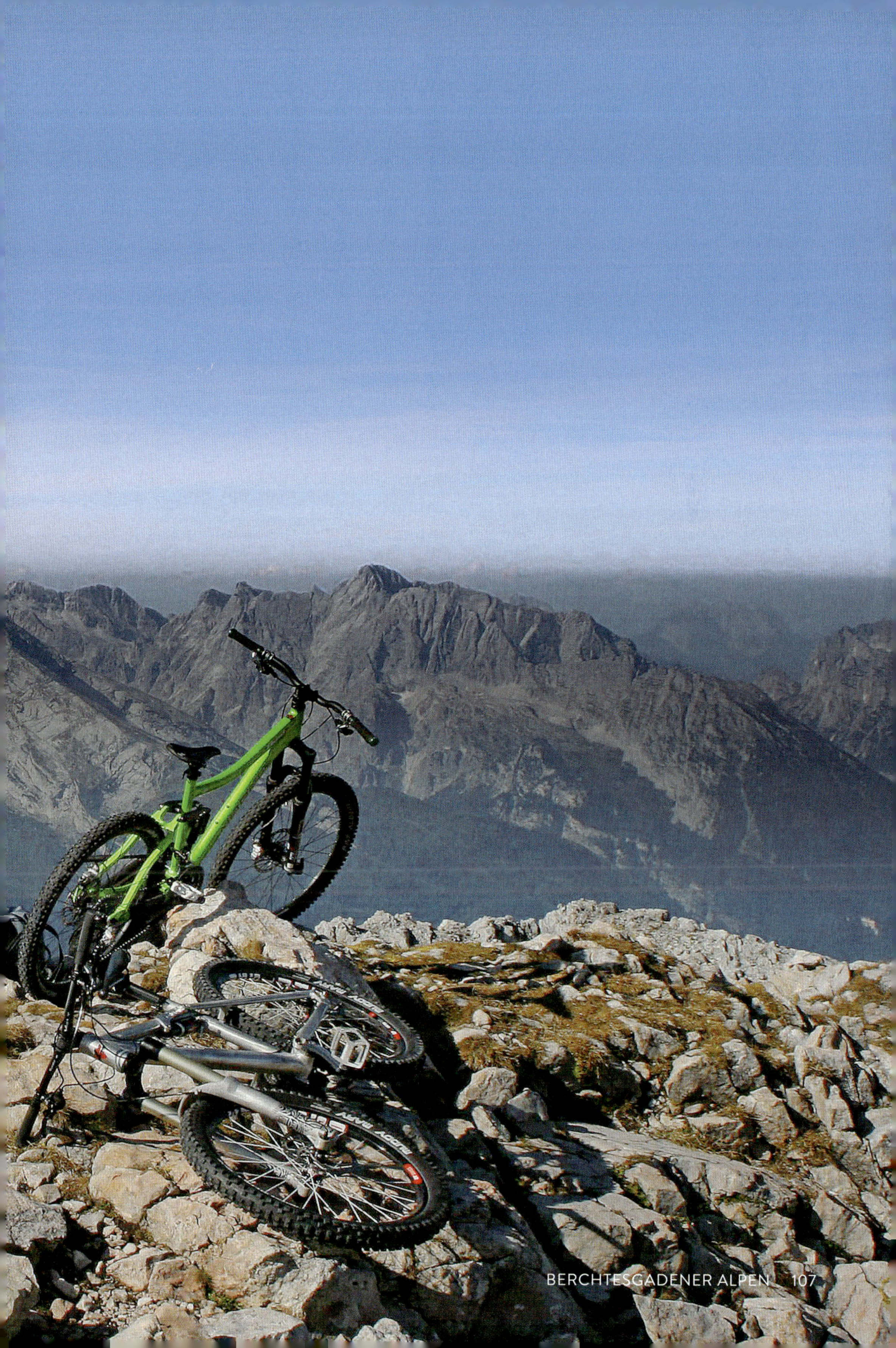

Insgesamt ist der Anstieg sehr abwechslungsreich, was auch für den großartigen Abstieg über das Hohe Brett zutrifft. Allerdings muss man gerade an heißen Sommertagen auf genügend Flüssigkeitsmitnahme achten, denn es gibt weder am Mannlgrat noch generell im stark verkarsteten Göll-Massiv Quellen oder gar Bäche. Entsprechend durstig wird man dann am traditionsreichen Stahlhaus ankommen.

Und zum Schluss noch ein Tipp für all diejenigen, die möglichst allein unterwegs sein wollen: Nimmt man den allerersten Bus um 8.30 Uhr zum Kehlsteinhaus (mit dem übrigens auch das Personal fährt), dann hat man den Mannlgrat fast für sich allein.

Der Zustieg zum Grat erfolgt über einen Latschenrücken.

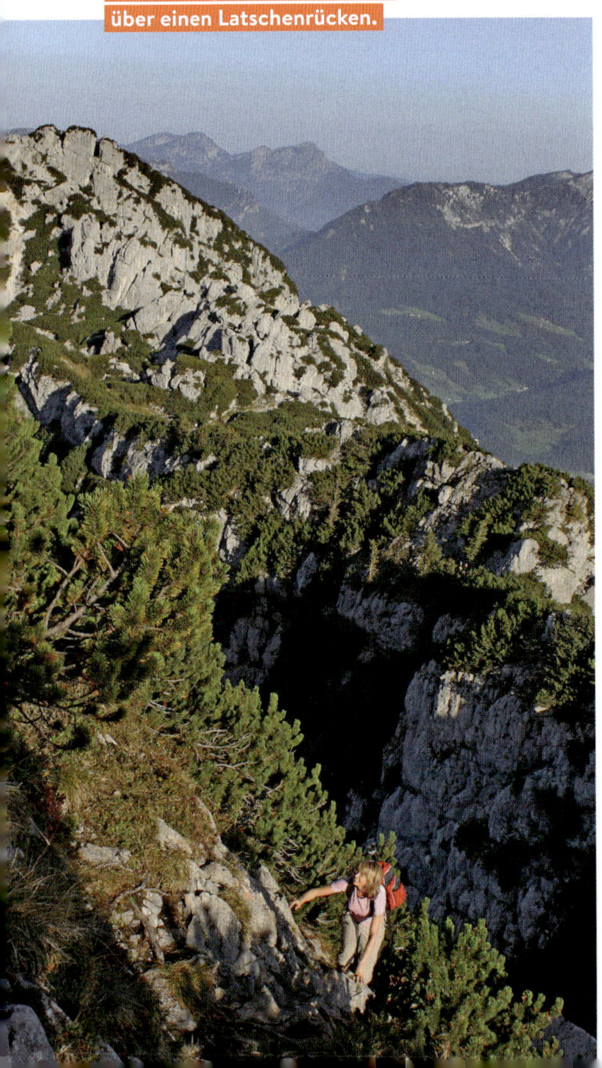

ROUTE Vom Kehlsteinhaus aus geht es auf breitem Wanderweg zum nahen Gipfelkreuz. In gleicher Richtung wird der Weg zum Pfad und führt über felsiges Gelände in die Mannlscharte (Beschilderung »Mannlgrat-Klettersteig«). Zuerst noch ohne Kletterstellen geht es an der Nordostseite des Grats immer in Richtung Südosten, bis man erste Drahtseile erreicht. Immer dem Grat folgend, steigt man mal links, mal rechts von ihm weiter. In einer absteigenden Querung geht es an steilen Felsplatten entlang, bis man den krönenden Abschluss der eigentlichen Gratkletterei erreicht: Im steileren Gelände klettert man (gute Trittbügel und Leitern) über Felsaufschwünge und einen Kamin (C) zu einem Absatz hinauf.

Nun geht es im felsigen Gehgelände zum breiten Nordgrat des Hohen Gölls, wo man auf den Zustieg vom Purtschellerhaus trifft – hier nach rechts und entlang des Kamms, meist aber westlich davon nach Süden bergan weiter. Nach einem letzten Aufschwung wird das Gelände flacher, und man erreicht über unübersichtliches Felsgelände (gut auf die roten Markierungen achten!) den Gipfel des Hohen Gölls (2522 m).

ABSTIEG Vom Gipfel geht es nach Süden bergab und dann nach links, um flacher dem breiten Kamm zu einem Kreuz zu folgen. Von hier über Geröll nach Süden in die Göllscharte (2346 m). Man ignoriert die Abzweigung nach rechts und wandert weiter in Richtung Süden. Wieder ansteigend erreicht man eine Rinne, die auf einen seilversicherten Grat führt. Über diesen teilweise ausgesetzt zum Großen Archenkopf (2391 m). Teils mit Hilfe von Stahlseilen erreicht man den Kammaufschwung des sogenannten

Brettriedl, von wo es zum Hohen Brett (2340 m) weitergeht. Über Serpentinen steigt man zum Jägerkreuz und durch eine Rinne in die steile Südflanke hinab. Letzte Felspassagen führen über Geröll zum Pfaffenkegel hinab, von wo aus man im Latschengelände das Carl-von-Stahl-Haus (1736 m) erreicht, dass sich für eine Trinkpause anbietet. Von dort wandert man auf markierten und bestens beschilderten Wegen zur Mitterkaseralm und zur Bushaltestelle Hinterbrand hinab.

INFO

INFO
Deutschland – Berchtesgadener Alpen – Mannlgrat zum Hohen Göll (2522 m)

TALORT
Berchtesgaden (571 m)

AUSGANGSPUNKT
Kehlsteinhaus (1837 m)

ENDPUNKT
Bushaltestelle Hinterbrand (1080 m)

GEHZEITEN
Kehlsteinhaus – Hoher Göll 3.30 Std. – Hohes Brett 2 Std. – Stahlhaus 1 Std. – Hinterbrand 1.30 Std.

MOBIL VOR ORT
Bus & Bahn: Mit dem Zug nach Berchtesgaden und weiter mit Bus 838 zum Obersalzberg, von dort mit Bus 849 und mit dem Aufzug zum Kehlsteinhaus. Zurück von Hinterbrand mit Bus 838

Auto: Über Bad Reichenhall nach Berchtesgaden und der Beschilderung zum Großparkplatz am Obersalzberg folgen, weiter wie oben beschrieben

KARTE
AV-Karte BY 22 »Berchtesgaden/ Untersberg«, 1:25 000

INFORMATION
berchtesgaden.de

Mittelschwere Grattour, I+ bzw. Klettersteig (bis C) | **8 Std.** | **13 km** | **auf 1050 Hm ab 1750 Hm**

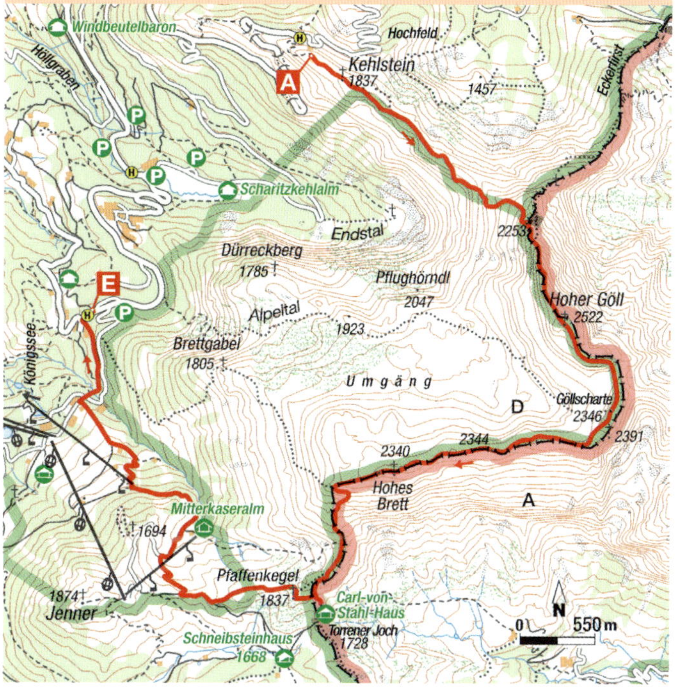

EINKEHR
Stahlhaus (ÖAV, ganzjährig geöffnet, Tel. 08652/6559922, stahlhaus.watzapp.de)

CHARAKTER
Sehr lange Bergtour mit eher kurzen ausgesetzten Passagen. Sehr gute Trittsicherheit und Kondition erforderlich

AUSRÜSTUNG
Erfahrenen Tourengehern genügt eine normale Bergwanderausrüstung, im Zweifelsfall Klettersteigausrüstung mitnehmen.

EINSAMKEITSFAKTOR
Auch an Wochenenden ist diese lange Tour nicht überlaufen.

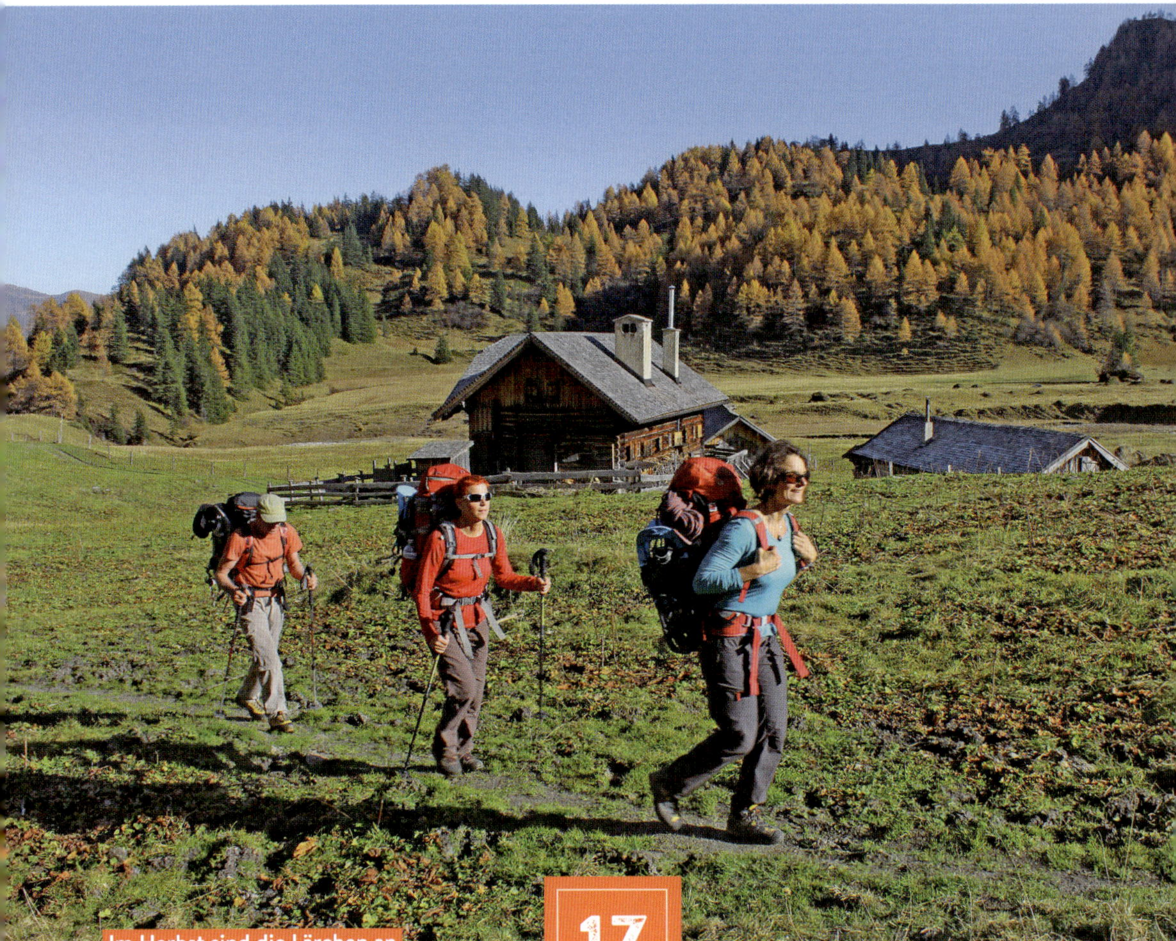

Im Herbst sind die Lärchen an der Hirzbachalm besonders schön.

17

Am Gleiwitzer Höhenweg

Überwältigende Ausblicke am »schönsten Höhenweg der Alpen«

Mit Superlativen allgemein und alpinen »Höchststufen« im Speziellen sollte man sich eher zurückhalten. Aber nachdem der Ausnahmealpinist Reinhold Messner den Gleiwitzer Höhenweg bei einer Überschreitung des Kleinen und des Großen Wiesbachhorns als Zustieg benutzt hatte, vergab er der Tour das Attribut »Schönster Höhenweg der Alpen«.

ALLERDINGS MUSS MAN sich diesen einzigartigen Höhenweg (Achtung: einmal mehr bedeutet Höhenweg nicht Panoramaweg o. Ä.!) mit einigen Schweißperlen verdienen. Vom 820 Meter tief gelegenen Talort Fusch aus ist eine Vertikaldistanz von 2550 Höhenmetern bis zum Gipfel zurückzulegen. Diese stolze Zahl teilt man natürlich am besten auf zwei Tage auf und beginnt am ersten Tag mit dem schönen Anstieg zur aussichtsreich gelegenen Gleiwitzer Hütte.

Am Gipfeltag liegt ein weiterer Superlativ auf dem Weg: Beim Anstieg zum Hohen Tenn überschreitet man mit dem 3090 Meter hohen Kempsenkopf den nördlichsten Dreitausender der Alpen. Den Spuren Reinhold Messners sollte man ab dem Gipfelkreuz des Hohen Tenns übrigens heutzutage nicht mehr folgen – der Hüttenwirt rät wegen akuter Steinschlaggefahr von der Überschreitung zum Großen Wiesbachhorn dringend ab! Und da in Verbindung mit dem Klimawandel die Permafrostgrenze weiter ansteigt, wird sich das auch nicht ändern. Trotz Klimaerwärmung sollte man sich aber dennoch immer vorher über die aktuelle Schneelage erkundigen. Bis in den Juli hinein können beispielsweise die Stahlseile unterhalb der Unteren Jägerscharte im Schnee verborgen sein.

All denjenigen, die auf dem Abstieg einen weiteren Dreitausender mitnehmen möchten, ist der kleine Umweg zum Nordostgipfel des Hohen Tenns zu empfehlen: Die sogenannte Schneespitze ist mit 3317 Metern nur gut 50 Meter niedriger als der mit Bergspitze bezeichnete Hauptgipfel. Und an diesem sollte man – last but not least – für die großartige Aussicht auf die vergletscherte Glocknergruppe unbedingt genug Zeit einplanen.

ROUTE Vom Hüttenparkplatz folgt man dem Teerweg und später einem Schotterweg leicht bergan. Von ihm zweigt man nach links (Beschilderung »Gleiwitzer Hütte«) ab. Nun geht es mäßig steil in Serpentinen aufwärts. Nach einiger Zeit wird der Weg flacher und quert oberhalb des tief eingeschnittenen Bachbetts nach Westen.

Nach der Tour kann man auf der Gleiwitzer Hütte auf den Höhenweg anstoßen.

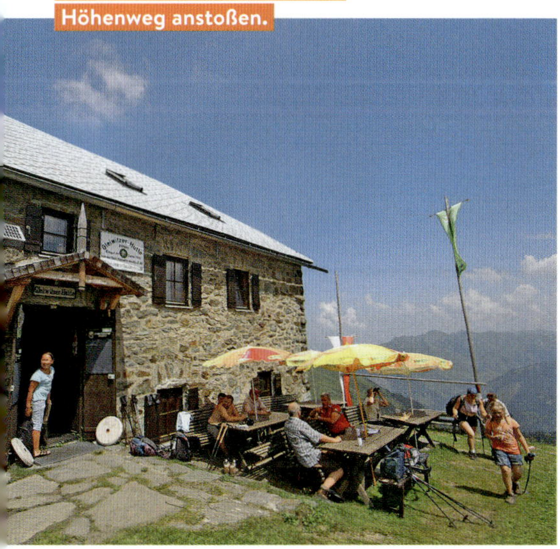

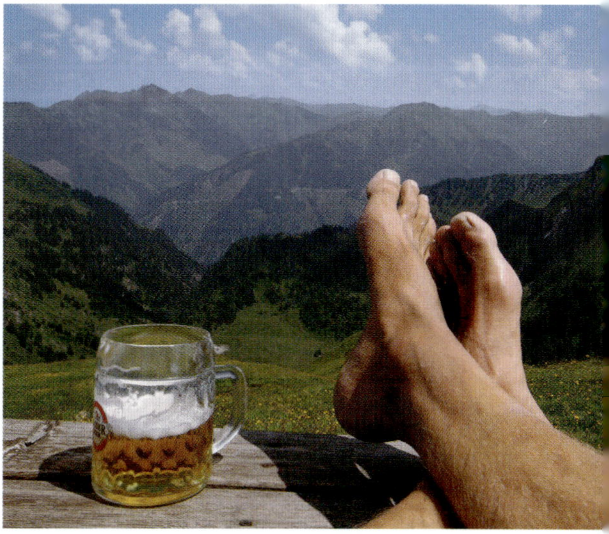

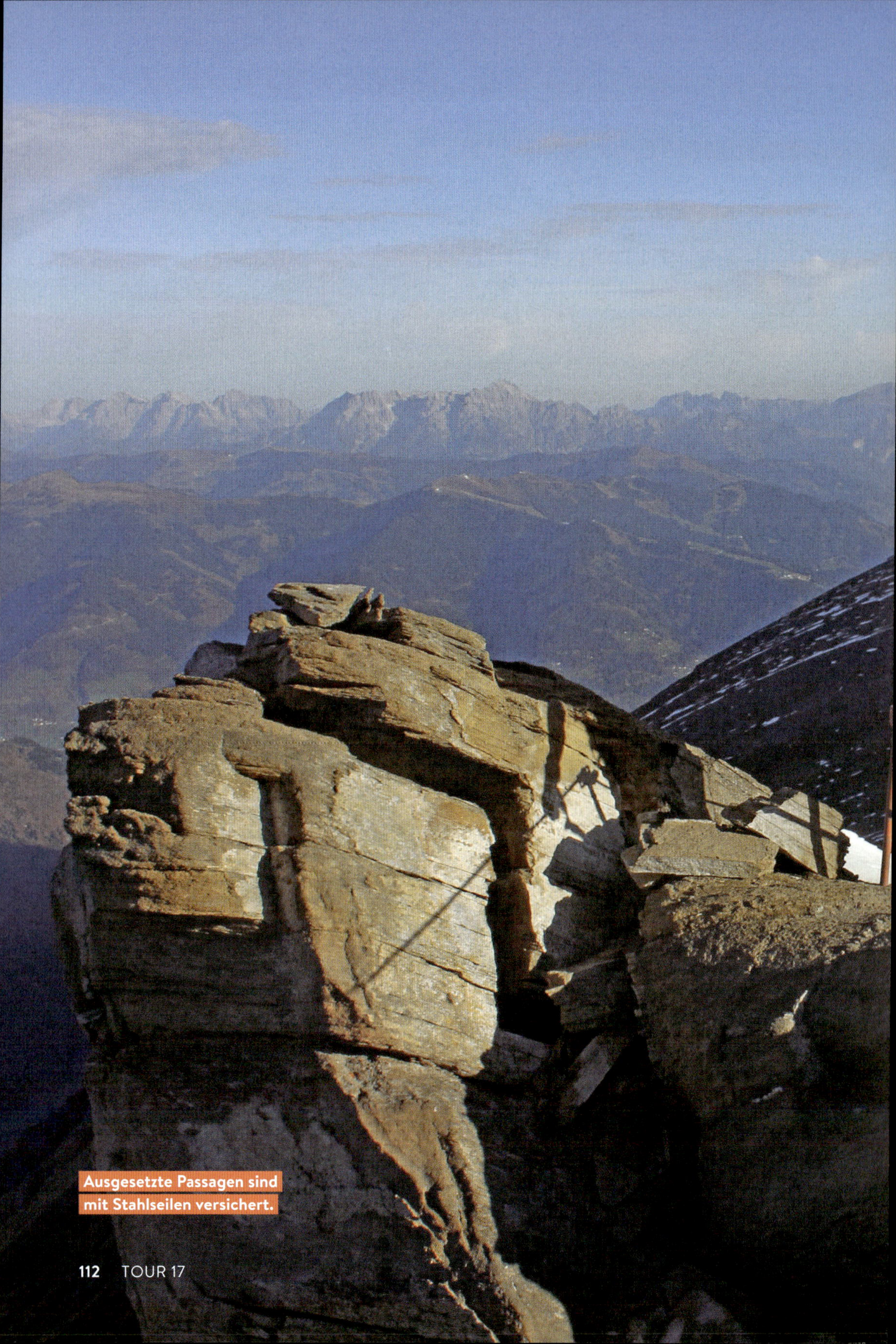

Ausgesetzte Passagen sind mit Stahlseilen versichert.

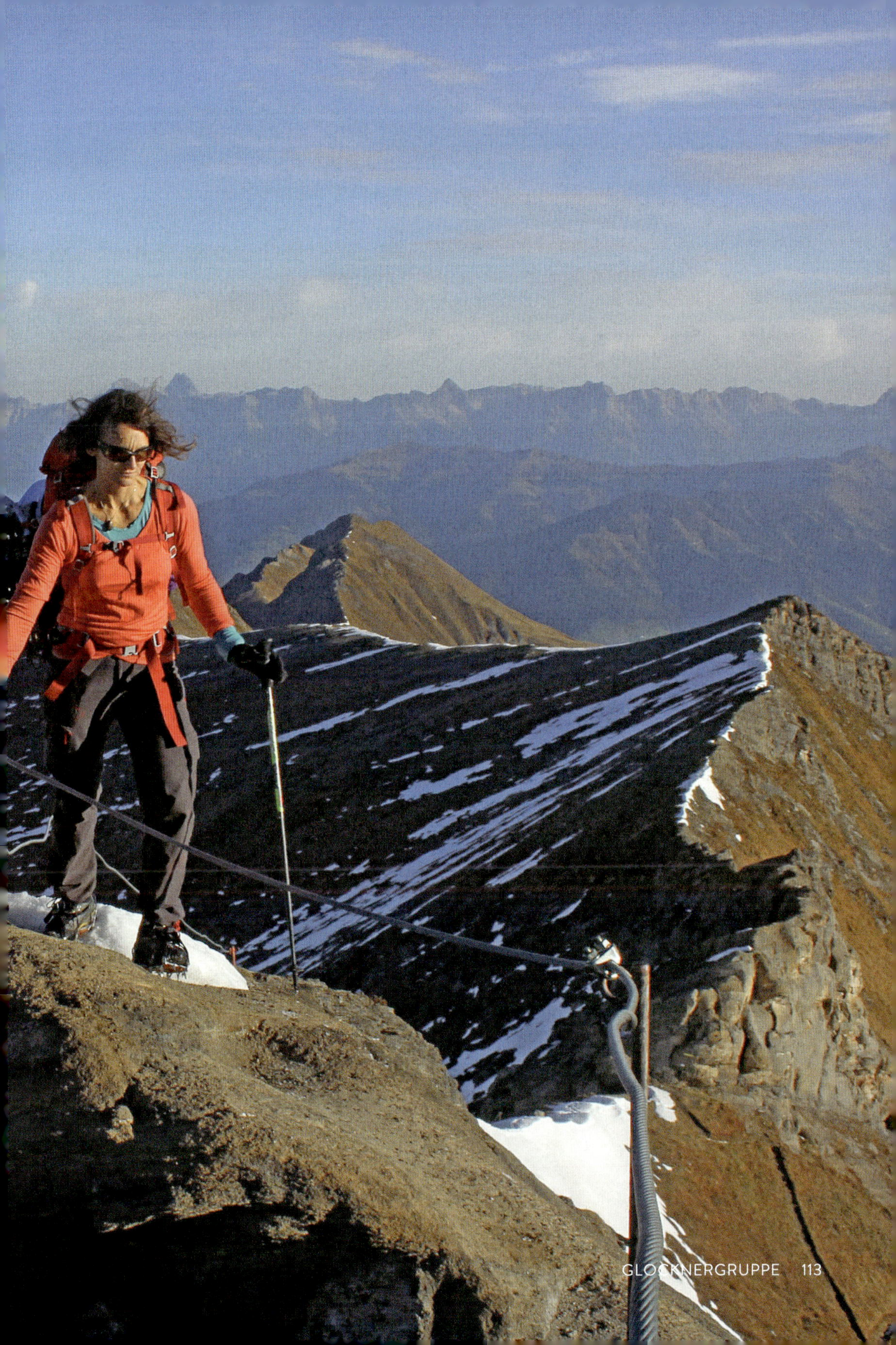

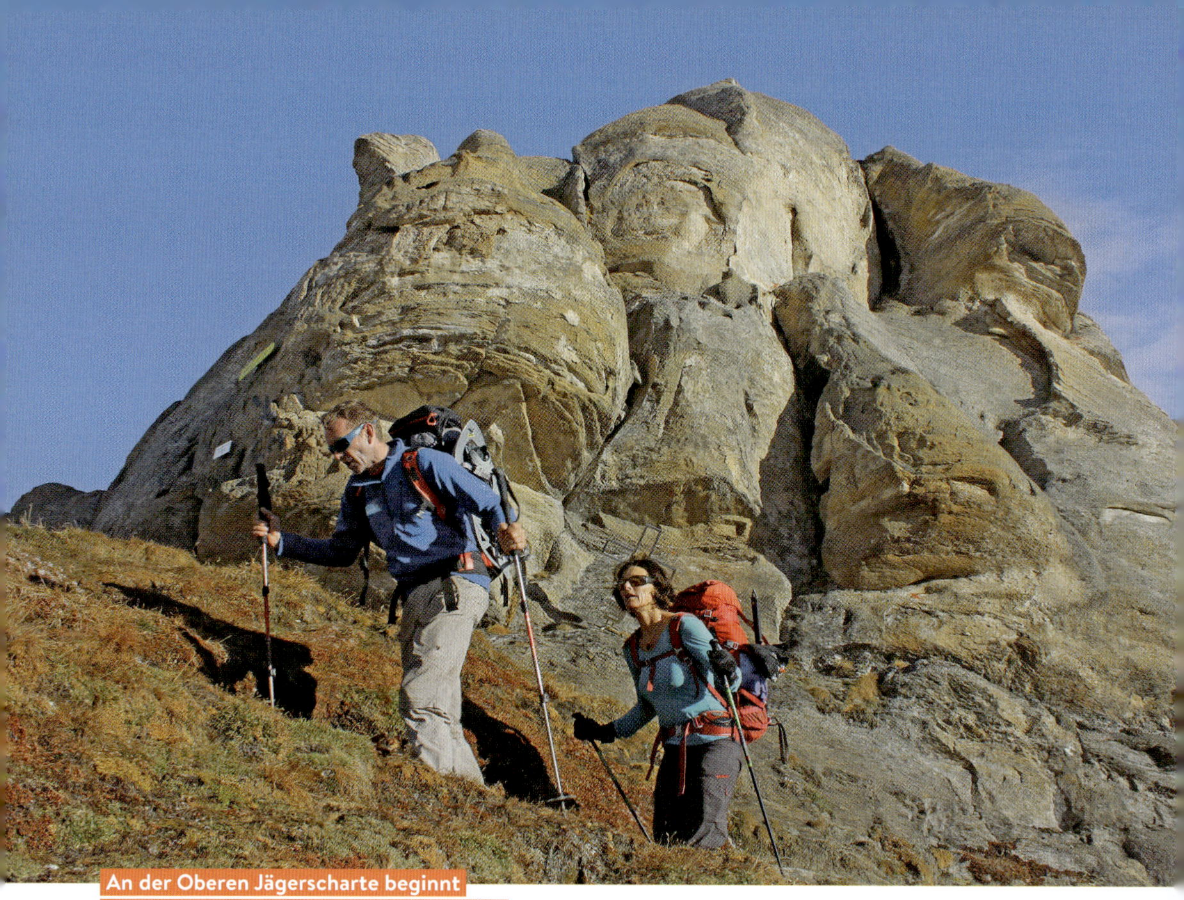

An der Oberen Jägerscharte beginnt die aussichtsreiche Kamm- und Grattour.

Nachdem man die Bachseite gewechselt hat, wird der Pfad steiler, führt in den Talkessel der Hirzbachalm und als schmaler Fußweg in ansteigender Querung weiter, ehe er sich in vielen Schleifen emporarbeitet. Man kommt in die Zone der alpinen Wiesen und erreicht die Gleiwitzer Hütte (2176 m).

Von der Hütte geht es auf einem wunderschönen Wiesenpfad eben nach Süden. Nachdem man eine steile Flanke gequert hat, durchwandert man das breite Ochsenkar. Hier sieht man eine deutliche Scharte rechts des markanten Köpfles vor sich aufragen – dort beginnen die Drahtseilversicherungen. Der Pfad wendet sich nach Osten, um den Beginn der Rinne zu erreichen, die zur Unteren Jägerscharte führt. Bis in den Juli hinein müssen zuvor noch unschwere Schneefelder gequert werden. Dann steigt man in einer Geröllrinne, später in einer Verschneidung mithilfe von Eisenbügeln zur Scharte (2511 m) hoch. Es folgt ein ausgesetzter Wiesengrat, an dem Drahtseile das Fortkommen erleichtern. Schließlich wendet sich der Weg nach Süden und quert entlang steiler Wiesenhänge zur Oberen Jägerscharte (2735 m), wo der Gleiwitzer Höhenweg beginnt.

Zunächst mithilfe von Drahtseilen, dann unversichert, folgt man dem Grat nach Süden. Der Weg verläuft ein kurzes Stück in Serpentinen am Gipfelhang des Kempsenkopfs (3090 m), dann geht es an Drahtseilen in eine Scharte hinab und zum Bauernbrachkopf (3125 m) hinauf. Man steigt in dessen Südwestflanke ab, wobei man gut auf die undeutliche Wegspur achten muss. In einer Querung geht es parallel unterhalb des Rückens weiter, bis Drahtseile bergab führen. Kurz danach steht man auf einem Rücken, der zum abschließenden Gipfelanstieg hinführt. Man wandert direkt auf einen steil aufragenden Felssporn zu, der mithilfe von Stahlseilen erstiegen wird. Ein kurzes Stück ist sogar leicht überhängend, aber gut gesichert (C). Dahinter folgt der Weg im Gehgelände dem Kamm nach Südosten. Noch bevor man den Vorgipfel erreicht, wendet sich die Wegspur nach rechts und quert zum Gipfelgrat des Hohen Tenn (3368 m). Dieser erfordert leichte Kletterei, ehe man das Kreuz erreicht.

ABSTIEG Auf demselben Weg geht's zurück zur Gleiwitzer Hütte und hinunter nach Fusch.

INFO

INFO

Österreich – Glocknergruppe – Gleiwitzer Höhenweg über Hohen Tenn (3368 m)

TALORT, AUSGANGS-/ENDPUNKT

Fusch (820 m)

GEHZEITEN

Fusch – Gleiwitzer Hütte 3.30 Std. – Obere Jägerscharte 2 Std. – Hoher Tenn 2.30 Std. – Obere Jägerscharte 1.45 Std. – Gleiwitzer Hütte 1.15 Std. – Fusch 2 Std.

MOBIL VOR ORT

Bus & Bahn: Über Salzburg mit dem Zug nach Bruck-Fusch und weiter mit Bus 650 nach Fusch
Auto: Über Kitzbühel und Mittersill nach Zell am See und weiter, der Beschilderung »Großglockner« folgend, nach Fusch und rechts zum beschilderten Hüttenparkplatz

KARTE

AV-Karte Blatt 40 »Glocknergruppe«, 1:25 000

INFORMATION

bruck-fusch.at

UNTERKUNFT

Gleiwitzer Hütte (DAV, geöffnet Anfang Juni bis Anfang Okt., Tel. +43/(0)664/929 49 89, gleiwitzerhuette.at)

Mittelschwere Grattour, bis II bzw. Klettersteig (C) | **13 Std.** | **28 km** | **2600 Hm**

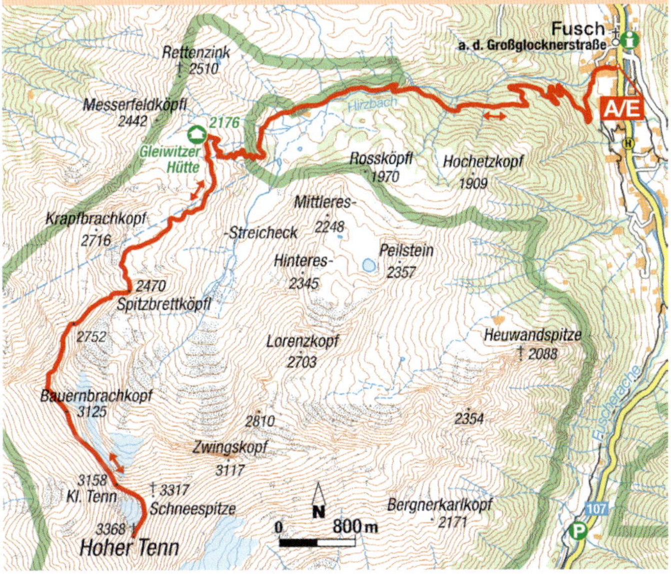

CHARAKTER

Großartige Grat- und Kammwanderung. Hochalpines Ambiente mit drei Klettersteigpassagen, sehr gute Kondition und Trittsicherheit erforderlich

AUSRÜSTUNG

Geübte müssen für die Klettersteigpassagen keine spezielle Ausrüstung mitnehmen. Pickel und Steigeisen im Hochsommer meist nicht notwendig

EINSAMKEITSFAKTOR

Auch an Wochenenden ist der Gleiwitzer Höhenweg nicht überlaufen.

Triglav über den Bamberg-Weg

Powertour hoch über der Triglav-Nordwand

Atemberaubende Tiefblicke und spannende Klettersteigpassagen: Von allen drei Normalwegen auf den höchsten Gipfel Sloweniens ist der Bamberg-Weg der mit Sicherheit anspruchsvollste. Und das gilt nicht nur in Bezug auf die technischen Anforderungen, sondern auch in Sachen Kondition – da keine Bergunterkunft am Anstieg liegt, muss man 1864 Höhenmeter vom Ausgangspunkt am Aljažev dom an einem Tag zurücklegen.

18

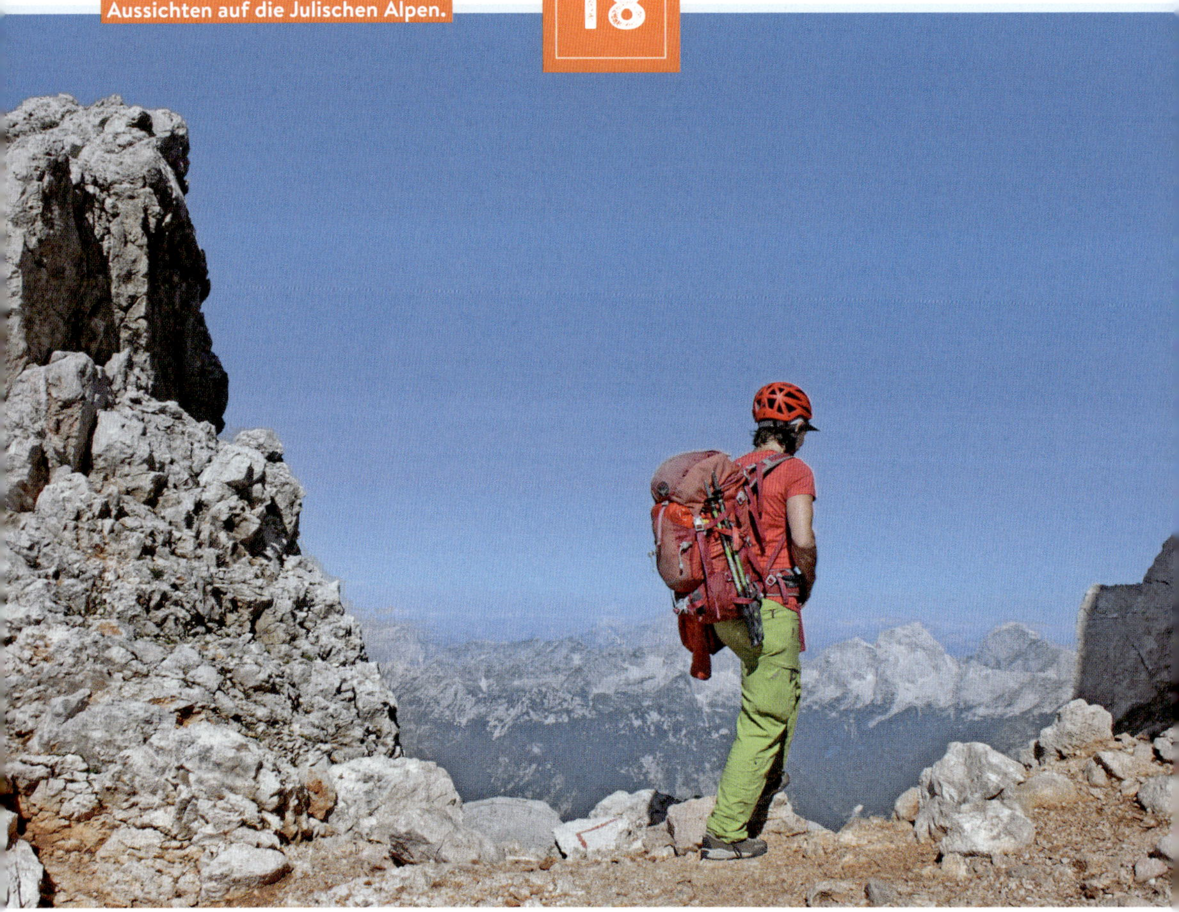

Immer wieder bieten sich fantastische Aussichten auf die Julischen Alpen.

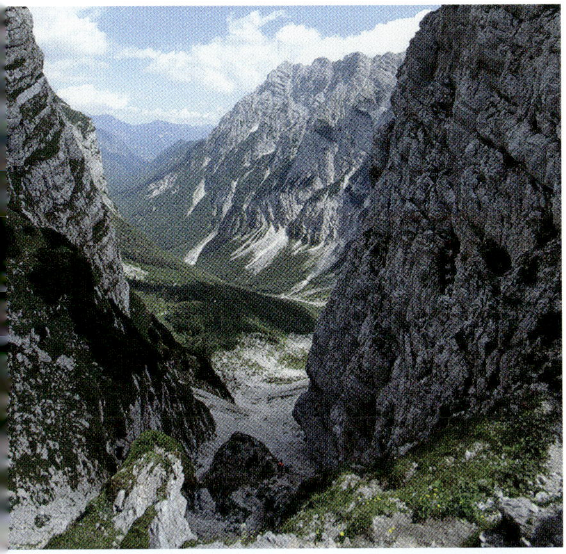

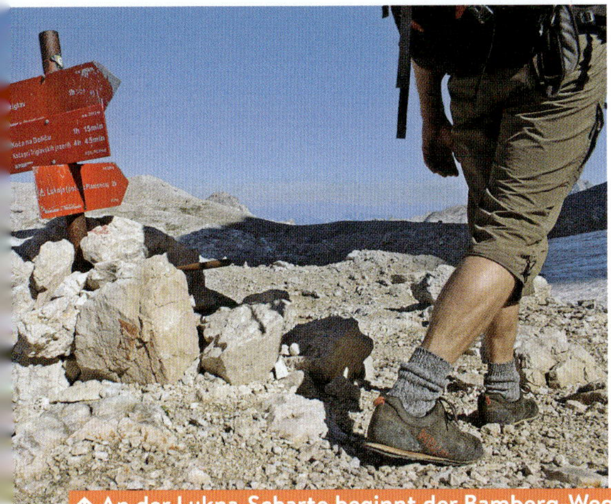

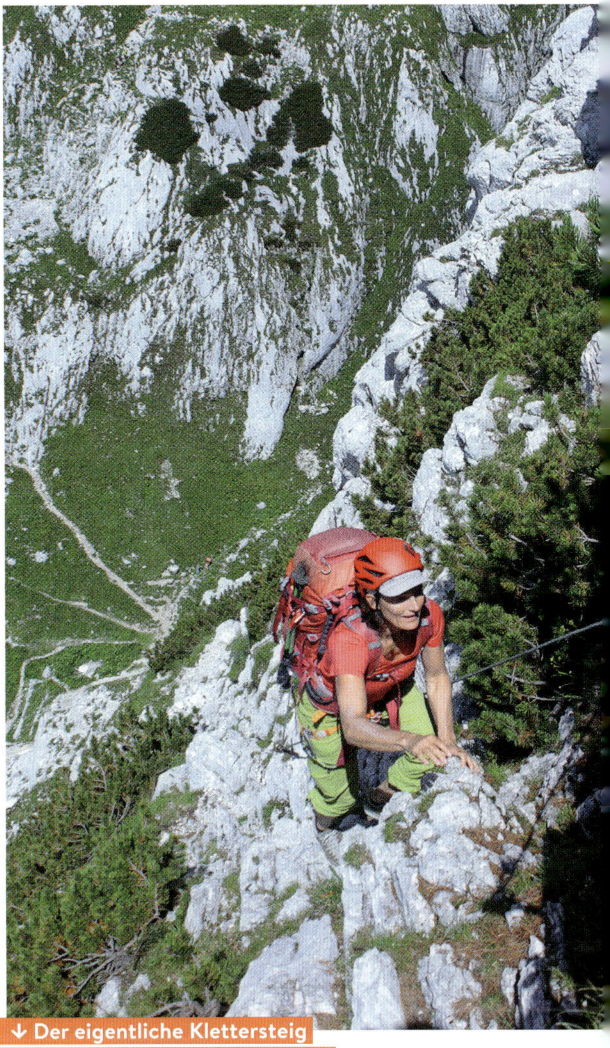

↑ An der Lukna-Scharte beginnt der Bamberg-Weg. ↓ Der eigentliche Klettersteig endet auf einem Karstplateau. ↗ Steilere Passagen sind gut mit Stahlseilen gesichert.

AUF DEM MITTELSCHWEREN und nicht durchgehend versicherten Klettersteig selbst sollte man sich immer wieder Pausen gönnen, um vom Nordwestgrat aus in die »Stena« hineinzublicken, dieses gewaltige Felsenmeer, das schier senkrecht vom Triglav nach Norden hin abstürzt: Mit einer Höhe von bis zu 1500 Metern und einer Breite von knapp drei Kilometern zählt es zu den größten Nordwänden der Alpen. Doch dort hinein begeben wir uns bei einem Grattouren-Buch natürlich nicht, sondern bleiben immer schön am »Plemenice«, dem zum Hochplateau unterhalb des Gipfelaufbaus führenden Nordwestgrat.

Im Anschluss an die Besteigung bekommt man als schwindelerregende Zugabe beim Abstieg noch den tollen Weiterweg über den Ostgrat zum Mali Triglav beschert, was in der Summe eine grandiose Überschreitung des Triglavs ergibt.

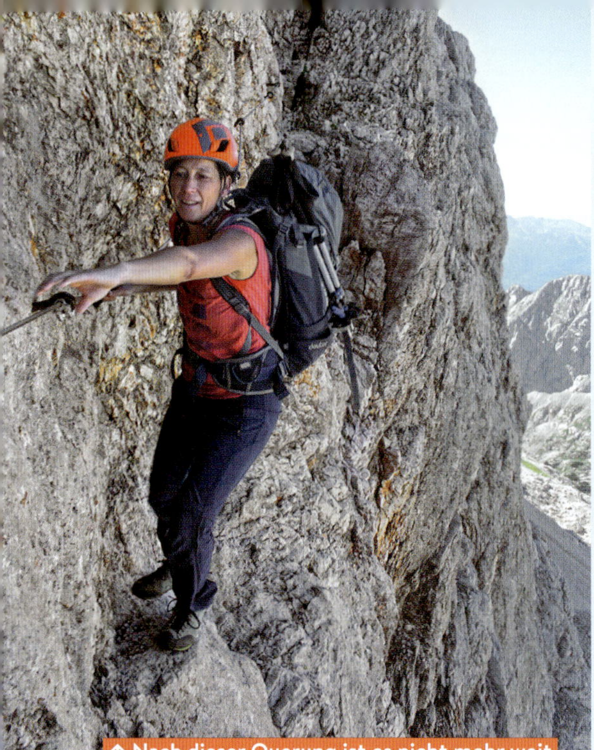

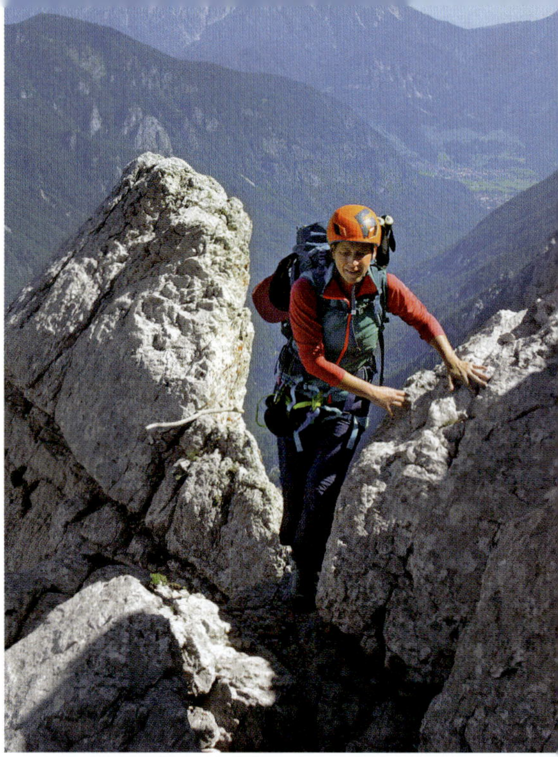

↑ Nach dieser Querung ist es nicht mehr weit bis zum Gipfel. ↗ Das Kalkgestein am Triglav ist fest und griffig.

Wo aber kommt der Name des Weges her? Slowenien war bis zum Ende des Ersten Weltkriegs Teil von Österreich, und in den Julischen Alpen bauten auch deutsche AV-Sektionen Wege und Hütten. Der gesicherte Anstieg von der Luknjascharte auf den Triglav wurde von der Sektion Bamberg angelegt.

ROUTE Vom Parkplatz aus wandert man nach Süden durch das Vratatal, an der Hütte Aljaževdom vorbei und (die Abzweigungen nach links ignorierend) geradeaus bis zum Talschluss. Von dort geht es in südwestlicher Richtung teils im Geröll zur Luknjascharte (1758 m) hinauf. Dort folgt man nach links dem Wegweiser »Plemenice« zum Einstieg. Ab jetzt ist die Orientierung durch Stahlseile und Markierungen klar vorgegeben, und an einer Wandstufe geht es auch gleich recht steil zur Sache. Manche Beschreibungen geben hier Schwierigkeit D an. Schwieriger, sei versprochen, wird es im Folgenden nicht mehr. Nun sind auch immer wieder unversicherte Passagen zu meistern, wobei der I. Schwierigkeitsgrad allerdings nicht überschritten wird. Steilere Fels- und etwas flachere Gehpassagen wechseln sich immer wieder ab, bis sich nach gut zwei Stunden das Gelände zurücklehnt. Nun immer im Gehgelände wendet sich der Weg nach Süden, und man erreicht ein verkarstetes Geröllplateau. Hier hält man sich an einer Gabelung, dem Wegweiser »Triglav« folgend, nach links. Bald schon quert man mithilfe eines Stahlseils an einer steilen Felswand entlang, kommt dann in eine Scharte und sieht den (teils versicherten) südseitigen Gipfelanstieg vor sich, über den es zum höchsten Punkt Sloweniens (2864 m) hinaufgeht.

ABSTIEG Vom Gipfel folgt man dem bestens markierten und zum Großteil mit Stahlseilen versicherten Ostgrat nach Osten zum Mali Triglav (Kleiner Triglav, 2725 m). Von dort geht es nach Nordosten steiler hinunter auf das Kalksteinplateau der Kredarica mit der traditionsreichen Triglavski dom na Kredarica (2515 m). Der weitere Abstieg von dort auf dem Tominšek-Weg führt zunächst über ein riesiges Kalksteinplateau. Zwei Abzweiger nach rechts (Stanica-Hütte) und nach links (der optionale leichtere Prag-Weg) ignoriert man und wandert somit gerade auf den Tominšek-Steig zu. Auf diesem wechseln sich ausgesetzte Wander- und Klettersteigpassagen (bis C) ab. Über steile Serpentinen steigt man zuletzt ins Vrata-Tal hinab.

INFO

INFO
Slowenien – Julische Alpen – Triglav (2864 m) über Bamberg-Weg

TALORT
Mostranja (660 m)

AUSGANGS-/ENDPUNKT
Aljažev dom (1015 m)

GEHZEITEN
Aljažev dom – Luknjascharte 2.30 Std. – Triglav 3.30 Std. – Triglavski dom 1.30 Std. – Aljažev dom 2.30 Std.

MOBIL VOR ORT
Auto: Über Villach durch den Karawankentunnel, dahinter rechts Richtung Kranjska Gora, bei Mojstrana links abbiegen und der Beschilderung »Vrata/Aljažev dom« folgen

KARTE
Kompass-Karte Blatt 064 »Julische Alpen, Triglav-Nationalpark«, 1:25 000

INFORMATION
mojstrana.com

UNTERKUNFT
Triglavski dom na Kredarica (geöffnet je nach Schneelage von Juni bis Sept., Tel. +386/(0)4/531 28 64, pd-ljmatica.si/koce/kredarica)

EINKEHR
Aljažev dom (Ende April bis Ende Okt.)

Mittelschwere Grattour, bis II bzw. Klettersteig (B/C) | **10 Std.** | **13 km** | **1850 Hm**

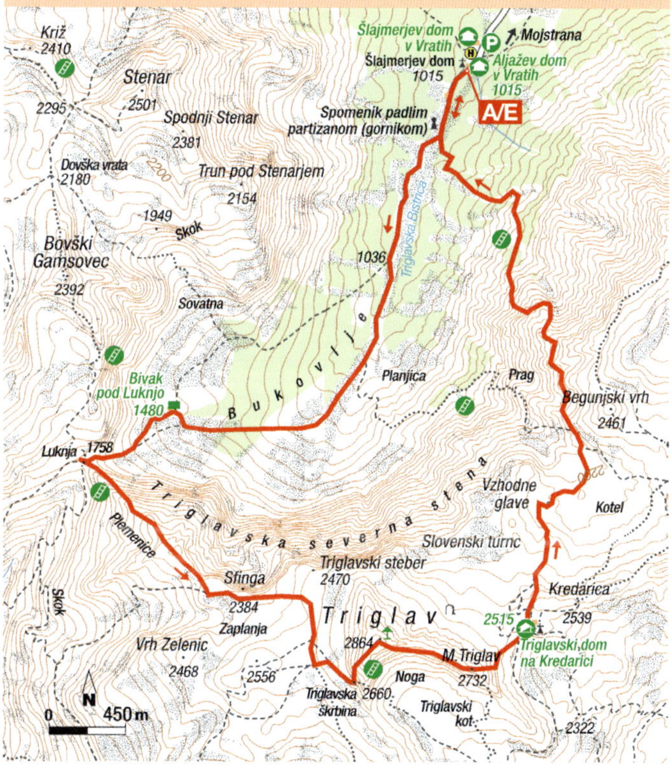

CHARAKTER
Spannender, steiler Felsaufstieg, oft auch unversichertes Absturzgelände – absolute Trittsicherheit und Schwindelfreiheit sind daher unbedingt erforderlich!

AUSRÜSTUNG
Bergwanderausrüstung mit Klettersteigset und Helm

EINSAMKEITSFAKTOR
An Wochenenden ist der Bamberg-Weg recht beliebt.

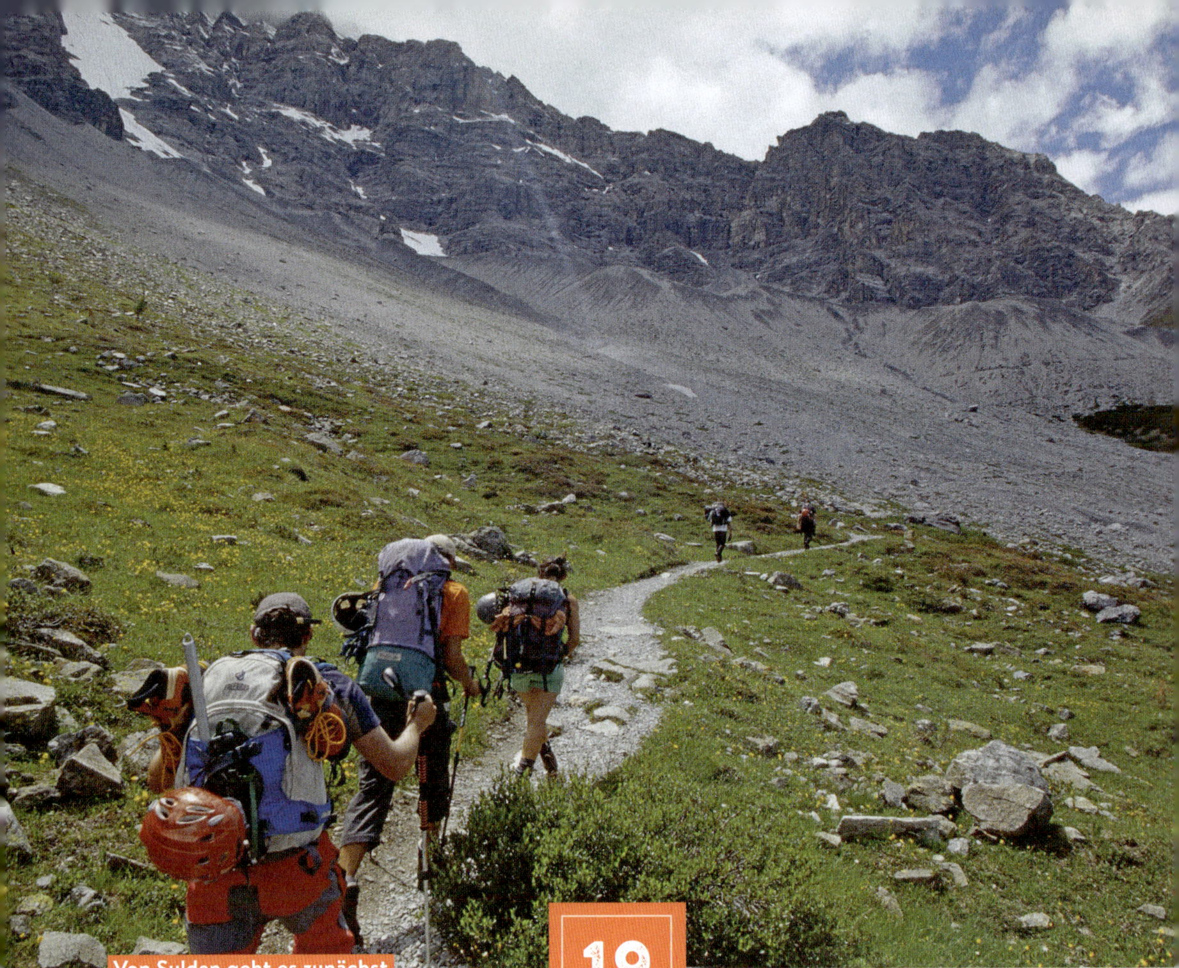

Von Sulden geht es zunächst recht gemütlich zur Tabarettahütte hinauf.

19

Über den Nordgrat auf den Ortler

Auf den König Südtirols

Über den Reschenpass zu fahren, ist immer eine spannende Angelegenheit, denn oben angekommen, lautet die Gretchenfrage: Zeigt er sich oder zeigt er sich nicht, der berüchtigte König Südtirols und Chef eines nicht weniger spektakulären Haufens von eisgepanzerten Vasallen? Schnell noch am überfluteten Kirchturm im Reschensee vorbei, dann wird der Blick plötzlich frei auf den grünen Vinschgau und die dahinter thronende Ortlergruppe.

NOCH TROTZEN König Ortlers Hängegletscher und Firnhauben den immer heißeren Sommern und kleiden die höchsten Berge Südtirols in einen weißen Mantel. Drei markante Grate ziehen zum Gipfel hinauf, eine mächtige Eiskappe sitzt an seiner Nordwestabdachung. Der mittelschwere Normalweg von der Payerhütte verläuft über einen Nordgrat, bei dem (Fels-)Schwierigkeiten im unteren III. Schwierigkeitsgrad zu bewältigen sind. Wer sich hier lieber anseilen will, wird die teils vorhandenen Haken und Stangen zu schätzen wissen. Geübte können die Schlüsselstellen bei günstigen Verhältnissen ungesichert meistern. Der anschließende Gletscheranstieg weist eine Steilheit von bis zu 40° auf.

Heikel können an dem sehr exponiert aufragenden Ortler-Massiv überraschende Wetterstürze werden. Generell muss man in den südlichen Alpenregionen mit einer stärkeren Dynamik bei der Entwicklung von Wärmegewittern rechnen als nördlich des Alpenhauptkamms.

Die Erstbesteigung erfolgte am 27. September 1804 übrigens nicht über den heutigen Normalweg, sondern über die eisfreie Nordwestflanke der Hinteren Wandeln von Trafoi aus. Der Gamsjäger Josef Pichler wählte somit eine sehr schwierige Route, die heute nicht mehr begangen wird. Und vor Entdeckung der Nordgrat-Route wurde auch noch der etwas schwerere Hintergrat, den wir im dritten Buchteil kennenlernen werden (s. Tour 29), begangen.

ROUTE Hinter der alten Suldener Kirche führt der Zustieg zu Tabaretta- und Payerhütte in den Wald. Bei einer Weggabelung folgt man weiter dem Weg Nr. 4 und erreicht nach längeren Kehren den Bergkessel unterhalb der Ortler-Nordwand. Hier werden ein großer Geröllhang und zwei Moränen gequert. Dahinter geht es steiler in Serpentinen

Nach den Gratpassagen kommt man in hochalpines Gletschergelände.

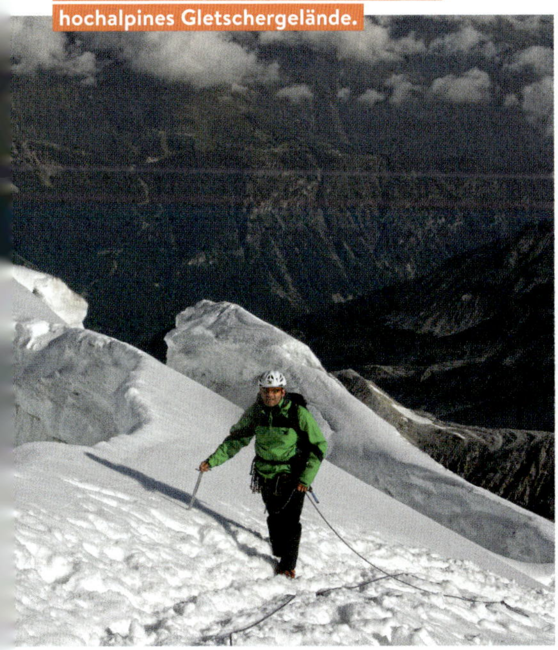

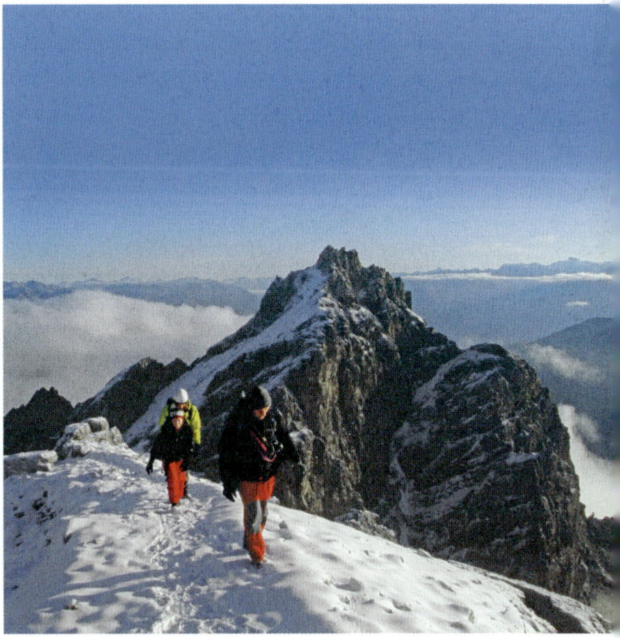

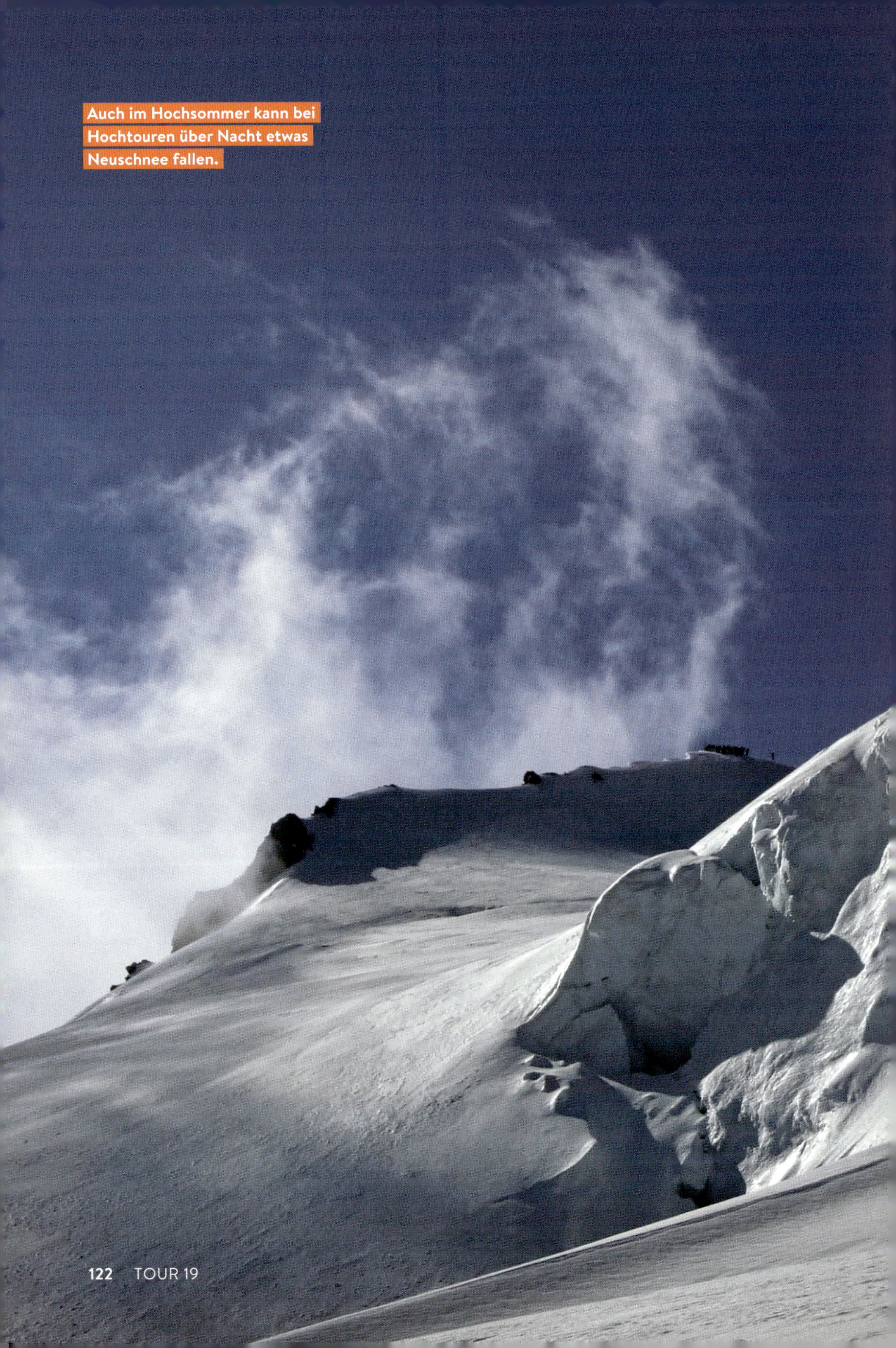

Auch im Hochsommer kann bei Hochtouren über Nacht etwas Neuschnee fallen.

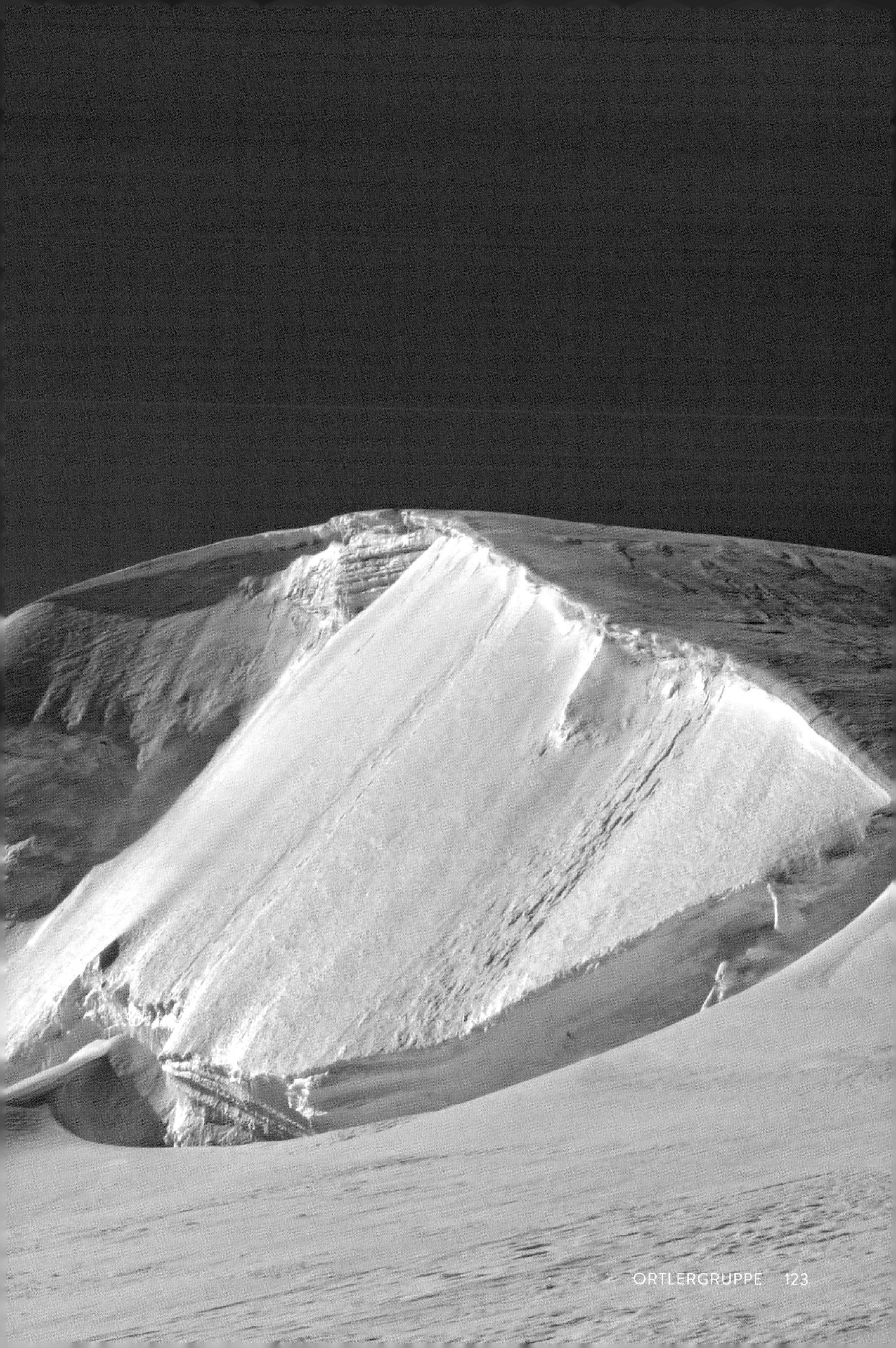

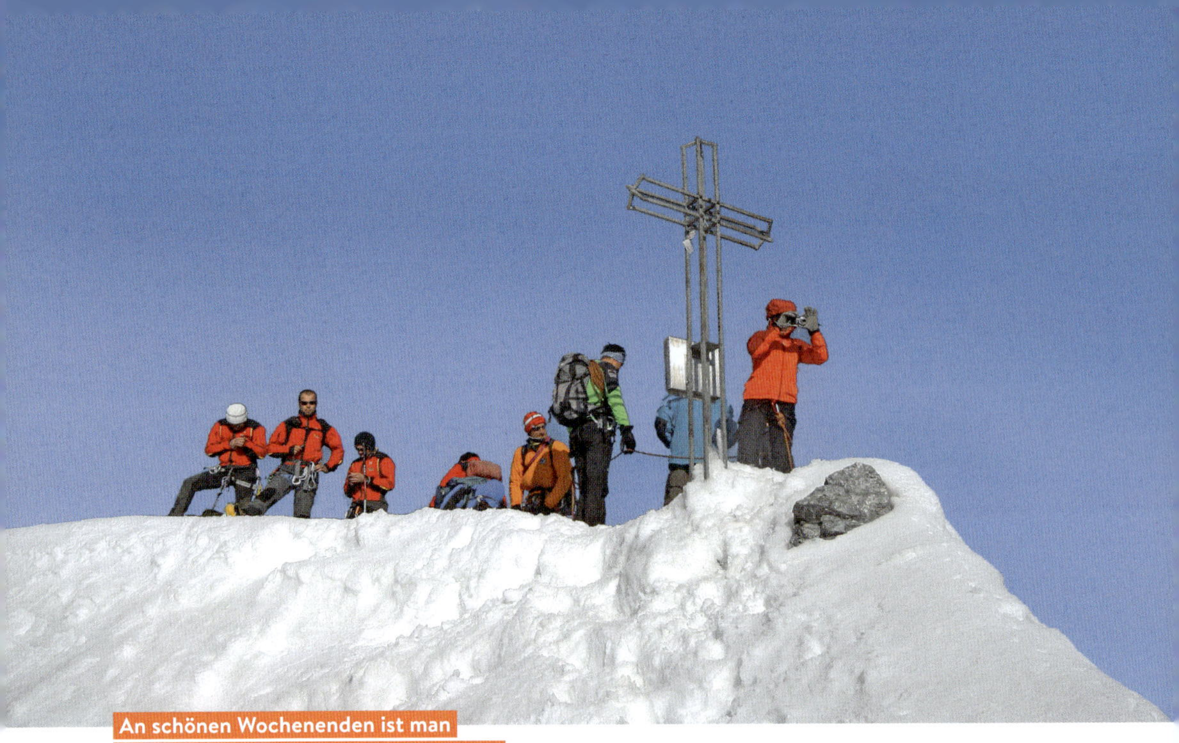

An schönen Wochenenden ist man am Ortler-Gipfel bestimmt nicht allein.

zur Tabarettahütte (2556 m) hinauf. In einer langen, ansteigenden Querung wandert man weiter über Geröllhänge zur Bärenkopfscharte (2871 m) und ab hier auf der westlichen Kammseite leicht ansteigend über leicht ausgesetztes Gelände bis zur Tabarettascharte (2883 m). Nach letzten Serpentinen steht man vor der Payerhütte (3029 m).

Für den Gipfelanstieg quert man die Westhänge der Tabarettaspitze und klettert hinter einer Scharte etwas bergab. Nun führt der Grat in leichtem Auf und Ab teils etwas ausgesetzt zur Scharte unterhalb des Felsaufschwungs. Es wartet eine kurze, steile Kletterpassage, die durch eine Eisenkette entschärft ist. Am Grat erst über Gehgelände, dann folgen ausgesetzte Kletterstellen bis zum unteren III. Schwierigkeitsgrad.

Nach den Felsschwierigkeiten quert man einen Firnhang hinüber ins Bärenloch genannte Gletscherbecken. Die Steilstufe an dessen oberen Ende überwindet man am besten rechts über eine kurze Eis- bzw. Schneerinne. Dieser Abschnitt ist in den vergangenen Jahren durch den starken Gletscherrückgang immer heikler geworden, und man muss, egal ob in Fels oder Eis, eine anspruchsvolle Rampe überwinden. Auf dem folgenden flacheren Absatz steigt man deutlich leichter rechts am Bivacco Lombardi

Tipp

HINWEIS

Da wir uns beim Ortler in die Welt der Gletscher-Hochtouren begeben, muss man eine entsprechende Ausrüstung (zum Kletterzeug kommen noch Pickel und Steigeisen hinzu) nicht nur mitnehmen, sondern auch bedienen können! Wer noch nie mit Gletscherspalten in Kontakt kam, sollte daher unbedingt vorab einen entsprechenden Hochtourenkurs (inklusive Spaltenbergung) besuchen oder einen örtlichen Bergführer engagieren.

(3350 m) vorbei zum Oberen Ortlerferner, recht nahe am Abbruch der gewaltigen Ortler-Nordwand.

Noch einmal wird der Gletscher steiler (bis ca. 35°) und zerrissener, was bei Blankeis unangenehm sein kann. Schließlich umgeht man eine große Querspalte, erreicht das oberste Gletscherbecken und zuletzt in einem großen Bogen den Ansatz des Gipfelgrats und über diesen unschwer den höchsten Punkt (3905 m).

ABSTIEG Zur Payerhütte und nach Sulden geht es über die Anstiegsroute zurück. Vom Bivacco Lombardi aus sollte man sich dabei direkt weiter geradeaus halten und an der Geländekante die Abseilhaken benutzen!

INFO

INFO

Italien – Ortlergruppe – Ortler-Nordgrat (3905 m)

TALORT, AUSGANGS-/ENDPUNKT

Sulden (1900 m)

GEHZEITEN

Sulden – Payerhütte 3.30 Std. – Bivacco Lombardi 3 Std. – Ortler 1.30 Std. – Bivacco Lombardi 1 Std. – Payerhütte 2.30 Std. – Sulden 2.30 Std.

MOBIL VOR ORT

Bus & Bahn: Mit dem Zug über Meran nach Spondnig und weiter mit Bus 271 nach Sulden
Auto: Über den Reschenpass nach Glurns, dahinter rechts zum Stilfser Joch und in Gomagoi links nach Sulden; Parkplatz bei der Kirche St. Gertraud

KARTE

Tabacco-Karte Blatt 08 »Ortlergruppe – Cevedale«, 1:25 000

INFORMATION

vinschgau.net/de/ortlergebiet.html

UNTERKUNFT

Payerhütte (CAI, geöffnet Mitte Juni bis Mitte Sept., Tel. +39/0473/613010, payerhuette.com)

Mittelschwere Grattour, bis III– | **14 Std.** | **22 km** | **2150 Hm**

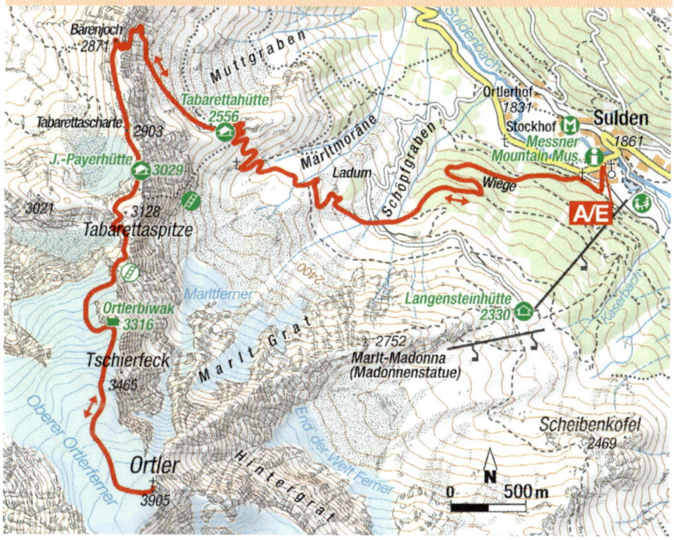

EINKEHR

Tabarettahütte (privat, geöffnet Anfang Juni bis Mitte Okt., Tel. +39/0347/261 48 72, tabaretta.com)

CHARAKTER

Die Ortler-Besteigung stellt landschaftlich eine der großartigsten Touren der Alpen dar. Gute Kondition, Trittsicherheit und Schwindelfreiheit nötig. Kurze Kletterstellen III–; beim Abstieg wird einmal abgeseilt.

AUSRÜSTUNG

Komplette Gletscherausrüstung mit Gurt, 50-m-Seil, Steigeisen und Pickel

EINSAMKEITSFAKTOR

An schönen Wochenenden ist der Ortler-Normalweg sehr beliebt.

Am Nordwestgrat zum Hochgall

Grat-Freuden im Großformat

Egal, ob man in Rein in Taufers, im Antholzer oder im Defereggental steht: Der Anblick des gewaltigen Hochgalls ist von allen Seiten beeindruckend. Der Nordwestgrat des fast 3500 Meter hohen Grenzbergs zwischen Ost- und Südtirol gehört zu Recht zu den schönsten Hochtouren der Ostalpen.

Stützpunkt für die Hochgall-Besteigung ist das nette Rifugio Roma.

20

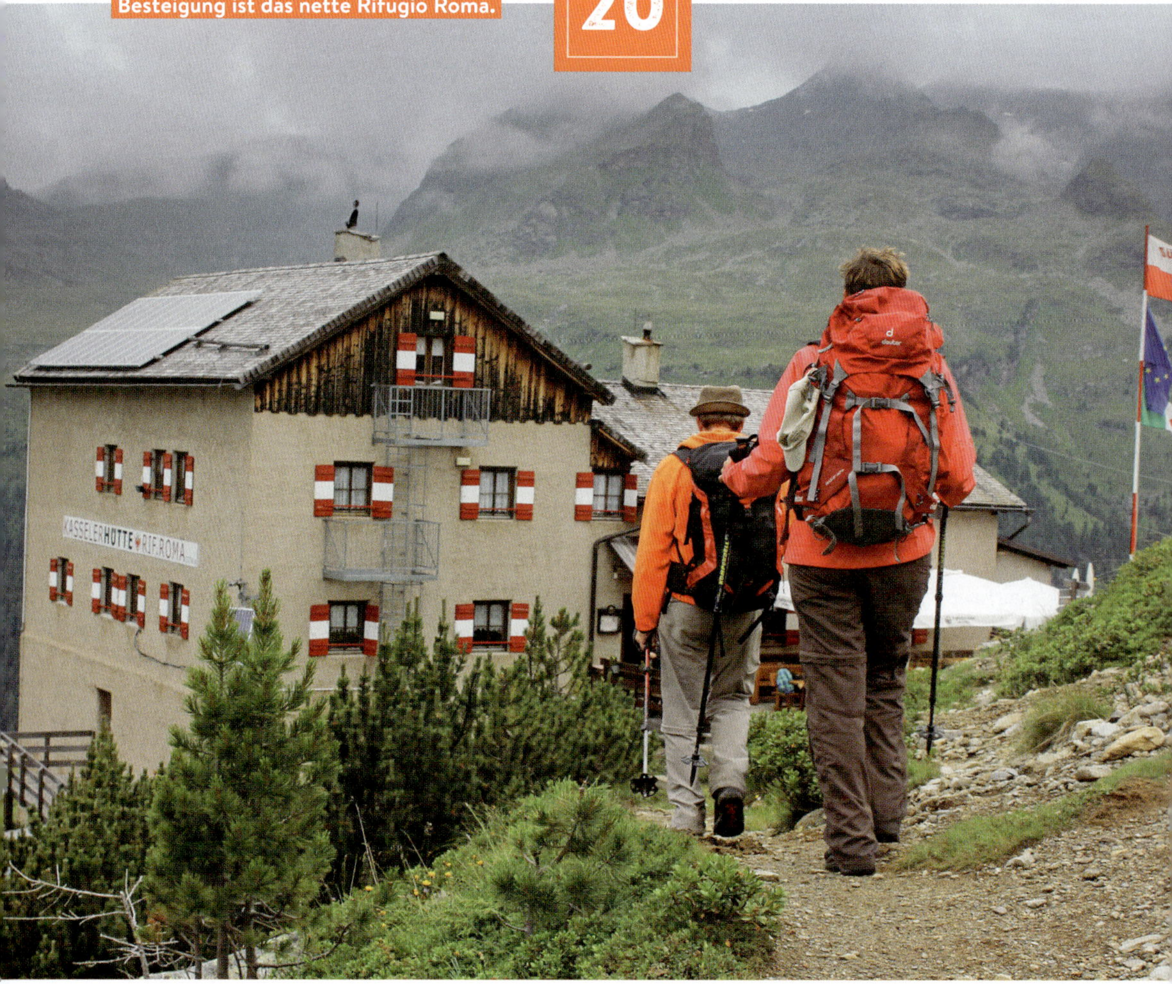

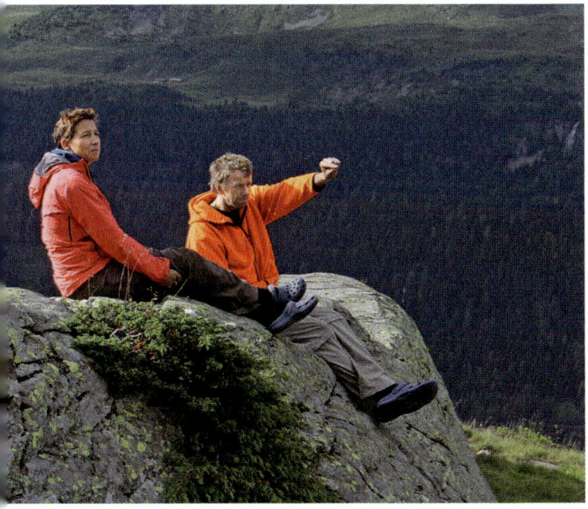

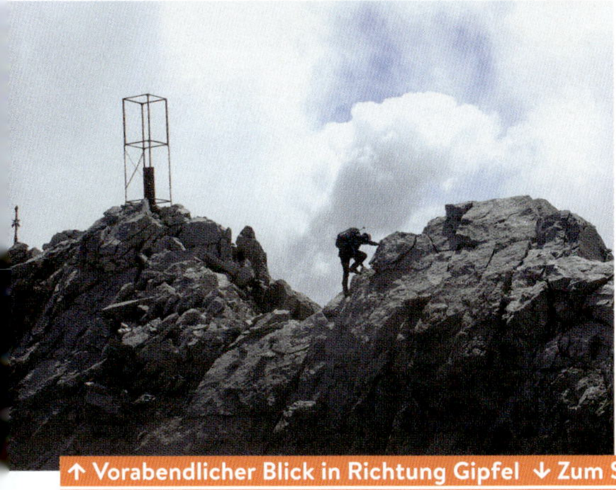

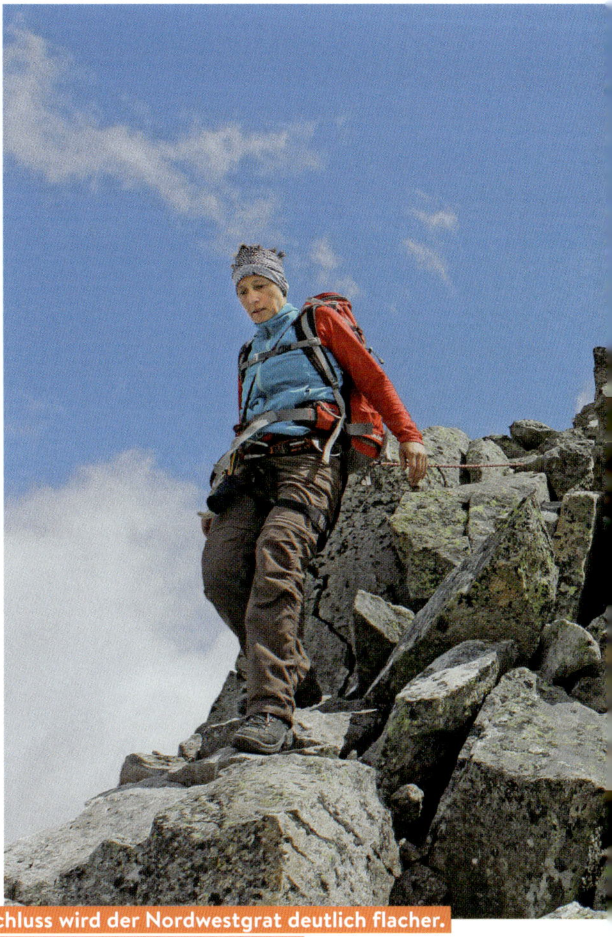

↑ Vorabendlicher Blick in Richtung Gipfel ↓ Zum Schluss wird der Nordwestgrat deutlich flacher.
↗ Bei dieser Grattour ist man am besten seilfrei oder am laufenden Seil unterwegs.

DA MAN AUF diesem Routenverlauf nicht mit Gletschern in Berührung kommt, können erfahrene Bergsteiger auf ein Seil verzichten – jedoch nur dann, wenn sie den II. und unteren III. Schwierigkeitsgrad wirklich souverän und solo im Griff haben. Was wortwörtlich zu verstehen ist: Auch alte Berghasen werden zudem die Stahlseile gegen Ende des Anstiegs vor dem Vorgipfel dankbar in die Hand nehmen.

Wer sich nicht sicher ist, der nimmt lieber ein Seil mit, was nicht unbedingt zu einem großen Zeitverlust führen muss, denn an den meisten Passagen reicht es aus, nicht von Standplatz zu Standplatz zu sichern, sondern sich am laufenden Seil dem Gipfel entgegen zu bewegen. Der Grat mit seinen unzähligen Felsköpfeln ist hierfür ein ideales Gelände. Dabei sollte man penibel darauf achten, die Schneide nicht zu verlassen – dem Autor, der sich so einen Verhauer leistete, ist der Rückweg zum Grat über eine übel steinschlaggefährdete Felsflanke nur allzu gut in Erinnerung.

Der Name Hochgall leitet sich im Übrigen vom althochdeutschen »galla« ab, das auf der

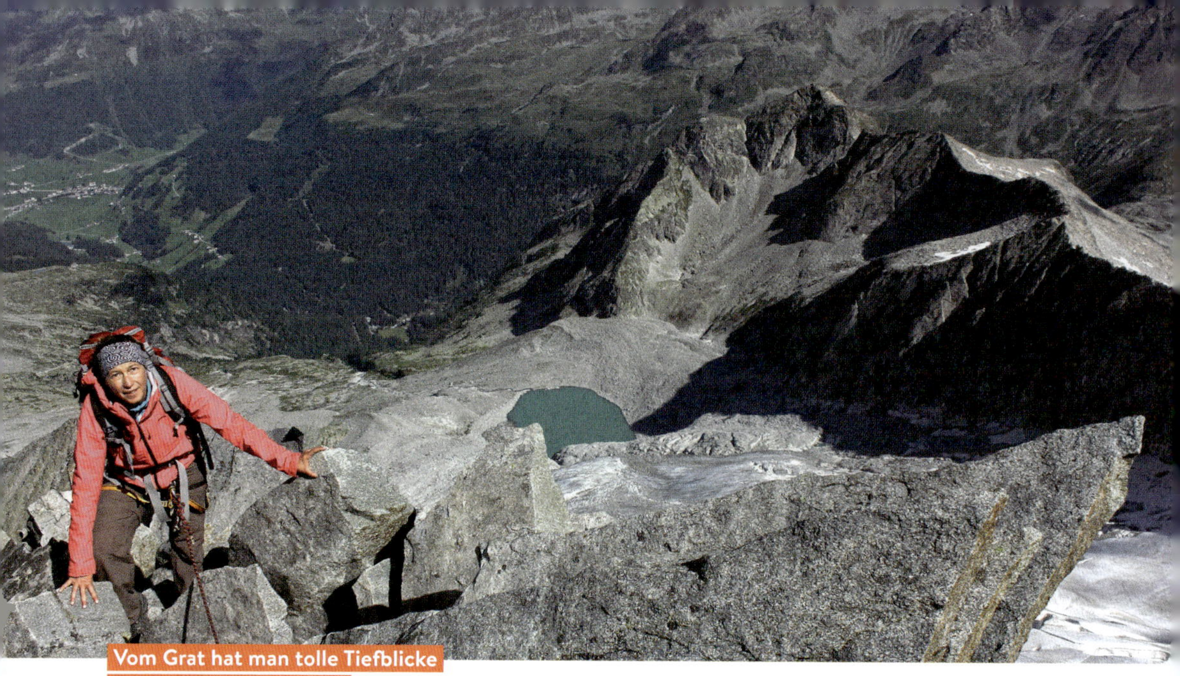

Vom Grat hat man tolle Tiefblicke bis nach Rein in Taufers.

indogermanischen Wurzel »ghel(e)« beruht und »glänzend, schimmernd, blank« bedeutet. Der Hochgall ist also der »hohe, glänzende Berg«, so wie der Nachbargipfel Wildgall der »wilde, schimmernde Berg« ist. Auch interessant: Der heute männlich gebrauchte Name hat in der Mundart eine weibliche Wurzel: Bis zur Verbreitung der oft geschlechterverfälschenden Landkarten nannten die Einheimischen den Berg »die hoache Gålle«. Als Galle wurde gewölbtes, bläulich-blankes Eis bezeichnet … das allerdings auch am Hochgall auf dem Rückzug ist.

ROUTE Für den Hüttenzustieg folgt man vom Gasthaus Säge dem bestens ausgeschilderten und deutlichen Bergweg zunächst im Bergwald, ab der Eppacher Alm dann in zunehmend freiem Gelände hinauf zur Kasseler Hütte (2274 m).

Für den Gipfelanstieg am nächsten Tag folgt man von der Hütte zunächst dem Artur-Hartdegen-Weg nach Osten. Bei einem Bach (Schriftzug »Hochgall« an Felsen) biegt man rechts ab und folgt einem Pfad und Steinmännern nach Süden bergan. Das Gelände wird weglos, und man muss gut auf die Steinmänner achten, die an einem Gletschersee vorbei zu den Ausläufern des Grauen Nöckl führen. In einem Linksbogen geht es in Blockgelände bergan bis zum Beginn des Felsgrats, der zum Grauen Nöckl führt. Nun zunächst rechts des Grats (verschiedene Wegspuren), dann am Grat selbst zum Grauen Nöckl (3084 m) hinauf.

Vom Grauen Nöckl steigt man auf dem schmalen, ausgesetzten Grat ab; dahinter führt ein Stahlseil steil hinab in eine Scharte. Auf der anderen Seite beginnt der eigentliche, sehr lange Nordwestgrat, dem man immer an seiner Schneidelinie bergan folgt. (Im Frühsommer kann es auch sein, dass man meist auf der Lee-Seite vorhandenen Firn zum Aufsteigen benutzt.) Ausgesetzte und breitere Felsblockpassagen wechseln sich in der Folge immer wieder ab. Bevor man den Vorgipfel erreicht, erleichtern an griffarmen Felsplatten zwei Stahlseil-Passagen den Anstieg ungemein. Der Grat wird dann flacher und wendet sich nach Osten, und man gelangt technisch unschwierig, aber recht ausgesetzt zum auf 3436 Metern Höhe stehenden Gipfelkreuz. Diese Passage kann im Frühsommer heikel sein, wenn auf diesem Abschnitt noch Wechten vom vergangenen Winter liegen (einfach vorab auf der Hütte nachfragen).

ABSTIEG Nachdem man sich an der tollen Aussicht sattgesehen hat – bei der sich im Hochsommer allerdings an der südseitigen Gipfelwand oft Nebelschwaden bilden –, geht es auf demselben Weg zum Gasthaus Säge hinab, wobei man beim Abstieg auf der Kasseler Hütte auf die Tour anstoßen kann.

INFO

Mittelschwere Grattour, bis III– | **13 Std.** | **15,5 km** | **1850 Hm**

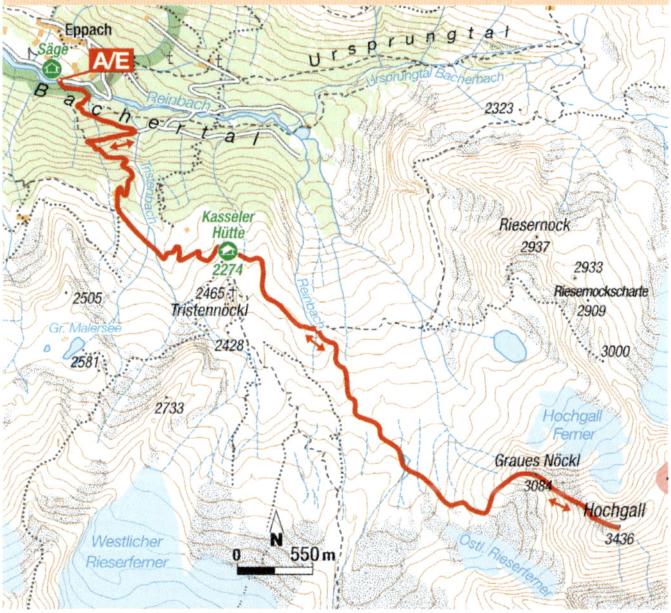

INFO
Italien – Rieserfernergruppe – Hochgall-Nordwestgrat (3436 m)

TALORT
Rein in Taufers (1570 m)

AUSGANGS-/ENDPUNKT
Gasthaus Säge in Rein (1586 m)

GEHZEITEN
Gasthaus Säge – Kasseler Hütte 2.30 Std. – Graues Nöckl 3 Std. – Hochgall 2 Std. – Graues Nöckl 1.30 Std. – Kasseler Hütte 2 Std. – Gasthaus Säge 2 Std.

MOBIL VOR ORT
Bus & Bahn: Mit dem Zug nach Bruneck und mit den Bussen 450 und 452 nach Rein in Taufers
Auto: Über das Pustertal nach Bruneck, weiter nach Sand in Taufers und hier nach rechts nach Rein in Taufers

KARTE
Tabacco-Karte Blatt 35 »Ahrntal/Rieserfernergruppe«, 1:25 000

INFORMATION
taufers.com

UNTERKUNFT
Kasseler Hütte/Rifugio Roma (CAI, geöffnet Mitte Juni bis Mitte Okt., Tel. +39/0474/67 25 50, kasseler-huette.com)

CHARAKTER
Beeindruckende Grattour (bis III–) mit vielen Sicherungsmöglichkeiten mittels Bandschlingen an Felsköpfen; zudem zwei stahlseilgesicherte Passagen hinter dem Grauen Nöckl und an der Platte kurz vor dem Vorgipfel

AUSRÜSTUNG
Im Frühsommer können je nach Firnlage Pickel und Steigeisen hilfreich sein. Ob man ein Seil mitnimmt, hängt von der alpinen Erfahrung ab; bei Bedarf ein 50-m-Seil und ca. 6 Express- sowie einige Bandschlingen zum Sichern an Felsköpfen mitnehmen

EINSAMKEITSFAKTOR
Auch an Wochenenden ist der Hochgall-Nordwestgrat nicht überlaufen.

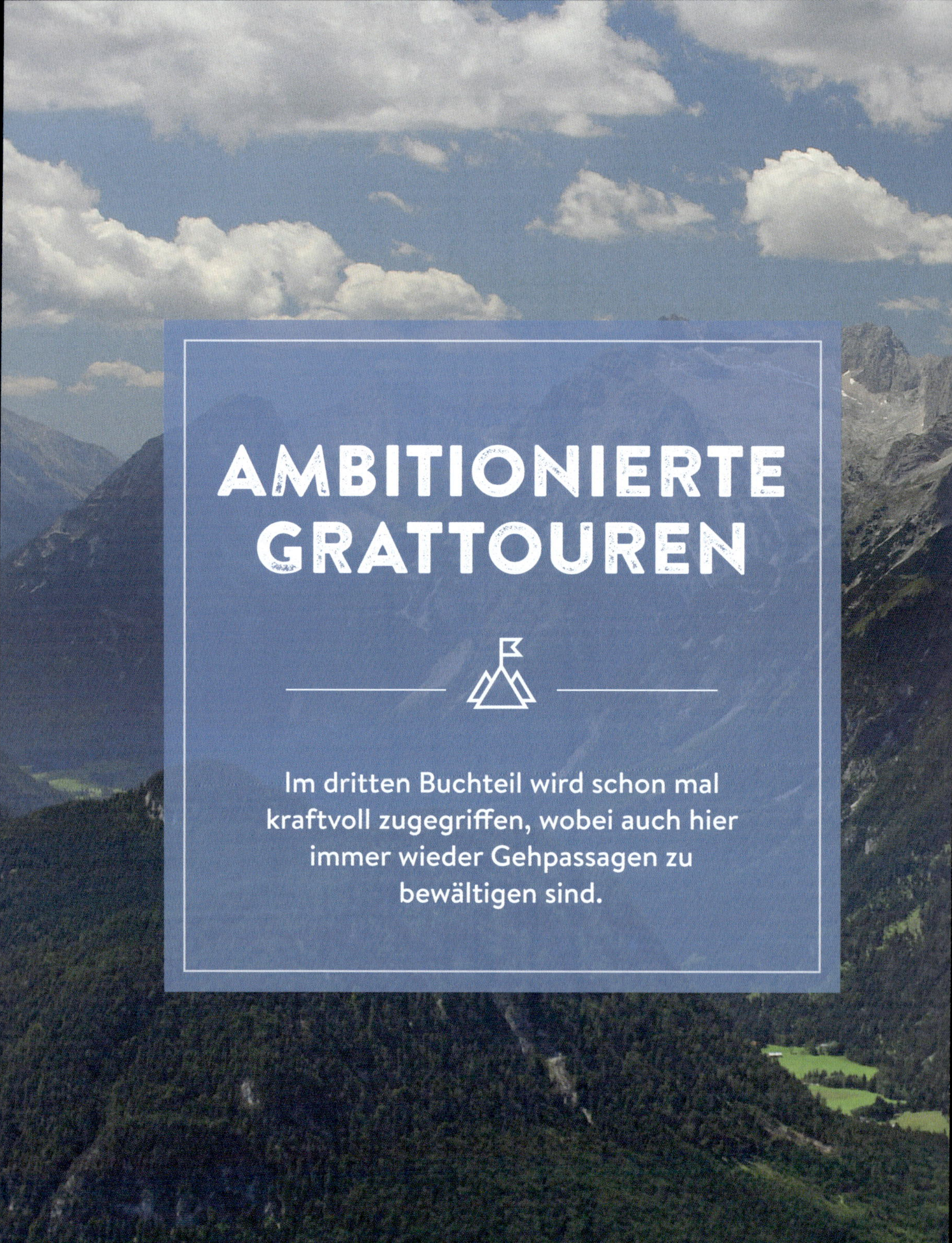

AMBITIONIERTE GRATTOUREN

Im dritten Buchteil wird schon mal kraftvoll zugegriffen, wobei auch hier immer wieder Gehpassagen zu bewältigen sind.

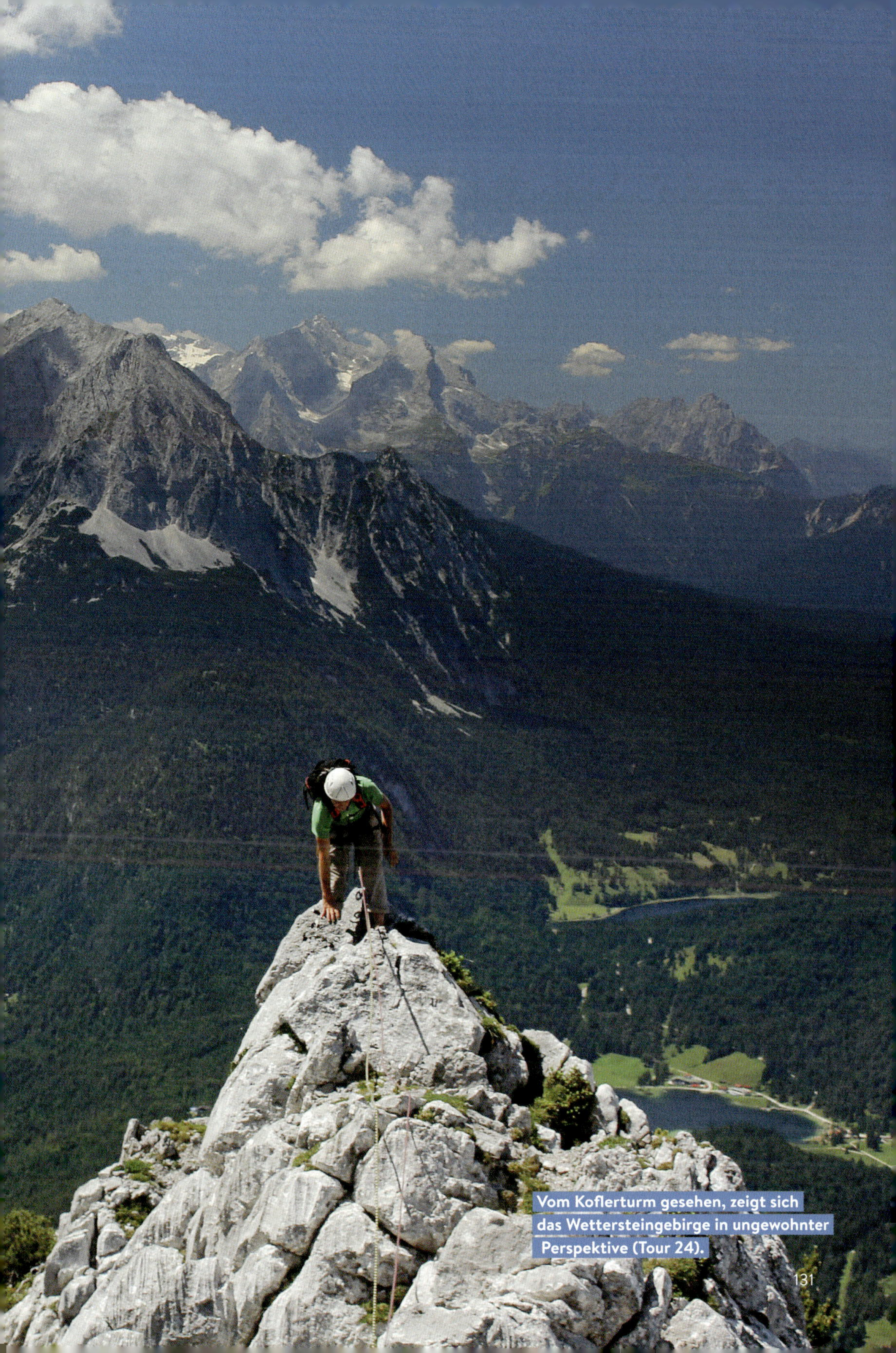

Vom Koflerturm gesehen, zeigt sich das Wettersteingebirge in ungewohnter Perspektive (Tour 24).

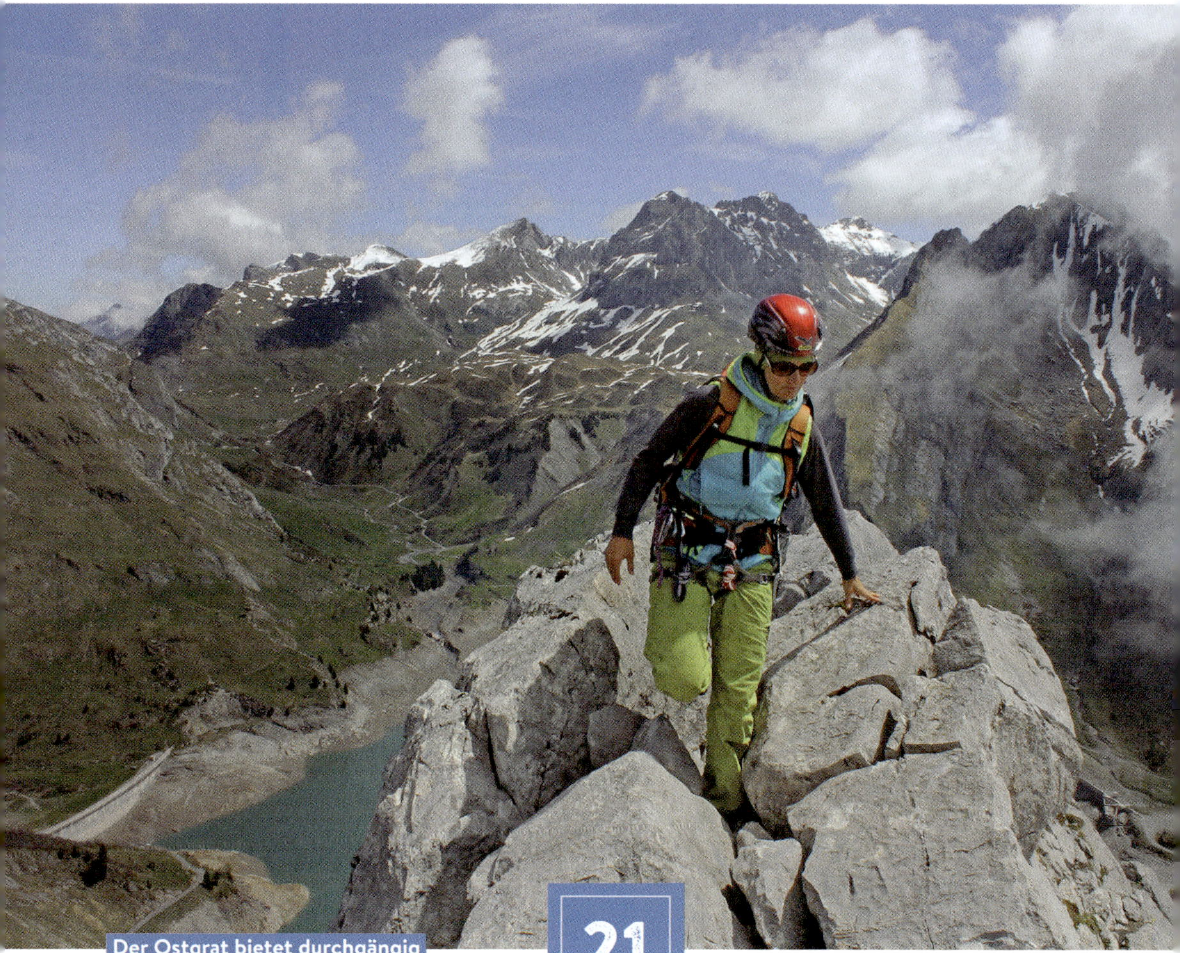

Der Ostgrat bietet durchgängig festes Kalkgestein mit guten Griffen und Tritten.

21

Über den Ostgrat auf die Plattnitzer Jochspitze

Genussreiche Gratkletterei für den Saisonauftakt

Unbekannte Berge haben einen großen Vorteil: Selbst an schönen Wochenenden kann man bei ihren diversen Anstiegen Bergeinsamkeit genießen. Das gilt auch für den schönen und zugleich recht unbekannten Ostgrat der Plattnitzer Jochspitze im Lechquellengebirge.

SCHON BEIM ANBLICK des schön gestuften Felsgrats kommt große Klettervorfreude auf, und beim Zustieg vom Spullersee zum Gratbeginn wird anhand der am Pfad liegenden Felsen zudem deutlich: Der Fels hier oben ist vertrauensbildend, weil fest und rau.

Der Routenverlauf ist vom Grat her eindeutig vorgegeben und folgt einem einfachen Muster: Ein kurzer Steilaufschwung, gefolgt von einer flachen Gratpassage, und schon steht man am nächsten kleinen Pfeiler. Der Ostgrat hält also, was er vom Ausgangspunkt gesehen versprochen hat, und gibt den Kletterrhythmus vor. Solide Bohrhaken glänzen, für alle die sichern wollen, an genau den richtigen Stellen.

Als der Autor vor ein paar Jahren mit zwei Bergfreunden diese Tour unternahm, blieb das mitgenommene Seil im Rucksack, so zügig und sicher kam das Trio damals voran. Einzig die früh aufkommenden Konvektionswolken bereiteten (im Nachhinein gesehen unnötiges) Kopfzerbrechen. Sollte aber einmal tatsächlich ein Gewitter im Anzug sein, dann hat die Plattnitzer Jochspitze einen weiteren Vorteil: Vom Gipfel muss man nicht abklettern oder gar umständlich abseilen – es geht zwar weglos, aber im Großen

In Sachen Kopfschutz ist ein Steinschlaghelm Hüten natürlich eindeutig vorzuziehen.

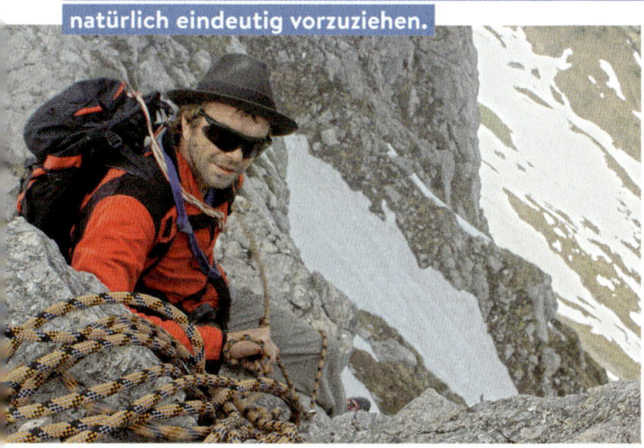

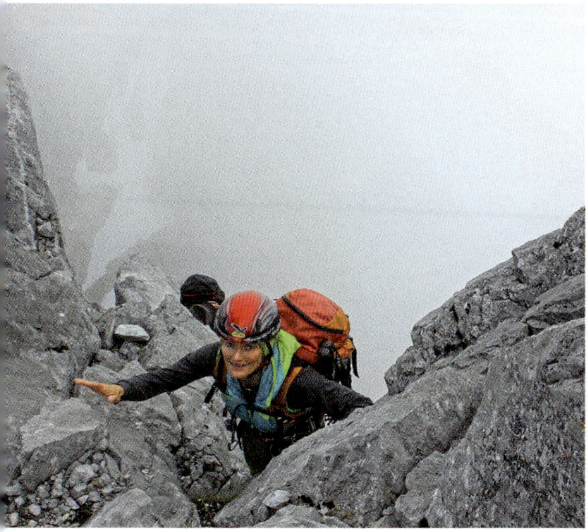

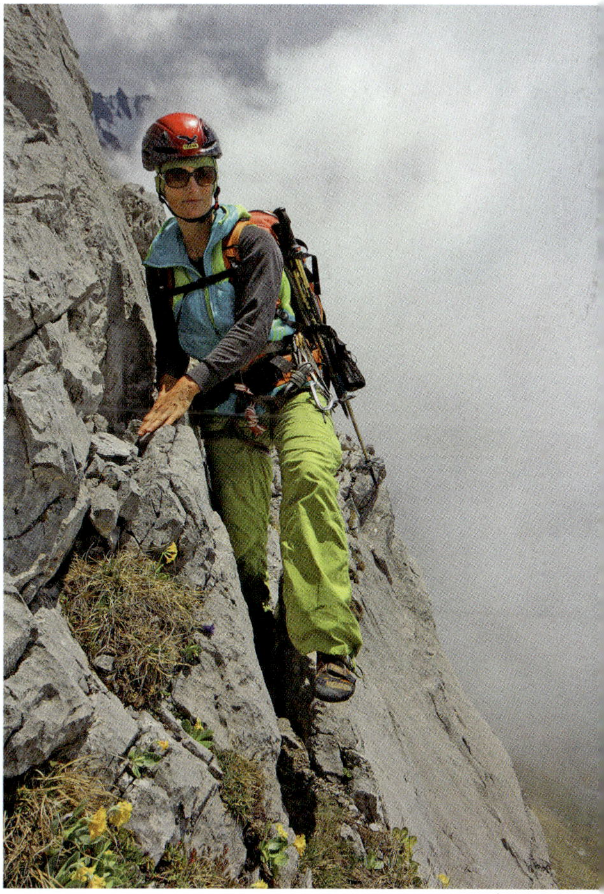

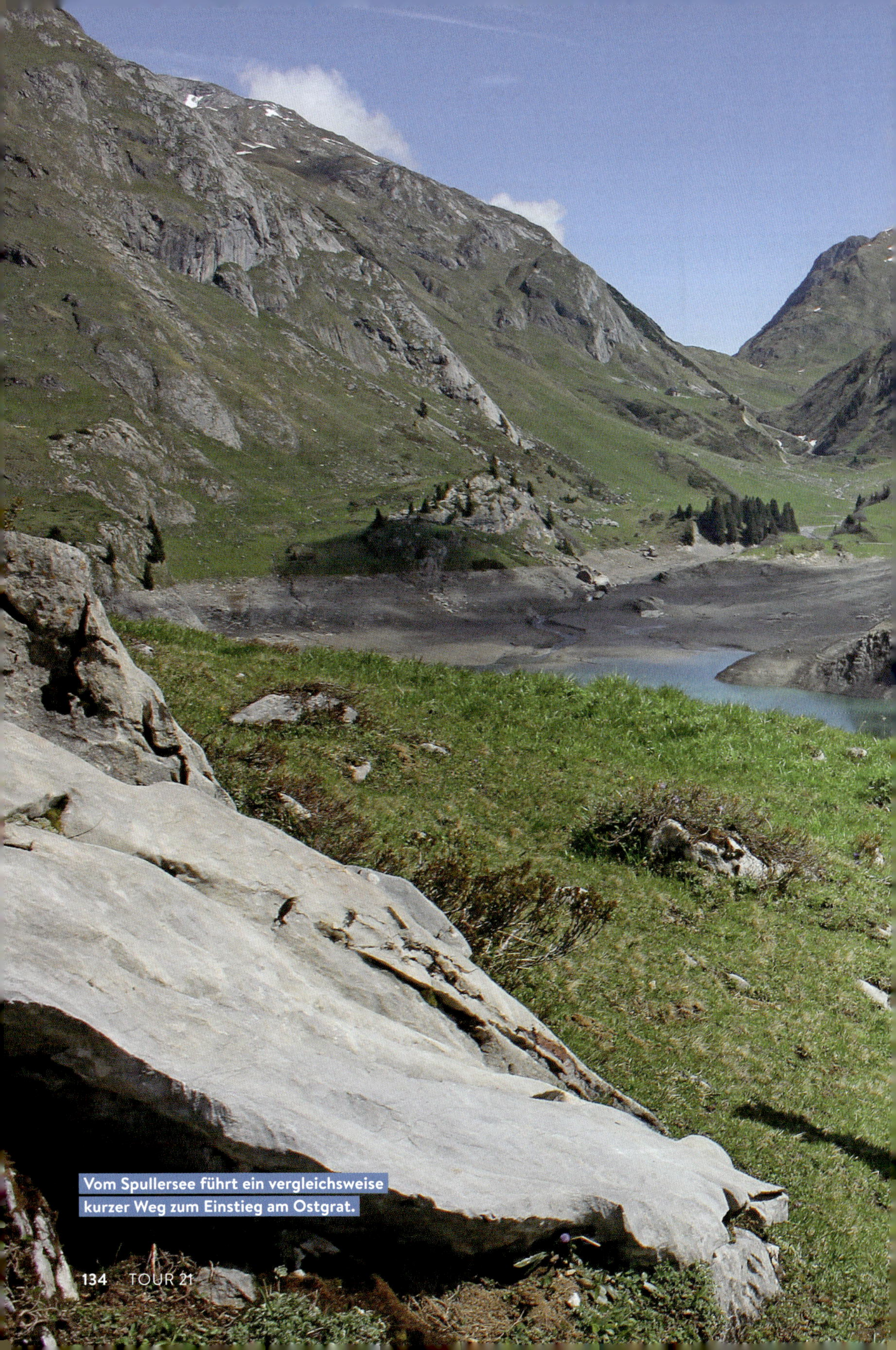

Vom Spullersee führt ein vergleichsweise kurzer Weg zum Einstieg am Ostgrat.

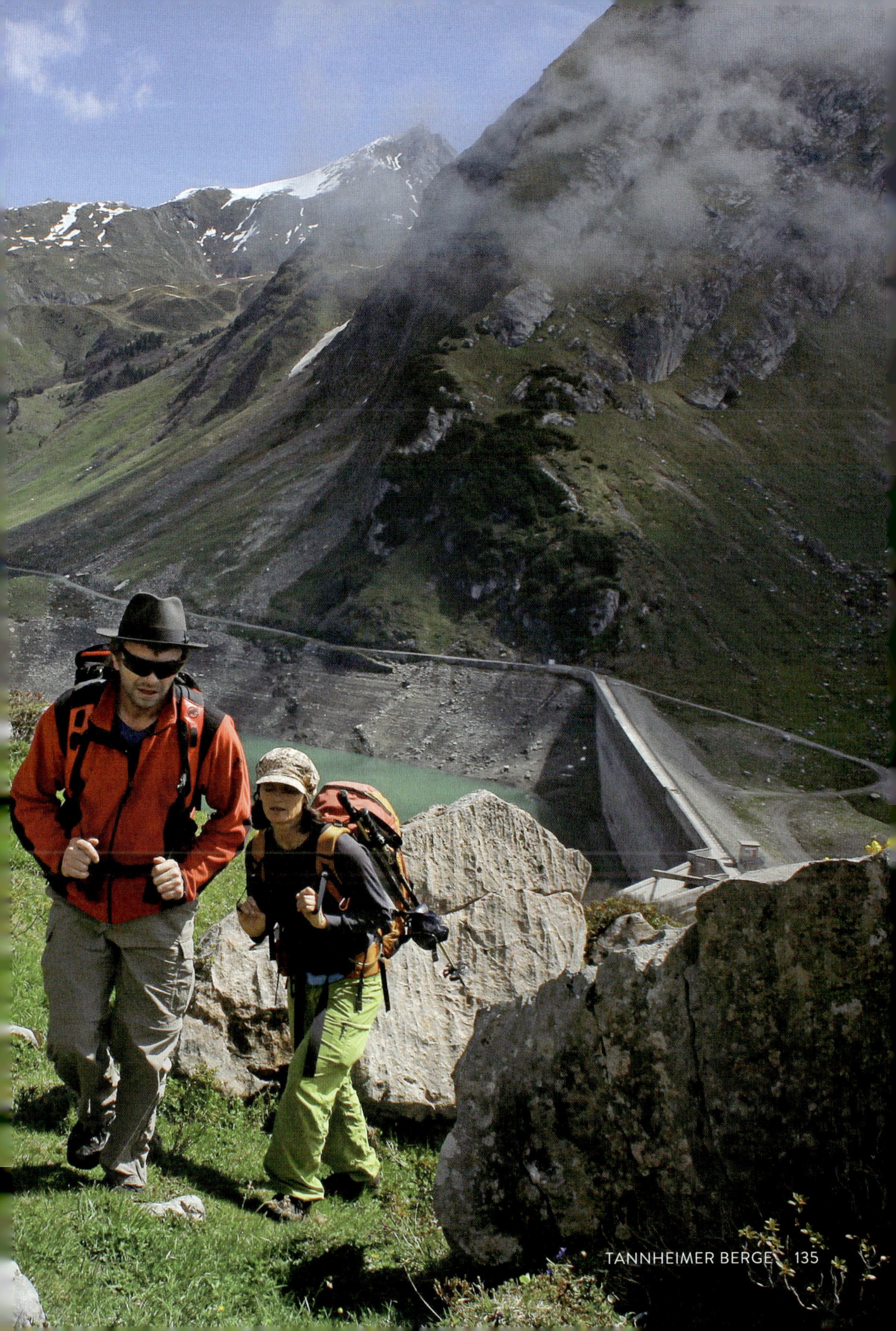

und Ganzen im unschwierigen Gehgelände zum Ausgangspunkt zurück.

Fazit: Mit dem unbekannten Ostgrat der Plattnitzer Jochspitze begegnen wir im dritten Buchteil dem IV. Schwierigkeitsgrad, vor allem aber einer schönen Grattour, prädestiniert für alle, die auf Staus beim Bergsteigen allergisch reagieren. Auch Grat-Einsteigern ist – wohlgemerkt: bei genügend alpiner (Kletter-)Erfahrung – diese abwechslungsreiche Kletterei in Kombination mit dem unschwierigen Abstieg besonders zu empfehlen.

ROUTE Vom Parkplatz am Spullersee wandert man auf dem breiten Fahrweg entlang des Westufers bis zum Südufer und folgt dort dem Weg weiter zur gut sichtbaren (nicht bewirteten) Ditteshütte. Ab hier ist etwas Orientierungsvermögen gefragt: Man steigt nun im weglosen Gelände nach Nordwesten bergan und muss dabei gut auf die Steigspuren achten, die zum Beginn des gut sichtbaren Ostgrats führen.

Am Einstieg des eigentlichen Ostgrats wartet eine plattige Wandstufe (III), die man aber auch links in einer Rinne umgehen kann, um auf einen markanten ersten Absatz zu gelangen. Ab jetzt bleibt man – ohne Orientierungsschwierigkeiten – immer am Grat, wobei sich kurze Steilaufschwünge und nahezu ebene, aber ausgesetzte Gratabschnitte abwechseln. Die schwereren Stellen sind immer gut mit soliden Bohrhaken gesichert. Die Schlüsselstelle (IV–) befindet sich am dritten Steilaufschwung, von wo an sich der Anstieg auch ein wenig zur Nordseite hin orientiert. Nach dem vierten Aufschwung folgt ein längerer flacher Gratabschnitt, bei dem man eine kurze Stelle etwas ausgesetzt abklettern muss. Auch hier gibt es die Möglichkeit zu sichern. Es folgt ein letztes Steil-

Gute Grat-Strategie: Klettergurte gleich anlegen, aber erst dann sichern, wenn sich jemand unwohl fühlt

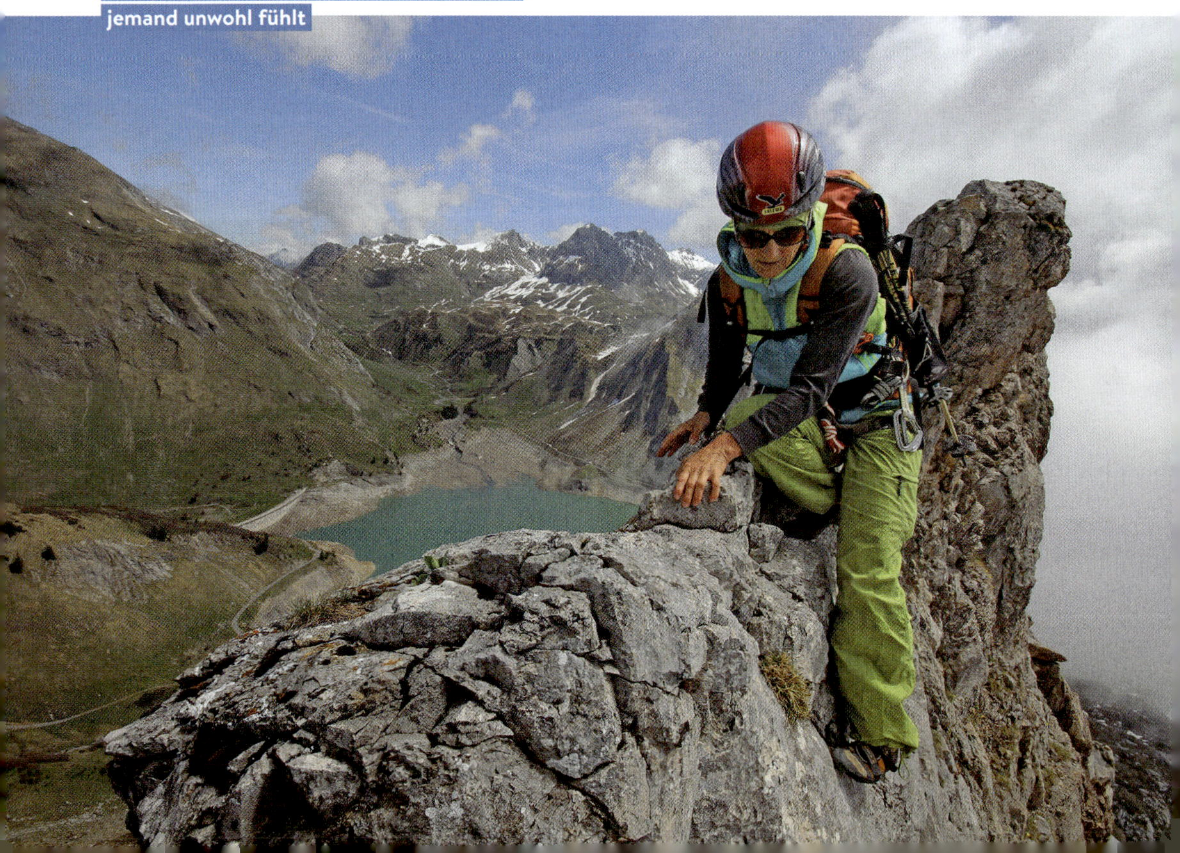

stück (III), ehe man in Gehgelände das Gipfelkreuz auf 2318 Metern Höhe erreicht.

ABSTIEG Man folgt nun einem schönen Wiesengrat weiter in Richtung Westen, bis man nach rechts deutliche Steigspuren abzweigen sieht (nicht markiert!). Der meist deutliche Pfad führt nun über weite Wiesenhänge nach Norden hinab. Man erreicht schließlich den markierten Weg vom Spullersee zur Freiburger Hütte und folgt diesem nach rechts zum Spullersee, wo es am Ufer entlang zum Ausgangspunkt zurückgeht.

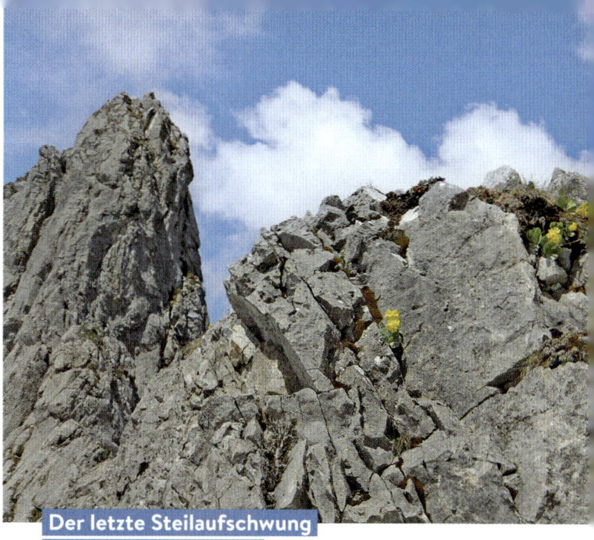

Der letzte Steilaufschwung der schönen Grattour

INFO

INFO
Österreich – Tannheimer Berge – Plattnitzer Jochspitze-Ostgrat (2318 m)

TALORT
Zug (1500 m)

AUSGANGS-/ENDPUNKT
Spullersee (1827 m)

GEHZEITEN
Spullersee – Einstieg Ostgrat 1.15 Std. – Plattnitzer Jochspitze 2.15 Std. – Spullersee 1.30 Std.

MOBIL VOR ORT
Bus & Bahn: Mit dem Zug nach Reutte, von dort mit Bussen 110 und 704 nach Lech/Rüfiplatz und weiter mit Wanderbus 706 zum Spullersee
Auto: Über das Lechtal nach Warth und links über Lech nach Zug. Die Mautstraße zum Spullersee ist täglich von 8–16.30 Uhr sowie mittwochs ganztägig für Pkw gesperrt, Wanderbusse (s. o.) fahren ab Anfang Juli täglich ab etwa 9 Uhr.

KARTE
AV-Karte Blatt 3/2 »Lechtaler Alpen, Arlberggebiet«, 1:25 000

INFORMATION
lechzuers.com

EINKEHR
Unterwegs keine

Mittelschwere Gratklettertour, bis IV–
5 Std. | 6 km | 500 Hm (Kletterlänge ca. 250 Hm)

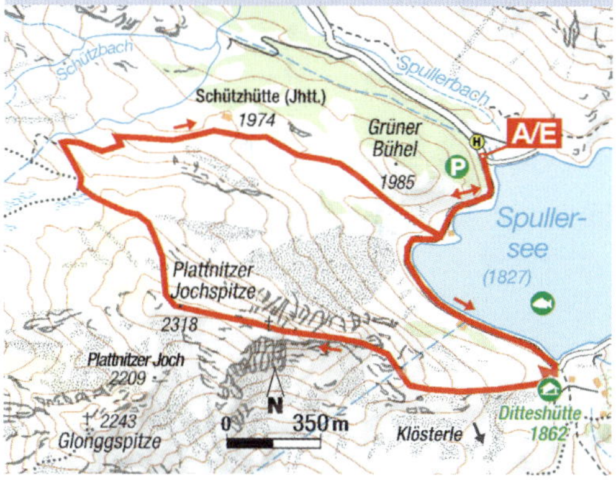

CHARAKTER
Schöne Gratkletterei im III. Schwierigkeitsgrad (eine Stelle IV–), dazwischen immer wieder auch Gehgelände. Die schwereren Stellen sind mit Bohrhaken gesichert. Der Abstieg erfolgt auf Steigspuren.

AUSRÜSTUNG
Kletterausrüstung mit Helm, 50-m-Seil, ca. 6 Expressschlingen

EINSAMKEITSFAKTOR
Auch an schönen Wochenenden kann man auf dieser Tour durchaus allein unterwegs sein.

Über den Westgrat zur Gehrenspitze

Tannheimer Mauerblümchen

Im Schatten berühmter Klettergipfel wie Gimpel, Hochwiesler oder Roter Flüh fristet der Westgrat der Gehrenspitze ein ziemliches Schattendasein. Anders ist der Umstand nicht zu erklären, dass man selbst an schönen Bergwochenenden ohne Gewittergefahr den Grat für sich allein haben kann.

Steilere Felsaufschwünge sind mit soliden Bohrhaken versichert.

22

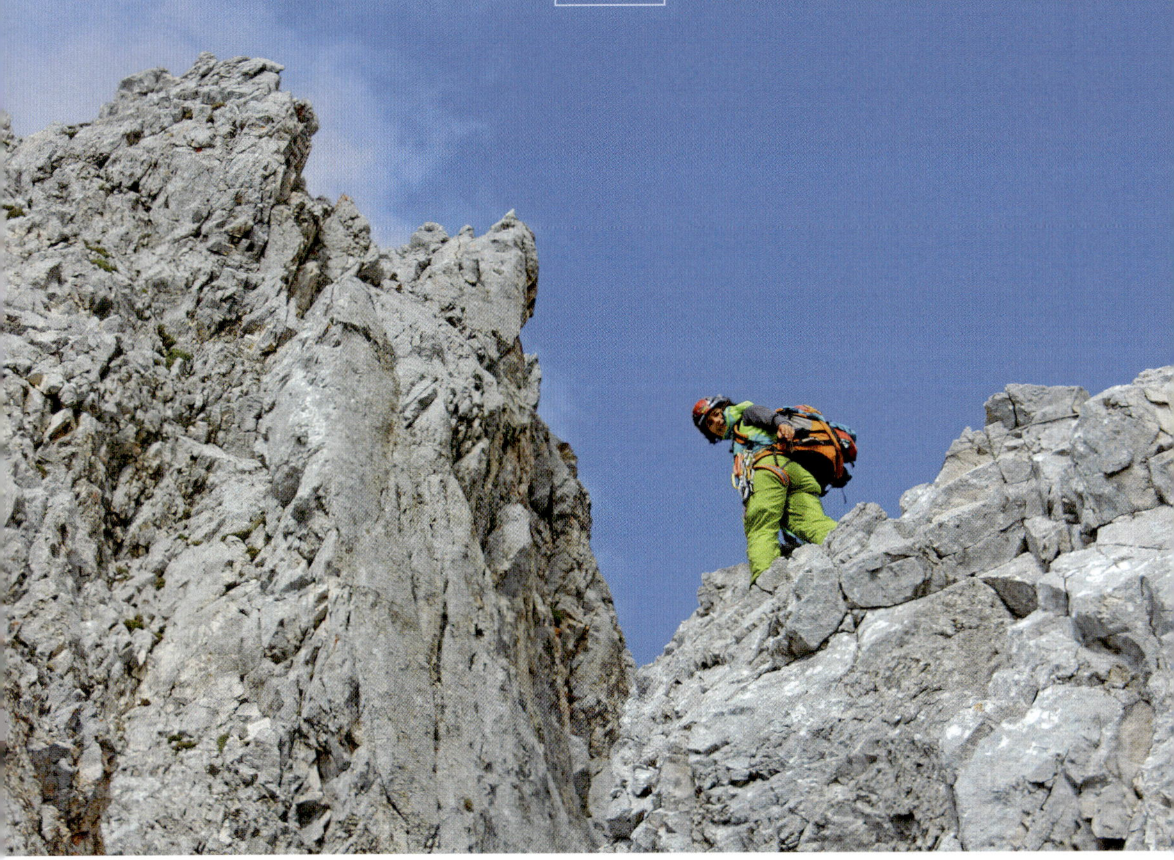

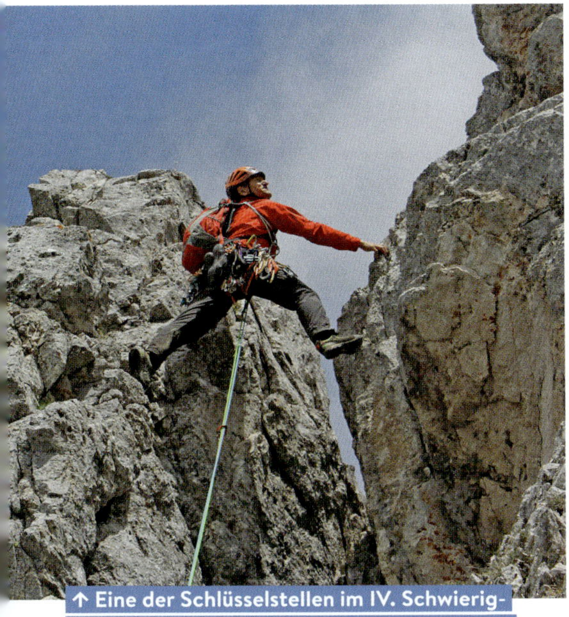

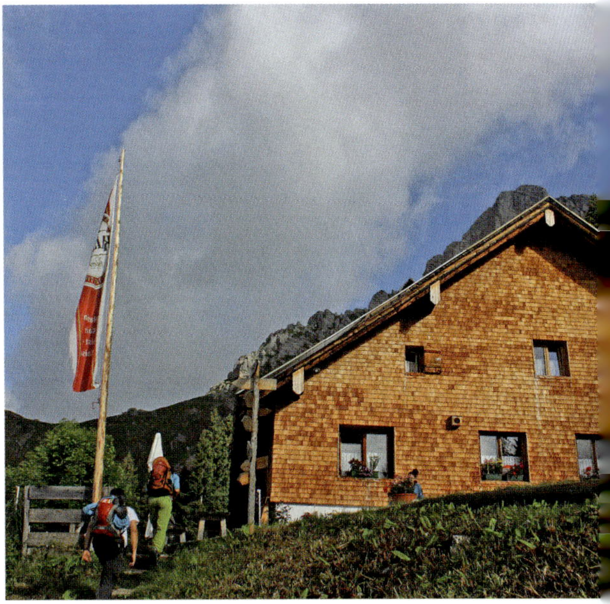

↑ Eine der Schlüsselstellen im IV. Schwierigkeitsgrad ↗ Beim Zustieg kommt man an der Gehrenalpe vorbei.

ZUGEGEBEN: Der Einstieg ist nicht ganz leicht zu finden. Nicht wenige Grat-Aspiranten legen da bereits am Gehrenjoch ihre Kletterausrüstung an, um dann ziemlich direkt nach Norden auf den Grat zuzusteuern. Dann erreicht man aber nur den oberen Gratverlauf und hat etwa zwei Drittel der schönen Linie verpasst. Man muss also vom Joch aus etwa 150 Höhenmeter nach Westen absteigen und gelangt, indem man Steigspuren nach rechts folgt, zu einer breiten Grasrinne, die wiederum zum eigentlichen Gratansatz führt.

Ab dort ist der Routenverlauf der reinste Genuss. Schon die ersten Passagen im II. und III. Schwierigkeitsgrad glänzen mit festem Fels. Hier bleibt das Seil im Idealfall im Rucksack, weil man auf dem Weg zur ersten Schlüsselstelle immer wieder durch Gehgelände wandert. Die Schlüsselstelle präsentiert sich als genauso gutgriffige wie gutmütige Steilstufe im unteren IV. Schwierigkeitsgrad und besticht zudem durch gebohrte Haken als Sicherungsmöglichkeiten. Solche mit Augenmaß gesetzte Bohrhaken an Schlüsselstellen von Plaisir-Graten sind heutzutage übrigens eher die Regel als die Ausnahme.

Um keine Zeit mit weiterem Aus- und Einbinden zu vergeuden, ist es eine gute Idee, dem Grat ab jetzt am laufenden Seil zu folgen. Die ebenfalls gutmütige zweite IVer-Stelle wird man, wie auch den darauffolgenden schneidigen Reitgrat, wieder sichern. Auch wenn Letztgenannter nur ein oberer IIIer, dafür aber herzhaft ausgesetzt ist. Beim finalen Gipfelanstieg, der auf dem Normalweg erfolgt, wandert das Seil wieder in den Rucksack. Schließlich will man die hier oft dazustoßenden Bergwanderer nicht zu der Fehleinschätzung verleiten, sie wären irgendwie »under-equipped«. Und auf dem Abstieg bietet es sich natürlich an, an der urigen und sehr netten Gehrenalpe auf diese schöne Grattour anzustoßen.

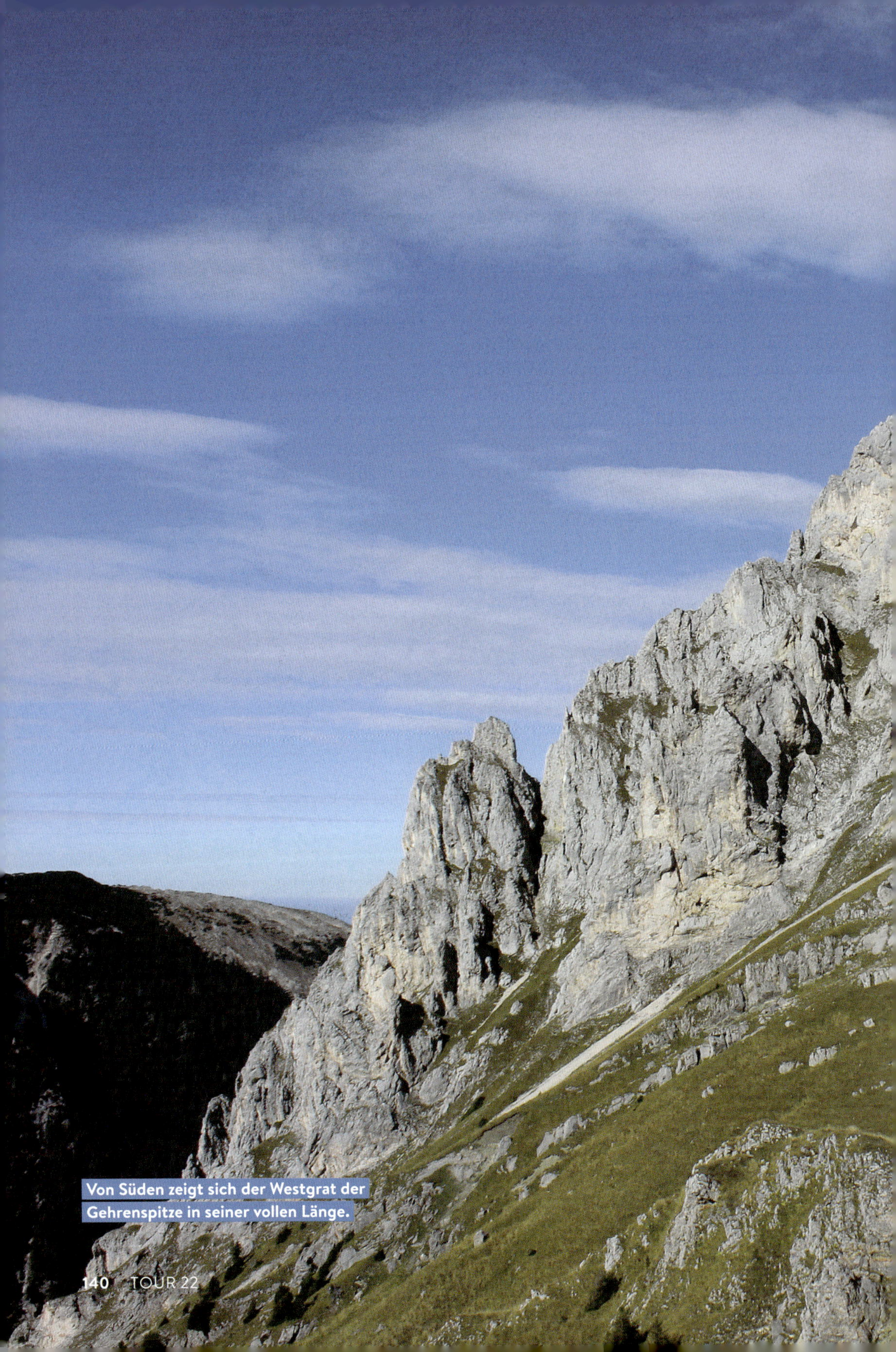

Von Süden zeigt sich der Westgrat der Gehrenspitze in seiner vollen Länge.

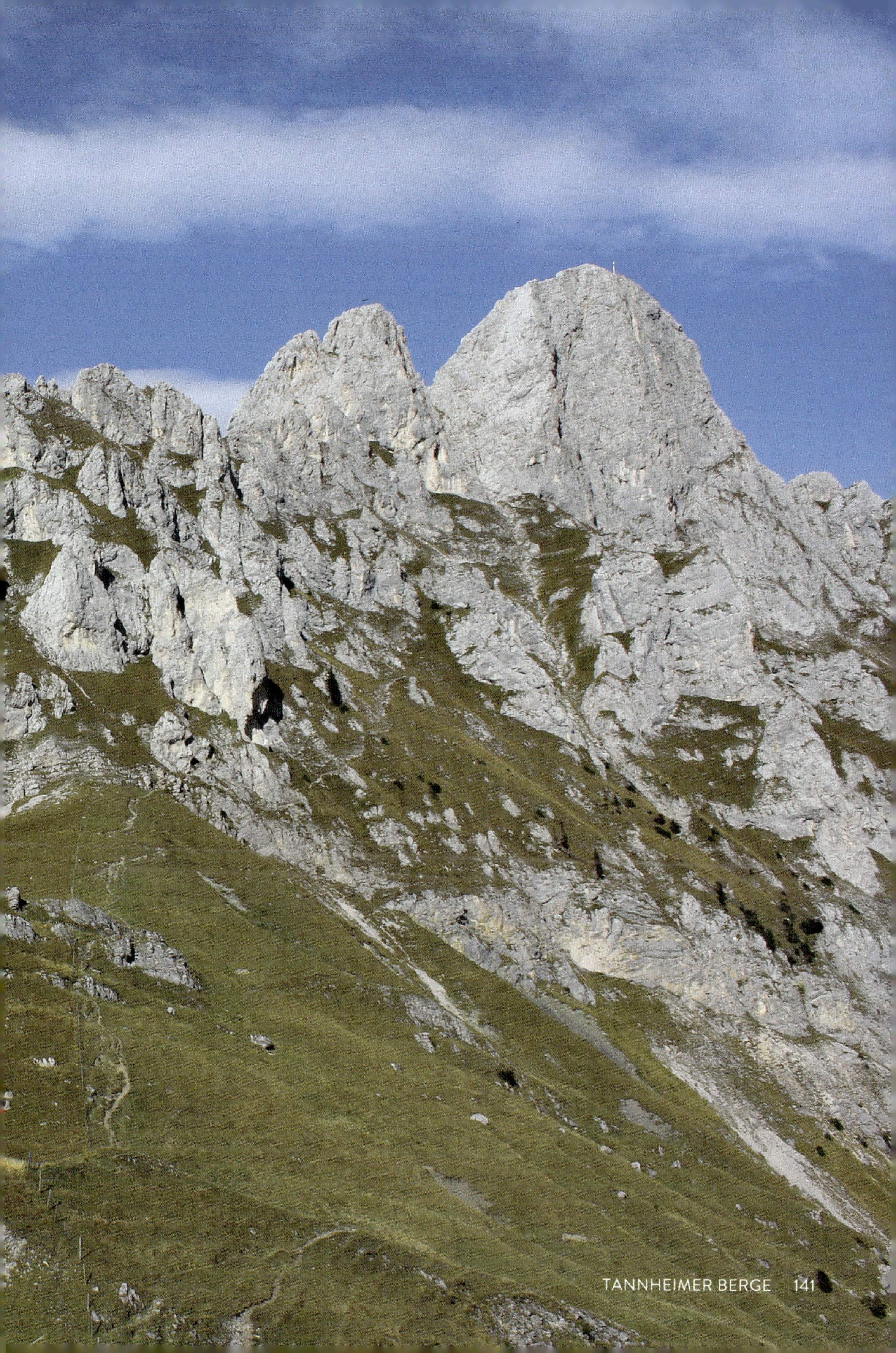

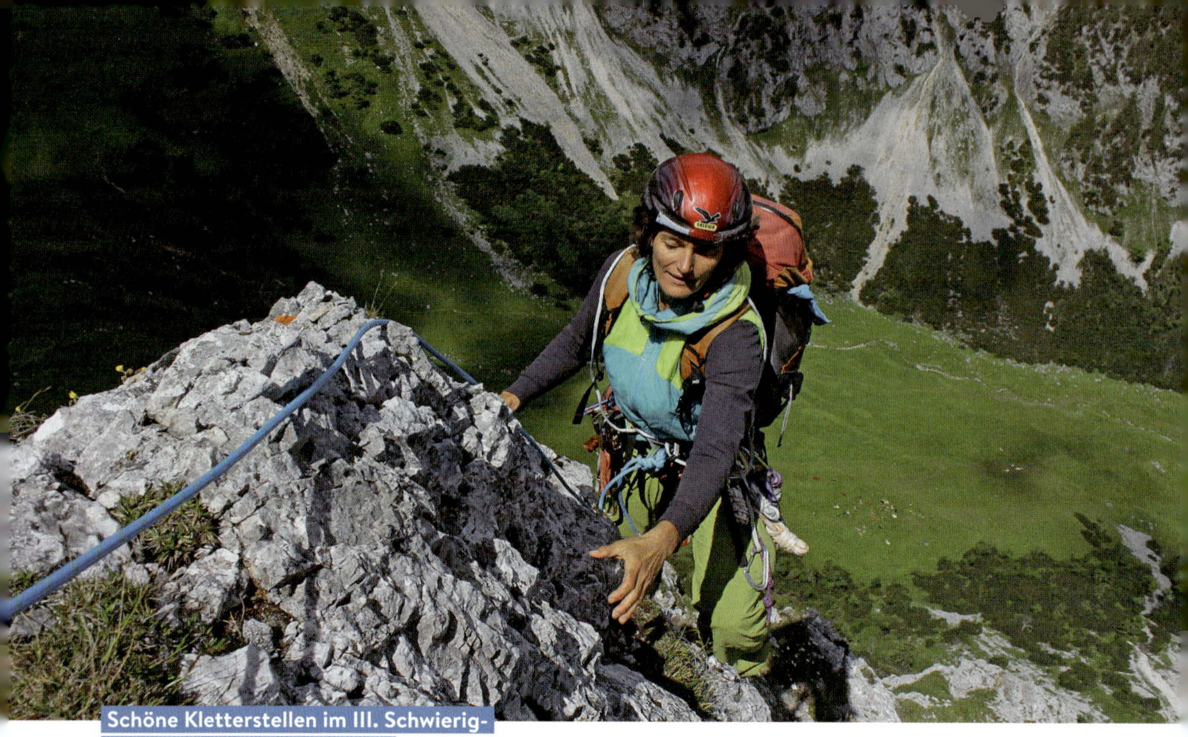

Schöne Kletterstellen im III. Schwierigkeitsgrad am Beginn der Tour

Aufgrund des vom Tal aus recht langen Zustiegs macht es im Übrigen Sinn, diesen mit Seilbahnhilfe zu verkürzen. Allerdings muss man sehr schnell unterwegs sein, um die letzte Seilbahn-Talfahrt zu erwischen – ansonsten steigt man einfach von der Gehrenalpe zu Fuß ins Tal ab.

ROUTE Von der Bergstation folgt man dem gut beschilderten Alpenrosensteig, der über die Lechaschauer Alm nach Norden zur Gehrenalpe führt. Kurz vor der Gehrenalpe (1610 m) hält man sich an der Gabelung scharf links und gelangt so zum Gehrenjoch. Hier steigt man nun weglos etwa 150 Höhenmeter nach Westen ab. Man sieht dann auf der rechten Seite Wegspuren, die zu den Felsen hinüber queren. Man muss nun die Einstiegsrinne finden (großer roter Punkt), die zum felsigen Westgrat hinaufführt. Diese Rinne wird erst, indem man weiter absteigt, hinter einem Vorsprung sichtbar; der erste Standplatz liegt etwas erhöht mittig in der Rinne.

Im Großen und Ganzen folgt die Tour nun der Gratlinie, zudem geben Haken den Wegverlauf vor. Der erste Turm wird nördlich umgangen, und bald danach folgt die Schlüsselstelle des Grats: ein Aufschwung im unteren IV. Schwierigkeitsgrad. Es folgt eine schöne, ausgesetzte Passage im festen Fels. Um einen großen Block herum kurz in eine kleine Scharte, hinter der der nächste Felsaufschwung wartet.

Es folgen rund 100 Meter Gehgelände zu einem freistehenden Gratturm. Direkt an der Kante auf diesen (III+) hinauf. Dahinter steigt man leicht in eine Scharte und direkt zu einem Parallelgrat auf. Auf der Nordseite folgt noch einmal leichtes Gehgelände bis unter den Vorgipfel der Gehrenspitze. Über eine südlich vorgelagerte Rippe klettert man im festen Fels empor, dann über einen sehr schmalen Reitgrat an die Gipfelwand und zum Vorgipfel. Hier ist die eigentliche Gratkletterei zu Ende. Man steigt in deutlich leichterem Gelände in die Scharte vor dem Hauptgipfel, wo man auf den Normalweg zur Gehrenspitze stößt. Diesem bestens markierten Steig folgt man nun in leicht ausgesetztem Gelände (I) zum Gipfelkreuz auf 2163 Metern Höhe.

ABSTIEG Vom Gipfel aus geht es auf dem gut markierten Normalweg zum Gehrenjoch und zur Gehrenalpe. Von hier kann man (wenn man rechtzeitig dran ist) entweder wieder zur Seilbahn zurückkehren oder (wenn man die letzte Talfahrt nicht mehr erwischen wird) zu Fuß über den gut markierten Weg ins Tal absteigen (zusätzlich für den Abstieg 1.45 Std.). Zur Sicherheit ist es nicht nur im Herbst eine gute Idee, eine Stirnlampe im Rucksack mit dabeizuhaben.

INFO

INFO
Österreich – Tannheimer Berge – Gehrenspitze-Westgrat (2163 m)

TALORT
Reutte in Tirol (850 m)

AUSGANGS-/ENDPUNKT
Bergstation Hahnenkammbahn (1742 m)

GEHZEITEN
Bergstation Hahnenkammbahn – Einstieg Westgrat 2.15 Std. – Gehrenspitze 4 Std. – Bergstation Hahnenkammbahn 1.45 Std.

MOBIL VOR ORT
Bus & Bahn: Mit dem Zug mit Umsteigen in Garmisch-Partenkirchen bzw. Kempten nach Reutte und weiter mit Bus 110 zur Hahnenkammbahn

Auto: A7 bzw. B 17 (über Füssen) nach Reutte und weiter Richtung Lechtal, bei Höfen rechts zur beschilderten Hahnenkammbahn

KARTE
AV-Karte BY 5 »Tannheimer Berge«, 1:25 000

INFORMATION
reutte.com

EINKEHR
Gehrenalpe (geöffnet ab Ende Mai, Tel. +43/(0)650/751 39 05, gehrenalpe.com)

SEILBAHN
Hahnenkammbahn, täglich Betrieb von 9–16.30 Uhr, bergwelt-hahnenkamm.at

CHARAKTER
Unbekanntes Grat-Schmankerl in meist festem Gestein. Viele IIer-Stellen und auch Gehgelände. Zu Beginn Orientierungssinn für den Einstieg erforderlich

Mittelschwere Gratkletterei, bis IV– | **8 Std.** | **11 km** | **850 Hm**

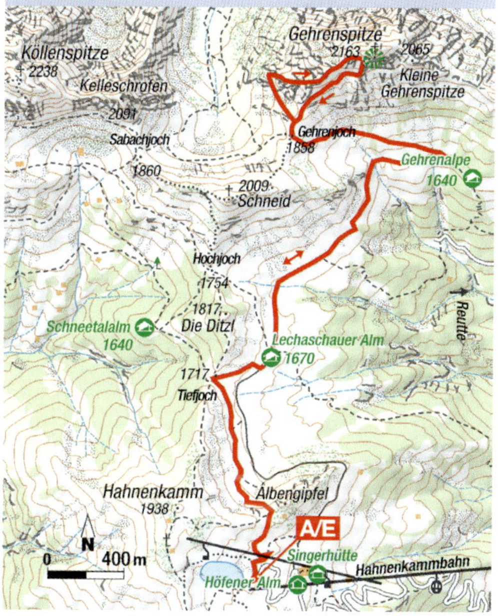

AUSRÜSTUNG
Kletterausrüstung mit Helm, 50-m-Seil, ca. 6 Expressschlingen

EINSAMKEITSFAKTOR
Auch an Wochenenden kann man am Westgrat der Gehrenspitze allein unterwegs sein.

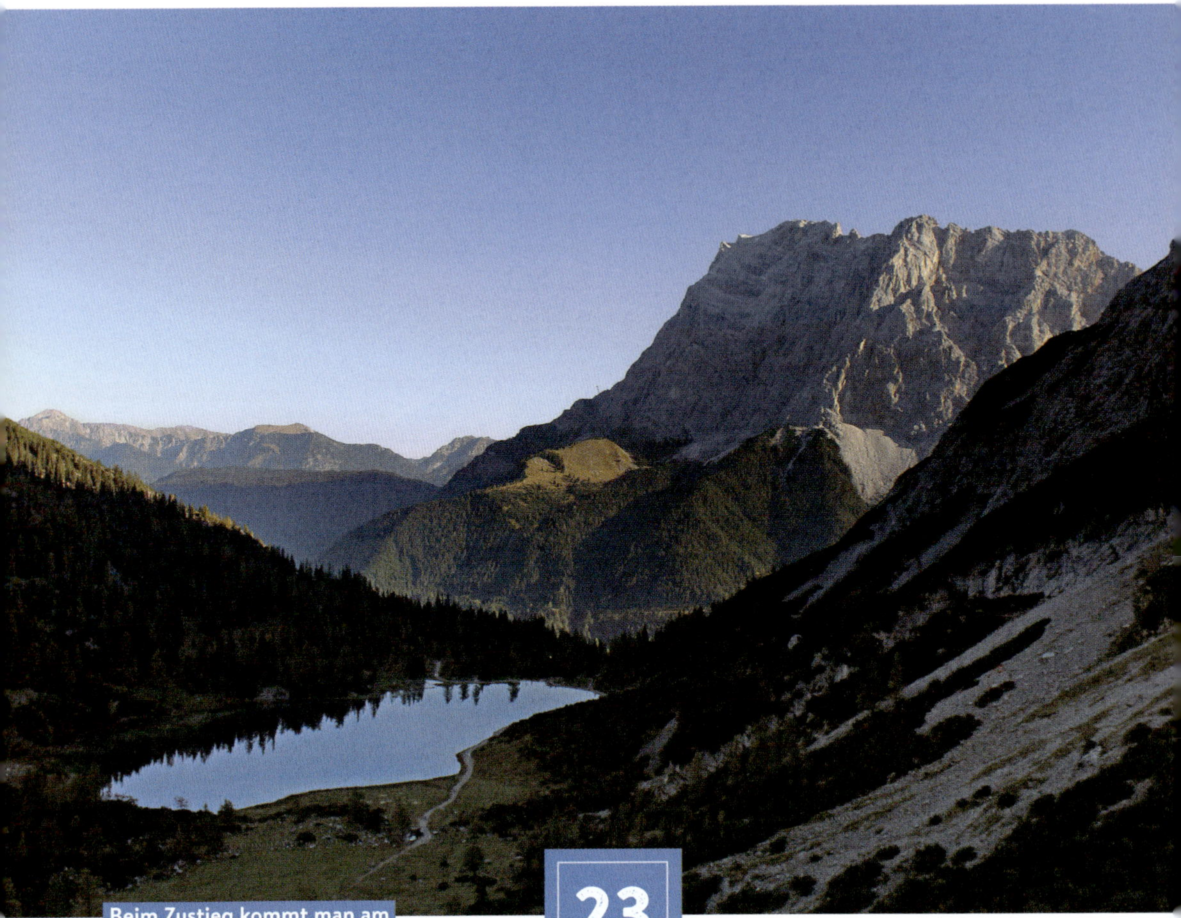

Beim Zustieg kommt man am wunderbaren Seebensee vorbei.

23

Am Südgrat zur Ehrwalder Sonnenspitze

Geheimtipp im Angesicht der Zugspitze

Fährt man von Garmisch kommend ins schöne Außerfern, taucht gleich nach der alten Steinbogenbrücke eine Berggestalt auf, bei der schnell klar wird, warum sie Ehrwalder Matterhorn genannt wird. Kartografen bezeichnen den markanten Felsgipfel hingegen als Ehrwalder Sonnenspitze – was natürlich auch ein schöner Name ist.

DAS GIPFELKREUZ ist auch auf den zwei Normalwegen, von denen einer nord-, der andere südseitig verläuft, alles andere als leicht zu erreichen. Bereits hier sollte man den II. Schwierigkeitsgrad im Griff haben und absturzgefährdetes Gelände sicher meistern können. Trotzdem ist die exponierte Sonnenspitze an Wochenenden recht beliebt, was auch an der grandiosen Aussicht auf den türkisfarbenen Seebensee und auf das im Norden aufragende Zugspitzmassiv liegen mag.

Auf dem tollen Kletteranstieg entlang des Südgrats kann man hingegen selbst an schönen Sams- und Sonntagen allein unterwegs sein. Was eigentlich nicht ganz verständlich ist, denn die Felspassagen präsentieren sich als griffiger, kompakter Kalk. Die Standplätze sind mit Ringhaken und die schwersten Kletterstellen mit Bohrhaken abgesichert. Wir begeben uns mit dieser Grattour übrigens zum ersten Mal in diesem Buch in den V. Schwierigkeitsgrad, und auch wenn dieser in der ersten Seillänge »nur« mit V–

↑ Der Zustieg ist sehr schön, aber nicht gerade kurz. ↓ Am Einstieg kommt das Kletterseil aus dem Rucksack. ↘ Am Gipfel wird man Bergsteiger treffen, die den Normalweg gewählt haben.

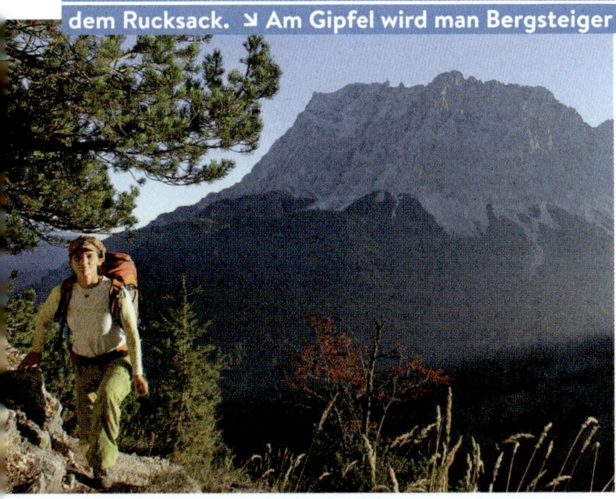

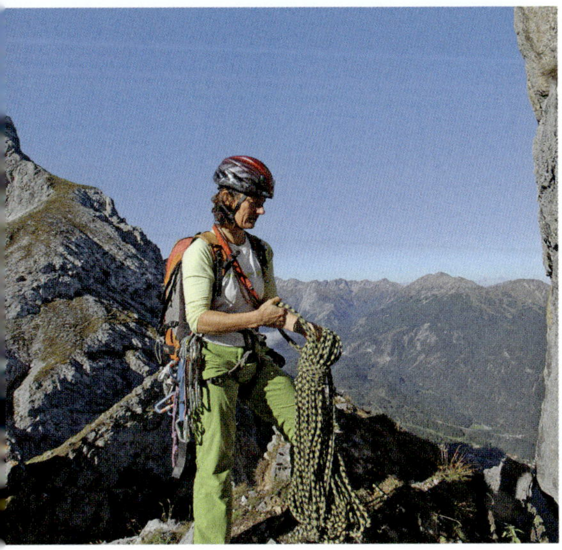

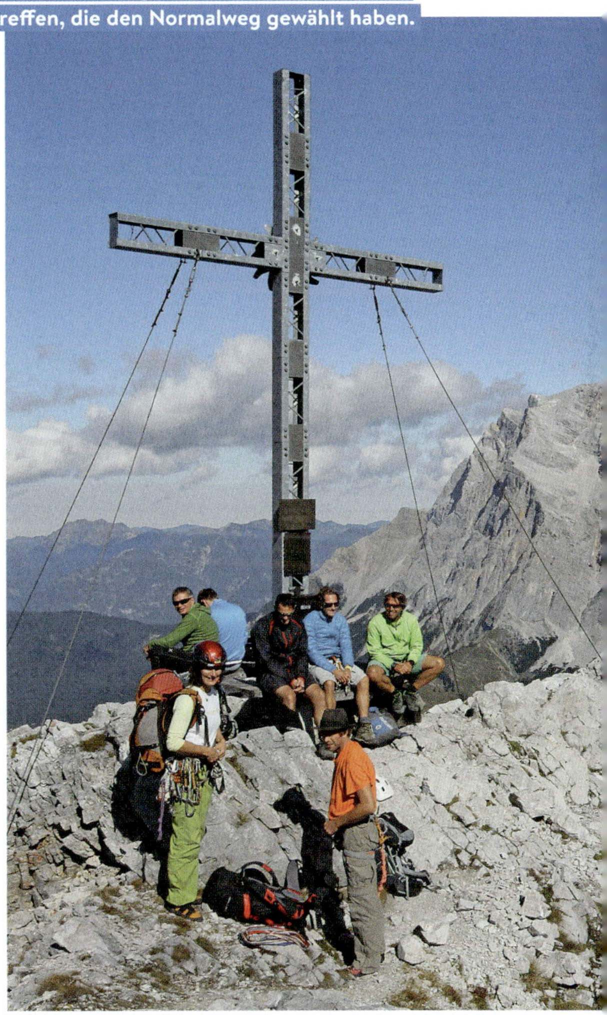

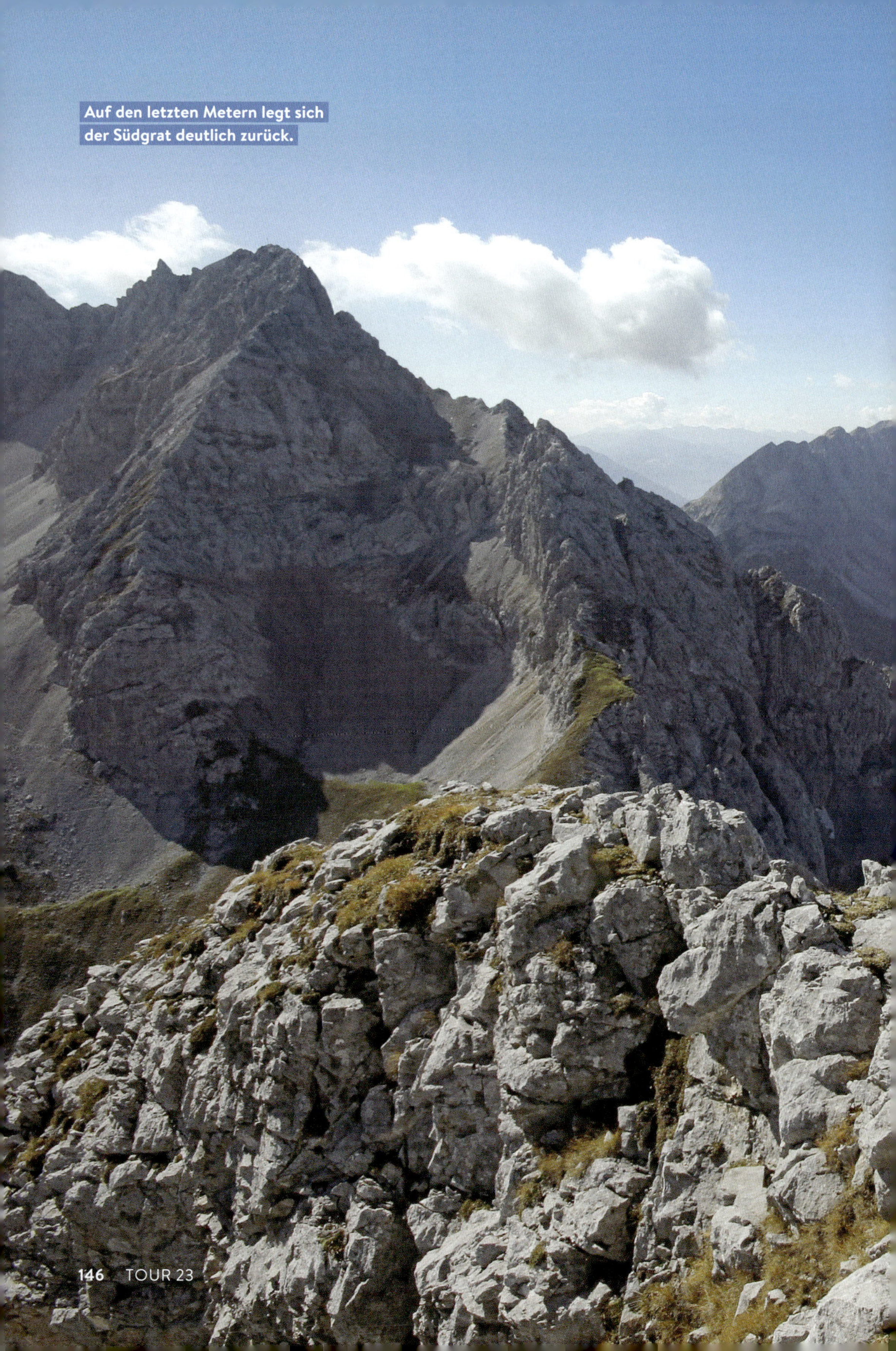

Auf den letzten Metern legt sich der Südgrat deutlich zurück.

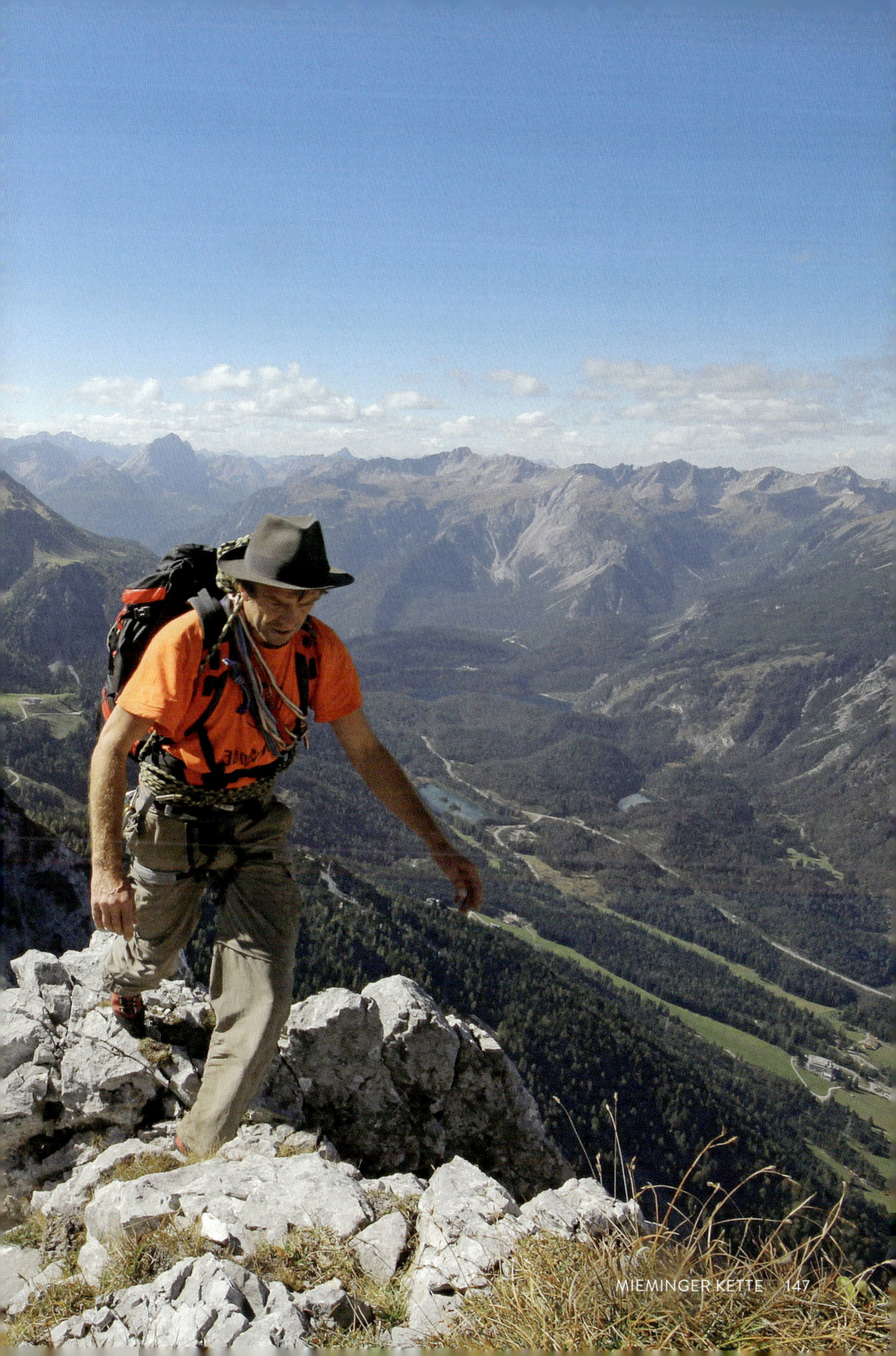

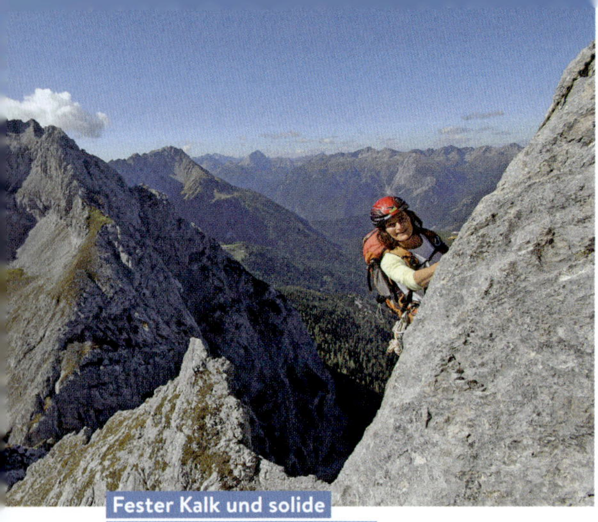

Fester Kalk und solide Bohrhaken-Absicherungen

angegeben wird, bekommt man die Tour aufgrund der eher strengen Bewertung dieser Schlüsselstelle bestimmt nicht geschenkt.

Der Südgrat der Ehrwalder Sonnenspitze ist zudem ein gutes Lehrstück in Sachen Zeitmanagement: Nach der ersten Schlüsselstelle macht es Sinn, das Seil erst einmal wieder in den Rucksack zu packen und das folgende (Geh-)Gelände (bis I) seilfrei zu meistern. Erst an einer Scharte bindet man sich wieder ein und genießt nun abgesichert die folgenden schönen Kletterpassagen im IV. Schwierigkeitsgrad. Das letzte Gratstück zum Gipfel sollte man dann wieder seilfrei bewältigen können.

Vollkommen entspannt zurücklegen darf man sich am Gipfel dann aber noch nicht, schließlich weist auch der etwas leichtere Nordabstieg Stellen auf, an denen man keinesfalls ausrutschen sollte! Dann hat man sich besonders an heißen Sommertagen einen Sprung in den Seebensee redlich verdient.

ROUTE Vom Parkplatz an der Ehrwalder Almbahn folgt man der Beschilderung »Hoher Gang« zunächst am Geißbach entlang, dann über den Bach, durch Bergwald ansteigend und über ein steileres Geröllfeld hinauf. Kurz darauf erreicht man eine Steilstufe, über die es mit Hilfe von Stahlseilen (weiter mit »Hoher Gang« markiert) unschwer hinaufgeht. Das Gelände legt sich zurück, und man stößt auf einen breiteren Weg, über den es zum Seebensee (1657 m) weitergeht. Am Ostufer nach Süden weiterwandernd, erreicht man einen großen Latschenhang, über den Serpentinen zur Coburger Hütte (1917 m) hinaufführen. Nach einer optionalen Stärkung folgt man der Beschilderung nach Westen zur Biberwierer Scharte (2000 m), wobei man eine Abzweigung nach links zum Drachenkopf ignoriert. Kurz vor der Scharte hält man sich rechts und steigt über Steigspuren zum gut sichtbaren Einstieg unterhalb einer steilen Felsstufe auf.

Die erste Seillänge verläuft (recht gut gesichert) gleich sportlich über die Steilstufe, wobei sich die Schlüsselstelle (V–) im oberen Teil befindet. Danach geht es im Gehgelände nach rechts und dann immer entlang des Grats weiter, der nach Westen steil abbricht. In den leichteren Gratpassagen (I und II) gibt es meist keine Zwischensicherungen. In einer Scharte bindet man sich wieder ein. Es folgen zwei Seillängen im IV. Schwierigkeitsgrad; man befindet sich hier etwas rechts des Grats. Dann geht es wieder meist am Grat entlang, wobei das IIer-Gelände von zwei IVer-Stellen unterbrochen wird. Zuletzt

Tipp

HINWEIS

Wem die Ehrwalder Sonnenspitze als Tagestour zu lang ist, der kann vorab auf der schön gelegenen Coburger Hütte übernachten. Achtung, an Wochenenden muss man hier rechtzeitig reservieren!

am Grat und auf dem Normalweg erreicht man den Gipfel der Ehrwalder Sonnenspitze (2417 m).

ABSTIEG Man folgt den roten Markierungen in die steile Nordflanke, wo man etwa eine halbe Stunde noch im steilen, aber technisch leichten Fels unterwegs ist (Stellen I) und somit sehr gut darauf achten muss, nicht abzurutschen! Dann wird der Steig flacher und führt in einer Querung nach rechts. Der Pfad wird deutlicher, und man verlässt den Felsbereich, muss aber dennoch gut auf seine Tritte achten, da es immer noch absturzgefährliche Stellen gibt. Dann wird das Gelände sanfter, und der Pfad führt zuletzt im lichten Wald zum Seebensee hinab, wo man auf den Anstiegsweg trifft.

INFO

INFO
Österreich – Mieminger Kette – Ehrwalder Sonnenspitze-Südgrat (2417 m)

TALORT
Ehrwald (990 m)

AUSGANGS-/ENDPUNKT
Parkplatz an der Talstation der Ehrwalder Almbahn (1100 m)

GEHZEITEN
Ehrwalder Almbahn – Einstieg Südgrat/Biberwierer Scharte 3 Std. – Ehrwalder Sonnenspitze 4.30 Std. – Ehrwalder Almbahn 2.30 Std.

MOBIL VOR ORT
Bus & Bahn: Mit dem Zug mit Umsteigen in Garmisch-Partenkirchen bzw. Reutte nach Ehrwald und weiter mit Bus 1 zur Ehrwalder Almbahn
Auto: A 95 und B 2 nach Garmisch-Partenkirchen und nach rechts weiter Richtung Ehrwald, dort der Beschilderung zur Ehrwalder Seilbahn folgen

KARTE
AV-Karte Blatt 4/2 »Wetterstein Mitte«, 1:25 000

INFORMATION
zugspitzarena.com

EINKEHR/UNTERKUNFT
Coburger Hütte (DAV, geöffnet Juni bis Anfang Okt., Tel. +43/(0)664/325 47 14, coburgerhuette.at)

CHARAKTER
Vergleichsweise wenig bekannte Grattour mit langem Zustieg und knackiger Schlüsselstelle gleich zu Beginn. Danach wechseln sich Gehgelände und schöne, kom-

Anspruchsvolle Gratkletterei, bis V– | 10 Std. | 12 km | 1320 Hm

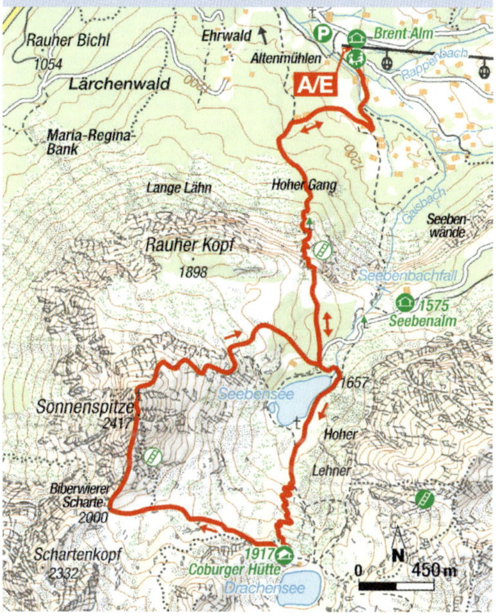

pakte Kletterei miteinander ab. Die bequemen Standplätze sind bestens eingerichtet.

AUSRÜSTUNG
Kletterausrüstung mit Helm, 50-m-Seil, ca. 6 Expressschlingen

EINSAMKEITSFAKTOR
Auch an schönen Wochenenden ist diese Tour nicht überlaufen.

Am Südwestgrat auf den Koflerturm

Karwendelfels der Extraklasse

»Ist doch alles nur Schotter!« Nicht ganz zu Unrecht hat das Karwendelgebirge bei Alpin-Kletterern einen eher zweifelhaften Ruf. Doch Spitzenkletterer, wie z. B. Heinz Zak am Lafatscher und an der Speckkarspitze, haben gezeigt, dass es auch zwischen Inn und Isar bombenfesten Kalk gibt. Die Touren dort sind allerdings nur wirklich guten Kletterern vorbehalten.

24

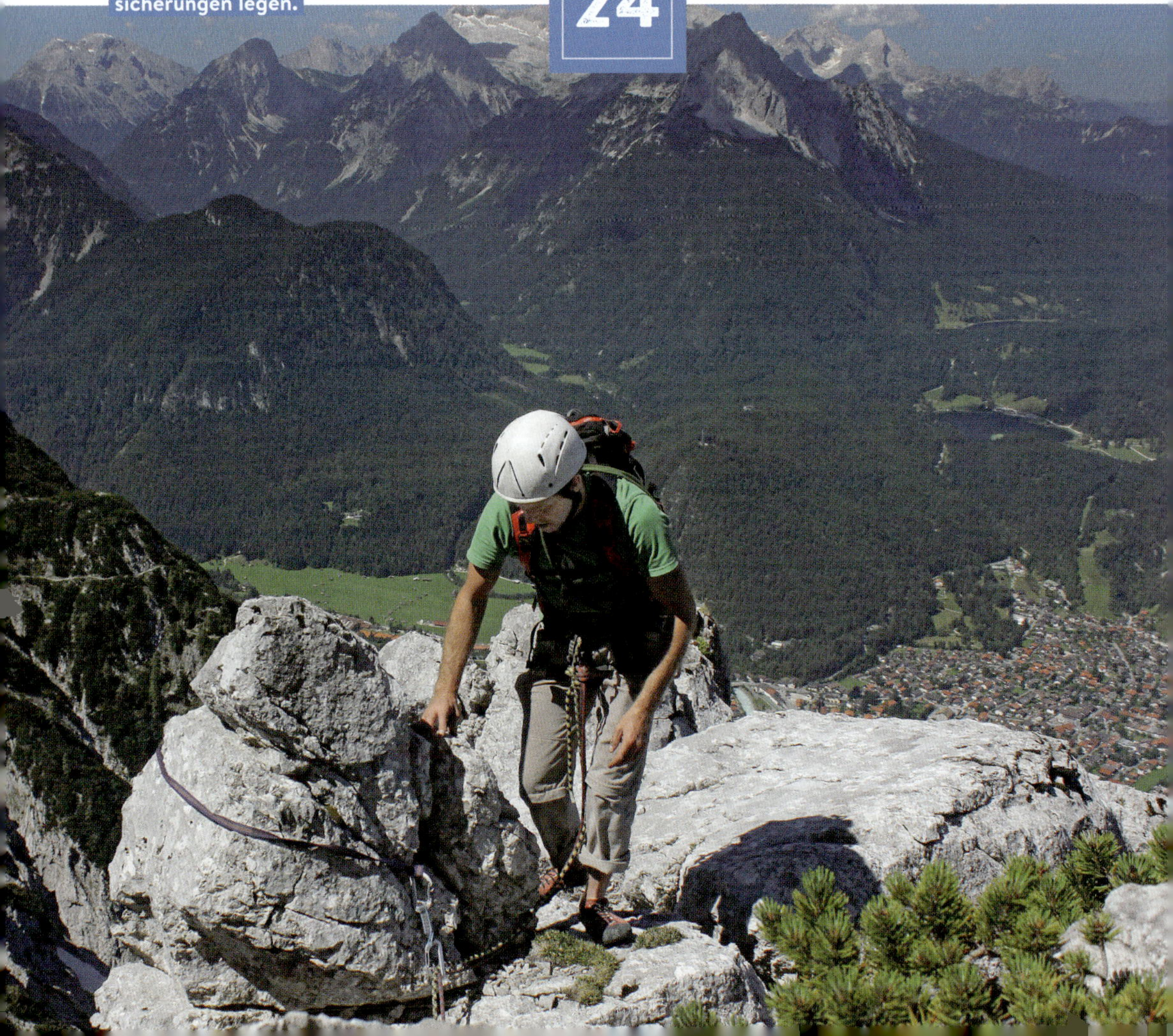

Oft kann man an Felsköpfen mit Bandschlingen Zwischensicherungen legen.

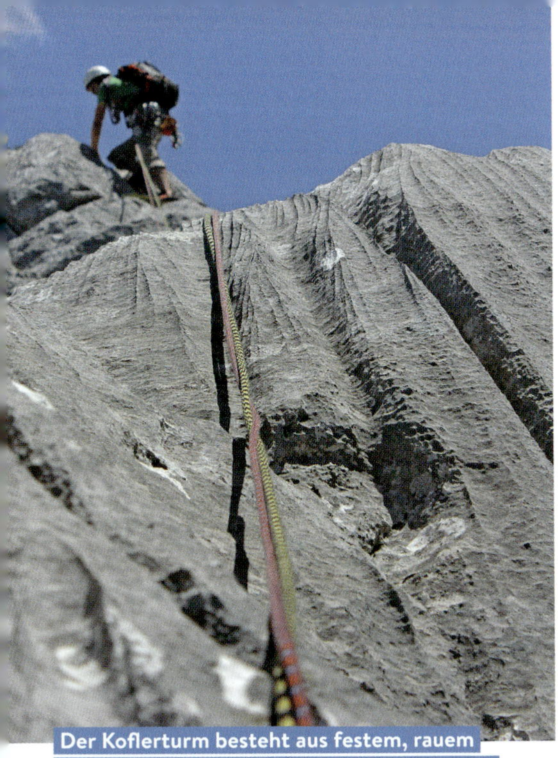

Der Koflerturm besteht aus festem, rauem Kalkgestein, was im Karwendelgebirge keine Selbstverständlichkeit ist.

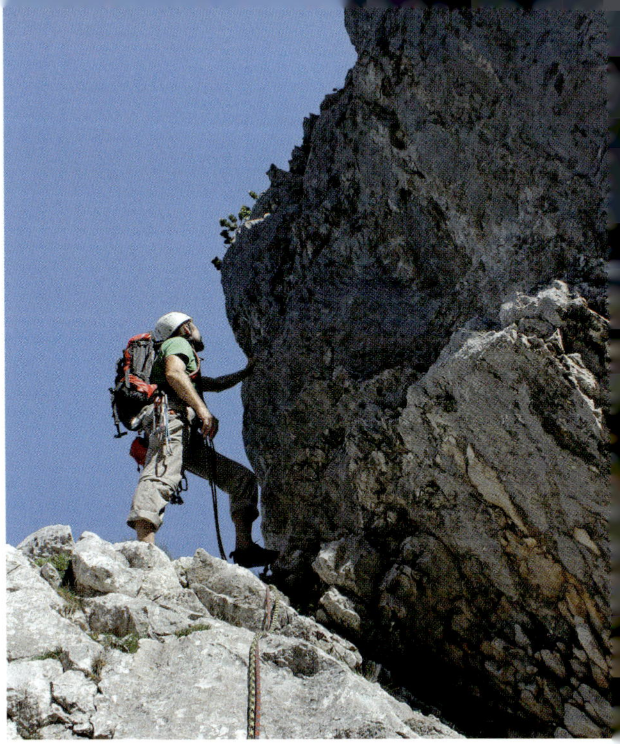

WER EINE ERSTAUNLICH feste und zugleich griffige Tour im Plaisir-Bereich sucht, wird ganz im Westen des Karwendels oberhalb von Mittenwald fündig. Im Schatten der viel bekannteren Viererspitze bietet der Koflerturm eine wunderbar ausgesetzte Grattour, deren Schlüsselstelle im V. Schwierigkeitsgrad erst kurz vor dem Gipfelkreuz zu meistern ist. Jedoch ist bereits am steilen Zustieg alpine Erfahrung gefragt, da man schon auf dem Weg bis zum Anseilplatz alle Griffe und Tritte gut auf ihre Festigkeit prüfen muss. Dann aber steht dem Gratgenuss nichts mehr im Wege. Nicht zuletzt auch deswegen, weil man die schwindelerregenden Tiefblicke nach Mittenwald selbst an schönen Wochenenden oft allein genießt.

Richtiges Gehgelände wie bei der Ehrwalder Sonnenspitze gibt es am Koflerturm-Südwestgrat eher nicht, wohl aber Passagen, auf denen man je nach Erfahrung durchaus auch am laufenden Seil gehen kann. Ansonsten sind die Standplätze nicht immer in Stein gemeißelt, denn man kann an den vielen Felsköpfeln auch gut mit Bandschlingen sichern. Gerade weil man fast die gesamte Tour über in herrlich leichter Kraxelei dem Gipfelziel entgegensteigt, sollte man unterwegs nicht vergessen: Die Schlüsselstelle kommt erst ganz zum Schluss, und sie ist zwar kurz, aber für einen Ver recht knackig!

Als Belohnung kann man auf der anderen Seite des kleinen Gipfels entspannt abseilen, und auch auf dem weiteren Routenverlauf gibt es keine Absturzgefahr mehr. Auf dem nicht gerade kurzen Rückweg ins Tal kann man zudem auf der nach wie vor sehr urigen Dammkarhütte einkehren und auf die gelungene Tour anstoßen.

ROUTE Für den Zustieg folgt man vom Parkplatz zunächst dem Wegweiser Richtung Mittenwalder Hütte. Wenige Hundert Meter davor zweigt man an einer Kehre

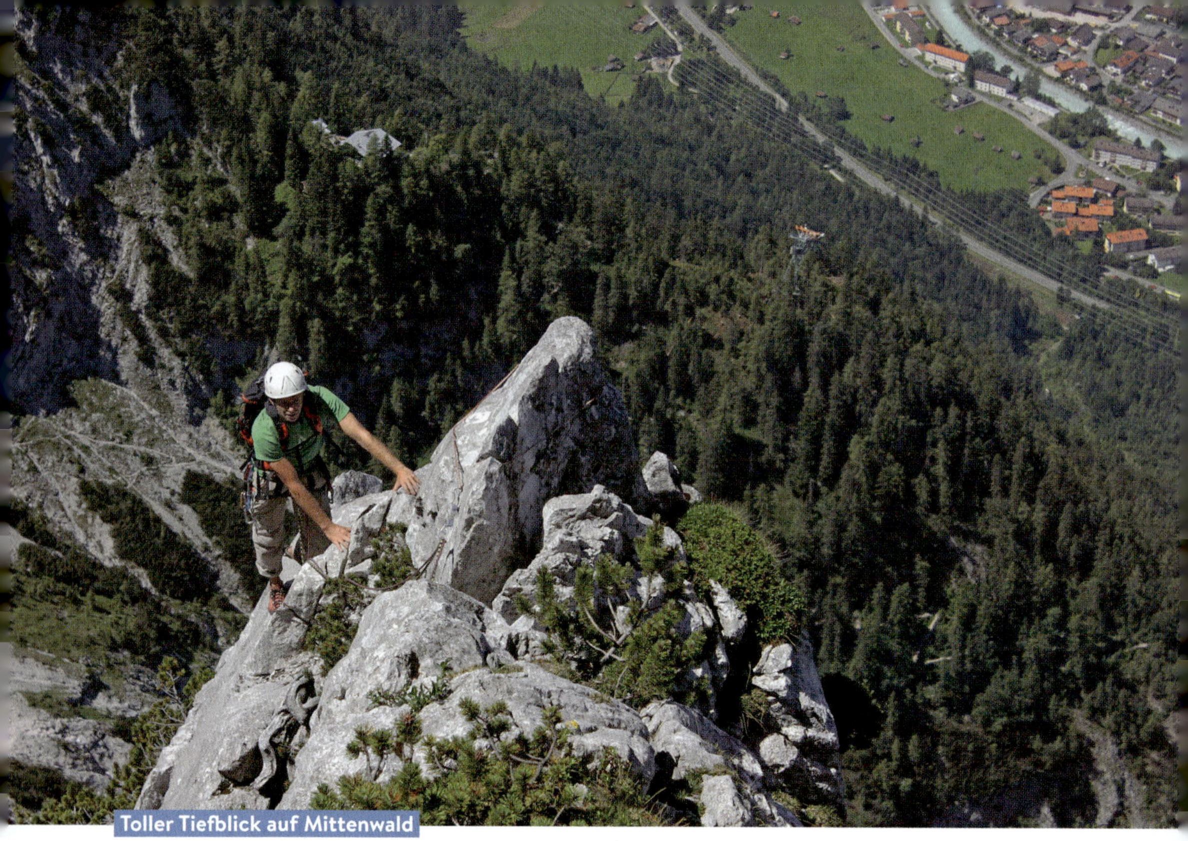

Toller Tiefblick auf Mittenwald

(Marterl) vom Hüttenweg ab, indem man geradeaus Steigspuren folgt. Diese Spuren queren in leichtem Auf und Ab einen Bergkessel (teils rote Punkte) hinüber zur Rinne zwischen Viererspitze und Koflerturm. Diese geht es nach rechts in leichter Kletterei (II) hinauf, dann (nachdem es etwas flacher wurde) steigt man nach rechts wieder steiler über eine schmalere Rinne zu einem Latschenrücken hinauf. Diesem folgt man leichter nach links zum Einstieg des Westgrats.

Eine Einteilung in konkrete Seillängen macht (wie bei den zuvor beschriebenen Touren) wenig Sinn, da man immer wieder auch seilfrei gehen bzw. an Grattürmen eigene Stände einrichten kann. Man steigt also zunächst eine Felsrinne hoch, quert beim ersten Bohrhaken nach links (nicht der Rinne weiter folgen) und erreicht über gestuftes Gelände steiler den ersten Stand mit Ringhaken. Dahinter folgt kurz Gehgelände, dann geht's links eine Verschneidung hinauf zum Stand bei einem Felsenfenster. Weiter über das Felsenfenster (kurze steile Wandstelle) und über den Grat zu einem Aufschwung, der links ausgesetzt umgangen wird. Hinter der Scharte klettert man über Wasserrillen hoch und folgt weiter dem Grat. Den nächsten Steilaufschwung (die erste Schlüsselstelle, V) ersteigt man direkt, dahinter wird das Gelände leichter. Es folgen mehrere Seillängen (II und III) direkt am Grat. Vor dem Gipfelfelsen quert man leicht absteigend von einer Scharte etwas unangenehm ausgesetzt nach rechts zu einem überhängenden Riss. Diesen (V+) geht es gerade hoch und dahinter nach rechts (Vorsicht auf lockeren Block!) und zuletzt links leicht zum Gipfelkreuz des Koflerturms (2005 m) hinauf.

ABSTIEG Kurz hinter dem Kreuz seilt man sich mit guten eingebohrten Ringhaken etwa

40 Meter in eine Scharte ab, umgeht einen Grat rechts auf dessen Südseite und gelangt in einen Sattel. Daraus steigt man steiler einen Hang hinauf zum Kreuzwandsattel, von wo man nach rechts auf einem deutlichen Steig über das Viererkar die Dammkarhütte (1650 m) erreicht. Von dort geht es auf gut markiertem Weg bzw. später auf einer langen Forststraße zurück zum Ausgangspunkt.

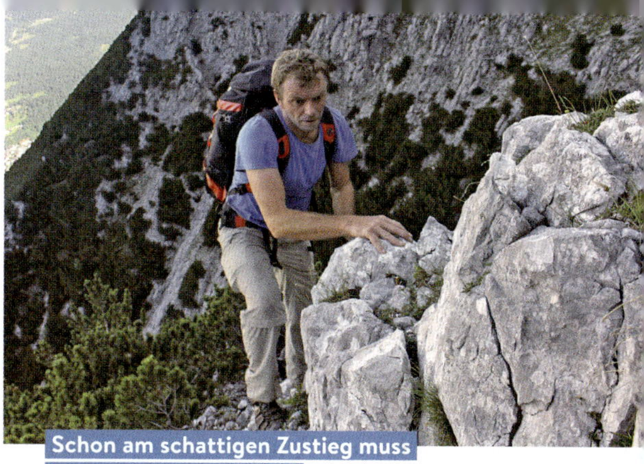

Schon am schattigen Zustieg muss man mal Hand anlegen.

INFO

INFO
Deutschland – Karwendelgebirge – Koflerturm-Südwestgrat (2005 m)

TALORT
Mittenwald (910 m)

AUSGANGS-/ENDPUNKT
Wanderparkplatz (950 m) an der B 2

GEHZEITEN
Wanderparkplatz – Einstieg Südwestgrat 2.15 Std. – Koflerturm 3.15 Std. – Wanderparkplatz 2.30 Std.

MOBIL VOR ORT
Bus & Bahn: Mit dem Zug stündlich von München zum Bhf. Mittenwald und von dort in ca. 20 Min. zu Fuß über die Dammkarstraße zum Wanderparkplatz

Auto: A 95 und B 2 nach Mittenwald, Ausfahrt Karwendelbahn, gleich wieder rechts und auf der Alpenkorpsstraße unter der B 2 durch zum Wanderparkplatz

KARTE
AV-Karte Blatt 5/1 »Karwendelgebirge West«, 1:25 000

INFORMATION
alpenwelt-karwendel.de/urlaub-mittenwald

Anspruchsvolle Gratkletterei, bis V+ | 8 Std. | 8,5 km | 1250 Hm

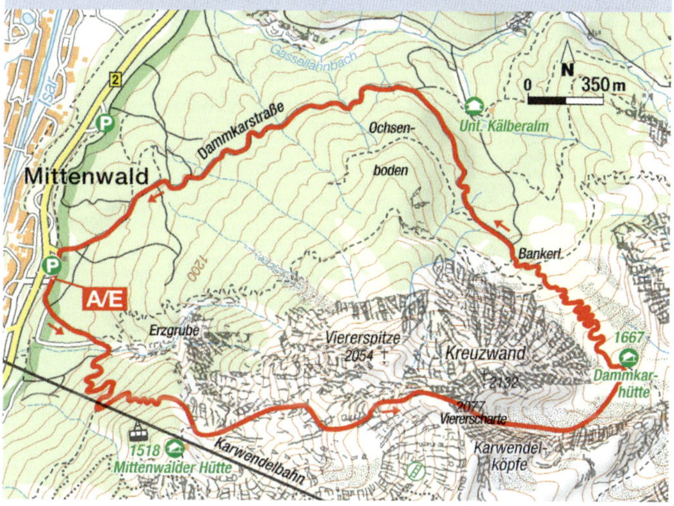

EINKEHR
Dammkarhütte (geöffnet Mitte Mai bis Anfang Okt., Tel. 0173/351 46 59, dammkarhuette.de

CHARAKTER
Der vom Tal aus gesehen unscheinbare Koflerturm bietet eine schöne Grattour in erstaunlich festem Fels. Die Standplätze sind, wie auch die Abseilstelle am Gipfel, meist mit gebohrten Ringhaken ausgestattet.

AUSRÜSTUNG
Alpine Kletterausrüstung mit Helm, Doppelseil, Friends, Klemmkeilen und Bandschlingen zum Legen zusätzlicher Zwischensicherungen

EINSAMKEITSFAKTOR
Am Koflerturm kann man selbst an Wochenenden oft allein unterwegs sein.

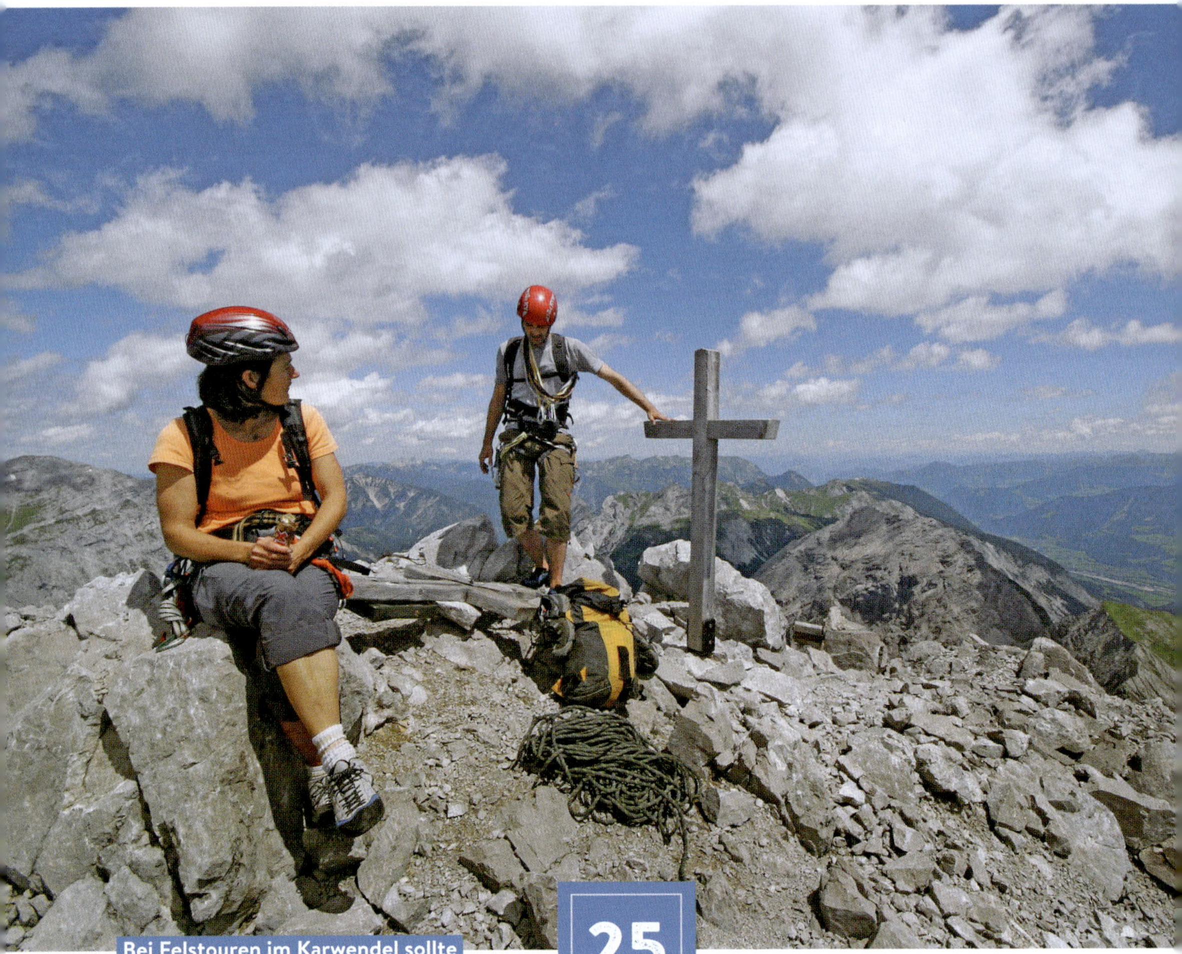

Bei Felstouren im Karwendel sollte man immer einen Helm aufsetzen.

25

Über den Nordostgrat zur Lamsenspitze

Grat oder Kante? Hauptsache schön!

Wenn man an schönen Sommerwochenenden den wunderschönen, aber nicht ganz kurzen Zustieg geschafft hat, kann man es sich am Einstieg oft erst mal gemütlich machen und zusehen, wie sich eine andere Seilschaft am berüchtigten Einstiegswandl abmüht …

DAMIT KEIN MISSVERSTÄNDNIS AUFKOMMT: »Berüchtigt« bezieht sich nicht auf die Schwierigkeit (die liegt im gemütlichen IV. Schwierigkeitsgrad), sondern auf den Umstand, dass gleich der allererste Kletterzug die Schlüsselstelle der gesamten Tour darstellt. Dass man sich hier mit 175 Zentimetern Körpergröße ordentlich strecken muss, um die kleine Kalkmauer zu überlisten, wurde dem Autor dort genauso bewusst wie die erfreuliche Gewissheit, dass auf der Tour bestimmt keine »Verhauer« lauern: Die blitzenden Laschenbohrhaken sind kaum zu verfehlen. In schöner, leichter Kletterei steigt man zudem zügig bergan, und mit jedem Höhenmeter wächst die Begeisterung – immer schwindelerregender werden die Tiefblicke ins Falzthurntal.

Über einen kleinen Schönheitsfehler kann man somit hinwegsehen: Davon, dass die Tour in der alpinen Literatur sowohl als »Nordostkante« als auch als »Nordostgrat« gehandelt wird, merkt man im überwiegenden Teil der Route nicht besonders viel. Die präsentiert sich eher als eine steile Flanke und ist für Karwendel-Verhältnisse erstaunlich fest. Felsrinnen und -platten wechseln sich in munterer Folge ab, wobei Letztgenannte zu kurzen, anspruchsvolleren Va-

↑ Das berüchtigte »Einstiegswandl ↓ Die schweren Kletterpassagen weisen guten, festen Fels auf.
↘ Markant ragt die Lamsenspitze über der Hütte in den Himmel.

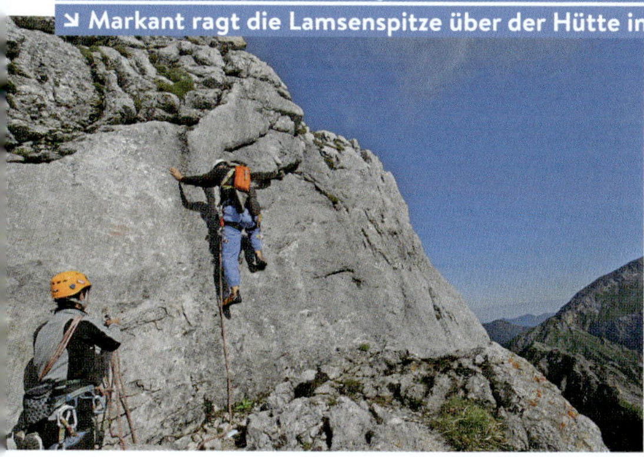

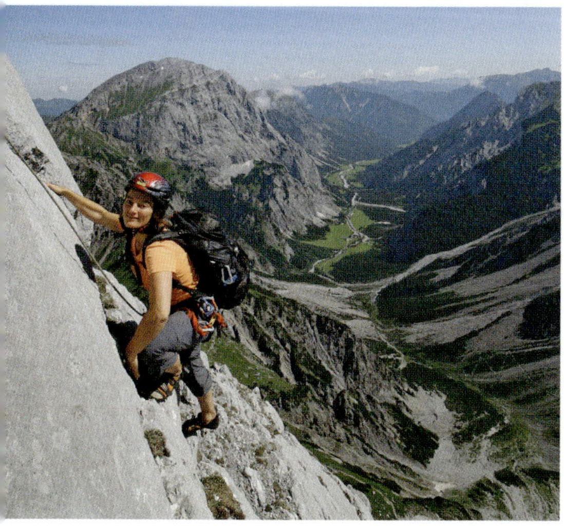

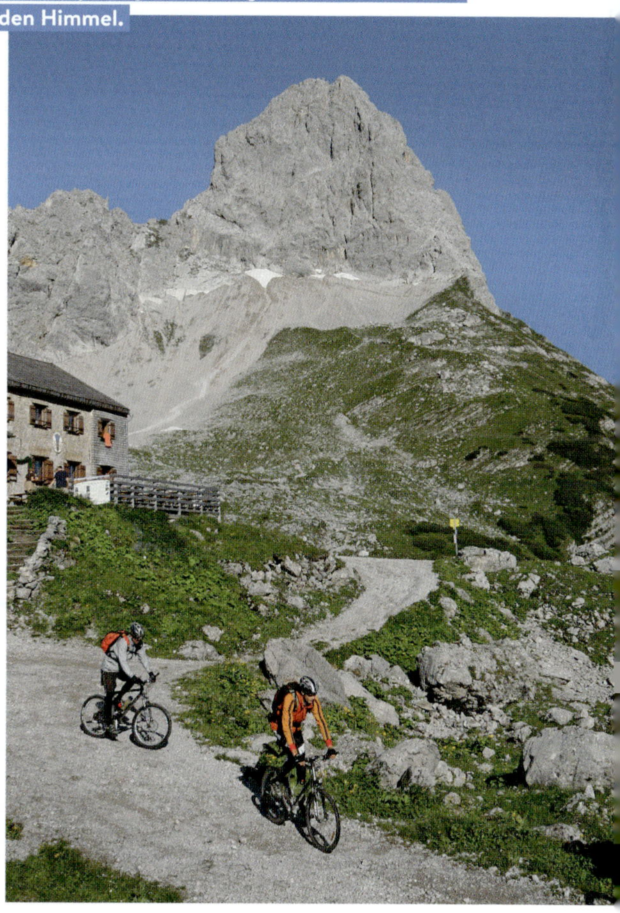

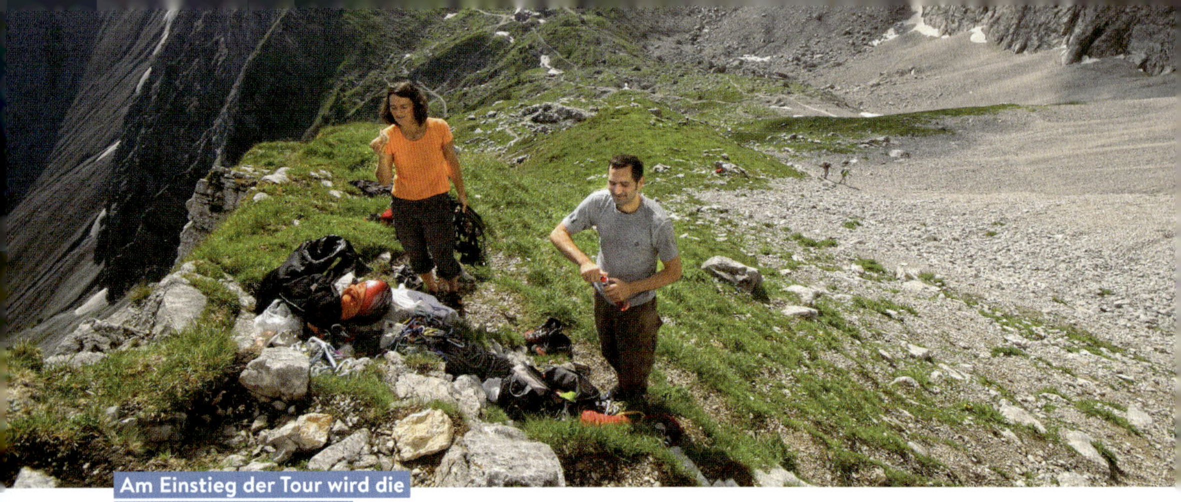

Am Einstieg der Tour wird die Seilausrüstung sortiert.

rianten verleiten. Als Nachsteiger kann man hier nach Lust und Laune bestens gesichert jede unter die Finger kommende Kalkplatte ausprobieren.

Erst auf den letzten zum Ausstieg am Vorgipfel führenden Seillängen kommt echtes Grat-, aber auch Karwendel-Feeling auf. Das Finale zeigt uns einmal mehr, dass eine alpine Tour selten mit der letzten Seillänge zu Ende ist: Auf dem ausgesetzten Übergang vom Vor- zum Hauptgipfel darf man sich keinen Fehltritt erlauben! Ein nordseitig zu umgehender Turm im Gratverlauf erfordert ein letztes Mal volle Konzentration, dann hat man die heikle Passage geschafft und klettert über schöne Kalkplatten den letzten wieder vollkommen festen Aufschwung zum Gipfelkreuz hinauf. Oben sind sich dann alle Seilschaften einig: Der Lamsenspitze-Nordostgrat ist ein Bergerlebnis, das zu Recht als einer der großen Plaisir-Klassiker der Nordalpen gilt.

ROUTE Für den Zustieg folgt man von der Gramai-Alm den Schildern Richtung Lamsenjochhütte zum Talschluss und steigt über diesen nun steiler auf deutlichem Weg hinauf zur Hütte (1953 m). Von dort geht es auf dem Normalweg nach Westen über freie Hänge bergan (nicht links zum Brudertunnel abzweigen) und dann nach rechts auf einem Steiglein zum Fuß der gut sichtbaren Nordostkante hinauf.

1. SL: Gleich zu Beginn geht es über die Schlüsselstelle, eine glatte Platte (IV+), rechts zu einem Absatz.
2–4. SL: Über leichte Platten und Risse gerade bergan (II–III).
5. SL: Nun folgt man einem Riss nach links (III).
6. SL: Über wieder kompakteren Fels geht es erst nach links, dann gerade hoch und schließlich nach rechts zu einem Stand (IV).
7. SL: Flacher quert man nach links zu einem kleinen Kamin und gelangt über diesen und eine Rinne rechtshaltend in eine markante Scharte (III+).
8. und 9. SL: Man steigt etwas links der Kante gerade hinauf (III).

Tipp

HINWEIS

Es lohnt sich, diese Tour mit einer Übernachtung auf der toll gelegenen Lamsenjochhütte zu verbinden und am nächsten Tag z. B. auf den Hochnissl (2547 m, Seilsicherungen, teils luftige Felspassagen ohne Stahlseile) zu steigen.

10. SL: Direkt an der Kante (II–III), zuletzt ein Türmchen rechts umgehend, erreicht man den Vorgipfel, an dem die meisten seilfrei weitergehen.
Für den Übergang zum Hauptgipfel folgt man dem Grat zu einer ersten Scharte und umgeht den Felsturm dahinter rechts ansteigend (II). Wieder flacher geht es in eine breitere Scharte und ohne größere Schwierigkeiten (II) gerade hinauf zum Gipfel der Lamsenspitze (2508 m).

ABSTIEG Durch Schutt hält man sich zunächst Richtung Westen, dann steigt man drahtseilversichert steiler nach Süden ab (Vorsicht auf Steinschlag!). Am Fuß der Südflanke quert man im Gehgelände nach Osten zur Lamsenscharte (2250 m). Unterhalb der Ostflanke quert man weiter nach Osten, indem man Drahtseilen folgt, und steht bald darauf unterhalb des Einstiegs (nicht vorher nach rechts den Wegspuren folgen, die die Schuttreiße hinabführen!).

INFO

INFO
Österreich – Karwendelgebirge – Lamsenspitze-Nordostgrat (2508 m)

TALORT
Pertisau (950 m)

AUSGANGS-/ENDPUNKT
Gramai-Alm (1260 m)

GEHZEITEN
Gramai-Alm – Einstieg Nordostgrat 2.30 Std. – Lamsenspitze 3.30 Std. – Gramai-Alm 3 Std.

MOBIL VOR ORT
Auto: Mit dem Pkw über Bad Tölz und den Sylvensteinspeicher zum Achensee, dort über Pertisau auf der Mautstraße ins Falzthurntal und am Straßenende an der Gramai-Alm parken

KARTE
AV-Karte Blatt 5/1 »Karwendelgebirge West«, 1:25 000

INFORMATION
achensee.com

UNTERKUNFT/EINKEHR
Lamsenjochhütte (DAV, geöffnet Mitte Juni bis Mitte Okt., Tel. +43/(0)5244/620 63, alpenverein-muenchen-oberland.de)

CHARAKTER
Für Karwendel-Verhältnisse erstaunlich fester Fels, wobei nur die oberen Seillängen echten Gratcharakter besitzen. Die Stände sind mit Ringbohrhaken eingerichtet, dazwischen findet man nur vereinzelt Bohrhaken.

Mittelschwere Gratkletterei, bis IV+ | **9 Std.** | **12 km** | **1250 Hm**

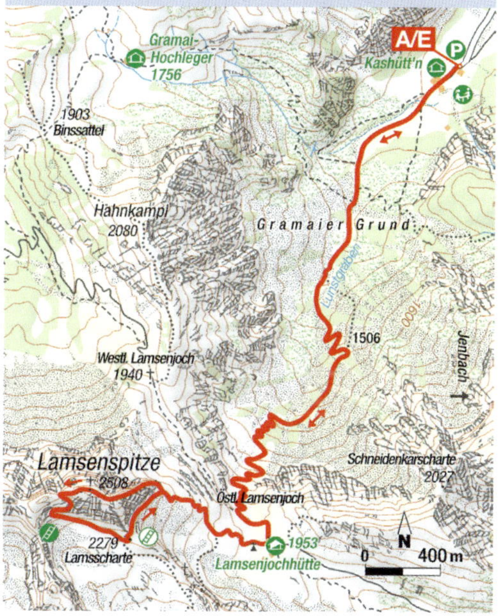

AUSRÜSTUNG
Alpine Kletterausrüstung mit 50-m-Doppelseil, Bandschlingen, Friends und/oder Klemmkeilen, Helm (vor allem für den steinschlaggefährdeten Abstieg wichtig!)

EINSAMKEITSFAKTOR
An schönen Wochenenden ist die Tour recht beliebt.

Über den Kopftörlgrat

Grat-Klassiker im Wilden Kaiser

Über und um mehrere beeindruckende Felstürme führt diese berühmte Grattour zum höchsten Punkt des Wilden Kaisers, zur Ellmauer Halt. Die klettertechnischen Schwierigkeiten liegen meist zwischen II und III, sodass man den Großteil seilfrei begehen kann und aus Zeitgründen auch sollte.

26

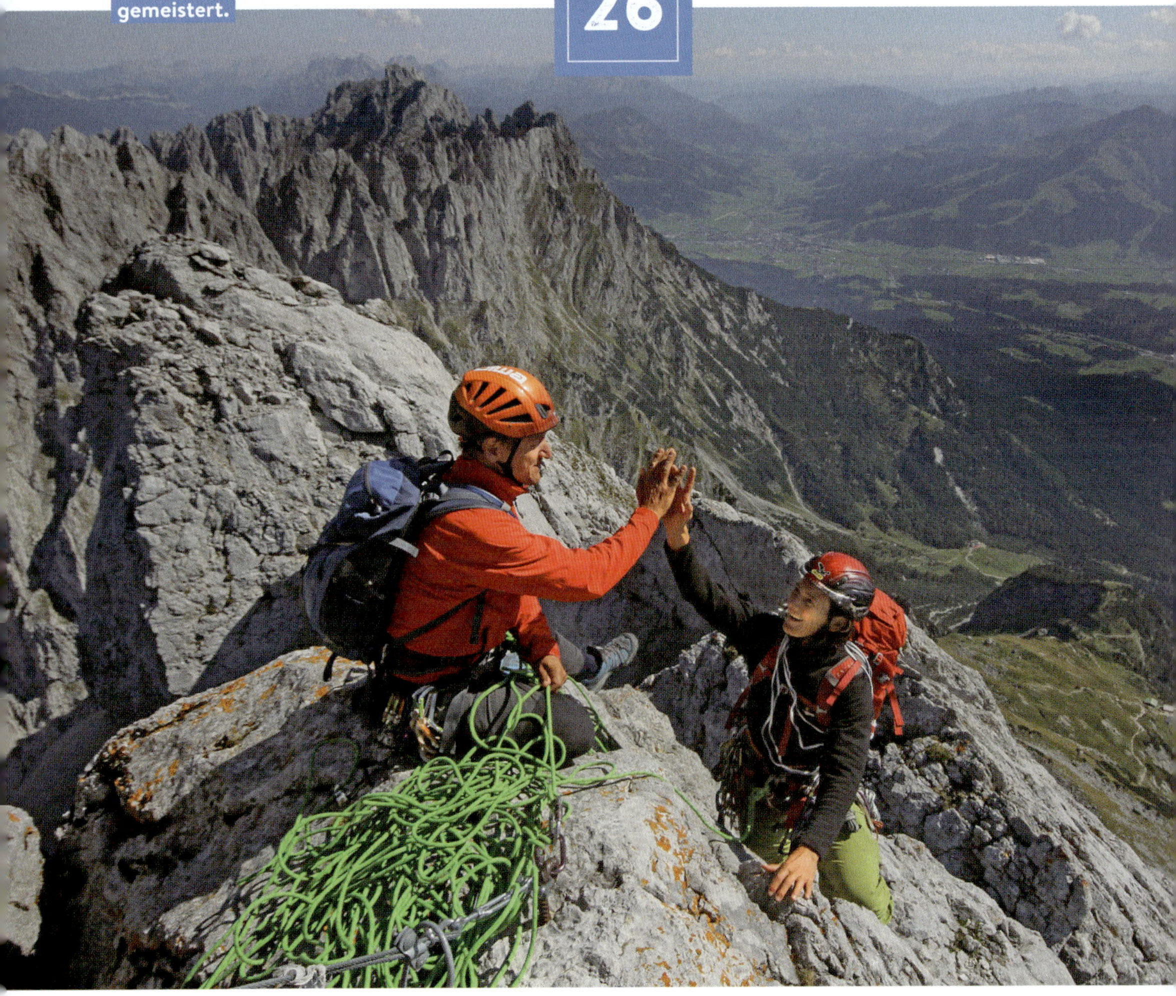

Yippie! Am Gipfel der Ellmauer Halt hat man den Kopftörlgrat gemeistert.

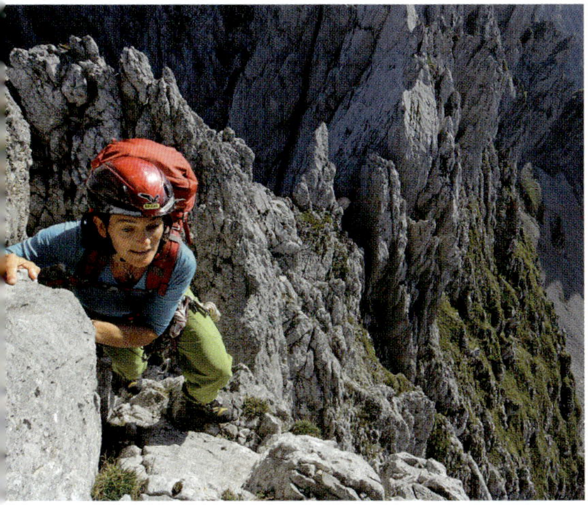

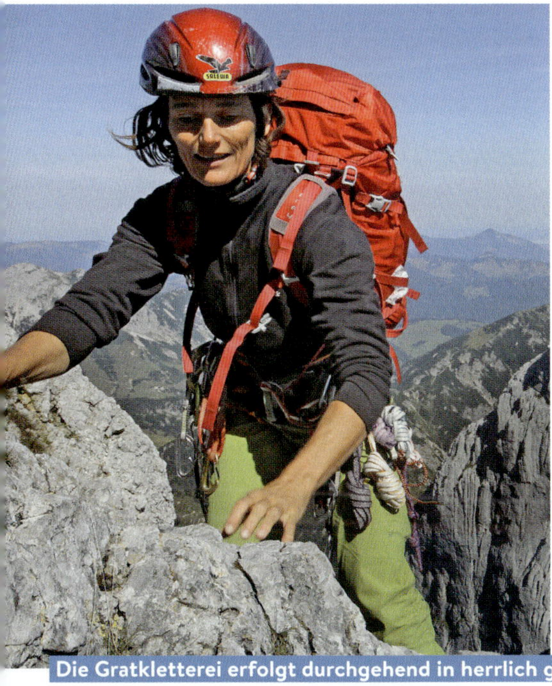

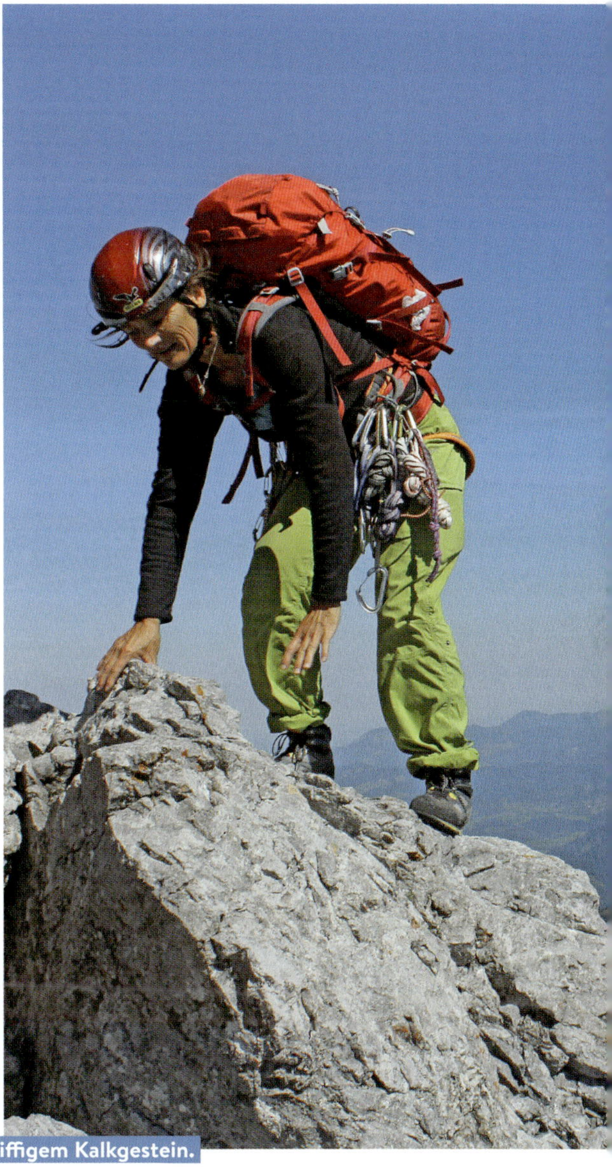

Die Gratkletterei erfolgt durchgehend in herrlich griffigem Kalkgestein.

AM GIPFELKREUZ wird man nach der langen Grattour bestimmt auf Normalweg-Begeher stoßen, muss aber auf dem Weg dorthin keinen Wochenend-Stau befürchten. Der Autor und seine Freunde kraxelten jedenfalls an einem perfekten September-Samstag mutterseelenallein über und um die berüchtigten sechs Türme. Das wäre in den 1980er-Jahren, als dieser Grat als sehr überlaufen galt, eher nicht vorstellbar gewesen.

Drei oder sechs Stunden? Die in der Führerliteratur auffindbaren Angaben zum Kopftörlgrat bringen die gerade bei Grat-Unternehmungen immer wieder spannende Zeitfrage exemplarisch auf den Punkt.

Tatsächlich können trittsichere, versierte und schnelle Bergsteiger die etwa 1400 Klettermeter ungesichert in drei Stunden bewältigen. Auf der anderen Seite des Zeitmanagements würde man wahrscheinlich acht Stunden brauchen, sicherte man den Kopftörlgrat komplett am Seil durch. Einmal mehr liegt der beste Weg in der Mitte und wird mit einer ähnlichen Strategie wie bei der Gehrenspitze beschritten: Gleich zu Beginn wird der Klettergurt angelegt und das Seil samt Sicherungszeug griffbereit im Rucksack verstaut. Solange sich alle sicher fühlen, wird seilfrei geklettert. Sobald sich aber auch nur ein Team-Mitglied unwohl fühlt, wird an schwereren Passagen gesichert.

↓ Die abschließende Schlüsselstelle sollte man mit Seil sichern. ↘ Wenn man sich dabei sicher fühlt, kann man viele Kletterpassagen auch seilfrei angehen.

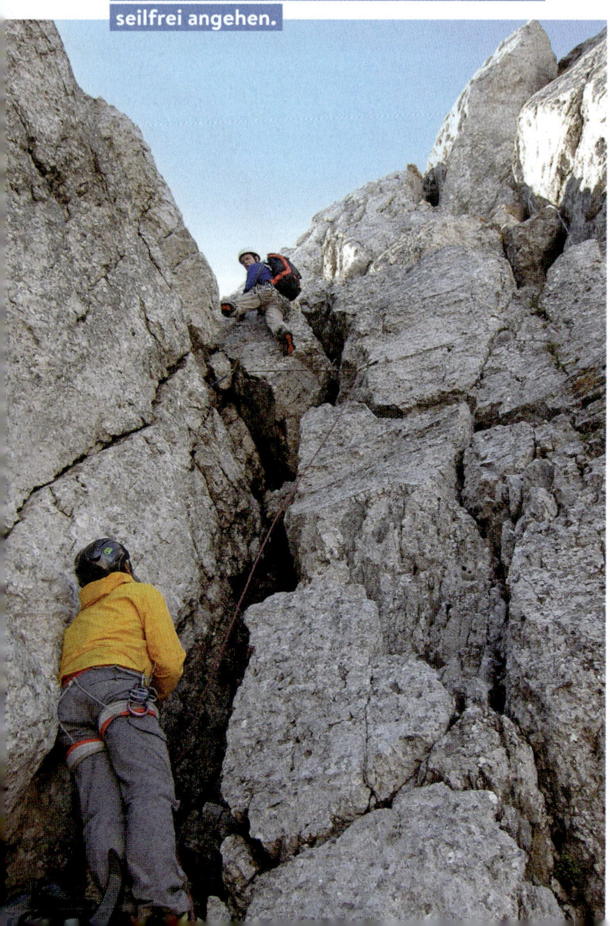

Entdeckt hat den kletterbaren Weg über die sechs Türme übrigens ein junger Medizinstudent: Im Juni 1900 wagte der Münchner Georg Leuchs den Kopftörlgrat, und zwar im Alleingang. Ihm zu Ehren wurde auch einer der Türme benannt (Leuchsturm), auf den übrigens eine besonders schöne Verschneidung hinaufführt.

ROUTE Von der Wochenbrunner Alm wandert man auf dem bezeichneten Hüttenanstieg zur Gruttenhütte (1620 m) und oberhalb davon rechts weiter (Beschilderung »Kopftörl«, ebenfalls gut gekennzeichnet). Zuletzt geht es steil und stahlseilversichert zum Kopftörl (2058 m) hinauf, das man hinter einer markanten Felsplatte erreicht. Hier sollte man bereits den Gurt anlegen.

Vom Kopftörl klettert man nach Westen eine Rinne hinauf, um auf die Südseite des Grats

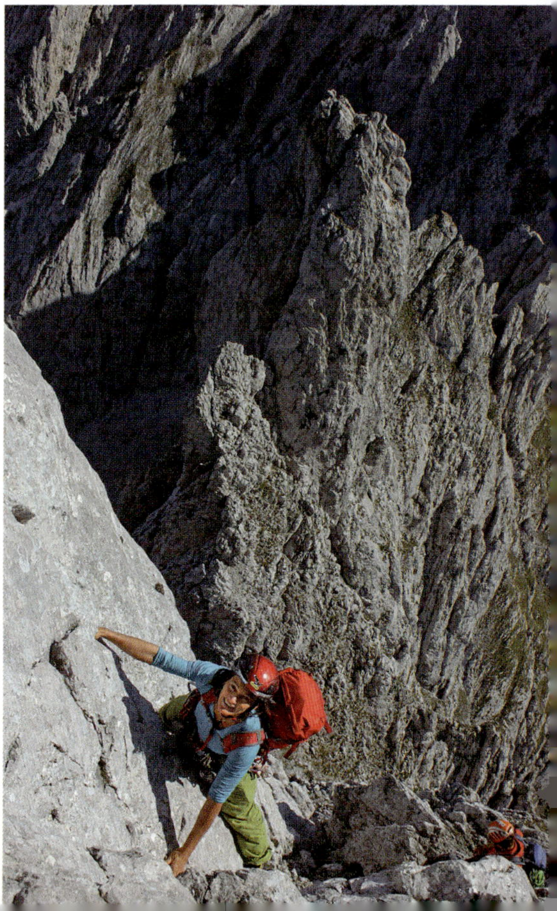

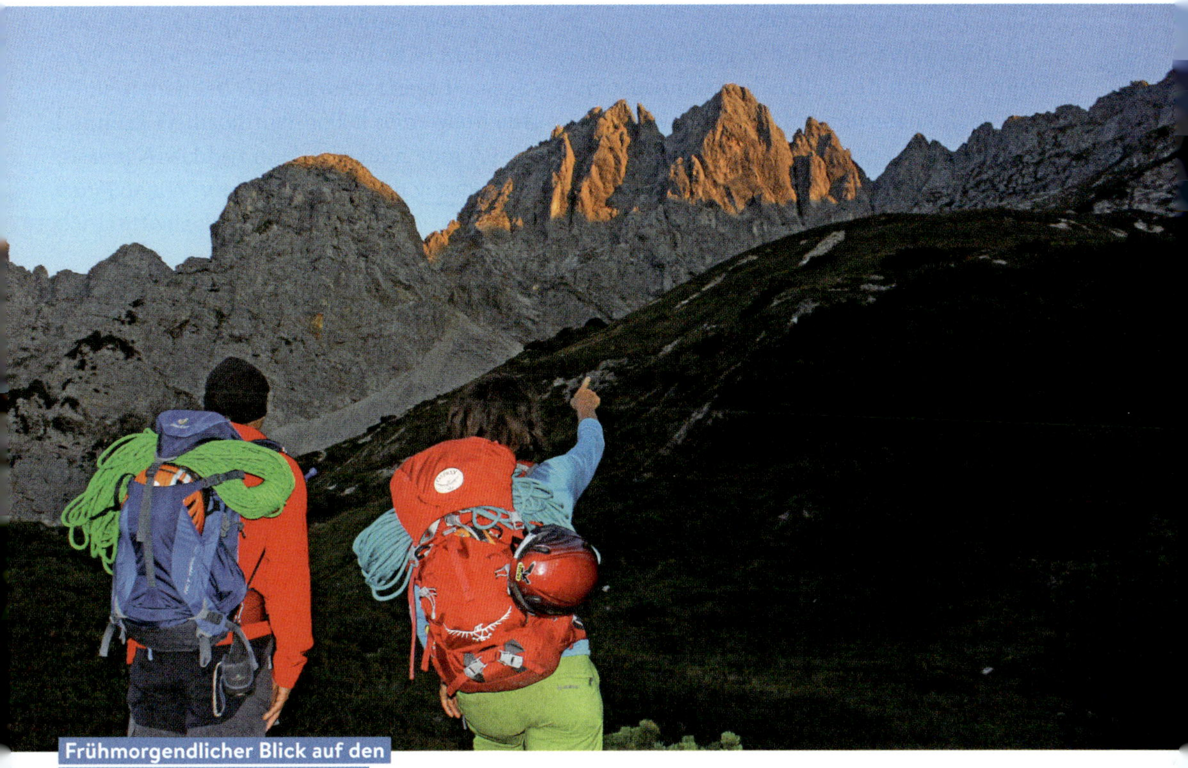

Frühmorgendlicher Blick auf den beeindruckenden Kopftörlgrat

zu gelangen. Das nächste längere Stück verläuft im Auf und Ab über teils ausgesetzte Wegspuren unterhalb des Grats und somit unterhalb des ersten Turms nach Westen. Über eine erste Kletterstelle (III) erreicht man die Scharte vor dem zweiten Turm. Dieser wird von Osten direkt überklettert. Vor dem dritten Turm geht es zunächst gerade hinauf und dann auf die Nordseite, wo man über einen Riss in eine Scharte gelangt. Man quert ein Stück entlang der Südseite und steigt dann einen Kamin (III) hinauf. Noch unterhalb des Turms quert man auf der Südseite zur Scharte vor dem vierten Turm (Leuchsturm), den man zuerst durch einen Kamin, dann durch eine Felsrinne und zuletzt links haltend erreicht (hier Gipfelbuch und etwas weiter westlich Notabstieg).

Weiter auf der Südseite quert man auf Wegspuren und Felsrippen zur unteren von zwei Scharten und weiter zu einer Felsspalte. Hinter dieser geht es kurz senkrecht hinab (Bohrhaken), dann ausgesetzt nach rechts und durch einen Kamin zum Fuß des Kapuzinerturms, den man nordseitig umgeht. Über eine Felsplatte (III) erreicht man zum Schluss die Schlüsselstelle der Tour, eine kaminartige Verschneidung, die je nach Führerwerk mit III+ bzw. IV– angegeben wird.

Tipp

HINWEIS

Wer diese lange Unternehmung zeitlich entspannter angehen will, kann am Vorabend auf der wunderbar gelegenen Gruttenhütte übernachten.

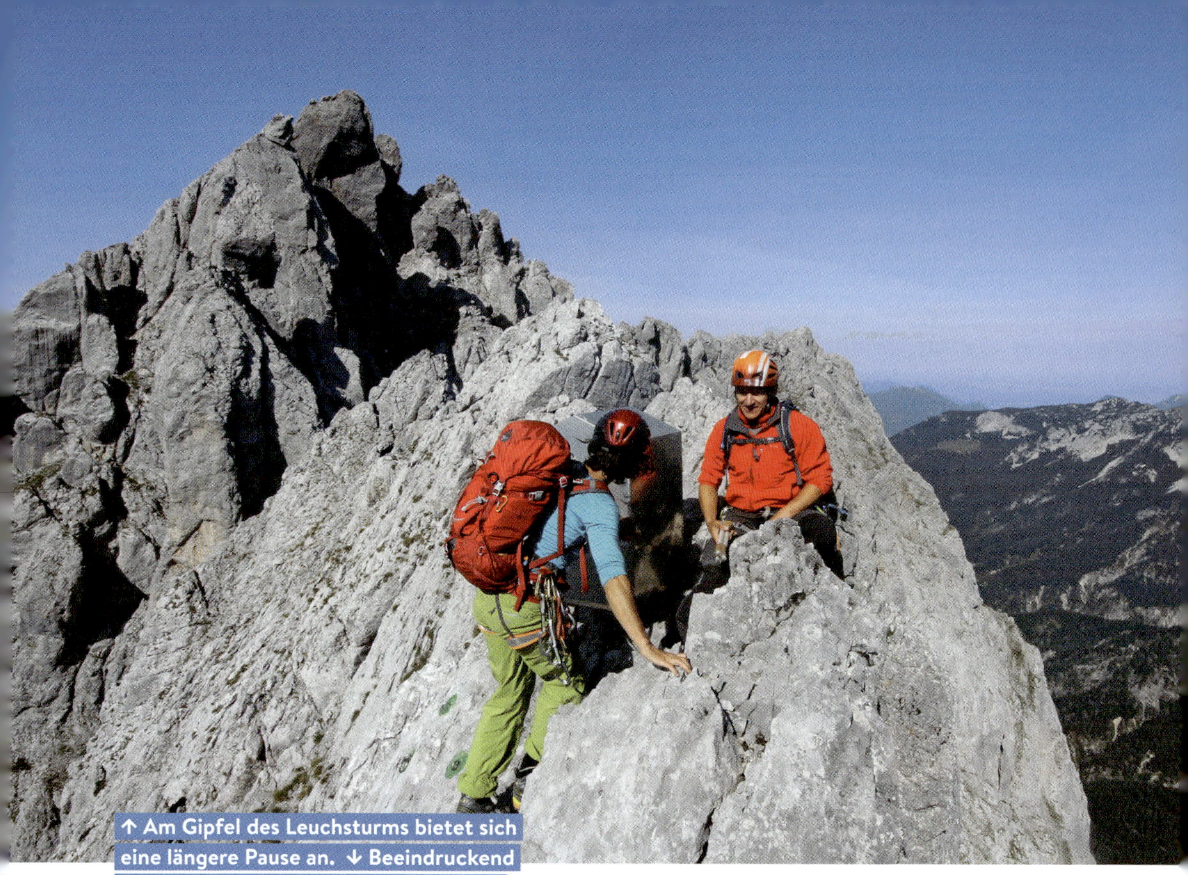

↑ Am Gipfel des Leuchsturms bietet sich eine längere Pause an. ↓ Beeindruckend ragen die Türme des Kopftörlgrats über der Gruttenhütte auf.

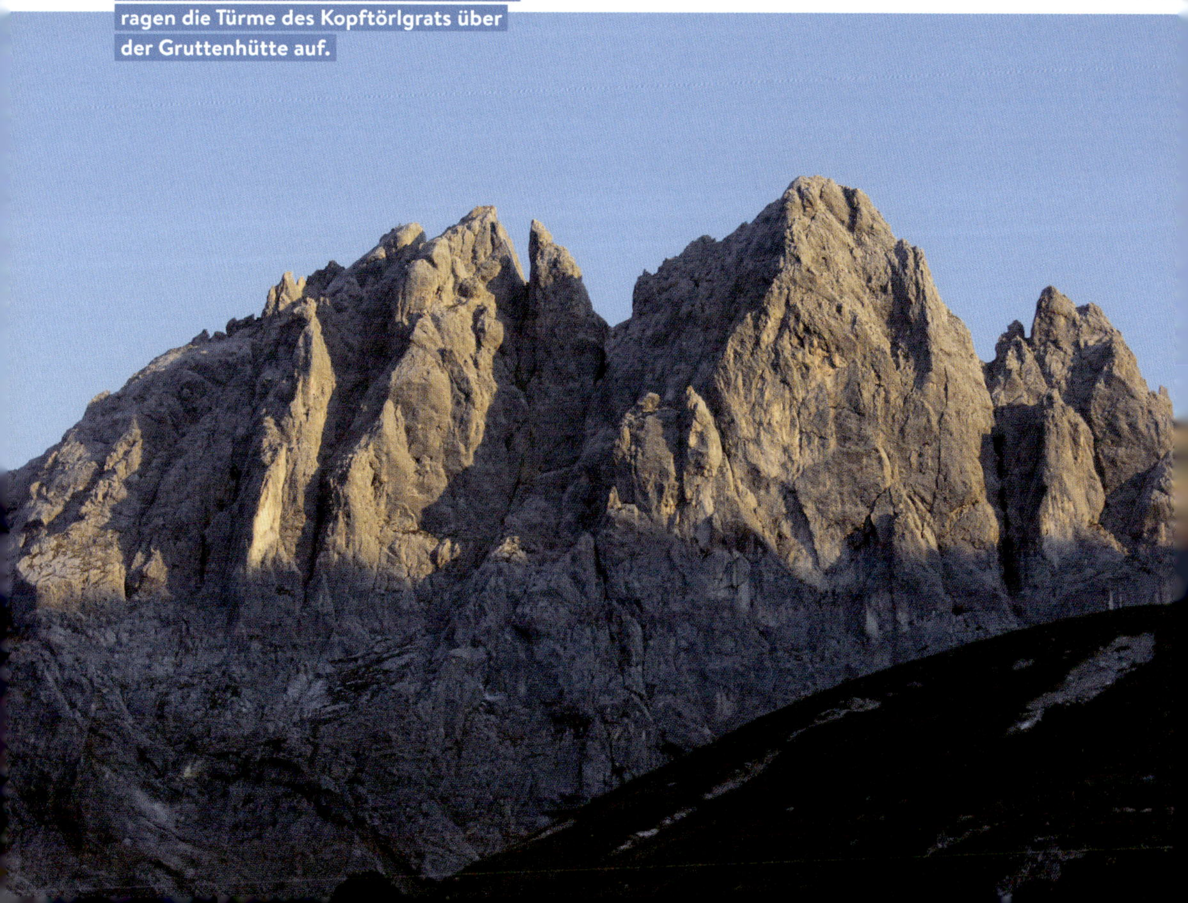

ABSTIEG Von der Ellmauer Halt (2344 m) folgt man dem gut markierten und mit Stahlseilen und Eisenleitern gesicherten Gamsjägersteig (Klettersteig, B) zur Gruttenhütte – der Steig teilt sich dabei einmal in zwei Alternativen auf, von denen die von oben gesehen rechte die lohnendere ist. Im Folgenden geht es gut markiert über die mit Trittstiften versehene Jägerwand und den Gamsjägersteig weiter hinab. Von der Gruttenhütte gelangt man schließlich auf bekanntem Weg zum Ausgangspunkt zurück.

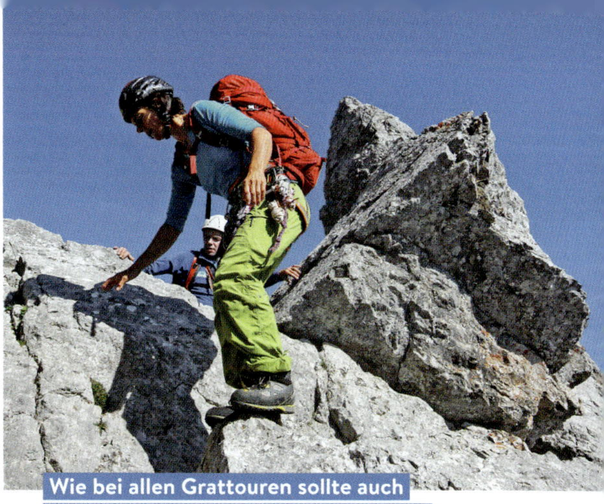

Wie bei allen Grattouren sollte auch am Kopftörlgrat der Fels trocken sein.

INFO

INFO
Österreich – Kaisergebirge – Kopftörlgrat zur Ellmauer Halt (2344 m)

TALORT
Ellmau (820 m)

AUSGANGS-/ENDPUNKT
Wochenbrunner Alm (1085 m)

GEHZEITEN
Wochenbrunner Alm – Einstieg Kopftörlgrat 2.30 Std. – Ellmauer Halt 5 Std. – Wochenbrunner Alm 2.30 Std.

MOBIL VOR ORT
Mit dem Pkw über die Inntalautobahn bis Ausfahrt Kufstein-Süd, weiter Richtung St. Johann nach Ellmau, hier Richtung Wochenbrunner Alm und zum gebührenpflichtigen Wanderparkplatz

KARTE
AV-Karte Blatt 8 »Kaisergebirge«, 1:25 000

INFORMATION
wilderkaiser.info

EINKEHR/UNTERKUNFT
Gruttenhütte (DAV, geöffnet Juni bis Mitte Okt., Tel. +43/(0)5358/433 89, gruttenhuette.at)

CHARAKTER
Großartige Gratkletterei über etwa 1400 Klettermeter. Viel (ausgesetztes) Gehgelände und viele IIer- und IIIer-Stellen. Es gibt an den schwereren Stellen immer wieder Bohrhaken.

Mittelschwere Gratkletterei, III bis IV– | 10 Std. | 10 km | 1500 Hm

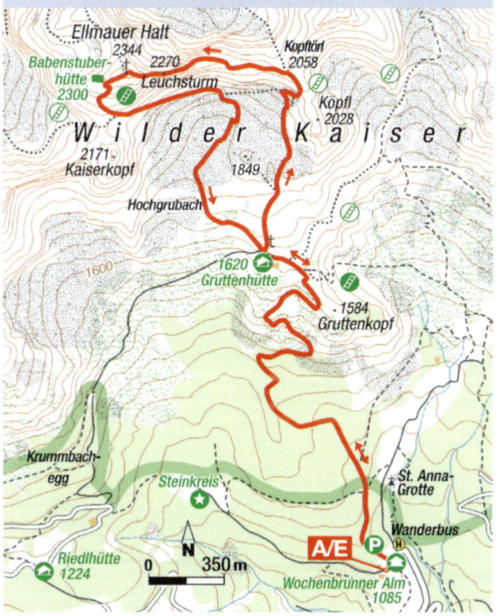

AUSRÜSTUNG
50-m-Seil, Express- und Bandschlingen, Helm, Grundsortiment an Keilen und Friends

EINSAMKEITSFAKTOR
An schönen Wochenenden wird man hier eher nicht allein unterwegs sein.

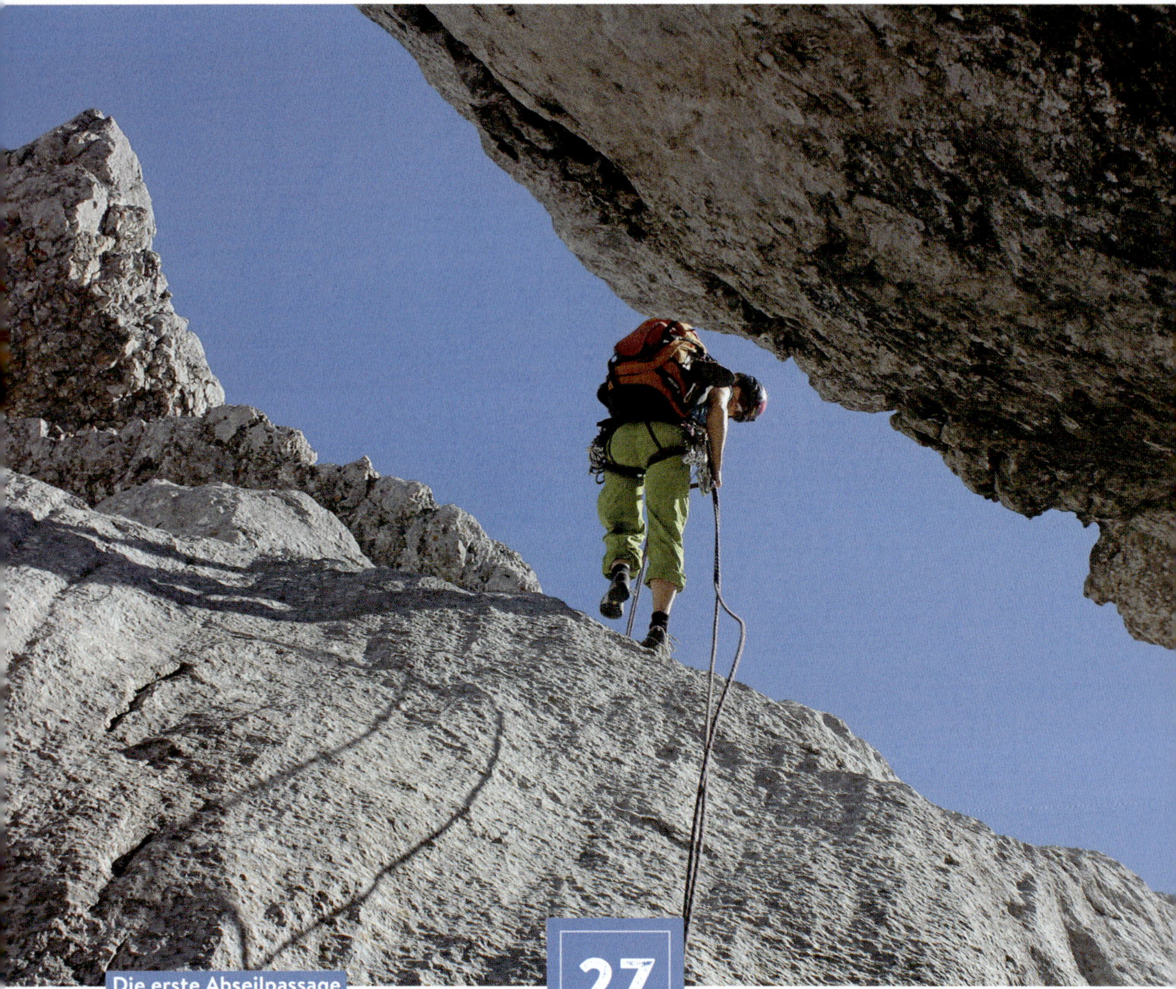

Die erste Abseilpassage vor dem Großen Reifhorn

27

Überschreitung der Reifhörner

Unbekanntes Grat-Schmankerl

In den Loferer Steinbergen preist die Homepage der Schmidt-Zabierow-Hütte die Reifhörner-Überschreitung als »herrliche Gratkletterei für Genießer im leichten Fels«. Dennoch stieg der Autor mit leicht gemischten Gefühlen vom Loferer Hochtal zur Hütte auf – schließlich wurde auch davor gewarnt, dass »zweimal an alten Haken abgeseilt« wird.

DIE SCHÖNEN Einstiegsseillängen lassen jedenfalls diesbezüglich nicht das Geringste zu wünschen übrig: mit Bohrhaken gesicherte IVer-Kletterei in genauso festem wie rauem Kalk. Quasi eine Blaupause in Sachen Plaisir-Klettern. Fast zu früh lehnt sich das Gelände zurück. Was folgt, ist ein seilfreier Grat-Spaß im II. Schwierigkeitsgrad mit längeren Gehpassagen zwischendrin.

Erst am Eiskogl kommen Seil und Gurte wieder zum Einsatz – angesichts solider Bohrhaken treibt auch die erste Abseilstelle keinen Angstschweiß auf die Stirn. Bereits vor 20 Jahren entschärften lokale Bergführer die Schlüsselstellen mit Edelstahl. Einen Bohrhaken-Krieg wie im benachbarten Kaisergebirge lösten die Routensanierungen in den Loferern aber nicht aus. Was nach Einschätzung von Spitzenkletterer und Gebiets-Erschließer Adi Stocker an der Gesteinsstruktur liegen könnte: »Der Loferer Fels ist einerseits wunderbar kompakt, in Rissen aber oft sehr brüchig und daher mit mobilen Sicherungsgeräten schlecht abzusichern.« Auch für den Umstand, dass man selbst an schönen Wochenenden hier allein unterwegs sein kann, hat Adi eine simple Erklärung: »Die Reifhörner-Überschreitung ist für passionierte Kletterer wahrscheinlich zu leicht und für reine Bergwanderer zu anspruchsvoll.«

Im Schlussabschnitt der Grattour gibt's dann doch noch alpines Ambiente: Schmale, geröllbeladene Bänder und ungesicherte Wandstufen erfordern volle Konzentration beim steilen Abstieg zur zweiten Abseilstelle unterhalb des Großen Reifhorns (diese weist übrigens auch solide Bohrhaken auf). Nach dem tollen Finale am ebenfalls mit Augenmaß eingebohrten Schlussanstieg zum Westlichen Reifhorn ist endgültig klar: Genussreicher als in den Loferern können Grattouren kaum sein.

Tipp

HINWEIS

Wegen der Länge der Tour übernachtet man am besten zuvor auf der netten Schmidt-Zabierow-Hütte.

Auch bei den Reifhörnern wechseln sich Geh-und Kletterpassagen miteinander ab.

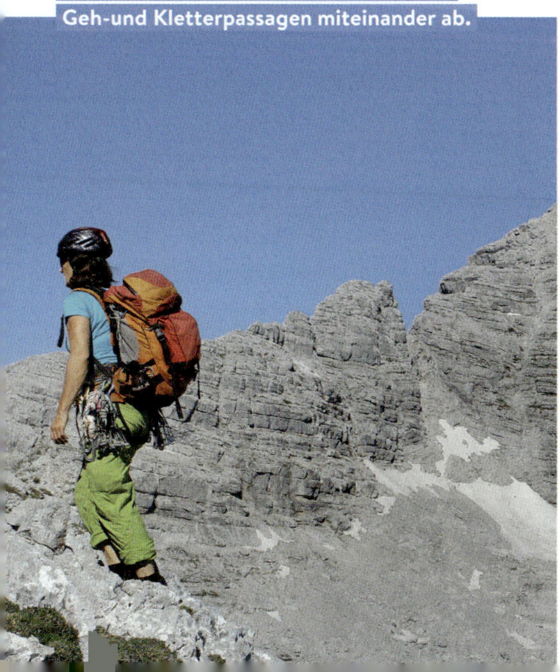

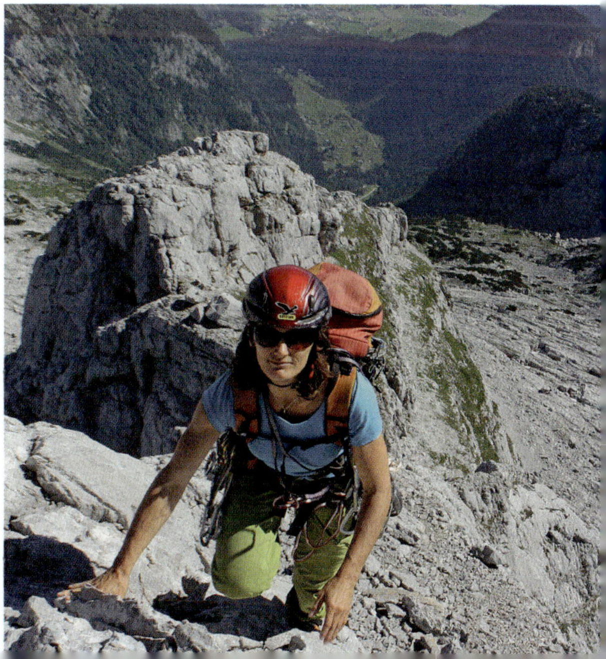

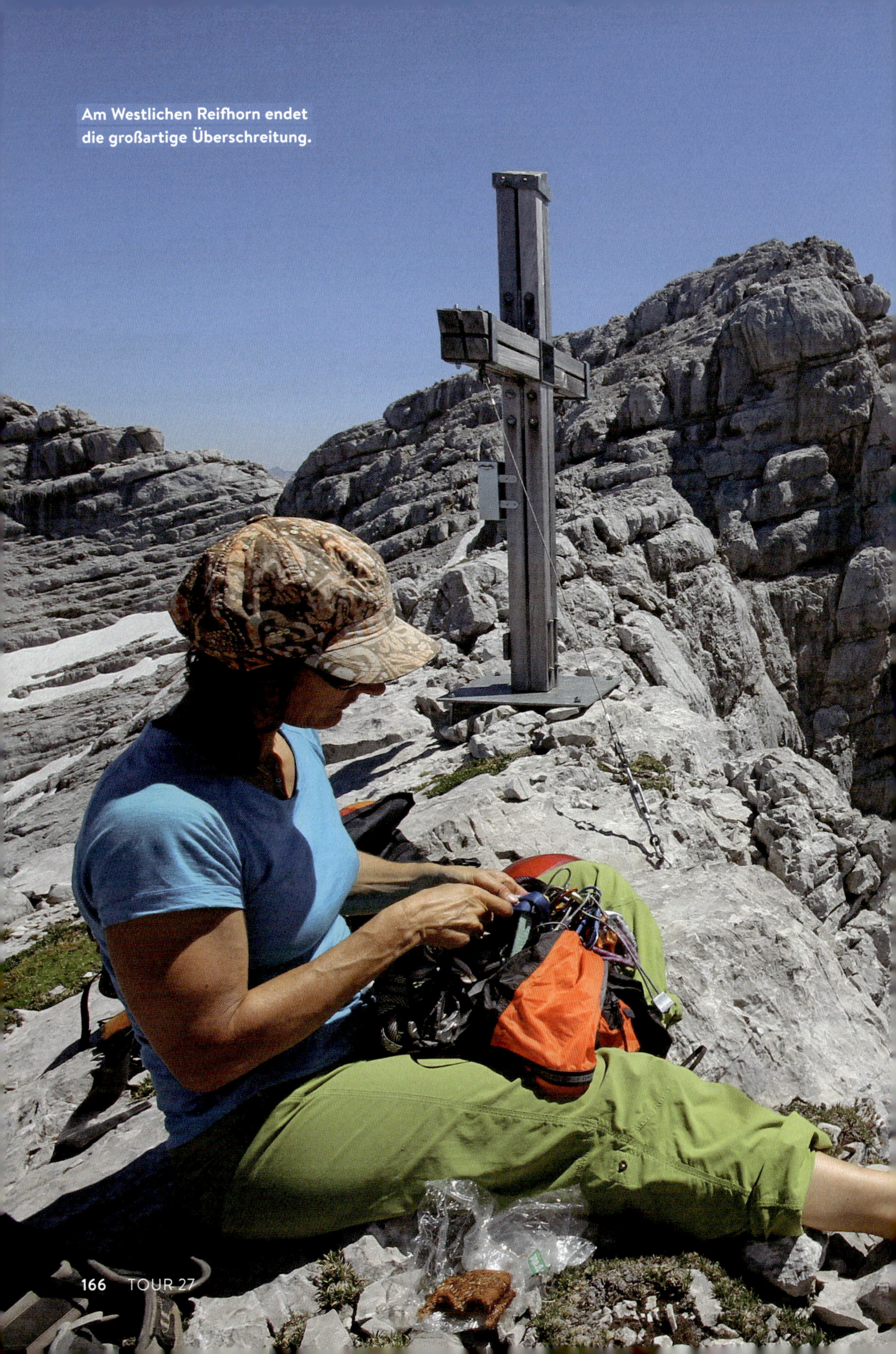

Am Westlichen Reifhorn endet die großartige Überschreitung.

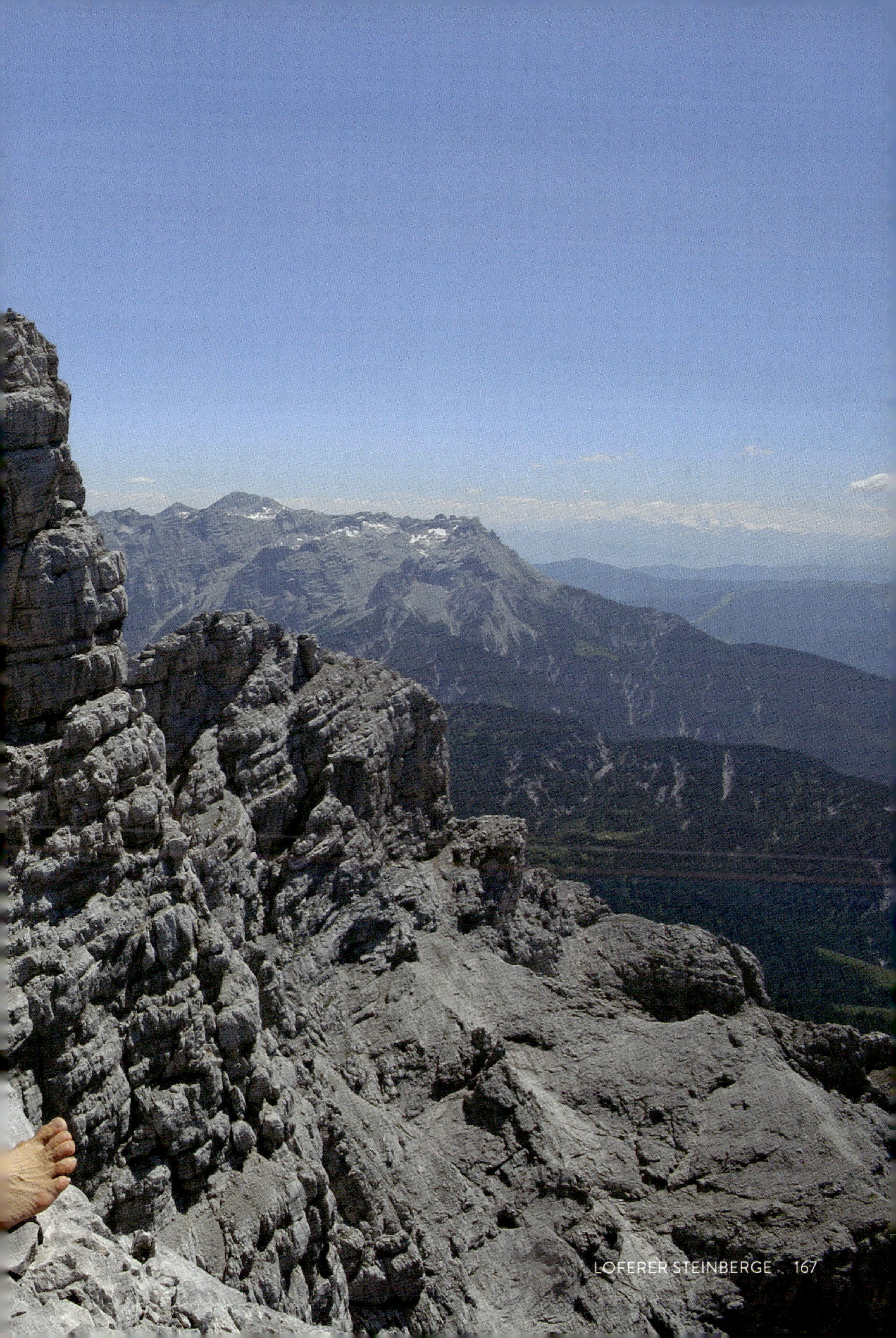

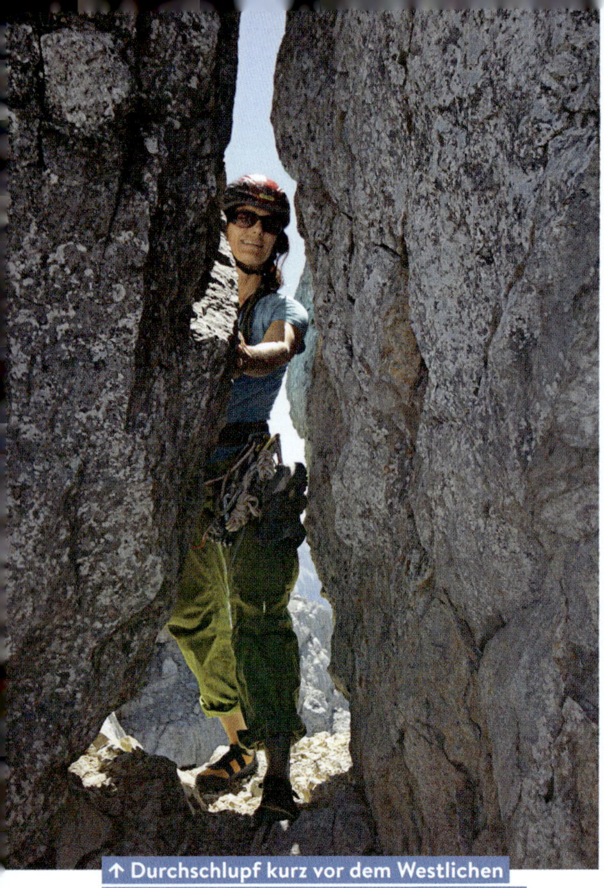
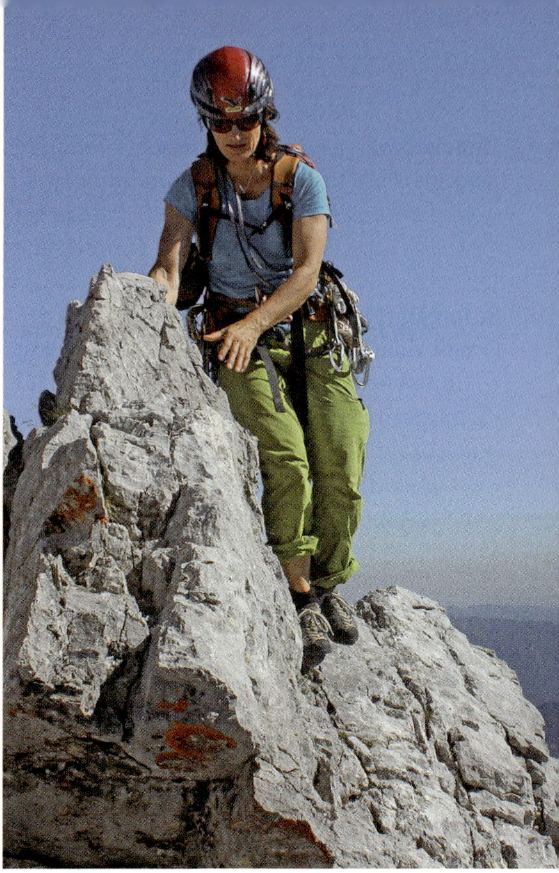

↑ Durchschlupf kurz vor dem Westlichen Reifhorn ↗ Gratschneide im ersten Drittel der Tour

ROUTE Vom Wanderparkplatz folgt man zunächst dem teils steilen, aber gut markierten Hüttenzustieg nach Südwesten zur Schmidt-Zabierow-Hütte (1966 m). Kurz vor der Hütte gabelt sich der Weg – wer direkt zur Tour möchte, hält sich rechts, wer auf der Hütte übernachtet, erreicht diese nach links.

Von der Hütte folgt man zunächst ab- dann wieder ansteigend dem Weg 613 nach Osten, bis man rechts oberhalb den Ansatz des Reifhorn-Nordostgrats sieht. Weglos geht es nach rechts dort hinauf. Nachdem man sich angeseilt hat, kann man zwischen verschiedenen gut gesicherten Kletterrouten (III und IV) wählen, die in wieder leichteres Gelände führen. Immer dem Grat folgend, kann man nun wieder zu Fuß gehen, bis der Normalweg von rechts her quert und man vor dem markanten Felsaufschwung der »Nasn« steht. Diese kann man direkt bezwingen (IV) oder rechts davon in einer Felsrinne (II) hinaufsteigen.

In wieder leichterem Gelände (I und II) erreicht man den Eiskogl (2460 m, auch Kleines Reifhorn genannt). Dahinter seilt man an Bohrhaken zweimal in die Scharte zwischen Eiskogl und Kreuzreifhorn ab. In leichter Kletterei gelangt man weiter ohne Orientierungsprobleme zum Kreuzreifhorn (2460 m) und folgt den roten Markierungen (hier ist die Route kurzzeitig mit dem Normalweg identisch) zum Weinschartl. Dahinter geht es wieder unmarkiert, aber problemlos zum Großen Reifhorn (2488 m) hinauf, wo man eine aussichtsreiche Pause einlegen sollte. Danach muss man aufpassen: Steigspuren und wenige Steinmänner führen in Geröllgelände nach Westen hinab. Dort wo es steiler wird, seilt man zweimal (mittlerweile ebenfalls an Bohrhaken) in die Scharte vor dem Westlichen Reifhorn ab. Nun führen zwei Seillängen (II) mit weiten Hakenabständen auf einen Absatz vor einem Steilaufschwung. Durch einen engen Felstunnel schlüpft man auf die Südseite desselben. Von einem ausgesetzten Band erreicht man eine Wandstelle (IV), über die es zuletzt wieder sehr gut mit Bohrhaken gesichert zum Gipfel des Westlichen Reifhorns (2448 m) hinaufgeht.

ABSTIEG Über die teils etwas schottrige Westflanke geht es nun den deutlichen Steigspuren folgend ins Wehrgrubenjoch (2218 m) hinab. Von hier führt ein steiler, markierter Weg zur Hütte zurück.

INFO

INFO
Österreich – Loferer Steinberge – Reifhörner-Überschreitung (Großes Reifhorn, 2488 m)

TALORT
Lofer (630 m)

AUSGANGS-/ENDPUNKT
Wanderparkplatz Loferer Hochtal (820 m)

GEHZEITEN
Wanderparkplatz Loferer Hochtal – Einstieg Nordostgrat 3 Std. – Großes Reifhorn 3 Std. – Wehrgrubenjoch 2 Std. – Loferer Hochtal 3 Std.

MOBIL VOR ORT
Mit dem Pkw über A8 und A93 bis Ausfahrt Oberaudorf und über Kössen und Waidring Richtung Lofer, kurz vor dem Ort der Beschilderung »Loferer Hochtal« bis zum Wanderparkplatz am Talschluss folgen

KARTE
AV-Karte Blatt 9 »Loferer und Leoganger Steinberge«, 1:25 000

INFORMATION
lofer.com

UNTERKUNFT
Schmidt-Zabierow-Hütte (DAV, geöffnet Mitte Juni bis Anfang Okt., Tel. +43/(0)6588/72 84, schmidt-zabierow.at)

Mittelschwere Gratkletterei, bis IV | **11 Std.** | **12 km** | **800 Hm**

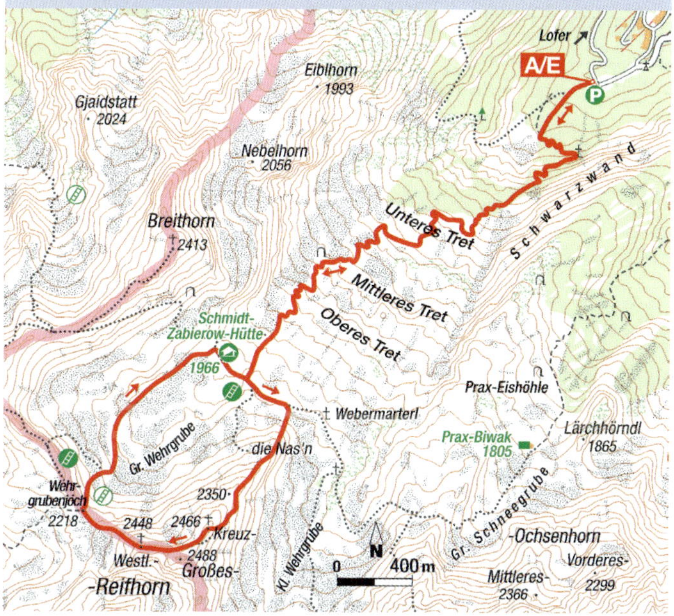

CHARAKTER
Die Kletterseillängen (bis IV) zu Beginn sind mit Klebebohrhaken eingerichtet. Leichtere Passagen sollten aus Zeitgründen seilfrei begangen werden. Es wird zweimal an gebohrten Ringhaken abgeseilt.

AUSRÜSTUNG
Kletterausrüstung mit Helm, 50-m-Seil, Band- und Expressschlingen

EINSAMKEITSFAKTOR
Auch an Wochenenden kann man an den Reifhörnern allein unterwegs sein.

Am Nordostgrat zu Maningkogel und Acherkogel

Grandioser Granitgenuss

Nutzt man für diese Tour einen Herbsttag, um der Gewittergefahr aus dem Weg zu gehen, muss man sehr früh starten, denn gut zehn Stunden Geh- und Kletterzeit stehen auf dem Programm. Mit großen Schritten geht es durchs schattige Mittertal – und mit jedem davon baut sich die Nordostkante des Maningkogels gewaltiger vor einem auf. Ein paar Steinmänner und ein kleiner Bergsee weisen den Weg zum Einstieg am bombenfesten Orthogneis.

28

Teilweise erleichtern Abseilstellen den steilen Abstieg.

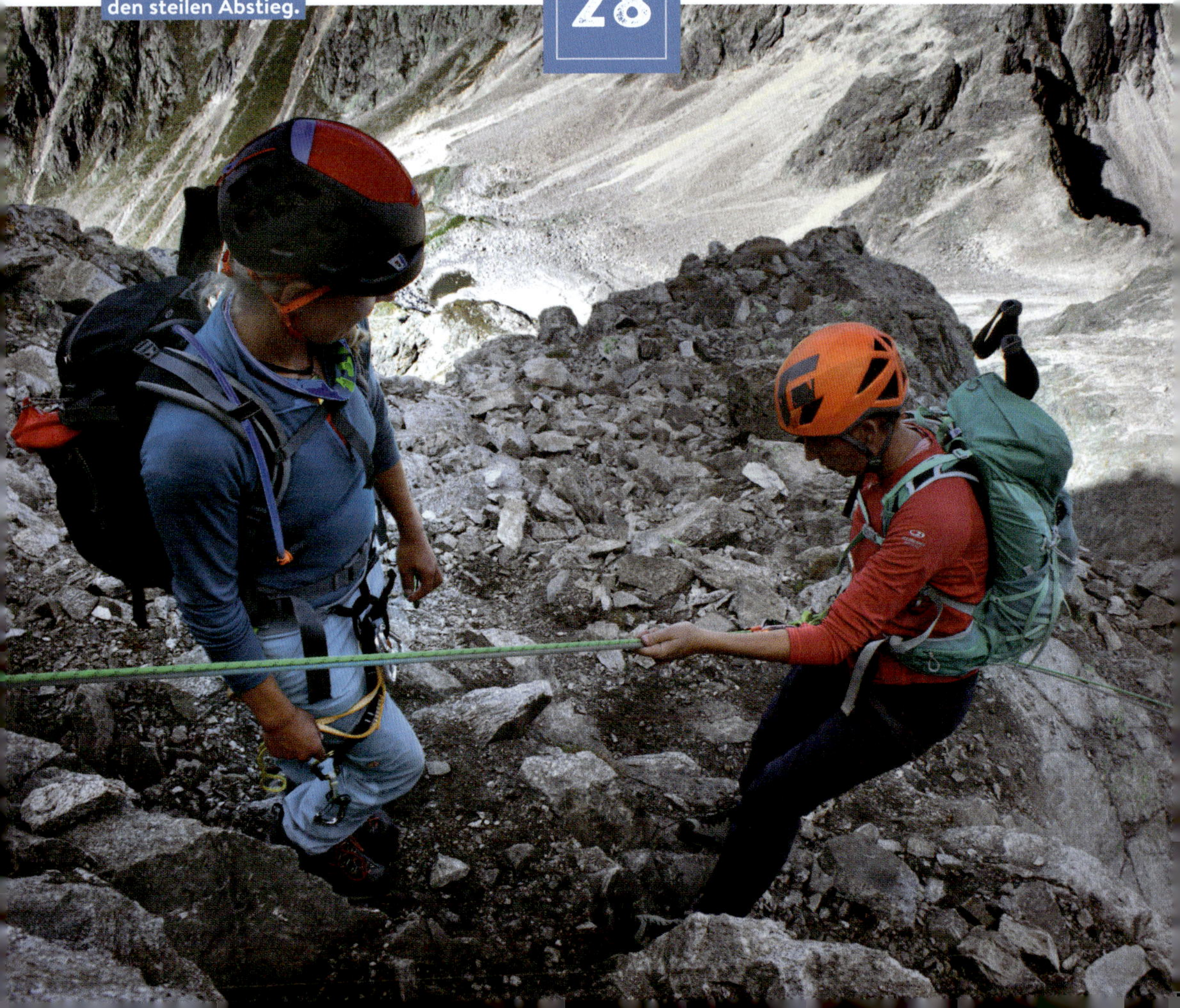

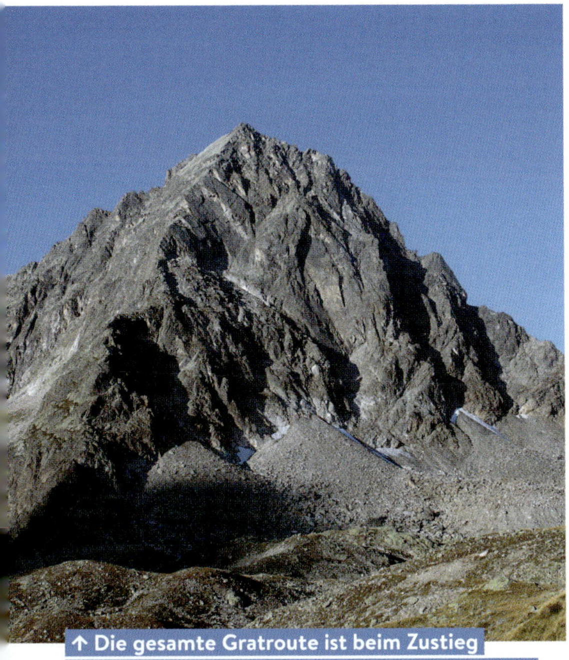

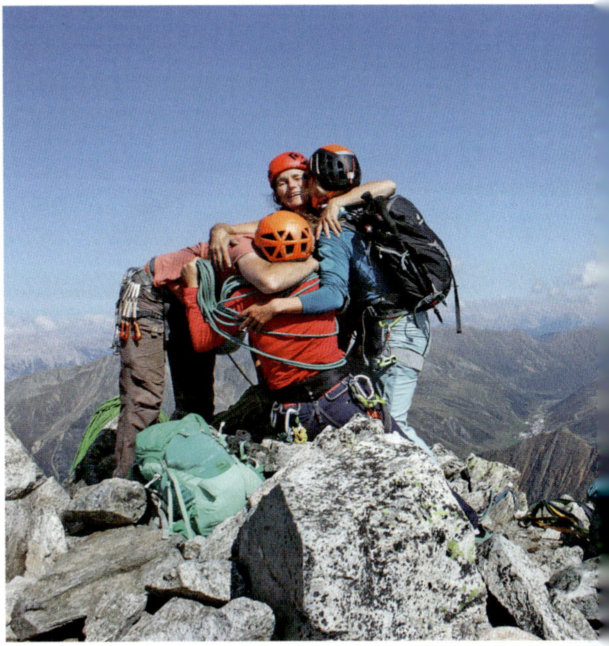

↑ Die gesamte Gratroute ist beim Zustieg gut zu sehen. ↗ Gipfelglück am 3008 m hohen Acherkogel

ANGESEILT WIRD am Gratbeginn aber noch nicht, denn wer die Nordostkante komplett durchsichert, bekommt früher oder später ein Zeitproblem. Schließlich beträgt die reine Kletterlänge knapp 600 Höhenmeter. Also steigt man möglichst seilfrei im II. Schwierigkeitsgrad bergan bis zur ersten von zwei Schlüsselstellen.

Exakt zwei Stunden nach dem Einstieg wird der Maningkogel erreicht, wo die Brotzeitpause neue Energien freisetzt. Nun sieht man auch schon die vor dem Hauptgipfel liegenden Schlüsselpassagen. Warum man dort besser nicht seilfrei unterwegs ist, wird eine gute Stunde später klar: Zwar wird im zweiten Teil der Gratüberschreitung der III. Schwierigkeitsgrad nicht mehr überschritten, dafür mutiert der bislang eher breite Grat zur immer schmaler werdenden Kante. Sauber pfeift es da links und rechts ins Bodenlose hinab. Was dem Kletterspaß freilich keinen Abbruch tut, ganz im Gegenteil: Am Seil gesichert wird der Tanz auf der Granitschneide im reibungsfreudigen Gestein für alle zu einem unvergesslichen Berg-Erlebnis … das oben am Gipfelkreuz noch lange nicht vorbei ist.

Um den Einstieg zum Abstieg zu finden, muss man erst einmal zum Signalgipfel hinüber kraxeln. Ein Ort, an den wiederum der berühmte Ludwig Purtscheller wohl mit Grausen zurückdachte: Als er am 24. August 1881 den Acherkogel erreichte und sich als Erstbesteiger wähnte, fand er auf dem vom Ötztal aus besser erkennbaren Vorgipfel bereits einen Steinmann vor. Der diente, wie sich später herausstellte, als Vermessungspunkt für den ersten umfassenden Kataster der Alpenrepublik ... In einer kleinen Scharte weist ein verblasster roter Pfeil in Richtung Schrofen, Fels und Geröll. Dort denkt man sich: »Hut ab vor den wackeren Landschaftsvermessern!«, die zwar so manches Messinstrument, bestimmt aber kein Abseilgerät mit dabeihatten. 1854 gab es sicher noch nicht die Möglichkeit, den unangenehmsten Teil des Abstiegs dank solide eingebohrter Ringhaken gemütlich abzuseilen. Heutzutage nimmt man diese Möglichkeit nur allzu gern in Anspruch.

ROUTE Über die Staumauer und einem Fahrweg bergan folgend (Wegweiser »Mittertal«) wandert man bis zu einem Bach, überquert diesen aber nicht, sondern folgt links den deutlichen Wegspuren bachaufwärts. Man stößt wieder auf einen breiteren, markierten Bergweg und wandert auf diesem durch den lichten Wald ins freie Mittertal. Über eine Flanke rechts geht es dann etwas steiler bergan. Nachdem es flacher wird, verlässt man den AV-Weg und hält links über einen breiten Rücken auf die deutliche Nordostkante zu. Es geht an einem kleinen See vorbei und schließlich zum Einstieg etwas rechts vom Grat (Steigspuren).

Dem zunächst leichten Grat folgend erreicht man einen Steilaufschwung. Über eine steile Plattenstelle (IV) klettert man deutlich steiler bergan. Einer leichteren Passage folgt der nächste Steilaufschwung (IV). Weiter immer dem Grat folgend (I–III), gelangt man in plattiges Gelände und über dieses zum Gipfel des Maningkogels (2894 m).

Nun steigt man in die Scharte zwischen Maning- und Acherkogel und über einen Felsrücken zum Acherkogel-Nordostgrat. Durch einen Kamin (III) geht es steil auf den Grat und dann wieder leichter empor. Der Grat wird steiler und ausgesetzter (III) und leitet schließlich zum Gipfelgrat, der im zunehmend leichterem Blockgelände zum höchsten Punkt (3008 m) führt.

ABSTIEG Vom Hauptgipfel folgt man den Begehungsspuren zum Signalgipfel (Kreuz).

Tipp

HINWEIS

Man muss sich vorab erkundigen, ob der Abstieg auch schnee- und eisfrei ist – z. B. auf der Dortmunder Hütte (1950 m), wo man auch übernachten kann. Zudem muss man gut darauf achten, keine Steine loszutreten, um andere Kletterer nicht zu gefährden!

Oberhalb eines Bergsees beginnt die Gratkletterei.

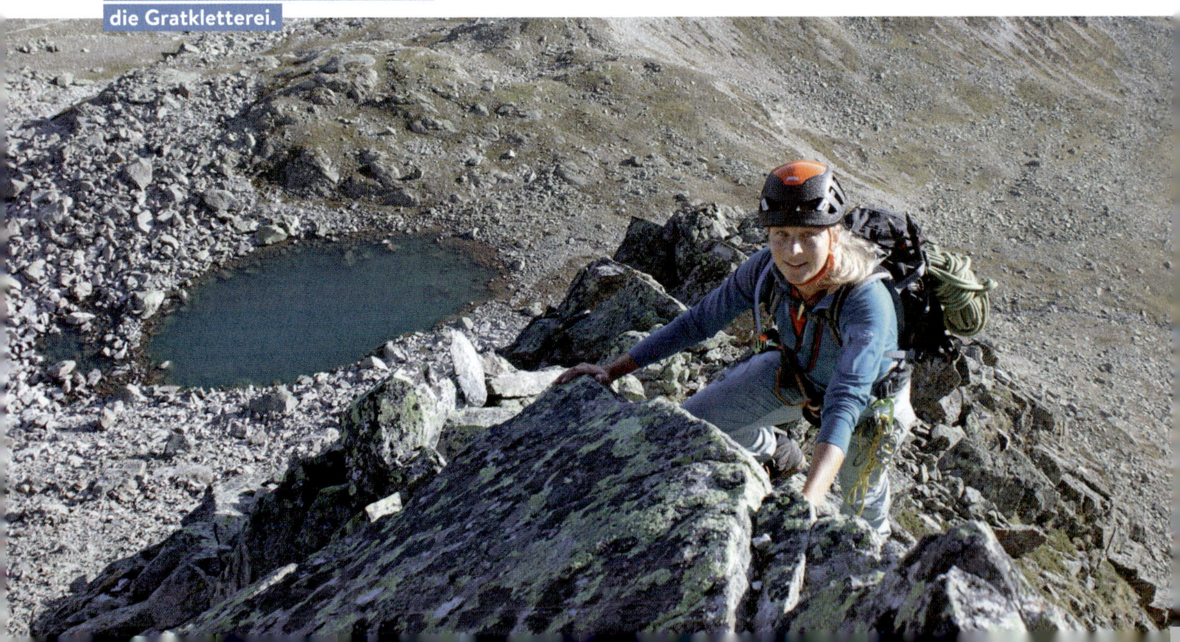

Kurz vor diesem weist ein verblasster roter Pfeil rechts in die Nordflanke hinunter. Nun steigt man den roten Punkten folgend die steile Fels- und Geröllflanke (II) hinab bis zu einer Abseilstelle, wo man zu einem großen Schuttfeld abseilt und im Weiteren auf Steigspuren erneut eine Steilstufe erreicht, die man entweder rechter Hand abklettern oder links abseilen kann. Nun geht's zum kleinen Mattingsee und weiter zum markierten AV-Weg und nach rechts zur Mittertaler Scharte (2631 m) hinauf. Von dort wandert man auf gut markiertem Weg durchs Mittertal hinab zur Staumauer des Längental-Speichers.

INFO

INFO
Österreich – Stubaier Alpen – Nordostgrat Maningkogel (2892 m) und Acherkogel (3008 m)

TALORT
Kühtai (2010 m)

AUSGANGS-/ENDPUNKT
Staudammmauer des Speichers Längental (1900 m)

GEHZEITEN
Staudamm – Einstieg Nordostgrat 2 Std. – Maningkogel 2.30 Std. – Acherkogel 2.30 Std – Staudamm 4 Std.

MOBIL VOR ORT
Bus & Bahn: Mit dem Zug nach Innsbruck und weiter mit Bus 4166 bis Haltestelle Dortmunder Hütte, von dort zu Fuß in 15 Min. zum Ausgangspunkt

Auto: Über die Inntalautobahn bis Ausfahrt Kematen, über das Sellraintal nach Kühtai und auf der anderen Seite bis zum Parkplatz am Längental-Speichersee

KARTE
AV-Karte Blatt 31/2 »Stubaier Alpen/Sellrain«, 1:25 000

INFORMATION
kuehtai.info

UNTERKUNFT
Dortmunder Hütte (DAV, geöffnet Anfang Juni bis Ende Aug., Tel. +43/(0)5239/52 02, dortmunderhuette.at)

Mittelschwere Gratkletterei, bis IV | **11 Std.** | **11 km** | **1300 Hm**

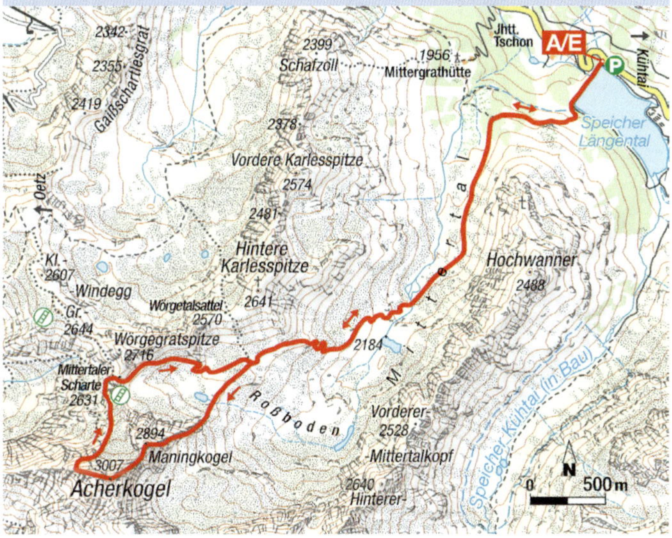

CHARAKTER
Bis zur Abzweigung vom AV-Weg gut markierter Bergweg, dann wegloses Gelände bis zum Einstieg. Der Abstieg erfolgt über eine steile Schrofen- und Geröllflanke, dort gibt es zwei Abseilstellen. Am Grat sichert man an gebohrten Standplätzen, teils aber auch an selbst eingerichteten Ständen (z. B. durch Bandschlingen an Felsköpfen).

AUSRÜSTUNG
Kletterausrüstung mit Helm, 60-m-Seil, Grundsortiment Keile, Express- und Bandschlingen

EINSAMKEITSFAKTOR
Die Tour ist auch an Wochenenden vergleichsweise wenig frequentiert.

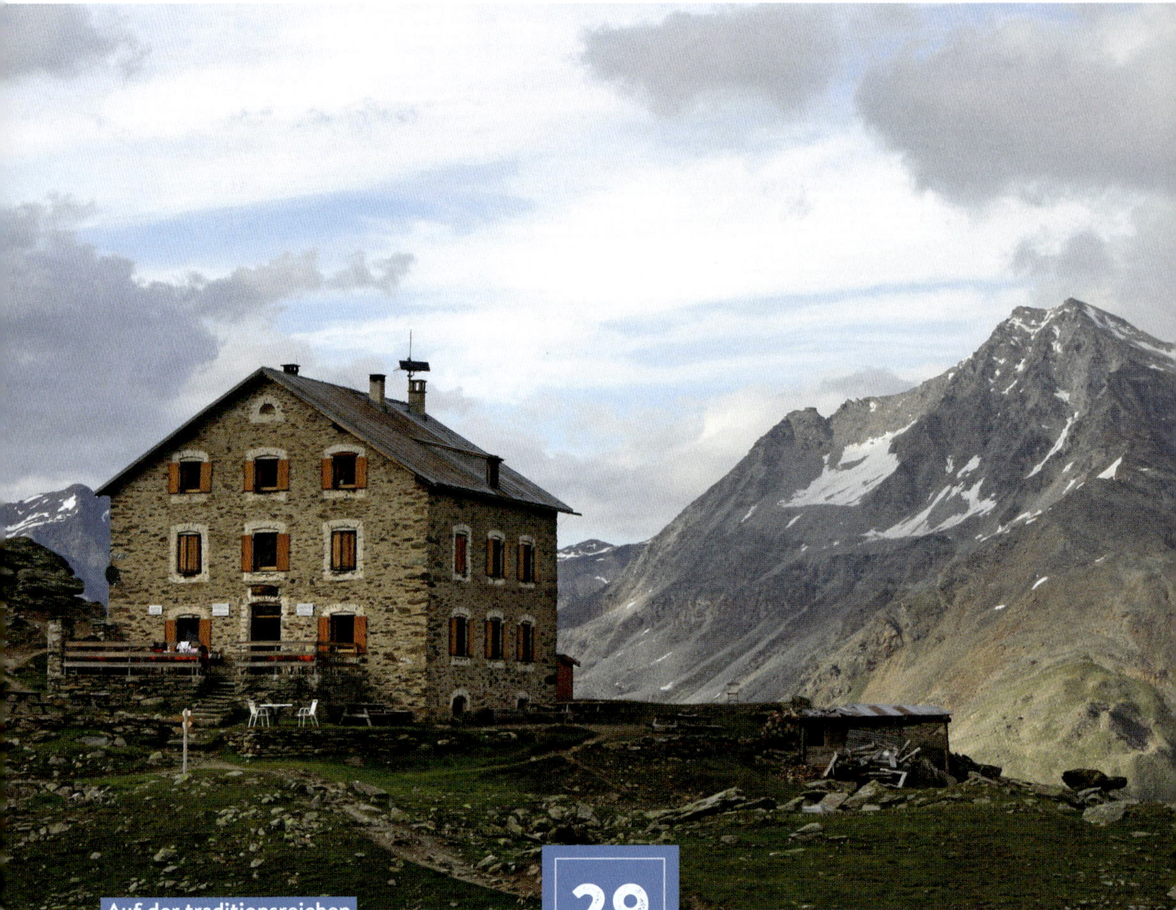

Auf der traditionsreichen Hintergrathütte wird am Vortag übernachtet.

29

Über den Hintergrat auf den Ortler

Überschreitung des Südtiroler Berg-Königs

Wer den Schaden hat, braucht sich um den Spott meist nicht weiter zu bemühen: Als der Riese Ortler der Sage nach von einem Stilfser Zwerg bezwungen wurde, verhöhnte dieser ihn auch noch mit den Worten: »Ach, Riese Ortler, wie bist du noch so klein.« Worauf der Riese zu einem gewaltigen Berg aus Eis und Schnee erstarrte.

SEIN 3905 METER hoher Scheitel ist seitdem der höchste Punkt Südtirols, vor allem aber ein äußerst reizvolles Gipfelziel. Insbesondere die Ortler-Überschreitung mit Aufstieg über den Hintergrat und Abstieg über den Normalweg ist eine der großartigsten Grat- und Hochtouren der gesamten Ostalpen – sie gehört einfach ins Tourenbuch eines ambitionierten Bergsteigers!

Allerdings begeben wir uns beim Ortler erneut in die Welt der Gletscher-Hochtouren, was bedeutet, dass man eine entsprechende Ausrüstung (zum Kletterzeug kommen noch Pickel und Steigeisen hinzu) mitnehmen und auch bedienen können muss. Wer noch nie mit Gletscherspalten in Kontakt kam, sollte daher vorab einen entsprechenden Hochtourenkurs (inklusive Spaltenbergung) besuchen oder einen örtlichen Bergführer engagieren. Aber auch mit einem entsprechenden Fachmann bekommt man den Hintergrat nicht geschenkt. Einem anstrengenden, teils unübersichtlichen und brüchigen Zustieg von der Hintergrathütte folgen drei Stunden Gratgenuss mit überwältigender Aussicht. Allerdings ist die Schlüsselstelle im IV. Schwierigkeitsgrad ziemlich abdrängend und abgespeckt.

Der Abstieg führt wiederum durch eine gewaltige Gletscherlandschaft und hält zudem noch die eine oder andere Kletterstelle parat. Die Länge dieser gewaltigen Hochtour

↑ An Wochenenden ist die Hütte gut besucht. ↓ Das zweite Eisfeld ist deutlich steiler als das erste. ↘ Die Schlüsselstelle ist eine leicht abdrängende Verschneidung.

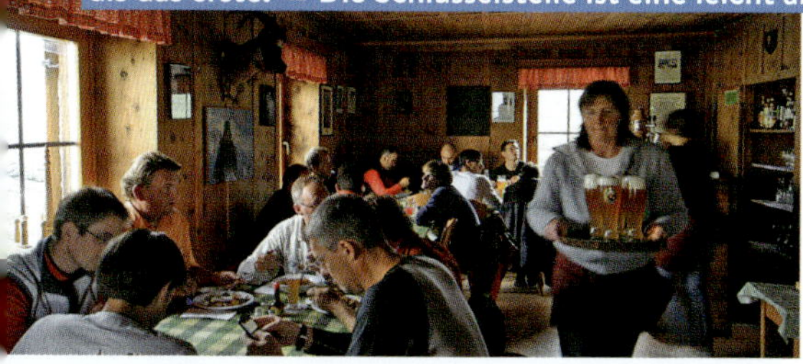

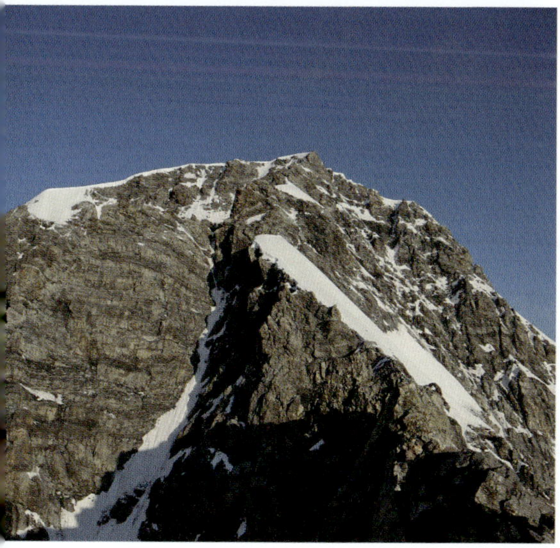

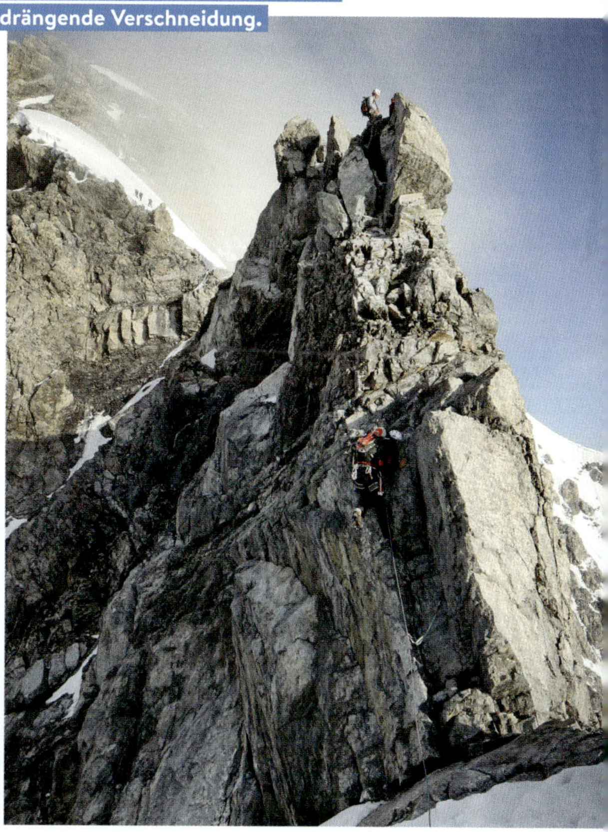

darf man jedenfalls nicht unterschätzen, was natürlich auch bedeutet, dass für diesen ganz großen Ostalpen-Klassiker absolut sichere Wetterverhältnisse herrschen müssen. Schließlich muss man allein für die Überschreitung von der Hintergrathütte zur Payerhütte mit fünfeinhalb Stunden rechnen, und der Abstieg ins Tal dauert dann noch einmal etwa drei Stunden. Deswegen ist es bestimmt keine schlechte Idee, sich eine Übernachtung in diesem großartigen Adlerhorst zu gönnen.

ROUTE In Sulden geht man rechts an der Bergsteigerschule vorbei und folgt am Waldrand der Beschilderung »Langenstein« bzw. dem Weg Nr. 3. Bei einer Gabelung wandert man rechts weiter Richtung Langenstein. Bald darauf zweigt man im Aufstiegssinne rechts auf den Wurzelweg ab, der entlang eines steilen Waldrückens die Bergstation des Langenstein-Sessellifts erreicht. Auf

Tipp

HINWEIS

Auf der Hintergrathütte, wo man aufgrund der Länge übernachtet, muss man für Sommer-Wochenenden rechtzeitig seinen Schlafplatz reservieren!

Höhe der Bergstation folgt man einem Fußweg nach Süden, der einen Geröllhang leicht ansteigend quert. Der Weg führt um die Seitenmoräne herum und zu einer Geländeverflachung hinauf. Dann quert er kurz leicht ausgesetzt unterhalb von Felsen und über einen breiten Osthang nach Süden zu einem Absatz, von dem aus man die Hintergrathütte (2661 m) sieht.

Von der Hütte führen Wegspuren nach Westen zur (im Aufstiegssinne) rechten Moräne des Suldenferners. Auf dieser geht es an einer Felswand vorbei, bis sich rechts eine breite, steile Schotterrinne öffnet. Durch

Das erste Eisfeld ist ziemlich flach.

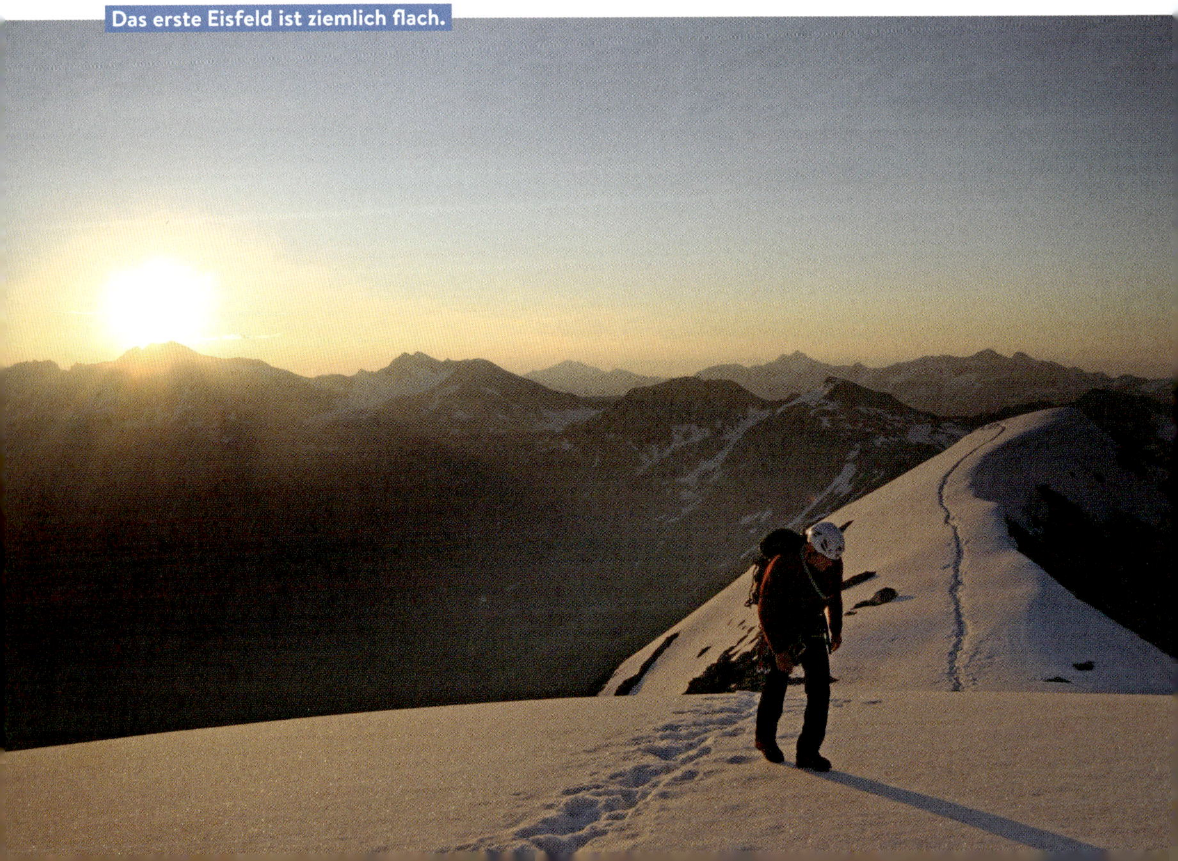

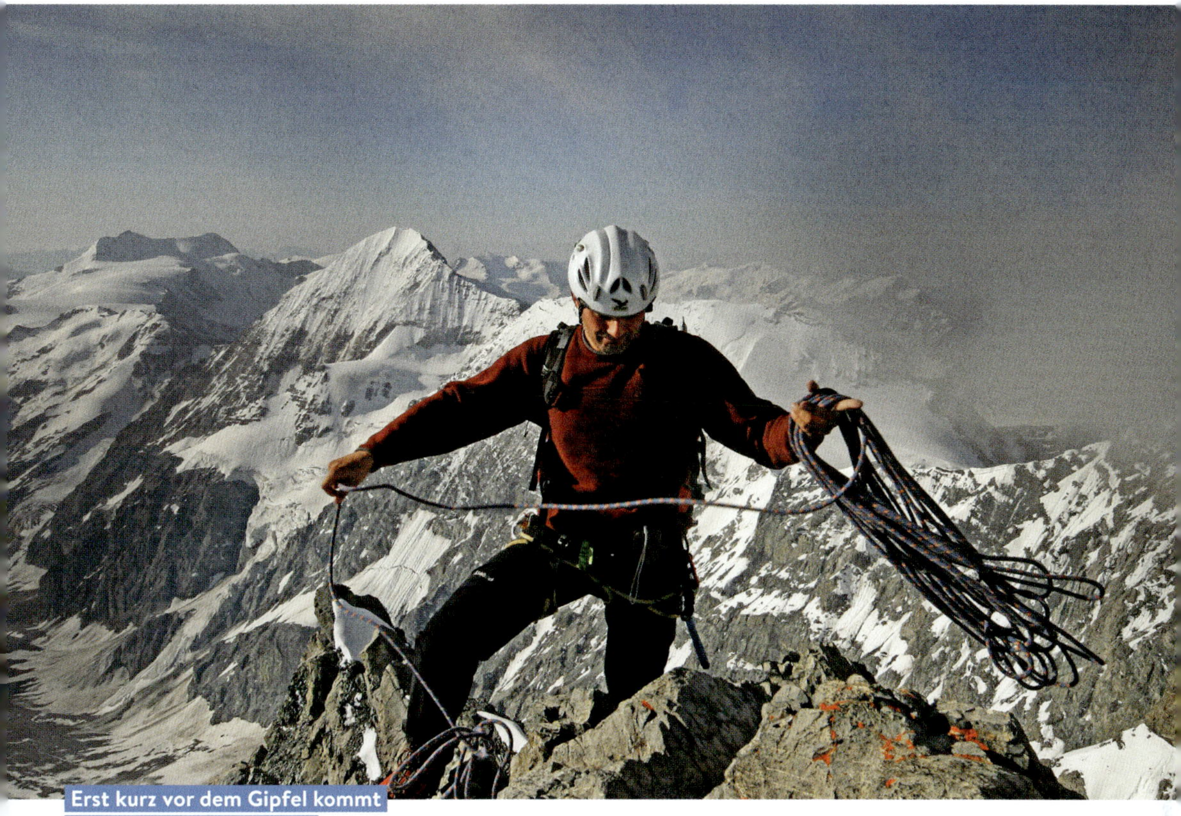

Erst kurz vor dem Gipfel kommt das Seil in den Rucksack.

diese geht es auf deutlich schlechterem Steig in Serpentinen bergan und in ein großes und steiles Kar. Zunächst in der Mitte des Kares flacher (erste Firnfelder), dann leicht rechtshaltend und steiler steigt man zum oberen Ende des Kares bergan und erreicht schließlich Felsgelände. In dem nun folgenden unübersichtlichen Abschnitt muss man gut auf Begehungsspuren und Steinmänner achten. Tendenziell hält man sich eher etwas links. Passagen im II. Schwierigkeitsgrad und steiles, schottriges Gehgelände (Achtung, unterhalb befindliche Bergsteiger nicht durch Steinschlag gefährden!) wechseln sich miteinander ab. Spätestens wenn man eine Gedächtnistafel vor sich sieht, muss man sich links halten, um über eine kurze Verschneidung (II) am Ende einer breiten Rinne den hier noch breiten Grat zu erreichen.

Man folgt dem Grat über leichtes Klettergelände zum ersten Eisfeld. Über diesen breiten Firnrücken geht es zunächst flach, dann ansteigend wieder zum Hintergrat hinauf, den man bis zum Signalkopf (3725 m) über Gehgelände ersteigt. Der Signalkopf wird links absteigend umklettert (III) – hier sichern die meisten Seilschaften zum ersten Mal (Ringhaken vorhanden). Unten erreicht man ein ausgesetztes Band (II), das wieder zum eigentlichen Grat führt, der ab jetzt deutlich schmäler ist. Man folgt diesem noch ein Stück bis zu einem Stand an einem Felsköpfl. Dahinter kommt ein Steilaufschwung mit der ersten Schlüsselstelle (IV, abdrängend und abgeschmiert; ein geschlagener Haken

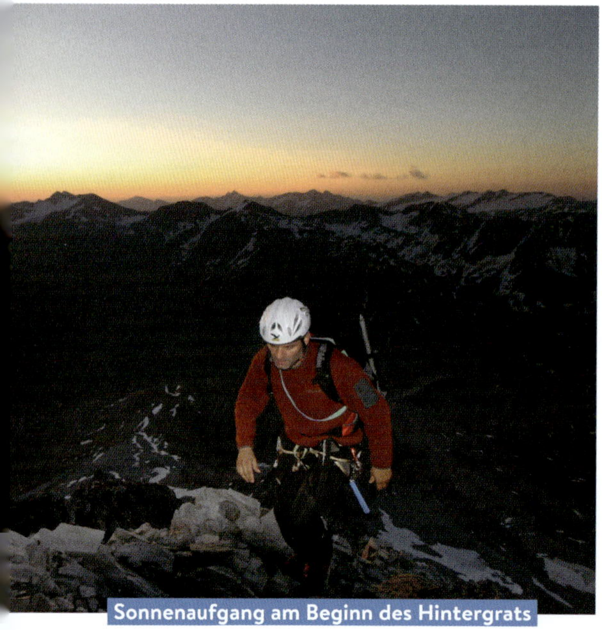

Sonnenaufgang am Beginn des Hintergrats

und am Ende der Stelle ein Drahtseil zum Einklinken vorhanden). Der Vorsteiger folgt dem schmalen Grataufschwung am besten noch (III) und macht an einem weiteren Felsköpfl Stand.

Danach geht es ein paar Meter rechts des Grats weiter und wieder links aufwärts zum Grat. Diesem folgt man ausgesetzt zum zweiten Firnfeld, das mit 40° steiler ist als das erste. Man steigt dieses leicht nach links empor und quert flacher nach rechts zum Felsgrat. Dort kann man an einem Felsköpfl einen Stand einrichten, um danach eine recht feste Felsstufe (III) zu erklettern. Unterhalb eines Überhangs macht man abermals Stand. Hier quert man leicht nach links oben zur zweiten IVer-Stelle (zwei Haken), die deutlich leichter ist als die erste. Sie wird leicht rechtshaltend erklettert, um zum letzten Stand (wieder an einem Felsköpfl) zu gelangen. Ab hier folgt man dem leichteren, aber teils ausgesetzten Grat bis zum höchsten Punkt des Ortlers (3905 m).

ABSTIEG Auf dem weiten Gipfeleisfeld, auf dem man wegen Spaltengefahr wieder anseilt, geht es zunächst nach Südwesten, dann nach Nordwesten erst angenehm flach bergab (so gut wie immer Spuren vorhanden). Ein großer Gletscherbruch wird in einem Bogen links umgangen (je nach Verhältnissen muss man die eine oder andere Spalte überspringen), bevor es über einen steileren Firnhang (ca. 40°) zum Bivacco Lombardi (3350 m) hinabgeht. Vor diesem hält man sich entweder links, um abermals über einen steilen Firnhang ins Bärenloch abzusteigen, oder man geht direkt zum Biwak und folgt Steigspuren zu einer Abseilstelle (Eisenkette mit Abseilhaken, ein 50-m-Seil reicht hier aus), über die man ebenfalls das Bärenloch erreicht (Achtung, dort Eisschlaggefahr, zügig weitergehen!). Hier steigt man erst direkt ab und quert dann nach rechts, um an einem Felssattel den von der Tabarettaspitze herkommenden Grat zu erreichen. Ab jetzt wird keine Gletscherausrüstung mehr benötigt.

Man folgt dem ausgesetzten Grat (II) zu einem Abbruch mit Abseilstand. Dort kann man eine etwas heikle IIIer-Stelle entweder abklettern oder abseilen. Man folgt dem erst noch schmalen, dann breiteren Grat weiter bis zum nächsten Abbruch, der mithilfe einer langen Eisenkette bis zu einer Scharte abgeklettert wird. Auf der anderen Seite geht es wieder bergan und immer dem Grat folgend (letzte IIer-Stellen) nach Norden. Schließlich wird die Tabarettaspitze leicht ansteigend umgangen. Man erreicht eine letzte Scharte und sieht die Payerhütte (3029 m) vor sich.

Von dort aus geht es auf einem guten Bergweg (Beschilderung »Tabarettahütte«) ohne Orientierungsschwierigkeiten über die Bärenkopfscharte und die Tabarettahütte zum Ausgangspunkt zurück.

INFO

Anspruchsvolle Grattour, ZS, bis IV, Eis bis 40°

14 Std. | 20 km | 2090 Hm

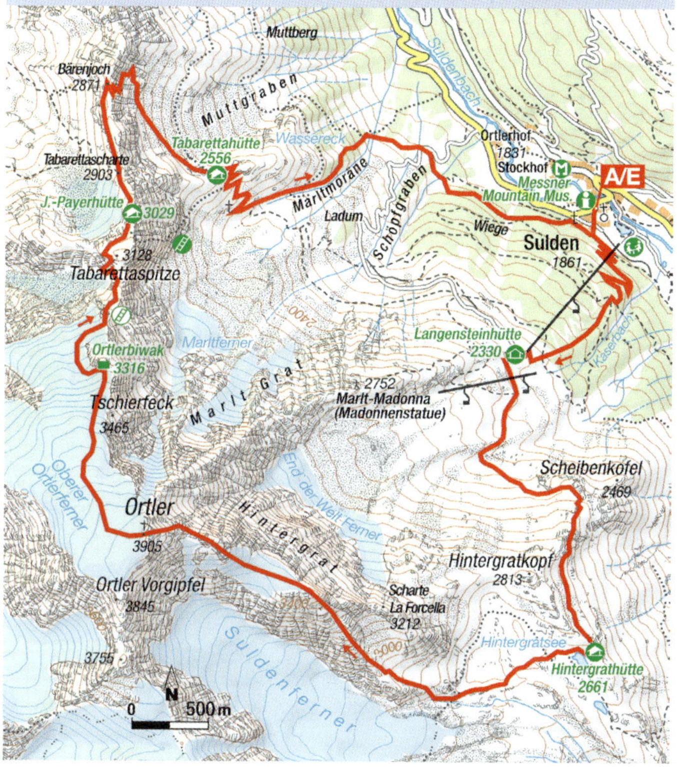

INFO

Italien – Ortlergruppe – Ortler (3905 m) / Hintergrat

TALORT, AUSGANGS-/ENDPUNKT

Sulden (1845 m), Parkplatz bei der Kirche St. Gertraud

GEHZEITEN

Sulden – Hintergrathütte 2.30 Std. – Einstieg Hintergrat 2 Std. – Ortler 3.30 Std. – Payerhütte 3 Std. – Sulden 3 Std.

MOBIL VOR ORT

Bus & Bahn: Mit dem Zug über Meran nach Spondinig und weiter mit Bus 271 nach Sulden

Auto: Über den Reschenpass nach Glurns, dahinter rechts zum Stilfser Joch, in Gomagoi links nach Sulden und zum Parkplatz bei der Kirche St. Gertraud

KARTE

Tabacco-Karte Blatt 08 »Ortlergruppe – Cevedale«, 1:25 000

INFORMATION

vinschgau.net/de/ortlergebiet.html

UNTERKUNFT

Hintergrathütte (geöffnet Mitte Juni bis Anfang Okt., Tel. +39/0473/61 31 88, hintergrathuette.com)

EINKEHR

Payerhütte (CAI, geöffnet Mitte Juni bis Mitte Sept., Tel. +39/0473/613010, payerhuette.com); Tabarettahütte (privat, geöffnet Anfang Juni bis Mitte Okt., Tel. +39/0347/261 48 72, tabaretta.com)

CHARAKTER

Eine der großartigsten Grat(hoch)touren der Ostalpen, für die eine sehr gute Kondition und viel alpine Erfahrung notwendig sind. Zur sicheren Klettertechnik im IV. Schwierigkeitsgrad gehört Trittsicherheit im Eis bis 40°. Beim Abstieg wird einmal abgeseilt.

AUSRÜSTUNG

Komplette Hochtourenausrüstung mit Helm, Seil, Gurt, Pickel und Steigeisen. Jeder in der Seilschaft sollte 1 Eisschraube, 2 Schraubkarabiner, 2–3 Expressschlingen und 2 Bandschlingen mitnehmen.

EINSAMKEITSFAKTOR

An stabilen Sommerwochenenden ist der Hintergrat recht beliebt.

Am Beginn des Hintergrats mit der Königsspitze im Hintergrund

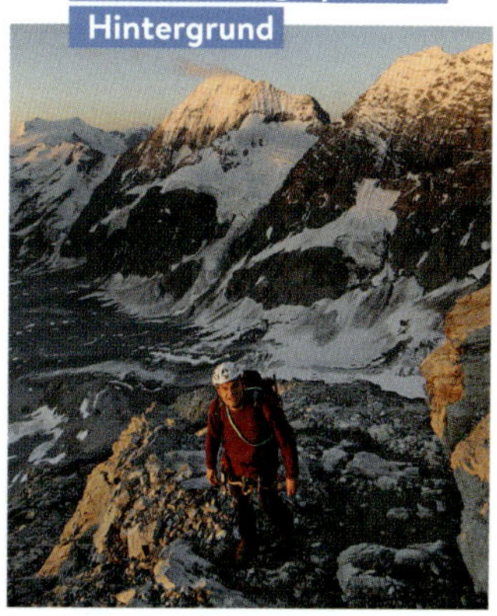

Über den Biancograt zum Piz Bernina

Schweizer Himmelsleiter

Als einzigem Viertausender östlich der Linie Bodensee–Comersee kann kein anderer Berg dem Piz Bernina den Titel »König der Ostalpen« streitig machen. Majestätisch thront er über der nach ihm benannten Gebirgsgruppe, die auch den schönen Beinamen »Festsaal der Alpen« trägt.

Beim Abstieg über den Fortezzagrat hat man den gesamten Biancograt im Blick.

30

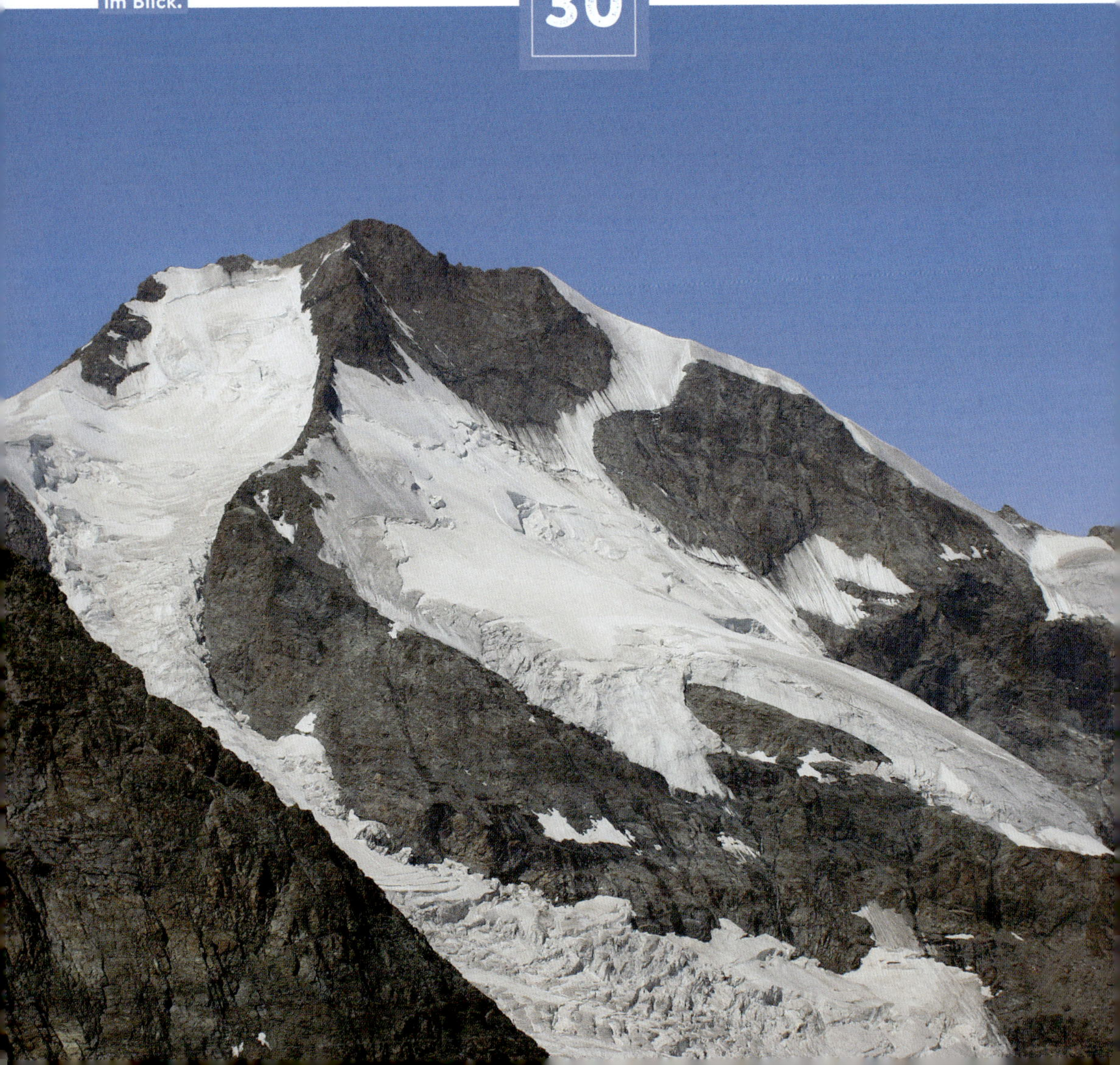

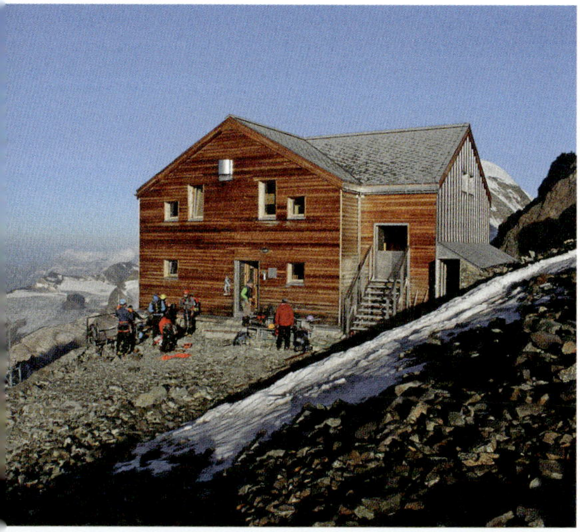

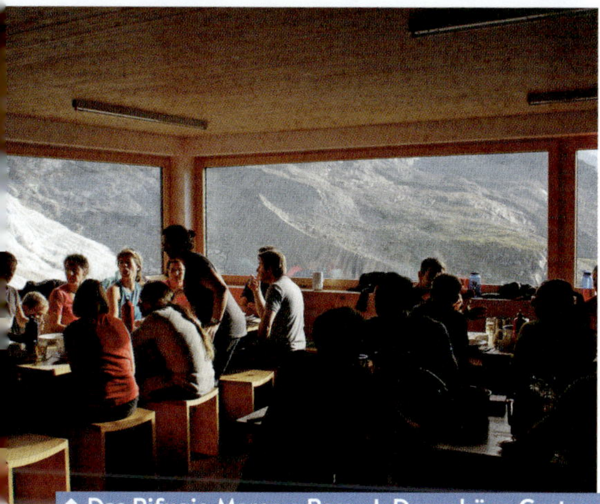

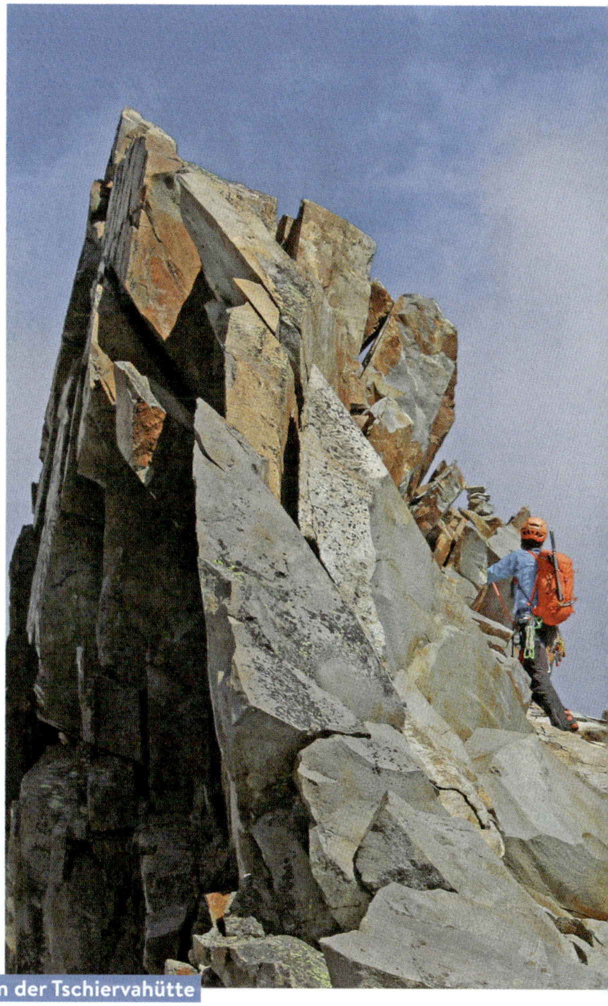

↑ Das Rifugio Marco e Rosa ↓ Der schöne Gastraum der Tschiervahütte
↗ Abseilstelle an der sogenannten Haifischflosse

UNSTRITTIG IST ZUDEM, dass zu seinem Vorgipfel eine der schönsten (nicht wenige meinen auch die schönste) Firnschneide der Alpen hinaufzieht. Im Zusammenhang mit dem Klimawandel machten sich Wissenschaftler große Sorgen um den einzigartigen Eisgrat, denn im Hitzesommer 2003 stellte die Schweizer Gletscherforscherin Christine Rothenbühler tiefe Spalten und Risse im Biancograt fest – sollten sich solche extremen Sommer wiederholen, drohe ein kompletter Eisabbruch, warnte die Wissenschaftlerin.

Glücklicherweise haben sich ihre Befürchtungen nicht bestätigt, wie der Autor vor wenigen Jahren höchsterfreut feststellen konnte. Aber wer weiß? Vielleicht sollten ambitionierte Alpinisten dennoch nicht zu lange darauf warten, diese anspruchsvolle und großartige Hochtour in ihrem Tourenbuch einzutragen? Wer dabei mit dem Zug anreist und somit die persönliche CO_2-Bilanz minimiert, tut nicht nur der schwitzenden Firnschneide, sondern auch sich selbst einen Gefallen: Bereits die Anreise mit der

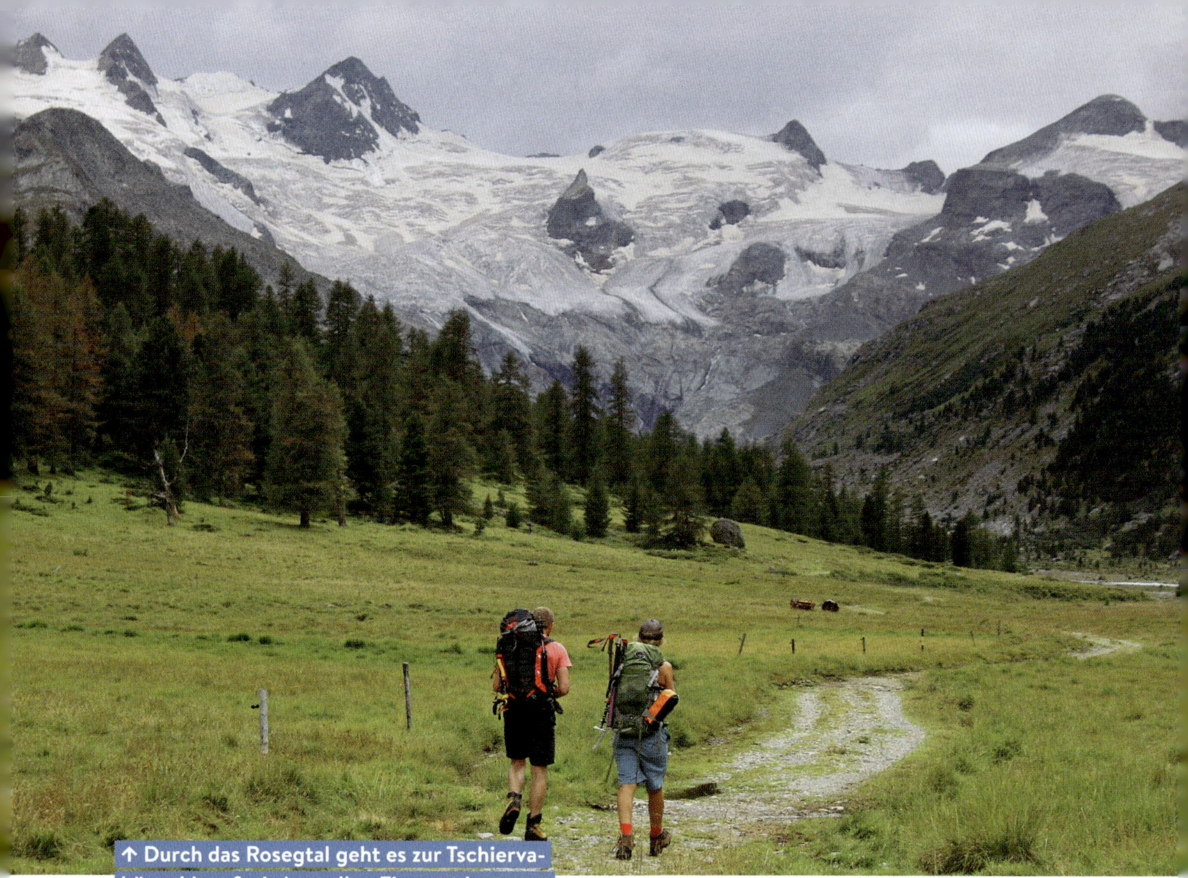

↑ Durch das Rosegtal geht es zur Tschiervahütte hinauf. ↓ Am tollen Firngrat kommen Pickel und Steigeisen zum Einsatz.

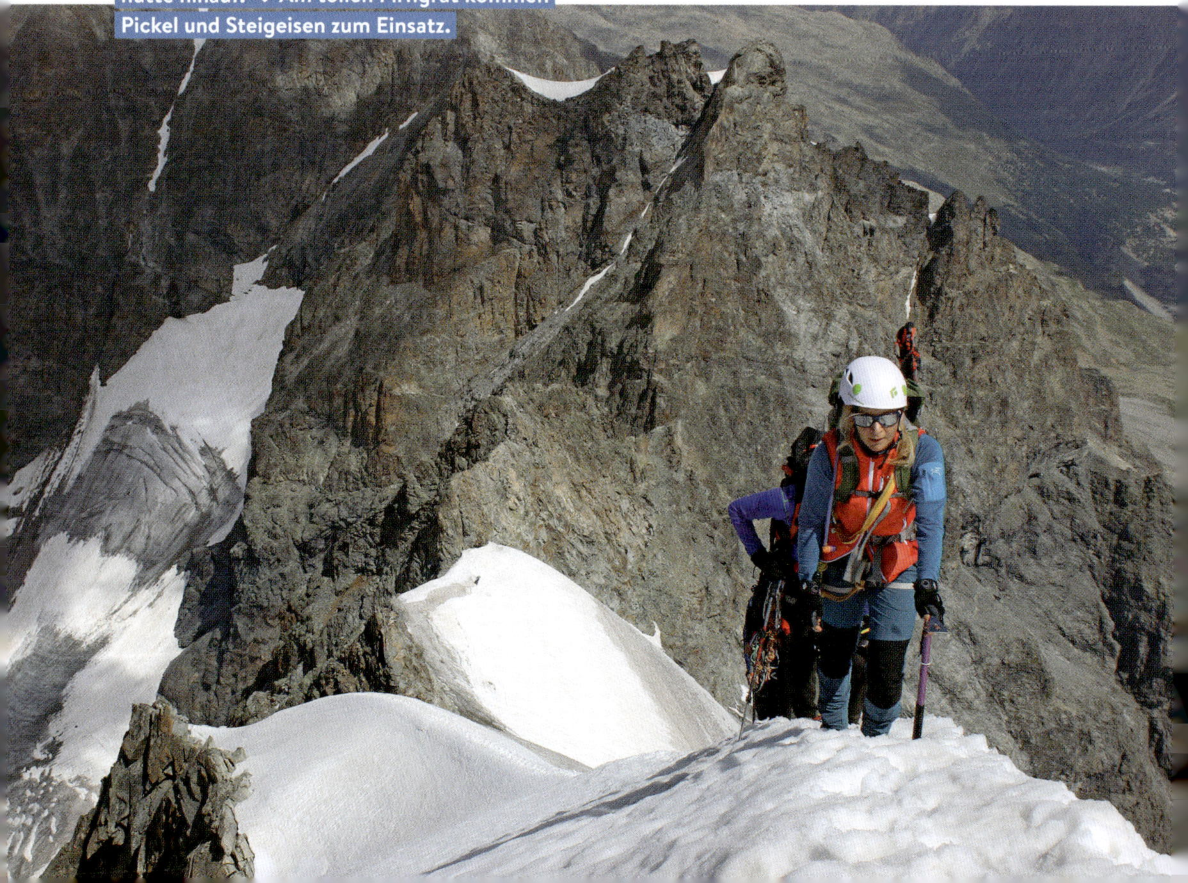

Räthischen Bahn zu Ausgangs- und Endpunkt ist ein schönes, aber nicht ganz kurzes Urlaubserlebnis.

Nicht ganz kurz ist auch die Tour selbst, bei der man am großen Grat-Tag von Hütte zu Hütte zwölf Stunden einplanen darf. Dabei sollte man bis zur Fourcla Prievlusa seilfrei unterwegs sein, die darauffolgenden Felspassagen aber gesichert angehen. Am eigentlichen Biancograt hängt die Sicherungsstrategie davon ab, ob er guten Trittschnee (dann durchaus seilfrei möglich) oder apere Stellen aufweist, die man dann konsequenterweise mit Eisschrauben absichert. Beim anschließenden Übergang zum Piz Bernina sollte man am besten am laufenden Seil gehen, wobei auf dieser Passage auch abgeseilt wird. Abseilpisten erleichtern zuletzt auch den Abstieg vom Piz Bernina zum Rifugio Marco e Rosa.

ROUTE Vom Bahnhof Pontresina folgt man der Via da God und der Fahrstraße zum Hotel Roseg. Dort beginnt der etwa dreistündige Hüttenzustieg auf einem gut ausgetretenen und markierten Bergweg. Der Weg überquert den Rosegbach und führt an dessen Ufer in Gehrichtung linker Seite entlang. Dann steigt er zur markanten Seitenmoräne des Tschiervagletschers an und führt links von der Moräne bzw. auf ihrem Scheitel zur Tschiervahütte (2583 m).

Von der Hütte geht es entlang des Steigs (Ketten) Richtung Tschiervagletscher bis zur zweiten Wasserrinne. Bei einem Steinmann wendet man sich nach Südosten und folgt dem Moränenrücken. Einige an Felsen angebrachte Reflektoren erleichtern bei Dunkelheit die Wegfindung. Es folgt eine lange Querung hoch über dem Gletscher, dann wendet sich der Weg zum Gletscher hin, der nach rechts gequert wird, um den flachen Gletscherboden oberhalb der ersten Spaltenzone zu erreichen. Nun hält man sich nach links über eine Steilstufe zum oberen steileren Gletscherbecken hin. Dort, wo es sich unterhalb der Fuorcla Prievlusa aufsteilt, quert die Spur in die steile Flanke. Hinter dem Bergschrund biegt man nach links in die Felsen ab. Gelbe Markierungen zeigen hier den Einstieg des Klettersteigs (B) an, der zur Fuorcla Prievlusa (3437 m) führt.

Es folgt der erste Felsabschnitt (III, Haken und natürliche Sicherheitsmöglichkeiten). Von der Scharte geht es eine Wandstelle bergauf, dann quert man ein Band nach rechts oben. Nun zumeist rechts des Grats weiter, bis man links auf die Morteratschseite wechselt, um die obersten Gletscherhänge am Rand des Felsgrats in Richtung des sichtbaren Biancograts zu queren. Bei Blankeis ist es sicherer, am Grat zu bleiben und die sogenannte Haifischflosse zu überklettern und dahinter in die Scharte vor dem Firngrat abzuseilen.

Es folgt der schönste Teil der Tour, der entweder auf der Firnschneide oder leicht rechts von ihr weiterführt. Vom Ende des Firngrats am Piz Bianco (3993 m) führt ein Felsgrat in leichtem Auf und Ab nach Süden zur Berninascharte weiter. Dieses Stück ist ebenfalls exponiert, aber technisch nicht sehr schwer. Von einem Felsturm seilt man in eine tiefe

Tipp

HINWEIS

Der Firngrat ist deutlich leichter, wenn guter Trittschnee und kein Blankeis vorliegt. Von daher ist es in der Regel besser, den Biancograt nicht zu spät im Sommer anzugehen.

Scharte vor dem sogenannten Schartenturm ab bzw. bei Schneelage noch ein Stück tiefer, um diesen rechts zu umgehen. Wenn kein Schnee liegt, wird der Turm meist direkt überklettert (III+) und abgeseilt. Auf der anderen Seite klettert man nun etwas leichter die Gipfelflanke hinauf und über einen abschließenden Blockgrat bis zum höchsten Punkt (4049 m).

ABSTIEG Vom Gipfel klettert man nach Süden über zunächst leichtes Gelände ab. Kurz darauf setzt der exponierte Spallagrat an, der in einem Bogen zu einem felsigen Abschnitt führt. Hier wird zunächst abgeklettert und dann ca. 20 Meter abgeseilt. Es folgen noch mal ein Gratstück und eine letzte Abseilstelle, über die es nach rechts auf eine (eher sanfte) Gletscherfläche hinabgeht. Über diese steigt man nach Süden zum Rifugio Marco e Rosa (3609 m) hinab.

Von der Hütte quert man nach Osten zur Fuorcla Crast'Agüzza (3591 m) und weiter auf den Bellavistakamm zu. Die weite Gletscherterrasse unterhalb des Kamms wird über einen Aufschwung (Spaltengefahr!) bewältigt. Im Folgenden hält man Abstand zur Abbruchkante des Gletschers, bis der Hang wieder breiter wird und man nach Norden, noch vor der Fuorcla Bellavista, zum Fortezzagrat (3482 m) absteigt. Der Abstieg über diesen Grat und seinen Felsturm ist wieder markiert. An einigen Steilstufen kann man abseilen.

Über Firngrate und -hänge klettert und läuft man zu einem Felsplateau hinab, das weiter Richtung Norden überschritten wird. Am Vadrett da la Fortezza hält man sich rechts und steigt das Gletscherfeld zur Felsinsel Isla Persa ab. Nun weiter auf Pfadspuren zum breiten Morteratschgletscher hinab. Diesen kann man entweder zur Bovalhütte hin queren und dem Hüttenweg nach Morteratsch folgen, oder man geht den Gletscher weiter gerade nach Norden hinab, wobei man zuletzt rechtshaltend das Gletscherende mit beeindruckendem Gletschertor umgeht. Auf dem Wanderweg erreicht man die Bahnstation Morteratsch.

Vor dem Piz Bernina wird noch mal ein Felsturm überklettert.

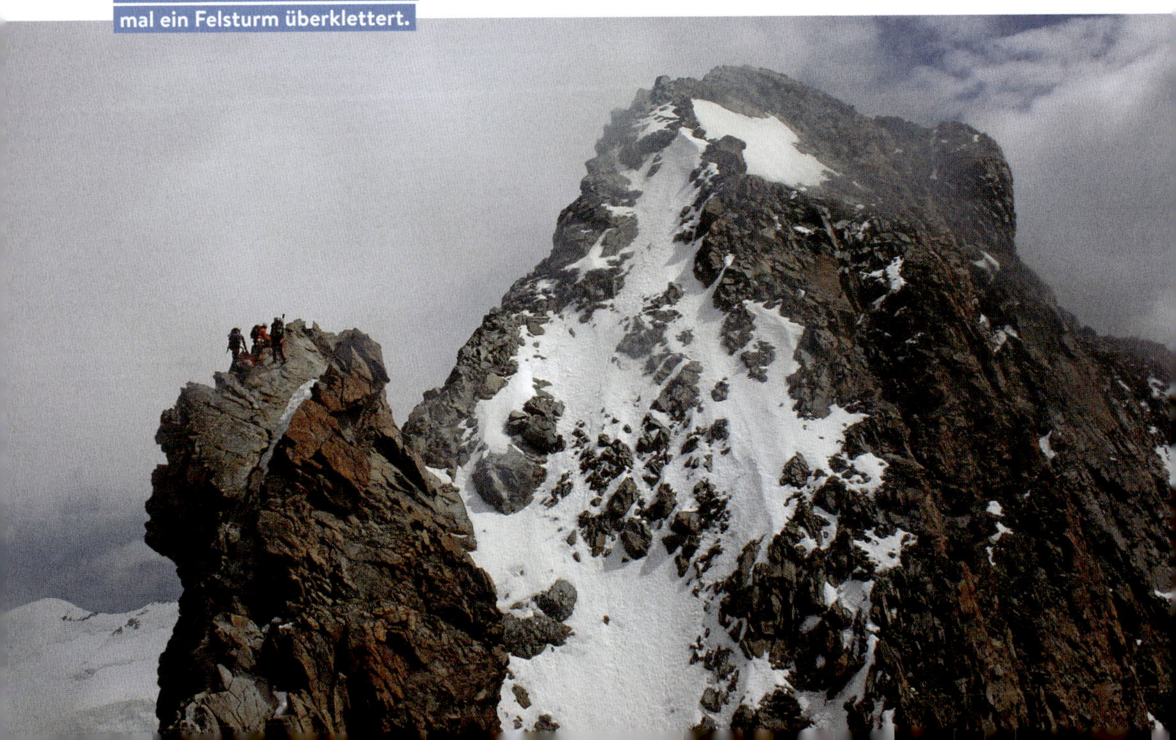

INFO

INFO
Schweiz – Berninagruppe – Piz Bernina (4049 m) / Biancograt

TALORT
Pontresina (1800 m)

AUSGANGSPUNKT
Bahnhof Pontresina (1840 m)

ENDPUNKT
Bahnhof Morteratsch (1900 m)

GEHZEITEN
Bhf. Pontresina – Tschiervahütte 3 Std. – Piz Bianco 5.30 Std. – Piz Bernina 2.30 Std. – Rifugio Marco e Rosa 2 Std. – Bhf. Morteratsch 5.30 Std.

MOBIL VOR ORT
Bus & Bahn: Mit dem Zug von München mit Umsteigen in St. Margarethen, Chur und Samedan nach Pontresina

Auto: Über den Fernpass ins Inntal, weiter über Landeck und Pfunds ins Unterengadin, dort über Scoul und Zernez Richtung St. Moritz, davor links Richtung Berninapass und bald danach rechts zum Bahnhof Pontresina

KARTE
Landeskarte der Schweiz Blatt 1277 »Piz Bernina«, 1:25 000

INFORMATION
pontresina.ch

UNTERKÜNFTE
Tschiervahütte (SAC, Mitte Juni bis Anfang Okt., Tel. +41/(0)81/842 63 91, tschierva.ch); Rifugio Marco e Rosa (CAI, Ende Juni bis Mitte Sept., Tel. +39/0342/51 53 70, rifugi.lombardia.it)

CHARAKTER
Der Biancograt ist die anspruchsvollste Tour in diesem Buch. Der Firngrat ist bis 45° steil. Es gibt auch mehrere Abseilstellen. Für den Talabstieg über die Bellavistaterrassen zum Fortezzagrat sollten gute Sichtverhältnisse herrschen. Solide alpine Erfahrung und Kondition sind absolute Grundvoraussetzungen (im Zweifelsfall sollte man sich einen Bergführer nehmen)!

Anspruchsvolle Grattour, ZS, III, Eis bis 45° | **18.30 Std.** | **30 km** | **auf 2500 Hm ab 2440 Hm**

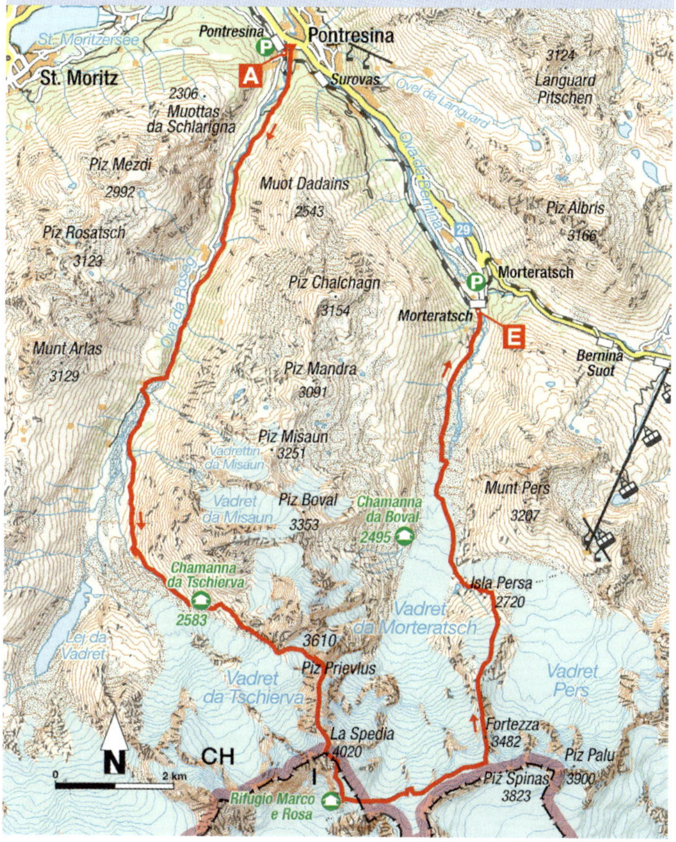

AUSRÜSTUNG
Komplette Hochtourenausrüstung mit Helm, Seil, Gurt, Pickel und Steigeisen. Jeder in der Seilschaft sollte 1 Eisschraube, 2 Schraubkarabiner, 2–3 Expressschlingen und 2 Bandschlingen mitnehmen.

EINSAMKEITSFAKTOR
An schönen Wochenenden ist der Biancograt sehr beliebt.

PS: DA FÄLLT MIR NOCH WAS EIN!

ICH HATTE EINEN LEHRER …

Als ich zu Studienzeiten in eine WG einzog, hatte ich unglaubliches Glück, denn dem bereits dort wohnenden Flo war der langjährige Seilpartner wegen Umzugs abhandengekommen. Gleich im ersten Sommer nahm mich Flo zu beeindruckenden Mehrseillängen-Touren in die Pala-Gruppe (südliche Dolomiten) mit. Seitdem bin ich der Bergsucht verfallen – obwohl (oder gerade vielleicht weil) wir angesichts der langen Kletterabenteuer nicht nur einmal in die Dunkelheit gerieten.

STICHWORTE ZEITMANAGEMENT UND SICHERHEIT

So wurde mir gleich zu Beginn meiner alpinistischen Karriere klar, wie wichtig es im Gebirge ist, zügig, aber zugleich bedacht zu einem Gipfelziel auf- und von ihm wieder abzusteigen. In den zurückliegenden Jahren habe ich gerade bei Grattouren (wie sie in diesem Buch vorgestellt werden) gelernt, was für ein großer Spielraum sich dabei bietet und dass man möglichst flexibel auf aktuelle Umstände reagieren muss: So kann es durchaus sein, dass man im Ier-Gelände schon anseilt, wenn Passagen vereist sind. Andererseits habe ich nicht nur einmal erlebt, dass man seilfrei Stellen im IV. Schwierigkeitsgrad klettern kann, wenn der Fels trocken und die Gruppe gut drauf ist.

Die oberste Regel bei allen Grattouren lautet aber immer: Wenn sich auch nur ein Teilnehmer der Gruppe unwohl fühlt, dann kommt das Seil aus dem Rucksack!

Herzlichst, Ihr

M. Pröttel

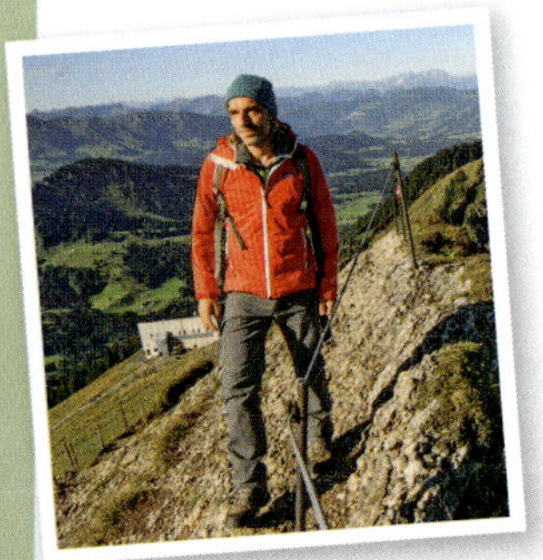

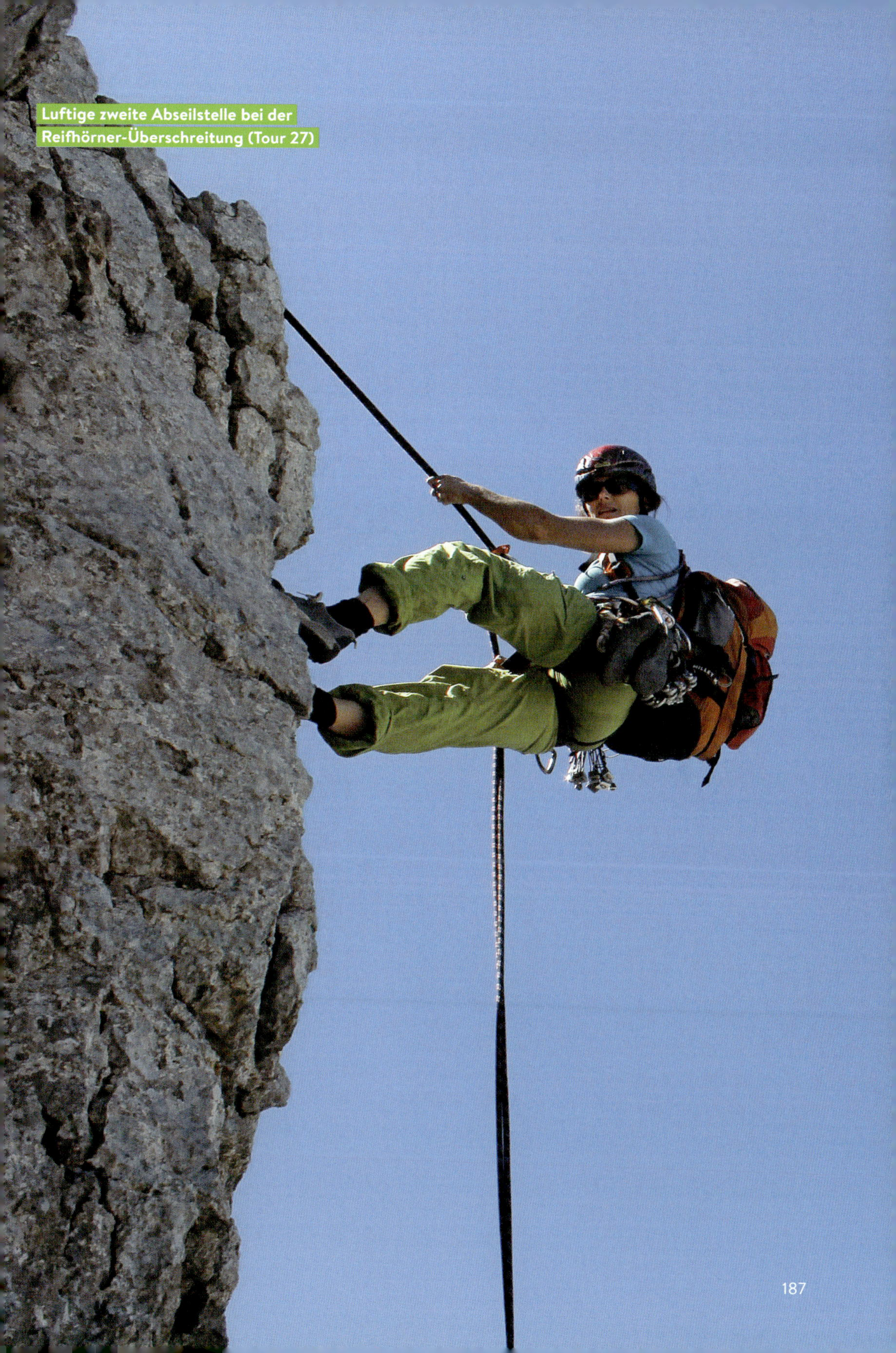

Luftige zweite Abseilstelle bei der Reifhörner-Überschreitung (Tour 27)

REGISTER

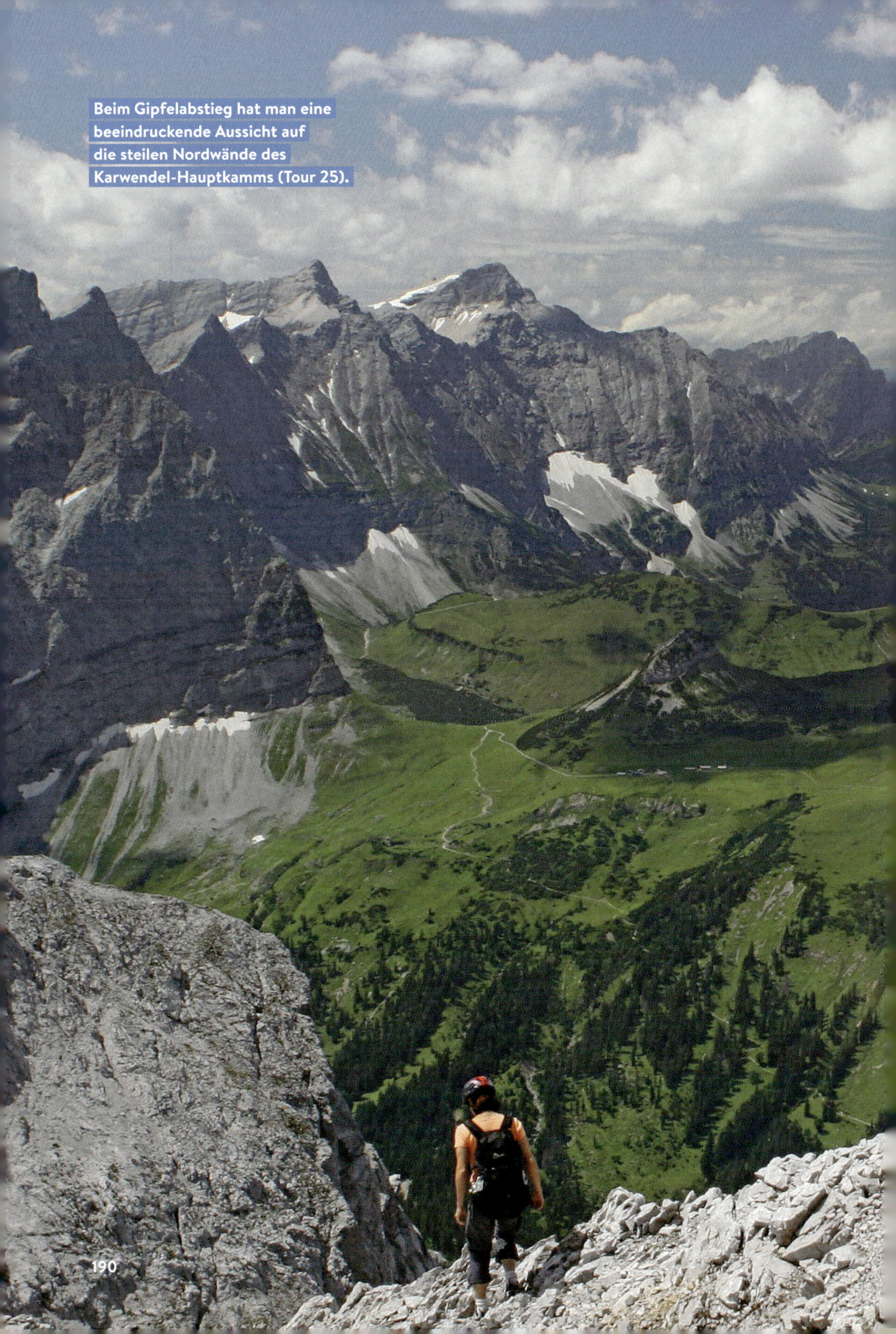

Beim Gipfelabstieg hat man eine beeindruckende Aussicht auf die steilen Nordwände des Karwendel-Hauptkamms (Tour 25).

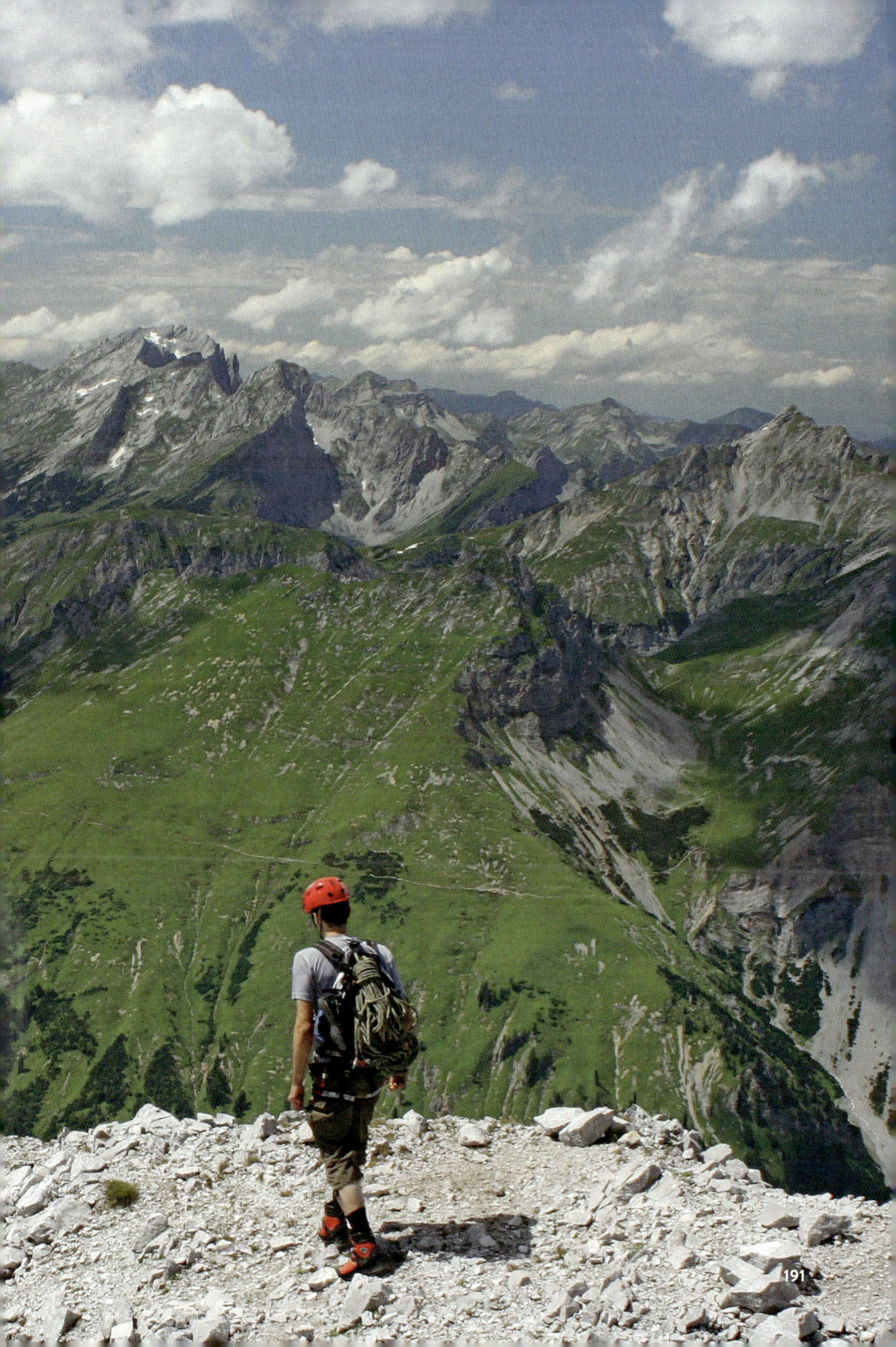

IMPRESSUM

Verantwortlich: Julia Vogl
Redaktion und Lektorat: Anette Späth
Korrektorat: Eva Ebenhoch
Layout: Eva-Maria Klaffenböck
Covergestaltung: Rudi Stix
Repro: LUDWIG:media
Kartografie: Bruckmann Verlag GmbH, Heidi Schmalfuß
Herstellung: Alexander Knoll
Printed in Poland by CGS Printing

Exklusiv für Sie als Leser:

MIT GPS-DATEN ZUM DOWNLOAD

unter: gps.bruckmann.de

Sind Sie mit diesem Titel zufrieden? Dann würden wir uns über Ihre Weiterempfehlung freuen.
Erzählen Sie es im Freundeskreis, berichten Sie Ihrem Buchhändler, oder bewerten Sie bei Onlinekauf. Und wenn Sie Kritik, Korrekturen, Aktualisierungen haben, freuen wir uns über Ihre Nachricht an Bruckmann Verlag, Postfach 40 02 09, D-80702 München oder per E-Mail an lektorat@verlagshaus.de.

Unser komplettes Programm finden Sie unter www.bruckmann.de

In diesem Buch wird aus Gründen der besseren Lesbarkeit das generische Maskulinum verwendet. Weibliche und anderweitige Geschlechteridentitäten werden dabei ausdrücklich mitgemeint, soweit es für die Aussage erforderlich ist.

Empfehlung der Redaktion
Sie sind auf der Suche nach weiterführender Literatur? Dann empfehlen wir Ihnen den Titel » Faszinierende Ammergauer Alpen « von Michael Pröttel. Oder Sie werfen einen Blick in die Zeitschrift BERGSTEIGER. Hier werden Sie bestimmt fündig.

Bildnachweis: Alle Bilder im Innenteil und auf dem Umschlag stammen vom Autor.
Umschlagvorderseite: An der Mittleren Arnspitze (Tour 14)
Umschlagrückseite: Traumhafte Ausblicke auf dem Weg zum Gipfel (Tour 24)

Die Deutsche Nationalbibliothek verzeichnet diese Publikation in der Deutschen Nationalbibliografie; detaillierte bibliografische Daten sind im Internet über http://dnb.d-nb.de abrufbar.

Infanteriestraße 11a
80797 München

ISBN 978-3-7343-2907-4